經濟學理論應用與教學

湖南省重點建設學科「區域經濟學」、湖南省區域經濟研究中心資助項目，湖南省社科基金項目〈編號：15YBX055〉湖南省教育科學「十二五」規劃項目〈編號：XJK015BZY003〉

賀文華 著

財經錢線

序

　　自2005年研究生畢業以來,我一直在邵陽學院從事經濟學教學與研究工作,教過的課程有統計學、商務談判、流通經濟學、國際經濟學、微觀經濟學、宏觀經濟學、計量經濟學、博弈論等,現主要從事微觀經濟學、宏觀經濟學、計量經濟學、博弈論等課程的教學工作。在從事教學的過程中,我一直積極撰寫科研、教學論文。我主要有兩個研究方向,一個是經濟增長與發展,研究成果主要集中於農村經濟研究,如農村勞動力轉移、農村人力資源開發和農村土地流轉等,從中選出了關於農村勞動力轉移的論文8篇和農村人力資源開發的論文14篇,於2015年由廣東人民出版社結集出版;另一個研究方向是世界經濟與貿易,研究對外貿易、外商直接投資(Foreign Direct Investment, FDI)對中國經濟增長的貢獻,並用實證研究方法驗證外商直接投資「污染天堂假說」的同時回答了外商直接投資是否有利於中國經濟的可持續發展。這些研究主要是在國際經濟與貿易專業的計量經濟學課程教學中產生的成果。因此,成果主要集中於FDI、對外貿易與經濟增長及環境效應的實證研究。這些論文分別發表於《當代財經》《經濟與管理評論》《產經評論》《西部論壇》《重慶工商大學學報(社會科學版)》《武漢科技大學學報(社會科學版)》《湖南農業大學學報(社會科學版)》《南昌航空大學學報(社會科學版)》《重慶交通大學學報(社會科學版)》《遼東學院學報(社會科學版)》《上海商學院學報》《山東工商學院學報》《企業經濟》等刊物上,主要是用計量經濟學方法研究經濟問題。在本書中我把它們作為上篇,共收錄論文18篇,其中有兩篇雖不屬於這個研究方向,但用計量經濟學方法研究人力資本投資,呼應了人力資本對外商直接投資的影響,因而一併收錄在內。下篇收錄的則主要是在微觀經濟學和宏觀經濟學的教學過程中產生的科研論文和教學論文。

　　《大學》曰:「知止而後有定,定而後能靜,靜而後能慮,慮而後能安,安而後能得。」在教學過程中產生科研論文有兩條路徑:一條路徑是對教學過程的反思和總結,如《商務談判的經濟分析》一文就是我講授商務談判思考所得。另一條路徑則是對身邊發生的經濟現象的思考及解釋,如《經濟學視角的盜竊犯罪分析》一文產生的淵源是家中失盜,多年收集的郵冊、舊版人民幣以及存儲有多年辛苦收集的資料的硬盤被盜。因此,該篇論文是在一個痛

苦的過程中產生的。有的論文則是在對縣域經濟發展狀況進行調研和反思的過程中產生的，如《邵東縣域物流業發展現狀及定價模式研究》是結合邵東調研和講授微觀經濟學寡頭市場理論的成果；《整合支農資金　發展縣域經濟——以湖南隆回縣為例》《湖南縣域經濟發展差距研究——基於邵陽和長沙縣域經濟的對比》則是在調研過程中對邵陽經濟現狀的反思，是以縣域經濟為研究主題的論文；《旅遊方案選擇的消費者行為分析》則源於一次旅遊考察活動，思路是在對旅遊景點的選擇過程中產生的。總之，每篇論文的背後都有故事。還有一些論文則是對教學內容的思考或是對教學方法的探討，如《一般均衡分析案例教學研究》《短期生產理論與短期成本理論的教學研究》《參與式教學案例設計及在經濟學教學中的應用》《宏觀經濟政策分析的教學研究》等。我將它們集結在一起作為下篇，共收錄論文18篇。

　　論文的收集和整理是一個被壓抑的情感逐步釋放的過程，盡情傾訴時有如釋重負之感，有冰釋心中塊壘、釋放長期鬱結之氣的舒暢。本書的出版要感謝家人的一路相伴和支持，共同品嘗一路走來的艱辛。恍如崎嶇山道旁的小溪，不離不棄一路相伴，給人慰藉，其歡快而清脆的潺潺聲蕩滌世俗的塵垢與疲累。獨坐書齋，雖沒有紅袖添香的溫馨，卻有幽谷百合的超然，雨后空谷的清新。感謝茶座閒談中給我啓迪的同事、朋友以及一直能讓我在教學中保持激情的學生。他們猶如陰霾天空中突然出現的一縷陽光、艱辛旅途中迎面吹來的和煦春風，讓我體會到了「古木陰中系短篷，杖藜扶我過橋東。沾衣欲濕杏花雨，吹面不寒楊柳風」的意境。詛咒一切逆境的同時我也感謝多舛的命運和不幸的人生，似魔鬼一樣以夢魘般驚悚、魔術般奇幻的方式在2015年1月那個霧霾寒冷的黑暗日子裡，讓我體會了什麼是痛不欲生，什麼是撕心裂肺，什麼是肝膽俱裂，什麼是痛徹心扉；讓我感受了什麼是難以言說的痛，什麼是無法訴說的苦！生離死別的大悲大痛常讓我從夢中驚醒，午夜夢回常渾身冷汗淋灕。在月圓之夜的今晚，慘白的月光照進我的書齋，恍惚中看到了那遠遠離去的稚嫩背影，剛愈合的傷口又一次被撕裂得鮮血淋灕，同時也體會到了「但願人長久，千里共嬋娟」的訴求中蘊涵的無奈。我想起謝甫琴科的咏嘆：「為什麼風啊，沒有把你們像灰塵一樣，吹散在草原上？為什麼悲傷啊，沒有把你們像嬰兒一樣，催送進夢鄉？」「我不知道，我是否還活著，能不能活下去，也許就這樣在世界上苟延殘喘，因為我已經不再歡笑，也不再哭泣悲傷……」「上帝啊，假如你不舍得好的命運，那就給我一個壞的，壞的命運也一樣！」英年早逝的雷蒙托夫對生死竟然有那麼深刻的感悟：「恐怕只有那陰暗潮濕的墳墓，才能使這個人得到安息吧！」「我們向往在天國享受極樂的幸福，但是又不舍得同這人世訣別。」「而人生，只要用冷眼把周圍看它一看，又是這樣空虛的愚蠢的兒戲……」人生中的悲和生死離別的疼讓我體會了語言的貧乏和蒼白，一旦用語言或文字表達就像被束了一條繩索，設了一道藩籬。我明白了人們為何要用音樂、繪畫、舞蹈等形式來表現大悲大喜，仰天狂嘯甚或揮毫疾書都是釋放心中塊壘的發泄方式。我也有點明白了復旦大學韋森教授以詩般的語言撰寫詩般的經濟學的人生夢想，是他到達美到超越

語言之描述能力的劍橋后的感慨:「在英國劍橋這種思想聖殿和人間仙境之中生活和研究,會沒有詩?能沒有夢?會沒有思想?」我也在時刻感悟並體驗著人生的真和實、虛和幻。「名豈文章著,官應老病休。飄飄何所似,天地一沙鷗。」「人生到處知何似?應似飛鴻踏雪泥。泥上偶然留指爪,鴻飛那復計東西。」「梨花淡白柳深青,柳絮飛時花滿城。惆悵東欄一株雪,人生看得幾清明。」這應是詩人對人生的感悟。

感謝科研與教學給予的平臺,她給我提供了一個滌除塵擾獨自舔舐傷口的角落,使我能享受片刻的寧靜與祥和。借用一片天地,與虛茫心界進行信息和能量的交換,體驗風雲變幻,感悟世事滄桑和人情冷暖。我深刻感悟到正是不確定性構成了眼前這個現實世界,也感悟到這個世界正是以此種方式存在著,痛也許就是活著的證明,可以在細雨中呼喊就是向世界證明自己依然活著。我以此為參照讓自己的感覺也活著並仔細感悟且回味這個過程,生命難道不是一個探索、感悟、回味乃至頓悟的過程?科研與教學讓我體驗了什麼是累、什麼是樂。她似天使一樣撫慰我傷痕累累的身心,讓我在感悟艱澀難懂的隱韻或偶語的同時悄然離開迷途並引到她無邊的世界裡去。她在每一個轉角處以新的圓滿的幻境來使我驚奇,以快樂的不朽的心像來模塑我的時光,在我心中幻現了萬象之外的美。我依靠她減輕經歷過的疲和累,稀釋心中的苦和悲,輕緩身心的傷和疼,寄托自己的哀和思!我在科研過程中感悟「明月松間照,清泉石上流」的寧靜,「竹喧歸浣女,蓮動下漁舟」的祥和,「星垂平野闊,月湧大江流」的壯美,「大漠孤煙直,長河落日圓」的落寞。

落寞之時我總是想起故鄉那低矮的小木屋,屋前那隨時令而變幻的廣闊田野和連綿群山,陽光下的嫵媚,煙雨中的迷蒙,月光下的清麗,風雪中的縹緲。風雲突變,連天接地的銀色雨簾遮蔽曠野的虛空;霞光初現,綴滿晨露的嫩綠禾苗在珠光寶氣中分外嬌豔;秋風乍起,沉甸甸的金色稻穗在微風中搖曳,似頻頻點頭稱許,又似戀戀不捨地與青春揮別;雪后初霽,銀裝素裹的曠野、玉樹瓊枝的山林在冬陽裡更顯純淨靚麗,端莊安詳,皚皚白雪與屋檐下的冰掛交相輝映。一位少女哼著曲兒從雪地裡走過,「咯吱」聲中印出一串玲瓏的足跡,紅色身影似一團火焰照亮曠野,活力滿滿的青春氣息在曠野中彌漫。偶爾有青青的麥苗從雪被中探出頭來,似探聽春的腳步。盛夏時節,點點荷葉遮掩的池塘生機勃發,含苞的菡萏尖兒立著屢弱纖巧的紅蜻蜓警惕著過往行人,池塘邊四處散落著鬱鬱青青的車前草。清晨的霞光從西面峰巔姍姍而下再悠悠地漫過田野把小木屋擁在和煦而溫暖的懷裡,屋后青翠山嶺上被霞光簇擁而出的太陽被清晨在外勞作的人們約為收工的信號。發源於白馬山流經木瓜山水庫的西洋江從曠野中橫穿而過。據說西洋江原先就從小木屋前淌過,只是后來改了道,所以小木屋附近的水田似一塊沼澤地,也不知是何人何時在田裡打了木樁,架了橫木。耕作的人們必須特別小心,稍不留意就會深陷進去而難以自拔。因而這個偏僻閉塞的小村落有「沼澤窩」之名。我則是從沼澤窩的小木屋裡走出來的,走得那麼艱難,不知還能

走多遠、走多久！什麼時候迴歸白馬山，迴歸小木屋，迴歸古樹下？小木屋后有一棵枝杈上綴滿鳥窩，不知苦熬了多少寒暑，冷眼看了多少人間滄桑的古樹，不論炎夏抑或寒冬都一如既往地忠貞守護著村落的人們。兒時記憶中那些不知人間疾苦總是在樹枝間歡快鬧騰聒噪的喜鵲和烏鴉如今已不知隱身何處！西北角則是常常隱匿在雲霧中的白馬山，傳說白馬仙娘就是在那裡修道成仙的。每每想起那綿綿峰巒，我情願幻為一陣風兒在那群峰碧浪上閒逛，在陽光下蕩漾，仿佛我隨時可隱入那層巒疊嶂之中，像瀑布前飛濺的水霧倏地消失。我時時想起矮屋上面霞光滿滿浮著絮狀白雲的藍天，天空中「嘰嘰喳喳」撲棱棱四處亂飛的鳥群，鳥群下古樸安詳的村落，在顫動的曙光中升騰的橘色炊菸。小木屋前的桃樹篩出一地的圓斑在晨風中搖曳，樹蔭下彌漫著濃烈的劣質菸草味，吸菸閒聊的父輩們臉上寫滿滄桑。圍著籬笆的菜園子裡是娘親佝僂而瘦弱的身影，金黃的稻田或油菜花海在眼前敞開……落日餘暉灑滿牛頭山，當最后一絲霞光在山尖上隱去的時候，可以看到成群的牛羊在崎嶇的山路上悠閒地邁著謹慎的碎步，似回味林間清泉邊的嫩草何處更為鮮美，又似受到草叢中躥出的野兔的驚嚇而依然驚魂未定，朝山坡下村落裡被歲月和昏黃夜色染成黢黑的瓦屋「咩咩」「哞哞」，與村落的雞鳴犬吠相應，木屋內的燈光與天上的星光輝映……柔柔弱弱的細雨，花瓣遊弋的小溪，飛濺的激流滋潤著守護薔薇的叢叢蒲草和凌崖俯瞰的株株茱萸，也哺育著山村的人們。珍珠般的晨露，奶酪樣的濃霧，金燦燦的稻田，馥鬱的果園，翩翩的彩蝶，忙碌的蜜蜂，陪伴著勞作中人們歡欣如花的笑靨。白茫茫的雪兒，掛在屋檐下和山澗中晶瑩剔透的冰掛，冬季水田裡紋著奇怪圖案的厚厚冰層，稻禾收割后留下的根茬穿過冰層在寒風中倔強地立著，似苦難中依然快樂豁達的父老鄉親。靜謐月光下承載先祖足跡迎來送往的小橋，覆蓋寒霜的枯黃衰草護衛著彎彎曲曲的光滑青石路，潺潺泉水聲中摻雜著樹葉簌簌和鷓鴣嚶語驚擾山村寒夜的寧靜。這一切的一切永遠是心靈的慰藉之地、休憩之所。

　　老子曰：「為道日損。」佛曰：「有求皆苦，無求乃樂。」我試圖畢一生之力孜孜尋求和體驗「昨夜西風凋碧樹。獨上高樓，望盡天涯路」「衣帶漸寬終不悔，為伊消得人憔悴」「眾裡尋他千百度，驀然回首，那人卻在燈火闌珊處」的詩情意境所描述的那種空靈境界。本書付梓要感謝西南財經大學出版社的編輯和其他工作人員的辛勤勞動，特別感謝李曉嵩編輯對本書認真而細緻的審核。此外，本書的出版還要感謝湖南區域經濟研究中心領導的關愛和支持。

　　子曰：「逝者如斯夫，不舍晝夜。」經歷了太多太多，但難以與他人言說。謹以此為記，記住那流逝的韶光，也以此紀念那遽然消逝的人和事！

賀文華

目　錄

上　篇　計量經濟學理論應用與教學
——FDI、對外貿易與經濟增長及環境效應的實證研究

1. 人力資本對 FDI 流動影響的文獻綜述 / 3
2. FDI 與經濟增長的實證研究——基於湖南和浙江的數據 / 10
3. FDI 區域選擇影響因素的實證研究——基於廣東、福建、山東的比較 / 21
4. FDI 與經濟增長區域差異——基於中國省際面板數據的研究 / 29
5. FDI 與環境污染的實證研究——基於山東的數據 / 37
6. 外商直接投資與環境污染的實證研究——中國東部和中部的省際差異比較 / 47
7. FDI 視角的環境庫茲涅茨假說檢驗——基於中國中部八省的面板數據 / 63
8. FDI 的「污染天堂假說」檢驗——基於中國東部和中部的數據 / 79
9. 環境庫茲涅茨曲線存在嗎？——中國和美國的比較 / 88
10. FDI 與城市環境污染的區域差異研究——基於長三角和珠三角的面板數據 / 100
11. FDI、經濟增長與環境污染的實證研究——基於中國東部 11 個省（市）的面板數據 / 111
12. FDI 是「清潔」的嗎？——中國東部和中部省際面板數據 / 121
13. 東部、中部和西部的外貿依存度比較研究 / 137
14. 中美貿易的政治經濟學分析 / 145
15. 對外貿易與經濟增長的實證研究——基於江蘇和湖南的比較 / 152
16. 中國進口與經濟增長關係的區域差異分析 / 160

17. 農村人力資本投資對農村居民收入結構的影響研究——中國中西部的面板數據 / 168

18. 工資水平與經濟增長的區域差異研究——基於湖南14個市的面板數據 / 181

下篇 微觀經濟學、宏觀經濟學理論應用與教學
——縣域經濟發展與經濟學教學

1. 農村資金流失與農村經濟發展 / 196
2. 湖南縣域經濟發展差距研究——基於邵陽和長沙縣域經濟的對比 / 203
3. 湖南省貧困縣的發展現狀及對策 / 210
4. 整合支農資金 發展縣域經濟——以湖南隆回縣為例 / 217
5. 財政支農資金現狀及使用效率分析 / 225
6. 邵東民營經濟的發展現狀及對策研究 / 232
7. 邵東縣域物流業發展現狀及定價模式研究 / 239
8. 邵東縣民營經濟就業現狀的實證研究 / 245
9. 發展民營經濟 增加社會就業 / 252
10. 旅遊方案選擇的消費者行為分析 / 258
11. 美國量化寬鬆貨幣政策對中國經濟的影響 / 267
12. 信息不對稱視角的中小民營企業融資困境研究 / 279
13. 商務談判的經濟分析 / 290
14. 經濟學視角的盜竊犯罪分析 / 295
15. 一般均衡分析案例教學研究 / 301
16. 短期生產理論與短期成本理論的教學研究 / 311
17. 參與式教學案例設計及在經濟學教學中的應用 / 318
18. 宏觀經濟政策分析的教學研究 / 323

上　篇

計量經濟學理論應用與教學
——FDI、對外貿易與經濟增長及環境效應的實證研究

1. 人力資本對 FDI 流動影響的文獻綜述

改革開放以來，外商直接投資大量湧入，主要集中於東部沿海地區。對 FDI 的區位分佈及流動的影響因素，國內外學者從不同的角度做了大量研究。影響 FDI 區域分佈的因素包括市場規模和地理位置、產業集聚和聯繫效應、交易成本、技術外部性、FDI 的累積效應、優惠政策和制度、人力資本。區位理論認為外商直接投資的流向主要受市場容量、勞動力成本、交通和通信成本、相對技術水平等的影響（Vernon, 1966; Alibe, 1970; Hirsch, 1976）。關稅壁壘、稅收優惠以及語言文化差異等也會影響投資流向（Clegg, 1992; Hines, 1996; Benitoand & Gripsrud, 1995）。地方政府發展規劃創造出來的有組織的經濟環境也影響外商直接投資流量（Agodo, 1978）。語言變量是影響外商直接投資在經濟合作與發展組織國家內部分佈的最重要因素之一（Venglers, 1991）。折衷理論認為區位優勢是公司選擇跨國經營的主要動因之一。東道國吸引外商直接投資的區位因素包括自然和人造資源以及市場的空間分佈、投入品的價格和質量、投資優惠或障礙、社會基礎設施等。稅率和腐敗與外資流入量呈顯著的負相關關係（Wei, 1997）。研究表明，人力資本不論是存量還是流量都會對 FDI 的流動產生極為重要的影響。

一、人力資本影響 FDI 的規模和區位分佈

盧卡斯（Lucas, 1988）認為發展中國家人力資本的短缺不利於外資進入，甚至會導致物質資本和人力資本逆向流動。為了能夠解釋資本流向，盧卡斯從人力資本差異、人力資本的外部效應和資本市場的不完全性三個方面對新古典理論進行了修正。他指出在吸引外資的諸多因素當中，人力資本具有決定性作用。

阿爾卡塞爾（Alcacer, 2000）對轉型國家的研究發現東歐國家高級經理人員的稀缺是抑制外資流入的主要因素。努爾巴赫什等（Noorbakhsh 等, 2001）用勞動年齡人口的中學教育時間和中學加上高等教育時間這兩個指標作為人力資本的代理變量，發現人力資本的存量和流量對於 FDI 的流入具有重要

的正影響。卡普斯坦（Kapstein，2002）也認為在所有吸引外資的要素中，人力資本是最重要的。鄧寧（Dunning）認為勞動者的勞動技能和教育水平不僅能夠影響FDI流入總量的規模，而且影響跨國公司在東道國採用的技術水平。布洛姆斯特倫和科克（Blomstrom & Kokko，2002）認為人力資本和外資的關係是複雜的、非線性的。東道國的人力資本水平決定了對外資的吸引程度，人力資本水平相對高的東道國可能吸引大量的技術密集型的跨國公司投資，反之，人力資本水平較低的國家只能獲得少量的外資流入，而且外資企業轉移過來的只是一些相對簡單的技術。人力資本存量的增加有助於提高一個地區吸收外商直接投資的總量水平和平均規模水平。沈坤榮和田源（2002）的研究發現，規模大而且技術密集型的投資項目需要和高素質的人力資本相結合。聯合國貿易和發展會議（UNCTAD，2002）利用140個發達國家和發展中國家數據分析發現，人力資本與FDI流入之間存在高度正相關性。尼恩卡普和施伯茨（Nunnenkamp & Spatz，2002）利用巴羅和李（Barro & Lee，2000）採用的15歲及以上人口的平均教育年限數據，分析了28個發展中國家的FDI流入情況，發現20世紀90年代人力資本發揮的作用比20世紀80年代更為顯著。

　　布洛姆斯特倫等（Blomstrom等，1994）以及科克和布洛姆斯特倫（Kokko & Blomstrom，1996）採用大樣本分析方法，發現東道國的某些特徵影響著跨國公司投資規模和輸入技術的先進程度，而這些特徵中最為顯著的特徵就是當地勞動力教育水平的高低。普費弗曼恩和馬達勞希（Pfeffermann & Madarassy，1992）指出由於新技術進步以及隨之而來的FDI投向資本密集型、知識密集型和技術密集型的產業，跨國公司更重視受到良好教育的人力資本儲備，而非更低的勞動力成本。張和馬庫森（Zhang & Markusen，1999）認為東道國經濟體內高技能勞動力的擁有量將直接影響FDI流入量。漢森（Hanson，1996）證實了人力資本水平可以影響FDI在東道國經濟體的地理分佈。塔瓦雷斯和特謝拉（Ana Teresa Tavares & Aurora A C Teixeira，2006）對在葡萄牙的公司的大樣本調查發現，人力資本在吸引FDI上發揮了明顯的正向促進作用。魯明泓（1999）用15歲及以上識字人口占總人口的比例來表示一國或一地區勞動力素質的高低，研究發現國際直接投資願意流向勞動力素質水平高的國家或地區。

　　一些研究成果則表明人力資本與FDI區位選擇之間並沒有顯著的相關性。魯特和艾哈邁德（Root & Ahmed，1979）發現對其考察的58個發展中國家，他們使用的人力資本和熟練勞動力的所有替代變量都不是決定FDI流入的重要解釋變量。施奈德和弗雷（Schneider & Frey，1985）用54個發展中國家的橫截面數據進行迴歸分析，發現人力資本變量在其選擇的模型中並不是FDI流入量的顯著解釋變量。納魯拉（Narula，1996）對22個發展中國家的面板數據研究發現，總人口中接受高等教育的人數並不能成為FDI流入的一個統計顯著性解釋變量。漢森（Hanson，1996）對150個發展中國家的樣本分析表明，與

其他變量相比，成人識字率對 FDI 的區位選擇並沒有顯著的重要性。瓦斯姆（Wasseem，2007）對海灣合作會議（GCC）國家之間的 FDI 分佈的分析表明，人力資本對 FDI 的影響呈現負相關性。

大量文獻對中國的情況進行研究得出了類似的結論。沈坤榮和耿強（2001）發現人力資本變量與 FDI 相關性不顯著，而 FDI 占各地區生產總值的比重和人力資本變量的乘積與 FDI 呈顯著的正向關係。沈坤榮和田源（2002）利用省際面板數據研究發現，除了市場容量、勞動成本、市場化水平等因素外，人力資本存量是影響 FDI 區位選擇和投資規模的重要因素。趙江林（2004）發現中國教育水平的提高極大地促進了中國引資規模和引資結構的升級。中國現有的人力資本水平對吸引外資的規模、質量、結構以及效果起著重要甚至決定性的作用。高（Gao，2005）用小學畢業生、初中畢業生、高中畢業生和大學畢業生占勞動力人口的比例作為人力資本的代理變量，發現人力資本對於吸收 FDI 具有重要的作用。有研究者（Cheng & Kwan，2000）用小學畢業生占總人口的比例、初中畢業生占總人口的比例和高中畢業生占總人口的比例作為人力資本的代理變量，得出人力資本對 FDI 的影響為正但不顯著的結論。孫俊（2002）研究發現，相對於其他因素而言，各地區的文化教育程度對吸引外資的作用並不明顯。賀文華（2009）通過對廣東、福建和山東比較研究發現，市場容量對 FDI 的影響為正，當年高校畢業生數量對 FDI 的影響為負。

二、人力資本是 FDI 技術外溢的重要渠道

眾多實證研究發現東道國的人力資本狀況是影響東道國是否能夠有效地吸收 FDI 所外溢出來的技術的最重要的因素之一。對於發展中國家來說，吸引和利用 FDI 技術擴散效應是其技術進步與經濟增長的主導因素之一。納魯拉和馬丁（Narula & Marin，2003）認為東道國的人力資本發展可以通過直接方式和間接方式產生技術外溢。第一，直接方式產生技術外溢。一是增加東道國的就業水平對東道國人力資本量的影響；二是跨國公司的培訓會提高東道國的人力資本質量。萊斯特（Lester，1981）調查了美國跨國公司在馬來西亞出口加工區的子公司，發現一般性的管理技巧已基本上轉移給了當地雇員；此外，美國對菲律賓管理技術的轉移也是顯著的。陳（Chen，1983）在一份有關中國香港技術轉移的研究中發現，外國企業的最大貢獻在於對各個層次工人的培訓。第二，間接方式產生技術外溢。從企業部門來看，跨國公司會對當地供應商、經銷商和營銷組織提供培訓和技術支持，提高東道國的人力資本水平。企業部門間接溢出效應還表現在跨國公司的員工流動到當地企業。喬森伯格（Geosenberg，1987）對跨國公司在肯尼亞培訓和傳播經營能力情況做的調查表明，當地私人或國有企業曾經受訓過的經理人員中，大多數曾任職於跨國公司子公

司。經理人員的流動大大加速了專有經營管理技術的擴散。跨國公司和非企業部門的聯繫也是間接溢出效應的一種方法。跨國公司給予非企業部門財力和技術支持，當地企業能從這些非企業部門獲益。跨國公司在生產經營的本土化過程中，必然將對本行業的生產性企業和前向或后向行業的相關廠商產生技術轉移與技術溢出效應。其中一個重要的制約條件就是東道國的人力資本累積水平。

尼爾森和菲利普斯（1966）認為技術擴散過程實際上就是人力資本投資與形成的過程。在其他條件一定的情況下，人力資本存量越大，技術擴散的範圍就越廣，技術擴散的速度也就越快。科克（Kokko, 1994；1996）通過對烏拉圭的研究發現，東道國缺乏人力資本將成為該國吸收 FDI 技術外溢的重要阻礙。貝哈鮑比和斯皮格爾（Benhabib & Spiegel, 1994）研究發現跨國公司的先進技術要在發展中國家得到應用，其前提條件是東道國必須具備充足的人力資本，否則就會限制其先進技術的接受和利用。格雷格里奧和李（Borensztein, Degregorio & Lee, 1995）對 69 個發展中國家的研究表明，在低於特定人力資本門檻經濟體中，FDI 流入甚至對經濟增長產生了負面影響。伊頓和科特姆（Eaton & Kortum, 1996）的經驗研究表明以申請的國際專利數量衡量的技術擴散在高人力資本存量的國家較多。巴拉舒伯拉曼雅姆（Balasubramanyam, 1998）認為 FDI 可以被當成一種潛在的工具，只有在超越人力資本門檻、較發達的基礎設施和穩定的經濟環境的基礎上才能有所作為。卡塞利和科爾曼（Caselli & Coleman, 2001）的研究表明只有東道國的人力資本達到一定的程度時，才能比較好地吸收 FDI 外溢出來的技術。卡圖里亞（Kathuria, 1998；2000；2001）研究發現 FDI 的技術外溢需要當地企業積極進行基於人力資本投資和研究投入才能獲得外溢出來的技術。曼克奈斯、布洛姆斯特倫和科克（Magnus, Blomstrom & Kokko, 2002）認為 FDI 為知識和技術的外溢創造了可能。東道國人力資本水平決定了對 FDI 吸引的程度以及當地企業獲得潛在溢出效應的能力。提高人力資本水平是吸收和適應 FDI 技術外溢的必要條件，也是保證一國經濟穩定增長的必要條件。

大量的跨國經驗也證明了相似的觀點。賽迪（Sadd, 1995）對印度尼西亞的研究中指出跨國公司通過各種途徑帶來了先進技術，但是當地企業吸收能力很低，其原因是當地教育水平低下和研發活動缺乏。戈爾格和斯特伯（Gorg & Strbl, 2001）認為外國企業對愛爾蘭經濟中擁有高人力資本水平的高科技行業有明顯的技術溢出效應存在，而在低技術企業中則不存在。卡圖里亞（Kathuria, 2001）認為印度經濟中來自 FDI 技術溢出收益在相當大的程度上取決於當地企業在學習以及研發活動中的投資規模。有學者（LeMinghang & Ataullah, 2004）檢驗了東盟和拉美國家的人力資本對 FDI 和經濟增長的影響，發現人力資本顯著促進了 FDI 對經濟增長的貢獻。

學者對中國情況的研究也得出了相似的結論。沈坤榮、耿強（2001）對29個省份經濟增長的經驗檢驗發現進入中國的大部分跨國公司屬於資源尋求型和市場尋求型，人力資本並沒有成為促進FDI溢出效應的主要因素。何潔（2000）認為無論各省份的經濟發展水平如何，FDI在中國各省份的工業部門中都存在明顯的正向溢出效應，而且在經濟發展水平越高的地區，這種溢出效應的作用越大。潘文卿（2003）研究表明中國工業部門引進外資在總體上對內資部門產出的增長有積極影響，外商投資的溢出效應為正，但整體溢出效應不顯著。此外，沈坤榮、胡凡（1999），周研（2002）和吳德進（2003）都認為FDI產生了顯著的溢出效應。歐陽志剛（2005）利用中國工業36個行業的數據研究顯示，1995—1997年，FDI對中國工業行業內部有不顯著正的技術外溢，其中技術差距較小、勞動密集型行業獲得較大的技術外溢。2000—2003年，FDI對工業行業內部有顯著正的技術外溢，其中技術差距較大、資本密集型工業行業獲得較大的技術外溢。祖強、梁俊偉（2005）採用15個行業的90組時間序列數據，發現FDI對於中國的行業技術溢出效應雖然為正，但不明顯。王海雲、史本山（2007）認為FDI雖然對中國樣本存在正的技術溢出效應，但需要與東道國人力資本水平和良好的制度環境相結合。

三、人力資本影響FDI吸收能力

　　跨國公司的技術轉移不會自動地提高東道國的勞動生產率，技術外溢的效果是與當地企業吸收能力相聯繫的。科恩和利文索爾（Cohen & Levinthal, 1989）在分析企業研發作用時首次提出了「吸收能力」的概念，認為企業研發投入對其技術進步的影響表現在兩方面：一是研發成果直接促進了技術進步，二是企業研發投入增強了企業對外部技術的吸收、學習和模仿能力，使得企業擁有更強的技術能力去吸收外部技術的擴散。吸收能力是技術能力的子集，企業的技術能力越強，其對外部技術和知識的吸收能力就越強。吸收不僅僅指簡單的模仿，吸收能力包括消化吸收外部知識、使外部知識內部化、調整外部知識和技術使之與內部特有的流程和規程相適應，並產生新知識的能力（Narula & Marin, 2003）。吸收能力是將FDI外溢的技術知識內生化的能力。

　　折衷理論認為決定跨國公司在東道國技術轉移水平的因素有兩個：一是跨國公司子公司的產品所處週期，二是東道國經濟發展的階段，其中包括熟練勞動和管理人員的可獲性。波連斯坦等（Borensztein等，1995）以及布洛姆斯特倫和科克（Blomstrom & Kokko, 2003）認為FDI的流入為當地勞動力帶來了知識外溢的潛力，同時人力資本水平也決定了東道國能夠吸收多少外商直接投資和當地企業是否能夠吸收跨國公司的技術外溢。納魯拉（Narula, 2004）指出東道國吸收能力的一個重要組成部分就是人力資本水平。人力資本是吸收能力的核心因素，東道國獲得技術外溢效應的必要條件之一就是東道國擁有經過良

好訓練的人力資本。東道國的人力資本達到一個最低限度時，跨國公司的技術轉移才會對東道國的勞動生產率增長起到實質作用。

貝哈鮑比和斯皮格爾（Benhabib & Spiegel，1994）在研究人力資本在經濟增長中的作用時，以實體資本和人力資本作為解釋變量，發現人力資本的確影響到經濟增長率，而且人力資本可以通過兩種機能影響經濟增長。波連斯坦、格雷戈里奧和李（Borensztein, Gregorio & Lee，1995）運用人力資本作為吸收能力的代表指標，通過 FDI 從工業化國家流向 69 個發展中國家的研究中發現，外商直接投資對經濟的促進作用與東道國的人力資本水平相關，FDI 與東道國的人力資本結合起來才能對經濟增長起到明顯的推動作用。FDI 流入並不直接導致技術外溢效應，而是受東道國人力資本臨界值的影響。科勒（Keller, 1996）的研究指出東道國人力資本累積和 FDI 的技術相匹配時，東道國才能維持技術進步和經濟的較高增長。徐斌（BinXu，2000）運用面板數據迴歸模型，以成年男性接受中學以上的教育年限為人力資本代理變量，發現發達國家技術轉移效果較明顯，而欠發達國家技術轉移效果不明顯，其原因就是欠發達國家沒有充足的人力資本吸收跨國公司的技術轉移。卡塞利和科爾曼（Casell & Coleman，2001）用計算機設備的進口作為衡量國際技術轉移的指標，衡量經濟合作與發展組織（OECD）國家之間的計算機技術轉移的決定因素，發現計算機技術的應用和東道國的人力資本水平相關。

國內文獻從定性和定量兩方面考察了中國人力資本對跨國公司技術外溢的吸收能力和 FDI 對經濟增長貢獻率的影響。張誠等（2001）認為跨國公司的技術轉移受到當地產品市場競爭環境、發展中東道國自身吸納能力、教育水平和體制因素的制約。杜蘭英和周靜（2002）研究發現發展中東道國的人力資本水平、東道國企業的技術吸收能力和市場環境是發達國家在發展中國家的技術溢出效應的制約因素。

國內學者也進行了大量定量研究。何潔（2000）發現外溢效應的發揮受當地經濟發展水平的門檻效應制約，單純提高一個地區的經濟開放程度對提高外溢效應是沒有意義的，甚至有負面影響。外溢效應對當地經濟的正向促進作用必須建立在經濟發展水平的提高、基礎設施的完善、自身技術水平的提高和市場規模的擴大的基礎上。沈坤榮、耿強（2001）選取了中國部分地區的人均國內生產總值的自然對數為被解釋變量，解釋變量中以各地區每年的高校人數比例代表人力資本存量，發現對中國經濟有增長效應並能帶來技術擴散的 FDI 一般要求較高的人力資本存量。這也說明了地區人力資本存量的多少對於技術擴散效應的發揮程度有著至關重要的作用。程惠芳（2002）對 65 個國家的迴歸分析發現 FDI 流入增長對高收入的發達國家經濟增長作用比對中低收入的發展中國家作用更明顯。FDI 流入增長對中國經濟增長和全要素生產率提高具有明顯的促進作用，其原因與 FDI 流入規模和中國的人力資本水平有關。王

志鵬和李子奈（2004）利用中國29個省份的數據研究發現FDI對中國各區域經濟增長的技術溢出效應具有鮮明的人力資本特徵，各地區必須跨越一定的人力資本門檻才能從FDI中獲益。賴明勇等（2005）利用中國30個省份的面板數據進行估計，證實了技術吸收能力對技術外溢效果的決定作用，進一步實證表明東部地區人力資本投資相對滯后制約了技術吸收能力，而中西部地區提高技術吸收能力的關鍵是提高經濟開放度。

參考文獻

［1］BLOMSTROM M，KOKKO A. Human Capital and Inward FDI［J］. CEPR Working Paper，2004（167）.

［2］KOKKO A. Productivity Spillovers from Competition between Local Firms and Foreign Affiliates［J］. Journal of International Development，1996（8）：517-530.

［3］NARULA R & MARIN A. FDI Spillovers, Absorptive Capacities and Human Capital Development: Evidence from Argentina［J］. MERIT Research Memorandum series，2003（16）.

［4］賀文華，卿前龍. FDI區域選擇影響因素的實證研究——基於廣東、福建、山東的比較［J］. 企業經濟，2009（6）：25-27.

［5］程惠芳. 國際直接投資與開放型內生經濟增長［J］. 經濟研究，2002（10）：71-96.

［6］趙江林. 外資與人力資源開發：對中國經驗的總結［J］. 經濟研究，2004（2）：47-54.

［7］魯明泓. 國際直接投資區位決定因素［M］. 南京：南京大學出版社，2000.

［8］賴明勇，包群，彭水軍，等. 外商直接投資與技術外溢：基於吸收能力的研究［J］. 經濟研究，2005（8）：95-105.

［9］沈坤榮，田源. 人力資本投資與外商直接投資的區位選擇［J］. 管理世界，2002（11）：26-31.

［10］孫俊. 中國FDI地點選擇的因素分析［J］. 經濟學（季刊），2002（3）：667-698.

（原載於《北方經濟》2011年第4期）

2. FDI 與經濟增長的實證研究
——基於湖南和浙江的數據

在索洛（Solow）的新古典增長模型中，FDI 對產出增長率的影響會受到實物資本中規模報酬遞減的限制。因此，FDI 只能夠對人均收入發揮一種水平效應，而不是一種增長率效應。換句話說，FDI 僅能在短期內影響東道國的經濟增長，在長期內則不會改變總產出的增長率，FDI 對經濟增長的短期影響依賴於穩定均衡的路徑。在 20 世紀 80 年代中期，以羅默和盧卡斯（Romer & Lucas）為代表的學者提出了內生經濟增長理論，克服了新古典增長模型不能解釋世界各國人均收入差異和實際人均國民生產總值增長率差異的局限性，因而使經濟增長理論再次成為經濟學研究的熱點。該理論認為 FDI 能夠通過技術轉移、技術擴散和技術外溢等途徑來持久地提高東道國的經濟增長率。

20 世紀 80 年代以來，外商直接投資與經濟增長之間的關係逐漸引起了國內外眾多學者的關注。FDI 對東道國或地區經濟增長的影響和作用主要表現為外商直接投資中的技術轉移效應，外商直接投資是技術轉移的一種重要組織機制，其技術轉移的形式有直接轉移和間接轉移。直接轉移主要指採取合資方式或合作經營方式，由外商直接提供技術或允許外商以設備、技術作價出資，含有技術轉讓的成分。間接轉移主要指通過技術服務及諮詢服務、職工培訓、人員流動、國內企業的學習與模仿等途徑實現，這些活動不僅發生在外商投資企業所在地區的不同經濟類型的企業之間，而且發生在外商投資企業所在地區與周邊地區之間，技術轉移的兩種方式是相互聯繫的，直接轉移是主要方面，起著主導作用。外商直接投資的技術溢出是影響東道國技術進步的重要因素。外商投資企業向東道國或地區直接和間接轉移技術所產生的各種積極的綜合影響，稱為外商直接投資的技術溢出效應，簡稱溢出效應。溢出效應就是由於外商直接投資企業的進入和存在，從而引起當地企業技術上的改進和勞動生產率的提高。

FDI 是促進經濟增長的主要動力之一，特別是在一些發展中國家和地區，FDI 對經濟增長具有十分重要的影響。羅伯特·巴羅（C R Barro，1995；1997）對技術進步、技術差距、技術外溢、人力資本等影響經濟增長的各要素

進行了分析，提出了確定各要素之間關係的模型，並對經濟增長與技術進步、人力資本以及趨向性關係進行了開拓性研究，為研究 FDI 與經濟增長的關係提供了基礎。但也有許多學者對國際資本流入是否會促進東道國經濟增長的問題持懷疑甚至否定態度。美國經濟學家古普塔和伊斯拉姆（Gupta & Islam, 1983）通過採用對發展中國家時間序列與橫截面序列相結合進行研究的方法，考察了 1950—1973 年發展中國家的 FDI 對經濟增長的影響，發現 FDI 對經濟增長沒有明顯的作用。斯奧特茨（Saltz, 1992）從理論與實證兩方面論證了發展中國家 FDI 與經濟增長存在負相關關係。斯來利（Sterly, 1993）認為利用優惠政策吸引外資會阻礙國內投資，當外資企業與國內企業收益差距很大時，引進外資反而會阻礙經濟增長。克姆沃蘭德·康沃爾（J Comwaland W Cornwal, 1994）指出貿易和生產要素自由流動（包括 FDI）對經濟增長的作用被新增長理論模型誇大了。

　　本文以浙江和湖南的 FDI 作為研究對象。浙江 FDI 總額從 1984 年的 252 萬美元增加到 2005 年的 772,271 萬美元，2005 年占全國 FDI 總額 603.25 億美元的 12.80%；地區生產總值從 1984 年的 323.25 億元增加到 2005 年的 13,437.85 億元，2005 年占全國生產總值 183,956.1 億元的 7.3%。湖南 FDI 總額從 1983 年的 26 萬美元增加到 2005 年的 207,235 萬美元，2005 年占全國 FDI 總額 603.25 億美元的 3.44%；地區生產總值從 1983 年的 257.43 億元增加到 2005 年的 6,511.34 億元，2005 年占全國生產總值 183,956.1 億元的 3.54%。從占全國的份額看，地處東部的浙江 FDI 份額較高，而地處中部的湖南 FDI 份額較低。通過對兩省 FDI 對地區生產總值的貢獻進行對比研究可以揭示出兩省的地區生產總值的增長有多大程度是受 FDI 的推動及兩者之間存在的差距。

一、數據檢驗

　　本文選取的浙江和湖南的 FDI 和地區生產總值的數據均來自兩省的統計年鑒，用 fdi、gdp 分別表示 FDI 和地區生產總值，其中地區生產總值根據當年的平均匯率換算為美元，FDI 是實際利用外資額。為了消除趨勢和異方差，對 fdi、gdp 分別取自然對數得 $Lfdi$ 和 $Lgdp$。為了避免偽迴歸，分別對對數數據進行平穩性檢驗。

（一）平穩性檢驗

兩省的 $Lgdp$ 和 $Lfdi$ 都是不平穩序列，對序列的一階差分進行平穩性檢驗。
1. 湖南數據的平穩性檢驗
對 $Lgdp$ 做 ADF 檢驗：

$$\triangle^2 \mathrm{L}gdp_t = 0.078 - 0.85 \triangle \mathrm{L}gdp_{t-1} + 0.87 \triangle^2 \mathrm{L}gdp_{t-1} + 0.006,8 \triangle^2 \mathrm{L}gdp_{t-2}$$
$$(3.87) \quad (-3.72) \quad (3.57) \quad (0.02)$$
$$+0.36 \triangle^2 \mathrm{L}gdp_{t-3} + 0.21 \triangle^2 \mathrm{L}gdp_{t-4} + 0.19 \triangle^2 \mathrm{L}gdp_{t-5} ①$$
$$(1.42) \quad (1.08) \quad (1.30) \quad D-W = 1.37$$

ADF 值為-3.724，小於5%水平下的臨界值-3.066，Lgdp 是 I（1）序列。

對 Lfdi 做 ADF 檢驗：
$$\triangle^2 \mathrm{L}fdi_t = 0.33 - 1.19 \triangle \mathrm{L}fdi_{t-1} + 0.278 \triangle^2 \mathrm{L}fdi_{t-1}$$
$$(1.92) \quad (-4.96) \quad (1.58) \quad D-W = 1.969$$

ADF 值為-4.957，小於1%水平下的臨界值-3.807，Lfdi 是 I（1）序列。

2. 浙江數據的平穩性檢驗

對 Lgdp 做 ADF 檢驗：
$$\triangle^2 \mathrm{L}gdp_t = 0.126 - 1.05 \triangle \mathrm{L}gdp_{t-1}$$
$$(3.36) \quad (-4.48) \quad D-W = 2.027$$

ADF 值為-4.48，小於1%水平下的臨界值-3.81，Lgdp 是 I（1）序列。

對 Lfdi 做 ADF 檢驗：
$$\triangle^2 \mathrm{L}fdi_t = 1.29 - 0.055t - 1.578 \triangle \mathrm{L}fdi_{t-1} + 1.054 \triangle^2 \mathrm{L}fdi_{t-1} + 0.682 \triangle^2 \mathrm{L}fdi_{t-2}$$
$$(4.21) \quad (-3.33) \quad (-4.86) \quad (3.676) \quad (2.835)$$
$$+0.42 \triangle^2 \mathrm{L}fdi_{t-3} + 0.625 \triangle^2 \mathrm{L}gdp_{t-4}$$
$$(2.076) \quad (4.71) \quad D-W = 1.948$$

ADF 值為-4.865，小於1%水平下的臨界值-4.668，Lfdi 是 I（1）序列。

從表1的檢驗結果可知：變量的一階差分序列在95%的置信水平下是平穩的，即 Lgdp 和 Lfdi 都是一階單整過程，它們均為非平穩的時間序列，因此不能夠用傳統的計量經濟學理論來構建模型。為此，我們用現代計量經濟學中的協整理論及向量誤差修正模型來研究兩個變量之間的長期均衡關係。

表1 對數變量的 ADF 平穩檢驗 *（＊＊）為在5%（1%）顯著水平

	江蘇省					湖南省			
一階差分	ADF 值	5%	1%	D-W 值	一階差分	ADF 值	5%	1%	D-W 值
△Lgdp	-4.48**	-3.021	3.809	2.027	△Lgdp	-3.724*	-3.067	-3.920	1.959
△Lfdi	-4.865**	-3.733	4.668	1.948	△Lfdi	-4.957**	-3.02	-3.807	1.969

（二）協整檢驗

由於協整檢驗是對無約束的 VAR 模型施以向量協整約束後的 VAR 模型，因此進行協整檢驗選擇的滯后階數應該等於無約束的 VAR 模型的最優滯后階數減1。

---

① △表示對變量進行一階差分，△^{2}表示對變量進行二階差分，下同。

1. 湖南數據的協整檢驗

Johansen 協整檢驗，滯后區間從 1 到 2 期的檢驗結果如表 2 所示。

表 2　　　　　　　　湖南數據 Johansen 檢驗

Hypothesized	Eigenvalue	Trace Statistic	0.05 Critical Value	Prob.
None*	0.602,5	18.733,4	15.494,7	0.015,7
At most 1	0.061,5	1.206,1	3.841,5	0.272,1

Trace test indicates 2 cointegrating eqn (s) at the 0.05 leve, * denotes rejection of the hypothesis at the 0.05 level

跡統計量 18.73 大於 5% 水平下的臨界值 15.49，拒絕原假設，存在一個協整關係。

2. 浙江數據的協整檢驗

Johansen 協整檢驗，滯后區間從 1 到 3 期的檢驗結果如表 3 所示。

表 3　　　　　　　　浙江數據 Johansen 檢驗

Hypothesized	Eigenvalue	Trace Statistic	0.05 Critical Value	Prob
None*	0.840,1	34.600,7	15.494,7	0.000,0
At most 1	0.085,3	1.605,4	3.841,5	0.205,1

Trace test indicates 2 cointegrating eqn (s) at the 0.05 leve, * denotes rejection of the hypothesis at the 0.05 level

跡統計量 34.6 大於 5% 水平下的臨界值 15.49，拒絕原假設，存在一個協整關係。

（三）格蘭杰因果檢驗

我們對湖南、浙江的 Lfdi 與 Lgdp 格蘭杰因果關係進行檢驗，選取 3~6 期滯后的檢驗結果如表 4 所示。在 10% 的顯著水平下，湖南省滯后 3 期、4 期的 Lfdi 與 Lgdp 存在雙向的因果關係，滯后 5 期的 Lfdi 不是 Lgdp 的格蘭杰原因，滯后 6 期的 Lgdp 不是 Lfdi 的格蘭杰原因；浙江省滯后 3 期的 Lfdi 不是 Lgdp 的格蘭杰原因，滯后 6 期的 Lgdp 不是 Lfdi 的格蘭杰原因，滯后 4 期、5 期的 Lfdi 與 Lgdp 存在雙向的因果關係。可以說，浙江和湖南兩省的 FDI 和地區生產總值之間有互相促進的作用。

表 4　　　湖南、浙江的 Lfdi 與 Lgdp 的格蘭杰因果檢驗

Lags	原假設	湖南 F 值	湖南 P 值	湖南 結論	浙江 F 值	浙江 P 值	浙江 結論
3	Lfdi 不是 Lgdp 的格蘭杰原因	3.061	0.066	拒絕	0.782	0.527	不拒絕

表4(續)

Lags	原假設	湖南 F 值	湖南 P 值	湖南 結論	浙江 F 值	浙江 P 值	浙江 結論
	Lgdp 不是 Lfdi 的格蘭杰原因	4.531	0.022	拒絕	2.869	0.081	拒絕
4	Lfdi 不是 Lgdp 的格蘭杰原因	6.536	0.008	拒絕	4.428	0.029,8	拒絕
	Lgdp 不是 Lfdi 的格蘭杰原因	4.113	0.032	拒絕	10.78	0.001,7	拒絕
5	Lfdi 不是 Lgdp 的格蘭杰原因	2.439	0.138	不拒絕	6.313	0.022,1	拒絕
	Lgdp 不是 Lfdi 的格蘭杰原因	3.076	0.088	拒絕	9.09	0.009,1	拒絕
6	Lfdi 不是 Lgdp 的格蘭杰原因	19.26	0.006	拒絕	4.88	0.110,7	拒絕
	Lgdp 不是 Lfdi 的格蘭杰原因	3.498	0.123	不拒絕	1.679	0.359	不拒絕

(四) 方差分解

格蘭杰因果關係只能夠說明變量之間具有因果關係，但不能夠測度這種因果關係的強弱，因此採用方差分解來對這兩個變量不同預測期限的均方誤差進行分解。方差分解是把系統中每個內生變量的波動按其成因分解為與各方程信息相互關聯的部分，從而瞭解各信息對模型內生變量的相對重要性。

圖1顯示：湖南Lgdp的預測誤差主要來自於其自身，在第4期後Lfdi的影響大約占到了預測誤差的3%，以後穩定在3%左右，因此其對經濟增長的長期影響不是很顯著；湖南的Lfdi的預測誤差主要來自於其自身，在第6期後Lgdp的影響大約占到了預測誤差的35%，因此其對Lfdi的長期影響比較顯著。圖2顯示：浙江的Lgdp的預測誤差主要來自於其自身，在第4期後Lfdi的影響大約占到了預測誤差的10%，以後穩定在20%左右，因此其對經濟增長的長期影響是比較顯著的；浙江的Lfdi的預測誤差主要來自於其自身，在第5期後Lgdp的影響大約占到了預測誤差的50%，因此其對Lfdi的長期影響比較顯著。說明FDI對經濟增長有長期影響，並且兩者之間互相促進，但浙江的FDI對經濟增長的作用更顯著。

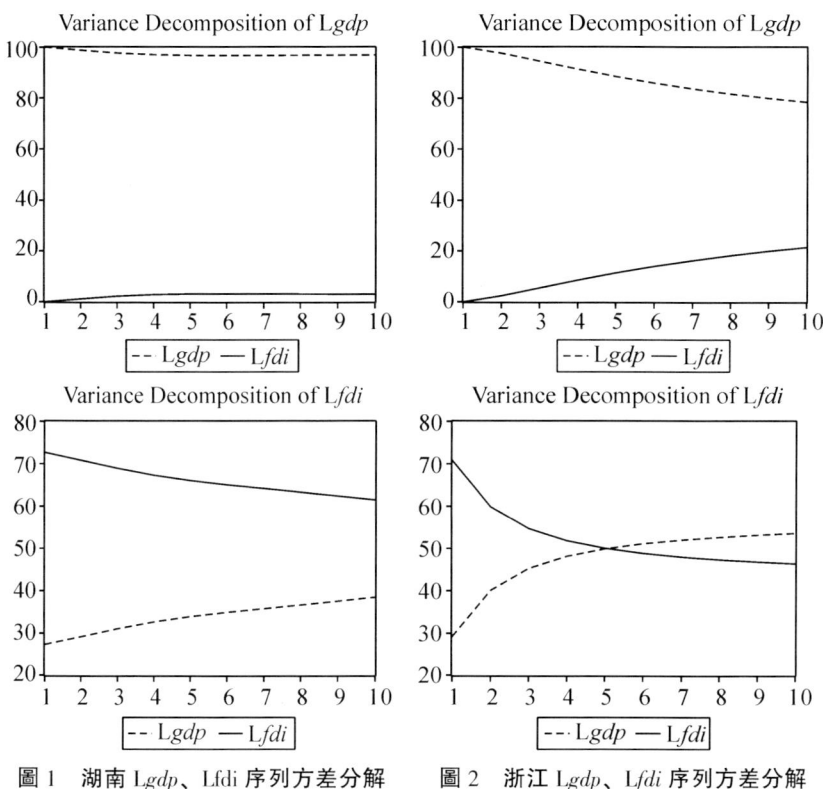

圖 1　湖南 Lgdp、Lfdi 序列方差分解　　圖 2　浙江 Lgdp、Lfdi 序列方差分解

（五）脈衝回應函數

　　脈衝回應函數是描述一個內生變量對誤差的反應，也即在擾動項上加一個標準差大小的新息衝擊對內生變量的當前值和未來值的影響。圖 3、圖 4 是 VAR 模型的脈衝回應函數曲線，橫軸表示滯後階數，縱軸表示內生變量對沖擊的回應程度。由圖 3 可見，度量 Lgdp 一個單位的正向標準差衝擊，使得 Lfdi 在滯後的 2 年內上升，到頂峰后漸平穩。在總的滯後期內都產生正向效應。Lfdi 的正向衝擊也對 Lgdp 產生正向效應，在滯後 2 年內達到高峰後下降，在滯後 10 年內都產生正向作用。從圖 4 看，度量 Lgdp 一個單位的正向標準差衝擊，使得 Lfdi 在滯後的 2 年內上升，到頂峰后漸平穩。在總的滯後期內都產生正向效應。Lfdi 的正向衝擊也對 Lgdp 產生正向效應，在滯後 2 年內達到高峰後稍有下降，在滯後 10 年內都產生正向作用。對圖 3、圖 4 的比較可以看出浙江的 Lfdi 和 Lgdp 相互衝擊的效果比湖南的要明顯。

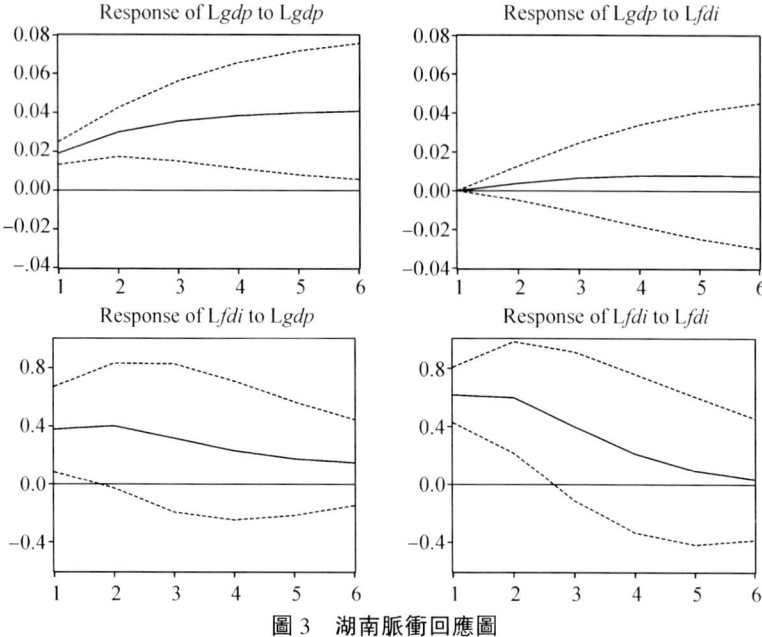

圖3　湖南脈衝回應圖

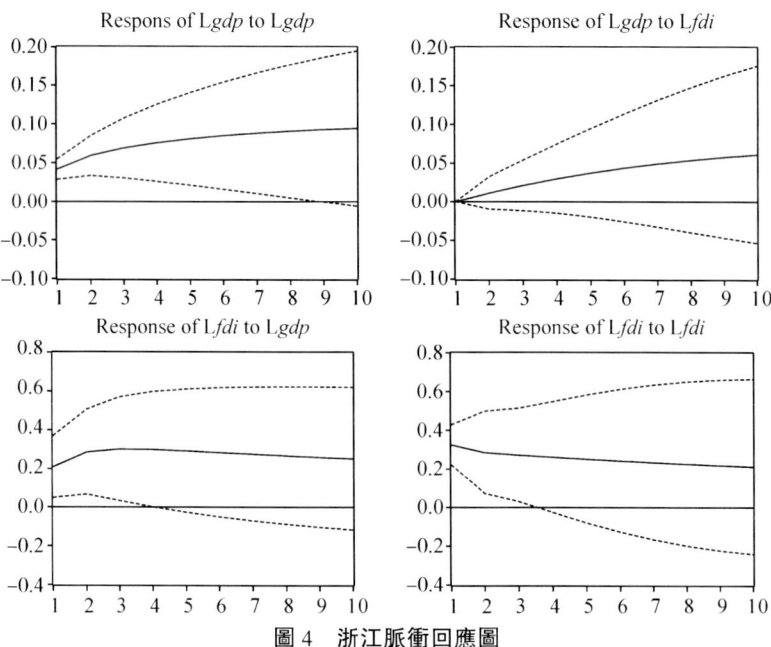

圖4　浙江脈衝回應圖

二、構建誤差修正模型

(一) 湖南 FDI 的誤差修正模型

1. 建立迴歸模型

$Lgdp_t = 0.384 + 0.028,5 Lfdi_t + 1.324,4Lgdp_{t-1} - 0.403 Lgdp_{t-2}$

　　　　(2.866)　(2.085)　(6.793)　　(-2.218)

$R^2 = 0.997,6$　Adj-$R^2 = 0.997,2$　F = 2,397.34　D-W = 1.817

$d_l = 1.03$，$d_u = 1.67$，$1.67 < D-W < 2.97$，不存在自相關。$T_{0.05}$ (18) = 1.734，各變量在 10% 的水平下顯著異於零。$F_{0.01}$ (3, 18) = 5.09，模型的線性關係在 99% 的置信度下是顯著成立的。

2. 殘差項的平穩性檢驗

$\triangle e_t = -0.910 e_{t-1}$

　　　(-3.976)　　D-W = 1.853

ADF 值為-3.976，小於 1% 水平下的臨界值-2.688,9，e_t 是 I (0) 序列。

$\triangle Lgdp_t = 0.875 \triangle Lgdp_{t-1} + 0.014,8 \triangle Lfdi_t + 0.072,4 \triangle Lgdp_{t-2} - 0.098,1 e_{t-1}$

(3.513)　(2.175)　(0.293)　(-1.008)

$R^2 = 0.404$　Adj-$R^2 = 0.293$　D-W = 1.86

(二) 浙江 FDI 的誤差修正模型

1. 建立迴歸模型

$Lgdp_t = -6.115 + 0.150,8 Lfdi_t + 1.859,9 Lgdp_{t-1} - 0.367,7 Lfdi_{t-1} - 0.135,4 Lgfdi_{t-3}$

　(-12.64)　　　(2.368)　(5.558)　(-3.582)　(-2.921)

　　　　$-0.440,9 Lgdp_{t-3}$
　　　　(-1.999)

$R^2 = 0.988,7$　Adj-$R^2 = 0.984,4$　F = 227.89　D-W = 2.16

$d_l = 1.03$，$d_u = 1.67$，$1.67 < D-W < 2.97$，不存在自相關。$T_{0.05}$ (17) = 1.740，各變量在 10% 的顯著水平下異於零。$F_{0.01}$ (3, 17) = 5.18，模型的線性關係在 99% 的置信度下是顯著成立的。

2. 殘差項的平穩性檢驗

$\triangle e_t = -1.399 e_{t-1} + 0.533 \triangle e_{t-1} + 0.301 \triangle e_{t-2}$

　　　(-3.658)　(2.176)　　(1.906)　　D-W = 2.19

ADF 值為-3.658，小於 1% 水平下的臨界值-2.718，e_t 是 I (0) 序列。

$\triangle Lgdp_t = 1.422,7 \triangle Lgdp_{t-1} + 0.149 \triangle Lfdi_t - 0.430,9 \triangle Lgdp_{t-3}$

　　　　(3.887)　　　　(2.896)　　　(-1.982)

　　$-0.267 \triangle Lfdi_{t-1} - 0.025,7 \triangle Lfdi_{t-3} - 0.857,6 e_{t-1}$

$$(-3.809) \qquad (-0.538) \qquad (-2.88)$$

$R^2 = 0.714 \quad \text{adj-}R^2 = 0.595 \quad \text{D-W} = 1.556$

（三）向量誤差修正（VEC）模型

格蘭傑指出，若變量之間存在協整，則這些變量之間至少存在一個方向的格蘭傑因果關係：滯后差分項的系數聯合檢驗顯著，存在短期因果關係，或者誤差糾正項系數顯著而存在長期因果關係。因此，在確定變量之間存在協整關係后，就可以構造向量誤差修正模型，以確定它們之間的相互調整速率及短期互動影響並觀察變量間的因果關係。VECM 是一個有約束的 VAR 模型，在解釋變量中含有協整約束關係，因此當出現一個大範圍的短期波動時，VECM 會使內生變量收斂於它們的長期協整關係。短期部分調整可以修正長期均衡的偏離，因此協整項也被稱為誤差項。向量誤差修正模型的參數設定應該與前面 Johansen 協整檢驗對截距項和趨勢項以及滯后區間的設定保持一致。模型結果如表 5 所示。表 5 為根據向量誤差修正模型得到的估計結果。從表 5 可以得出以下結論：浙江和湖南兩省的 FDI 和地區生產總值存在雙向的因果關係，在 5%的顯著水平下，地區生產總值與 FDI 短期和長期都存在因果關係；FDI 與地區生產總值存在短期因果關係。兩省的 FDI 均通過長期均衡關係來影響地區生產總值的增長，湖南和浙江每年 Lgdp 的實際值與均衡值的偏差約 3.56%和 2.64%被糾正。

表 5　　　　　　　　　　　誤差修正模型系數向量

	湖南			浙江	
VEC	DLgdp	DLfdi	VEC	DLgdp	DLfdi
CE（-1）	-0.035,6	-0.224,7	CE（-1）	-0.026,4	0.004,3
	(-3.265,8)	(-0.527,7)		(-3.402,0)	(0.245,7)
DLgdp（-1）	0.670,8	11.221,5	DLgdp（-1）	-0.285,0	-0.658,2
	(3.311,4)	(1.418,9)		(-1.290,3)	(-1.328,0)
DLgdp（-2）	-0.802,9	-30.117,3	DLgdp（-2）	-0.780,6	-3.316,5
	(-3.745,8)	(-3.599,1)		(-3.442,8)	(-6.519,6)
DLfdi（-1）	-0.013,7	-0.238,3	DLgdp（-3）	-0.911,4	-1.817,8
	(-2.653,1)	(-1.185,0)		(-4.043,8)	(-3.595,1)
DLfdi（-2）	0.004,0	-0.114,2	DLfdi（-1）	-0.204,0	-0.100,5
	(1.061,7)	(-0.783,6)		(-2.318,3)	(-0.508,7)
C	0.101,6	1.998,2	DLfdi（-2）	0.161,1	0.588,8

表5（續）

	湖南			浙江		
VEC	DL*gdp*	DL*fdi*	VEC	DL*gdp*	DL*fdi*	
	(4.945,1)	(2.490,9)		(1.921,8)	(3.131,0)	
			DL*fdi*（-3）	0.079,2	-0.286,0	
				(1.761,9)	(-2.835,7)	
			C	0.336,1	0.941,0	
				(5.962,7)	(7.441,3)	
F 統計量	7.232,9	3.660,9	F 統計量	4.199,5	10.949,9	
AIC	-5.548,0	1.781,2	AIC	-3.918,6	0.133,0	
SC	-5.249,3	2.079,9	SC	-3.522,9	0.528,7	
Log likelihood	61.479,9	-11.812,1	Log likelihood	43.267,6	6.803,4	
AIC	-3.572,9		AIC	-4.329,0		
SC	-2.875,9		SC	-3.438,6		
Log likelihood	49.729,0		Log likelihood	56.960,7		

註：D（ ）表示對變量求差分，括號內的數字為 t 檢驗統計值，EC 為反應短期對長期均衡調整的誤差糾正項

三、結論

通過上述分析可得到以下結論：在其他條件相同的情況下，湖南的 FDI 每增加一個百分點，將推動湖南當年地區生產總值增加 0.028,5 個百分點，湖南的 FDI 的長期彈性是 0.362,6，短期彈性是 0.014,8。在其他條件相同的情況下，浙江的 FDI 每增加一個百分點，將推動浙江當年地區生產總值增加 0.150,8 個百分點，浙江 FDI 的長期彈性是 0.840,6，短期彈性是 0.149。浙江的 FDI 對地區生產總值的長期彈性和短期彈性均大於湖南相應的彈性，說明浙江消化吸收 FDI 技術溢出效應的能力比湖南強；兩省各自的長期彈性均大於其短期彈性，這說明 FDI 發揮作用需要一個較長的時期。形成這一差距的原因主要是湖南在消化吸收 FDI 技術溢出效應的能力方面還存在不足，FDI 外溢效應的溢出渠道不通暢。波連斯坦（Borensztein）等人的分析表明，先進技術的引進和吸收能力是 FDI 促進經濟增長的前提條件，只有當引資國達到某種最低人力資本存量的條件之後，外商直接投資才能比國內投資有更高的生產率。因此，湖南應大力提升人力資本水平，提高 FDI 先進技術溢出的消化吸收能力。短期內 FDI 對地區生產總值的貢獻不明顯，這是因為 FDI 進入湖南後，通過其提供的需求拉動對當年地區生產總值做出

貢獻后，進入到了一個累積時期，其供給效應還沒有開始發揮作用，貢獻並不明顯，經過一段時期的發展，其供給效應開始發揮作用，FDI 對地區生產總值做出了較大的貢獻。

湖南、浙江兩省的經濟增長與 FDI 增長的相關性顯著，兩者之間存在因果關係，並且相互影響為正。這說明 FDI 是湖南經濟增長的原因之一，同時經濟增長也是促使湖南持續吸引較多 FDI 的一個重要因子。從分析來看，FDI 對湖南經濟增長的影響是積極的，效果是顯著的，有力推動了湖南的經濟增長。外資進入湖南后，通過短期需求效應拉動經濟增長。從長期均衡來看，湖南、浙江兩省 FDI 的滯后期都較長。此外，湖南 FDI 的外溢效應得到相應的發揮，人力資本、技術水平也有相應的提高，但與浙江相比，差距還很大。因此，湖南在進一步加大引資力度的同時，要提高自身的人力資本水平，從而增強對技術外溢效應的消化和吸收。

參考文獻

[1] 盛壘，杜德斌，鐘輝華. FDI 對湖南省的經濟增長效應及其地域梯度差異的實證分析 [J]. 經濟地理，2006（4）：568-572.

[2] 薄文廣. FDI、國內投資與經濟增長：基於中國數據的分析和檢驗 [J]. 世界經濟研究，2005（9）：63-69.

[3] 桑秀國. 外商直接投資與區域經濟增長——中國 20 世紀 90 年代時間序列數據計量分析及格蘭杰因果關係檢驗 [J]. 河北科技大學學報（社會科學版），2005（4）：35-44.

[4] 趙麗芬，李玉山. 中國財政貨幣政策作用關係實證研究——基於 VAR 模型的檢驗分析 [J]. 財經研究，2006（2）：42-53.

[5] 杰弗里·M. 伍德里奇. 計量經濟學導論 [M]. 費劍平，林相森，譯. 林少宮，校. 北京：中國人民大學出版社，2003.

（原載於《企業經濟》2008 年第 2 期）

3. FDI 區域選擇影響因素的實證研究
——基於廣東、福建、山東的比較

一、引言

學者們從不同的角度對 FDI 的影響因素做了大量的研究，影響 FDI 區域分佈的因素包括市場規模和地理位置、產業集聚和聯繫效應、交易成本、技術外部性、FDI 的累積效應、優惠政策和制度、人力資本的 FDI 區位選擇。

努爾巴赫什（Noorbakhsh）等人（2001）用勞動年齡人口的中學教育時間和中學加上高等教育時間這兩個指標作為人力資本的代理變量，研究表明人力資本的存量和流量對於 FDI 的流入具有重要的正影響。聯合國貿易和發展會議（UNCTAD，2002）利用 140 個發達國家和發展中國家數據分析發現，人力資本與 FDI 流入之間存在高度正相關性。尼恩卡普和施伯茨（Nunnenkamp & Spatz，2002）利用巴羅和李（Barro & Lee，2000）採用的 15 歲及以上人口的平均教育年限數據，分析了 28 個發展中國家的 FDI 流入情況，發現 20 世紀 90 年代人力資本的作用比 20 世紀 80 年代更為顯著。一些學者的研究成果則表明，人力資本與 FDI 區位選擇之間並沒有顯著的相關性。漢森（Hanson，1996）利用 150 個發展中國家的樣本分析表明，與其他變量相比，成人識字率對 FDI 的區位選擇並沒有顯著的重要性。納魯拉（Narula，1996）利用 22 個發展中國家的數據分析表明，總人口中接受高等教育的人數並不能成為 FDI 流入的一個統計顯著性解釋變量。瓦斯姆（Wasseem，2007）對 1980—2002 年的海灣合作會議（GCC）國家之間的 FDI 分佈的分析表明，人力資本對 FDI 的影響呈現負相關性。近年來，關於 FDI 在中國國內區位選擇和分佈的研究文獻逐漸增多。金相鬱和樸英姬（2006）對 210 個城市 2002 年的數據分析表明，市場規模、制度因素和基礎設施是 FDI 重要的區位選擇因素，勞動力成本不是 FDI 的區位決定因素。黃肖琦和柴敏（2006）對外商直接投資的區位決策行為的分析表明，勞動力成本、優惠政策等傳統 FDI 區位變量未能較好地解釋在華

外商直接投資的區位分佈，新經濟地理學揭示的貿易成本、技術外溢、市場規模以及歷史FDI等傳導機制在其實證結果中具有統計顯著性。沈坤榮和田源（2002）利用1996—2000年的省際面板數據，研究了人力資本存量對中國國內外商直接投資區位選擇及投資規模的影響，除了市場容量、勞動成本、市場化水平等因素外，人力資本存量是影響FDI區位選擇和投資規模的重要因素。高（Gao，2005）同樣使用小學畢業生、初中畢業生、高中畢業生和大學畢業生占勞動力人口的比例作為人力資本的代理變量，對1996—1999年的省際面板數據分析表明，人力資本對於吸收FDI具有重要的作用。有研究者（Cheng & Kwan，2000）用小學畢業生占人口的比例、初中畢業生占人口的比例和高中畢業生占人口的比例作為人力資本的代理變量，對1985—1995年中國29個省際FDI的分佈分析表明，人力資本對FDI的影響為正，但是並不顯著。孫俊（2002）的研究發現，中國各地區教育程度對外商投資的系數估計值為負，而且統計上不顯著，他認為相對於其他因素而言，各地區的文化教育程度對吸引外資的作用並不重要。

二、變量選擇和數據說明

（一）變量選擇

基於本文的研究視角，我們選擇的解釋變量主要包括：

GDP：人均國內生產總值，是反應市場規模的指標。理論上講，市場規模越大，吸引的FDI越多。預期系數符號為正。

W：平均工資，代表著勞動力成本的大小。中國豐富而廉價的勞動力資源是吸引FDI的重要因素。預期系數符號為負。

ED：人力資本的代理變量，用當年畢業的大中專學生的數量表示，其中$ED1$表示普通高校當年畢業學生的數量，$ED2$表示職業中專當年畢業學生的數量。一般來講，一個區域的人力資本存量越高，外資企業雇傭的勞動者素質越高，則外資企業的收益就越高，FDI的流入量就越大。預期系數符號為正。

I：地區固定資產投資數量，反應資本存量對FDI的影響，若投資與FDI方向有衝突，則會存在擠出效應，影響為負；若是改善基礎設施，則對FDI的影響為正。

L：勞動力就業數量，用當年勞動力就業數量代替，如果勞動力就業數量越多，外商直接投資用同樣工資水平找到勞動力就越困難（不考慮農村勞動力轉移，勞動力數量一定），對FDI的影響預期為負。

XM：外貿依存度，用進出口總額與國內生產總值的比值表示。預期系數符號為正。

（二）數據說明

本文採用的數據的時間區間為1985—2007年，數據來源於廣東、山東和

福建的 2008 年統計年鑒和中華人民共和國國家統計局網站的統計公報。GDP 是按當年價格計算，單位為億元，勞動力平均工資單位為元，FDI 單位為萬美元，固定投資單位為億元，勞動力數量及學生人數單位為萬人。在進行迴歸時利用年平均匯率進行換算。

三、計量模型設定和迴歸結果

（一）迴歸模型

本文根據上面介紹的中國國內 FDI 的區域分佈影響因素，結合本文的研究目的設定計量迴歸模型如下：

$LNFDI_t = \alpha + \beta_1 LNGDP_t + \beta_2 LNW_t + \beta_3 LNI_t + \beta_4 LNL_t + \beta_5 LNED1_t + \beta_6 LNED2_t + \beta_7 LNXM_t$。其中，$t$ 代表時間，前綴 LN 表示變量的對數形式。

（二）迴歸結果及討論

1. 廣東省 FDI 影響因素分析

本文採用 Eviews 5.0 軟件包進行迴歸分析，先把所有變量引入模型得模型 I，除 LNGDP、LNED2、LNW 和 LNXM 外，其他變量都在 1% 的水平下顯著；剔除變量 LNXM 後得模型 II，LNGDP、LNED2 和 LNW 仍不顯著；剔除變量 LNED2 後得模型 III，LNGDP 與 LNW 仍不顯著，並且 LNW 符號與預期相反，因此判斷 LNGDP 與 LNW 可能存在共線性。最後，本文把 LNW 剔除得模型 IV，AIC 和 SC 較小，D-W 接近 2，不存在自相關。

LNFDI = 26.851 + 1.331LNGDP − 3.380 LNL + 0.987 LNI − 0.891LNED1

   （3.523）（5.767） （−3.242） （5.015） （−5.427）

$R^2 = 0.994$ Adj-$R^2 = 0.993$ F = 737.77 AIC = −0.951 SC = −0.704

D−W = 1.966

廣東省計量模型迴歸結果如表 1 所示。

表 1   廣東省計量模型迴歸結果

變量	模型 I	模型 II	模型 III	模型 IV
C	34.148* (3.234)	33.961* (3.362)	34.974* (3.539)	26.851* (3.523)
LNGDP	0.546 (0.741)	0.521 (0.764)	0.532 (0.790)	1.331* (5.767)
LNW	−0.458 (−0.586)	1.322 (1.424)	1.091 (1.261)	
LNI	0.799* (3.179)	0.798* (3.281)	0.888* (4.257)	0.987* (5.015)

表1(續)

變量	模型Ⅰ	模型Ⅱ	模型Ⅲ	模型Ⅳ
LNL	0.445* (3.768)	−4.186* (−3.153)	−4.365* (−3.385)	−3.380* (−3.242)
LNXM	0.016 (0.113)			
LNED1	−0.797* (−3.117)	−0.798* (−3.224)	−0.711* (−3.296)	−0.891* (−5.427)
LNED2	−0.248 (−0.692)	−0.229 (−0.751)		
AIC	−0.815	−0.901	−0.954	−0.951
SC	−0.420	−0.556	−0.657	−0.704
R^2	0.995	0.995	0.994	0.994
Adj-R^2	0.992	0.993	0.993	0.993
F	398.40	495.36	609.93	737.77
D-W	2.22	2.20	2.04	1.966

註：系數后括號內的值是 t 統計值，* 表示在1%的水平下顯著，** 表示在5%的水平下顯著，*** 表示在10%的水平下顯著（下同）

廣東省的 FDI 的影響因素包括國內生產總值、勞動力就業數量、固定資產投資、普通高校畢業生數量。國內生產總值和固定資產投資對 FDI 有正向影響，勞動力就業數量和普通高校畢業生數量對 FDI 的影響是負向的。若其他條件不變，地區生產總值每增加一個百分點，FDI 可增加 1.331 個百分點，當年就業數量每增加一個百分點，FDI 將減少 3.38 個百分點；固定資產投資每增加一個百分點，FDI 將增加 0.987 個百分點，廣東省投資對 FDI 沒有擠出效應，而是引導外商直接投資增加；ED1 每增加一個百分點，會使 FDI 減少 0.891 個百分點，這說明廣東省外商直接投資並不需要高素質人才，只是為了利用廣東省大量低素質勞動力和廉價資源，並且勞動力成本對 FDI 沒有顯著性影響。

2. 山東省 FDI 影響因素分析

本文先把所有變量引入模型得模型Ⅰ，除 LNGDP 外，其他變量都不顯著；剔除變量 LNXM 後得模型Ⅱ，除 LNGDP 外，其他變量的顯著性仍不理想；把 LNXM 引入的同時把 LNI 滯后一期得模型Ⅲ，變量顯著性得到改善；最后把 LNED2 剔除，得模型Ⅳ，除 LNL 在5%水平下顯著外，其他變量都在1%的水平下顯著，但 AIC 和 SC 較小，D-W 值接近2，不存在自相關。

$$LNFDI = 91.579+10.523LNGDP-3.678LNW-13.07LNL-2.941LNI(-1)$$
   (3.225)(8.018)   (-2.453)   (-3.448)   (-3.706)
$$-0.868LNED1+1.969LNXM$$
   (-2.045)   (2.405)

$R^2 = 0.981$ $Adj\text{-}R^2 = 0.973$ $AIC = 1.176$ $SC = 1.523$ $D\text{-}W = 2.10$

山東省計量模型迴歸結果如表2所示。

表2　　　　　　　　　　山東省計量模型迴歸結果

變量	模型Ⅰ	模型Ⅱ	模型Ⅲ	模型Ⅳ
C	63.623 (1.251)	66.712 (1.348)	91.868* (3.472)	91.579* (3.225)
LNGDP	8.852* (3.512)	9.460* (4.268)	10.330* (8.415)	10.523* (8.018)
LNW	-2.972 (-1.068)	-3.586 (-1.437)	-2.851*** (-1.940)	-3.678* (-2.453)
LNI	-1.475 (-1.169)	-1.720 (-1.489)		
LNI(-1)			-2.843 (-3.834)	-2.941* (-3.706)
LNL	-6.772 (-0.956)	-7.543 (-1.112)	-11.634* (-3.213)	-13.07** (-3.448)
LNED1	-1.287 (-1.381)	-1.220 (-1.350)	-1.401 (-2.841)	-0.868* (-2.045)
LNED2	-1.315 (-1.170)	-1.122 (-1.074)	-1.031*** (-1.810)	
LNXM	-0.806 (-0.552)		1.508*** (1.876)	1.969* (2.405)
AIC	2.417	2.350	1.057	1.176
SC	2.812	2.695	1.453	1.523
R^2	0.950	0.948	0.984	0.981
$Adj\text{-}R^2$	0.927	0.930	0.976	0.973
F	40.651	49.53	124.88	126.01
D-W	1.046	0.978	2.293	2.10

山東省的FDI的影響因素包括國內生產總值、平均工資水平、勞動力就業

數量、固定資產投資、普通高等學校畢業生數量、外貿依存度。國內生產總值和外貿依存度對 FDI 有正向影響，其餘四個變量對 FDI 的影響是負向的。若其他條件不變，地區生產總值每增加一個百分點，FDI 可增加 10.523 個百分點，這說明山東省的市場容量對外商直接投資的影響非常大，這應當與山東省人口的消費習慣以及收入結構相關；平均工資每增加一個百分點，FDI 減少 3.678 個百分點，工資成本對山東省的外商直接投資特別敏感；勞動力就業量、普通高等學校畢業生數量和滯后一期的固定資產投資每增加一個百分點對 FDI 的影響分別是 13.071、0.868 和 2.941 個百分點；固定資產投資對 FDI 具有擠出效應，滯后一期的固定資產投資每增加一個百分點會擠出 2.941 個百分點的外商直接投資；普通高等學校畢業生數量對 FDI 的影響顯著，說明山東省高素質人才的增加會擠出一部分外商直接投資，即引進的外資也不全是知識密集型的，外商直接投資擠占了地區市場，但並沒有帶來相應的新技術。

3. 福建省 FDI 影響因素分析

本文先把所有變量引入模型得模型 I，除 LNXM、LNI、LN$ED2$ 外，其他變量都顯著（在 10%的水平下）；剔除變量 LN$ED2$ 后得模型 II，LNXM 和 LNI 仍不顯著；把 LNI 剔除后得模型 III，LNXM 仍不顯著；最后把 LNL 剔除，把 LNI 和 LNL（-1）引入得模型 IV，除 LNI 在 5%的水平下顯著外，其餘變量在 1%的水平下顯著，並且 AIC 和 SC 也改善，D-W 值接近 2，不存在自相關。

$$LNFDI = -74.034 + 2.638 LNGDP - 1.881 LNW$$
$$(-2.872) \quad (3.616) \quad (-3.051)$$
$$-0.799 LNI + 0.722 LNL(-1) - 1.073 LNED1 + 1.0 LNXM$$
$$(-2.052) \quad (-1.569) \quad (-5.337) \quad (3.049)$$

$R^2 = 0.993$ Adj-$R^2 = 0.991$ F = 381.669 AIC = -0.330 SC = 0.017 D-W = 2.114

福建省計量模型迴歸結果如表 3 所示。

表 3　　　　　　　　　福建省計量模型迴歸結果

變量	模型 I	模型 II	模型 III	模型 IV
C	-61.453*** (-1.804)	-64.449*** (-1.969)	-55.194** (-1.962)	-74.034* (-2.872)
LNGDP	2.499** (2.285)	2.672* (2.641)	2.328* (2.877)	2.638* (3.616)
LNW	-1.834*** (-1.781)	-2.007** (-2.121)	-1.886** (-2.083)	-1.881* (-3.051)
LNI	-0.262 (-0.382)	-0.372 (-0.587)		-0.799** (-2.052)

表3(續)

變量	模型 I	模型 II	模型 III	模型 IV
LNL(-1)				-1.014* (-1.569)
LNL	9.824*** (1.888)	10.349** (2.080)	8.944** (2.091)	
LN$ED1$	-1.201* (-2.684)	-1.338* (-3.889)	-1.350* (-4.012)	-1.073* (-5.337)
LN$ED2$	-0.160 (-0.497)			
LNXM	0.338 (0.570)	0.274 (0.485)	0.472,9 (1.063)	1.000* (3.049)
AIC	0.960	0.667	0.602	-0.330
SC	1.133	1.013	0.898	0.016,9
R^2	0.984	0.984	0.983	0.993
Adj-R^2	0.976	0.957	0.978	0.991
F	130.72	159.99	199.615	381.669
D-W	1.346	1.345	1.409	2.144

　　福建省 FDI 的影響因素包括國內生產總值、勞動力工資水平、固定資產投資、勞動力就業數量、普通高等學校畢業生數量和外貿依存度。地區生產總值、勞動力就業數量和外貿依存度對 FDI 有正向影響，勞動力平均工資、固定資產投資和普通高等學校畢業生數量對 FDI 的影響是負向的。若其他條件不變，地區生產總值每增加一個百分點，FDI 可增加 2.638 個百分點；勞動力平均工資每增加一個百分點，FDI 減少 1.881 個百分點；普通高等學校畢業生數量對 FDI 有負的影響；固定資產投資和滯後一期的勞動力當年就業數量對 FDI 的影響分別是 0.799 和 0.722 個百分點。這說明福建省的市場容量對外商直接投資的影響非常大，與山東省狀況相似；工資成本對福建省的外商直接投資特別敏感（1%的顯著水平）；固定資產投資對 FDI 具有擠出效應，滯後一期固定資產投資每增加一個百分點會擠出 0.799 個百分點的外商直接投資。

四、結論

　　從以上三省的迴歸模型可以看出，市場容量對外商直接投資的影響都為正，山東最大，地區生產總值每增加一個百分點，外商直接投資將增加 10.523 個百分點，而福建省、廣東省分別為 2.638 和 1.331 個百分點；工資成本對廣東省外商直接投資影響不顯著，但對山東省和福建省的影響顯著，並且

都為負向影響；外貿依存度對廣東省的外商直接投資影響也不顯著，但對山東省和福建省的影響都顯著，並且為正向影響，外貿依存度越高，外商直接投資數量越多；普通高校當年畢業生數量對外商直接投資的影響在三省都為負；當年勞動力就業數量對外商直接投資的影響的方向不確定，廣東省和山東省的當年勞動力就業數量的增加對外商直接投資的影響是負向的，而福建省滯後一期的勞動力數量對外商直接投資的影響是正向的；固定資產投資對外商直接投資的影響方向也不確定，廣東省的固定資產投資對外商直接投資的影響是正向的，而福建省的固定資產投資以及山東省的滯後一期的固定資產投資對外商直接投資的影響是負向的，對外商直接投資具有擠出效應。

參考文獻

[1] 金相鬱，樸英姬. 中國外商直接投資的區位決定因素分析：城市數據 [J]. 南開經濟研究，2006（2）：35-45.

[2] 沈坤榮，田源. 人力資本投資與外商直接投資的區位選擇 [J]. 管理世界，2002（11）：26-31.

[3] 孫俊. 中國 FDI 地點選擇的因素分析 [J]. 經濟學（季刊），2002（3）：687-698.

（原載於《企業經濟》2009 年第 6 期）

4. FDI 與經濟增長區域差異
——基於中國省際面板數據的研究

改革開放以來，FDI 大量湧入中國。在對外開放中，FDI 是形成地區經濟發展差距的最重要因素。地區間 FDI 規模差異的不斷擴大成為區域經濟增長差距不斷拉大的原因之一。FDI 分佈差異說認為現階段中國區域差異的主要原因是 FDI 的區域分佈，而且 FDI 分佈差異進一步拉大了區域差異。不少研究者（Berthelemy，Demurger，Lemoine，Demurger，2000）的研究發現，FDI 對區域經濟發展的影響主要表現在以下三個方面：一是 FDI 進入為當地企業帶來競爭迫使當地企業提高勞動生產率；二是 FDI 進入為區域內企業提高管理水平提供了示範；三是 FDI 進入為區域內同行提供了培養未來企業管理人員的訓練基地。國際及國內經驗表明，FDI 對一國經濟發展，特別是發展中國家或經濟落後地區經濟發展具有多方面的重要作用，甚至成為落後地區擺脫貧困陷阱和經濟起飛的主要途徑之一。不少研究者（Lee，1994；Dayal-Gulati & Husain，2000）認為不同地區 FDI 導致了區域之間經濟發展差距。有研究者（Kojima，1978）根據 FDI 的動機，把 FDI 分為自然資源導向型、市場導向型和生產要素導向型，投資東道國在自然資源、市場、生產要素方面的優勢決定了投資母國的區位選擇和投資類型。

一、中國東部、中部和西部 FDI 分佈的區域差異

1979—2007 年，中國利用外商直接投資額達 14,794.01 億美元。2006 和 2007 年，外商直接投資實際使用金額分別為 670.76 億美元、783.39 億美元（《中國統計年鑒 2008》）。但這一數據與中華人民共和國國家統計局各省統計公報上的數據不符，本文採用 30 個省（市、自治區）統計公報上的 FDI 數據（不含中國香港、澳門、臺灣、西藏數據），對 2007 年統計公報的 FDI 數據進行處理，東部地區 FDI 總量為 955.12 億美元，中部地區為 186.74 億美元，西部地區為 78.51 億美元，2007 年利用 FDI 總量達 1,220.37 億美元。東部、中部和西部地區利用 FDI 所占比重分別為 78.27%、15.30% 和 6.43%（見圖 1）。

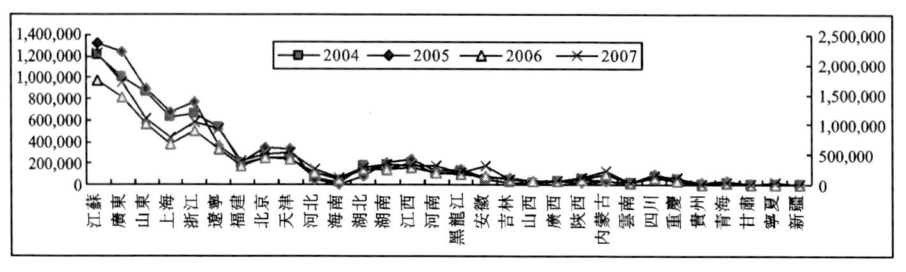

图1 东部、中部、西部30个省（市、自治区）
2004—2007年的FDI情况（单位：万美元）

2007年，东部地区外商直接投资总量排前5名的江苏、广东、山东、浙江、上海五省（市）的地区生产总值为112,760.7亿元，占国内生产总值246,617亿元的45.72%；利用外商直接投资683.16亿美元，占全国FDI总量的55.98%（见图2）。

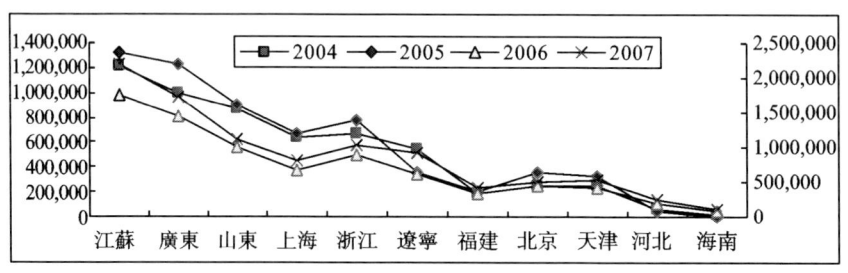

图2 东部11省（市）2004—2007年的FDI情况（单位：万美元）

2007年，中部地区外商直接投资总量排前5名的湖南、江西、河南、安徽、湖北五省实现地区生产总值46,168.08亿元，占国内生产总值246,617亿元的18.72%；利用外商直接投资151.99亿美元，占全国FDI总量的12.45%（见图3）。

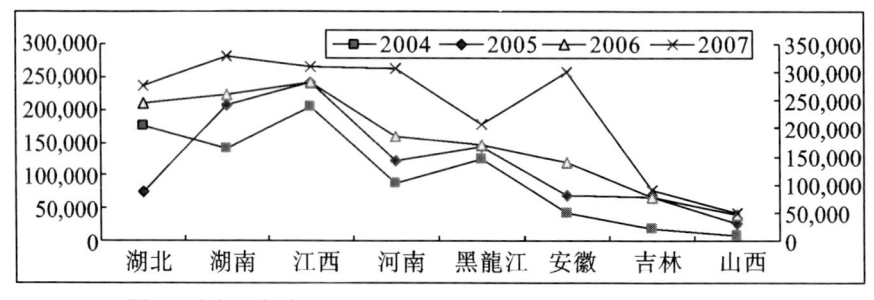

图3 中部8个省2004—2007年的FDI情况（单位：万美元）

2007 年，西部地區外商直接投資總量排前 5 名的內蒙古、四川、陝西、重慶、廣西五省（市、自治區）實現地區生產總值 31,891.66 億元，占國內生產總值 246,617 億元的 12.93%；利用外商直接投資 66.06 億美元，占全國 FDI 總量的 5.41%（見圖 4）。

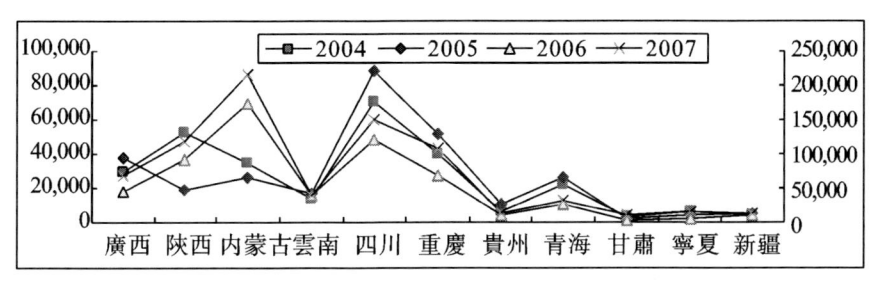

圖 4　西部 11 個省（市、自治區）
2004—2007 年的 FDI 情況（單位：萬美元）

二、中國東部、中部和西部面板數據迴歸模型

面板數據（Panel Data）是用來描述一個總體中給定樣本在一段時間內的情況，並對樣本中每一個樣本單位都進行多重觀察。這種多重觀察既包括對樣本單位在某一時期（時點）上的多個特性進行觀察，也包括對該樣本單位的這些特性在一段時間內的連續觀察，將連續觀察得到的數據集稱為面板數據。時間序列數據或截面數據都是一維數據，面板數據是同時在時間和截面空間上取得的二維數據。面板數據從橫截面（Cross Section）上看，是由若幹個體在某一時刻構成的截面觀測值；從縱剖面（Longitudinal Section）上看，是一個時間序列。

面板數據計量經濟模型是近 20 年來計量經濟學理論的重要發展之一。在實際研究中經常採用的面板數據迴歸模型是固定效應模型（FEM）和隨機效應模型（REM）。在實證研究中，一般通過對數據的 Hausman 檢驗以確定是選用固定效應模型還是隨機效應模型。當橫截面的單位是總體的所有單位時，固定效應模型是合理的模型。固定效應模型可表示為 $y_{it} = \alpha_{it} + x_{it}\beta + u_{it}$，$i = 1, \cdots, n$；$t = 1, \cdots, T$。其中，$x_{it}$ 為 $1 \times K$ 維向量，β 為 $K \times 1$ 維向量，K 為解釋變量個數，u_{it} 為隨機擾動項，α_{it} 稱為非觀測效應（Unobserved Effect），也就是橫截面單元的固定效應，概括了影響著 y_{it} 的全部觀測不到的在時間上恒定的因素。也就是說，α_{it} 為模型中被忽略的反應個體差異變量的影響，所以模型的截距項抓住了每個截面單位的本質特徵，隨個體或截面單元而變化。

本文利用中國 30 個省（市、自治區）1985—2007 年的 FDI、GDP 數據構建面板數據模型，分析中國東部、中部、西部的 FDI 對中國不同區域經濟增長的影響。考慮數據的可得性，本文沒有計入中國西藏以及香港、澳門、臺灣地

區的數據，四川的數據是 1995—2007 年的。本文採用的數據來自於各省（市、自治區）歷年統計年鑑及中國統計年鑑，對統計年鑑中沒有提供的數據，則查閱了相應省（市、自治區）商務廳網站和中華人民共和國統計局網站。GDP 的單位是億元，FDI 的單位是萬美元，利用歷年的平均匯率換算為元。為了確定面板數據分析模型，利用 F 檢驗來進行模型設定檢驗，第一步用 Chow 檢驗的 F 統計量 F_1 檢驗是否接受零假設；若拒絕零假設，再進行第二步檢驗。計算 $F_2 = (RRSS - URSS)/N - 1 \big/ URSS/(NT - N - K + 1) \sim F [N-1, N(T-1)-K+1]$，其中 RRSS、URSS 分別表示有約束模型（即混合數據迴歸模型）和無約束模型 ANCOVA 估計的殘差平方和或者是 LSDV 估計的殘差平方和。在給定的顯著性水平 α 下，如果 $F_2 > F_\alpha [N-1, N(T-1)-K+1]$，則拒絕零假設，即可以採用個體固定效應面板數據模型。模型設定形式為 $LNGDP_{it} = c + c_{it} + \beta_{it} LNFDI_{it} + \delta_{it}$。本文借助 Eviews 5.0 軟件包採用 Pooled EGLS（Cross-section Weights）法對模型參數進行估計。

（一）東部地區迴歸模型

本文採用個體固定效應面板數據模型，對東部 11 個省（市）的數據進行迴歸得：

$LNGDP_i = 1.103 + c_i + \beta_i LNFDI_i$

$R^2 = 0.988$　　$Adj\text{-}R^2 = 0.986$　　$F = 861.543$

東部地區 FDI 對經濟增長都有顯著影響，東部地區各省（市）FDI 每增長一個百分點，經濟增長達到了 0.4 個百分點以上。FDI 對經濟增長拉動最大的是廣東，FDI 每增長一個百分點，廣東地區生產總值增加達 0.725 個百分點；其次是北京，為 0.724 個百分點；再次是上海，為 0.572 個百分點。其餘依次是福建、海南、浙江、天津、河北、遼寧、山東、江蘇，FDI 每增長一個百分點，地區生產總值可分別增加 0.482、0.467、0.461、0.459、0.428、0.410、0.407、0.401 個百分點（見表 1）。

表 1　　　　　　　東部地區外商直接投資模型迴歸結果

變量	系數	標準誤	t-值	P-值	固定效應	
C	1.103,4	0.217,9	5.064,1	0.000,0		
江蘇-LNFDI	0.400,9	0.023,1	17.369,0	0.000,0	江蘇-C	2.808,5
廣東-LNFDI	0.725,3	0.059,5	12.191,0	0.000,0	廣東-C	-3.467,3
山東-LNFDI	0.407,5	0.031,5	13.119,3	0.000,0	山東-C	1.855,2
上海-LNFDI	0.572,0	0.082,3	6.947,5	0.000,0	上海-C	-1.126,0
浙江-LNFDI	0.460,8	0.023,0	20.055,2	0.000,0	浙江-C	0.983,8
遼寧-LNFDI	0.410,3	0.024,3	16.914,9	0.000,0	遼寧-C	1.327,9

表1(續)

變量	系數	標準誤	t-值	P-值	固定效應	
福建-LNFDI	0.482,0	0.066,2	7.277,6	0.000,0	福建-C	0.435,0
北京-LNFDI	0.724,1	0.071,7	10.093,9	0.000,0	北京-C	-3.442,8
天津-LNFDI	0.458,7	0.039,0	11.780,0	0.000,0	天津-C	-0.238,1
河北-LNFDI	0.428,1	0.040,3	10.623,8	0.000,0	河北-C	1.626,8
海南-LNFDI	0.467,1	0.087,5	5.338,2	0.000,0	海南-C	-1.062,3

本文將東部11個省（市）的面板數據建立不同截距、相同斜率模型得：

$$LNGDP_i = c_i + 1.915 + 0.444 LNFDI_i$$
$$\quad\quad\quad (12.76)\,(39.52)$$

$R^2 = 0.985$　Adj-$R^2 = 0.984$　$F = 1,401.63$

對整個東部而言，FDI每增加一個百分點，地區生產總值將增長0.444個百分點。

（二）中部地區迴歸模型

本文採用個體固定效應面板數據模型，對中部地區8個省的數據進行迴歸得：

$$LNGDP_i = 3.142 + c_i + \beta_i LNFDI_i$$

$R^2 = 0.972$　Adj-$R^2 = 0.970$　$F = 381.897$

中部地區FDI對經濟增長都有顯著影響，中部地區各省FDI每增長一個百分點，除山西外其他各省的經濟增長都達到了0.3個百分點以上。FDI對經濟增長拉動最大的是河南，FDI每增長一個百分點，地區生產總值增加達0.45個百分點；其次是湖北，為0.414個百分點；再次是黑龍江，為0.393個百分點。其餘依次是江西、湖南、安徽、吉林、山西，FDI每增長一個百分點，地區生產總值可分別增加0.370、0.369、0.358、0.304、0.297個百分點。除河南、湖北外其他省都在0.4以下（見表2）。

表2　　　　　　　中部地區外商直接投資模型迴歸結果

變量	系數	標準誤	t-值	P-值	固定效應	
C	3.141,6	0.123,8	25.383,7	0.000,0		
湖北-LNFDI	0.413,9	0.030,5	13.567,8	0.000,0	湖北-C	-0.509,9
湖南-LNFDI	0.368,9	0.027,1	13.614,2	0.000,0	湖南-C	0.080,7
江西-LNFDI	0.370,2	0.021,2	17.465,0	0.000,0	江西-C	-0.355,3
河南-LNFDI	0.449,5	0.036,7	12.262,4	0.000,0	河南-C	-0.513,8
黑龍江-LNFDI	0.393,4	0.023,8	16.529,5	0.000,0	黑龍江-C	-0.319,4
安徽-LNFDI	0.358,2	0.028,7	12.472,6	0.000,0	安徽-C	0.294,8

表2(續)

變量	系數	標準誤	t-值	P-值	固定效應	
吉林-LN*FDI*	0.304,1	0.037,1	8.188,9	0.000,0	吉林-*C*	0.550,1
山西-LN*FDI*	0.297,3	0.033,9	8.782,6	0.000,0	山西-*C*	0.784,9

本文將中部地區8個省的面板數據建立不同截距、相同斜率模型得：

$$LNGDP_i = c_i + 3.148 + 0.371 LNFDI_i$$
$$(26.71)\ (36.69)$$

$R^2 = 0.972 \quad Adj\text{-}R^2 = 0.971 \quad F = 763.251$

對整個中部地區而言，FDI每增加一個百分點，地區生產總值將增長0.371個百分點。

(三) 西部地區迴歸模型

本文採用個體固定效應面板數據模型，對西部地區11個省（市、自治區）的數據進行迴歸得：

$$LNGDP_i = -2.321 + c_i + \beta_i LNFDI_i$$

$R^2 = 0.985 \quad Adj\text{-}R^2 = 0.984 \quad F = 688.438$

西部地區FDI對經濟增長都有顯著影響，除青海外，西部地區各省（市、自治區）FDI每增長一個百分點，經濟增長都達到了0.3個百分點以上。FDI對地區生產總值增加影響最大的是四川，FDI每增長一個百分點，四川地區生產總值增加達0.808個百分點；其次是陝西，為0.645個百分點；再次是廣西，為0.528個百分點。其餘依次是新疆、貴州、重慶、雲南、內蒙古、寧夏、甘肅、青海，FDI每增長一個百分點，GDP可分別增加0.504、0.457、0.442、0.424、0.358、0.349、0.326、0.285個百分點（見表3）。從整個西部地區看，四川出現了變異值。這與四川引進的外資質量和投資方向有關，外商直接投資在四川具有較強的知識外溢性。在外資帶動及政府正確產業政策引導下，2007年四川優勢產業投資增勢強勁。工業投資500萬元以上項目中四大優勢產業投資1,446.3億元，增長44.9%，比工業投資增速快6.1個百分點。其中，高新技術產業投資152.2億元，增長45.4%；優勢資源產業投資840.0億元，增長40.0%；裝備製造業投資197.0億元，增長77.4%；農產品加工業投資257.1億元，增長41.1%。2007年，全球500強企業中已有135家來四川投資或設立辦事機構。

表3　　　　　　　　西部地區外商直接投資模型迴歸結果

變量	系數	標準誤	t-值	P-值	固定效應	
C	-2.321,2	0.357,4	-6.494,6	0.000,0		
廣西-LN*FDI*	0.527,8	0.068,1	7.751,7	0.000,0	廣西-*C*	-1.740,9

表3(續)

變量	系數	標準誤	t-值	P-值	固定效應	
陝西-LNFDI	0.645,4	0.074,2	8.701,1	0.000,0	陝西-C	-4.217,9
內蒙古-LNFDI	0.357,9	0.033,5	10.690,1	0.000,0	內蒙古-C	2.204,2
雲南-LNFDI	0.423,6	0.042,1	10.062,3	0.000,0	雲南-C	1.045,1
四川-LNFDI	0.808,4	0.120,5	6.709,0	0.000,0	四川-C	-7.235,4
重慶-LNFDI	0.442,3	0.044,5	9.931,7	0.000,0	重慶-C	0.067,3
貴州-LNFDI	0.457,4	0.046,3	9.882,1	0.000,0	貴州-C	0.177,0
青海-LNFDI	0.284,8	0.029,6	9.624,1	0.000,0	青海-C	3.226,7
甘肅-LNFDI	0.326,4	0.057,1	5.711,9	0.000,0	甘肅-C	2.701,0
寧夏-LNFDI	0.349,1	0.037,8	9.226,6	0.000,0	寧夏-C	1.282,5
新疆-LNFDI	0.503,5	0.089,9	5.603,7	0.000,0	新疆-C	-0.453,3

本文將西部地區11個省（市、自治區）的面板數據建立不同截距、相同斜率模型得：

$$LNGDP_i = c_i - 1.040 + 0.394 LNFDI_i$$
$$(-3.581)\ (26.493)$$

$$R^2 = 0.968 \quad Adj\text{-}R^2 = 0.966 \quad F = 612.318$$

對整個西部地區而言，FDI每增加一個百分點，地區生產總值將增長0.394個百分點。

三、結論及建議

從三個區域看，東部地區FDI每增加一個百分點，地區生產總值增加0.444個百分點；西部地區FDI每增加一個百分點，地區生產總值增加0.394個百分點，地區內部差異明顯；中部地區FDI每增加一個百分點，地區生產總值增加0.371個百分點。從FDI對經濟增長的貢獻看，最高的是東部，其次是西部，再次是中部。利用外資的差異對區域經濟增長的影響是多方面的，FDI不僅僅表現為資本變量，它更多地體現為知識、技術以及經驗的載體。因此，FDI對於一個地區經濟發展的影響就不是單純的某個方面，可以滲透到經濟發展的各個方面並發揮作用，其中既有直接效應也有間接效應。因此，在引進外資時要注意：一是應當擺正FDI政策在地區發展戰略框架中的地位，促進FDI的目標不應只局限於追求FDI的數量，而更應著眼於吸引「高質量」投資項目，只有FDI政策與其他發展政策相加強時才能取得最大的效益（如四川）。二是外資政策目標應當為超越靜態比較優勢，培育動態比較優勢。中國的對外開放是從東部沿海地區開始的，因區位條件、基礎設施和經濟技術基礎等方面的優勢，已經吸引了大量外

商直接投資，推動了東部沿海地區經濟的快速發展。反過來，東部沿海地區經濟的快速增長，又將提高地區居民的收入水平，擴大市場容量，並有利於改善外部條件，產生集聚經濟效益，從而進一步擴大外商直接投資的進入。這會在外商直接投資和地區經濟增長之間形成一種區域循環累積因果效應。在實施西部大開發戰略、加快中西部地區發展的過程中，積極引導 FDI 投向中部地區和西部地區具有十分重要的戰略意義。可以通過以下策略和途徑引導 FDI 向中西部地區轉移，實現東部、中部和西部和諧均衡發展。

第一，通過加大中西部地區的轉移支付提高產業支持，引導海外資金與技術援助向中西部地區轉移，並提高面向這些地區優惠貸款的比重；獎勵民間資本參與基礎設施建設，允許邊遠地區居民向區域中心城市集中，促進城市化發展，為中西部地區和 FDI 提供更多的發展空間和商業機會。

第二，在中西部地區實行普遍的鼓勵性政策，即不論是來自國內的投資還是國外的投資，不論是來自本地區的投資還是來自其他地區的投資，給予同樣的減免稅優惠和信貸支持政策，盡快建立並逐步擴充中西部開發基金。同時，鼓勵外商與當地企業建立良好的合作關係，以充分獲取外資企業給地方經濟發展帶來的好處。

第三，把引進外資與地區發展戰略和產業結構調整結合起來，充分發揮外資的比較優勢。湖南在建設兩型社會和長株潭地區一體化的過程中，2007 年新批 1,000 萬美元以上的外商直接投資項目 132 個，增長 11.9%。世界 500 強企業已有 42 家在湘落戶。2006 年、2007 年湖南在引進外商直接投資的數量在中部八省位居第一，並較好地發揮了 FDI 的知識外溢效應。

第四，為了防範 2008 年全球金融危機對中國經濟的衝擊，中國政府準備三年內投資四萬億元資金拉動內需，可以把一部分資金用於中西部地區的基礎設施建設，如交通、通信。同時，加大中西部地區教育和科技的扶持力度，加快中西部地區的人才培養，在增加這些地區基礎教育投入的同時，通過定向交流和集中培訓等方式提高中西部地區政府部門的經濟管理水平。

參考文獻

[1] 許羅丹，譚衛紅. 對外直接投資理論綜述 [J]. 世界經濟，2004 (3)：56-58.

[2] 白仲林. 面板數據的計量經濟分析 [M]. 天津：南開大學出版社，2008.

[3] 郭秀. 國外直接投資對中國地區經濟發展的影響 [J]. 重慶工商大學學報（西部論壇），2004（4）：55-57.

（原載於《經濟前沿》2009 年第 2~3 期）

5. FDI 與環境污染的實證研究
——基於山東的數據

一、引言

外商直接投資（FDI）作為國家和地區之間資金流動的主要形式之一，對資金流入國的經濟和環境方面帶來了深刻的影響。資金流入帶來了就業機會和技術轉移，促進了地區經濟發展和產業結構調整，影響對自然資源利用效率及污染排放水平，可能改善環境質量，也可能使環境質量惡化。先進技術和資金的轉移可以促進生產技術水平的提高，降低污染排放強度，同時也可能會把一個地區的資源環境問題通過資金和貿易轉移到另一個地區，迫使該地區接受另一個地區的環境壓力轉移。因此，資金的轉移不僅可以促進財富機會的轉移，也可以促進環境污染和資源壓力的轉移。

國內外學者對 FDI 資源環境效應的分析最早可以追溯到經濟與環境效應之間的簡單關係，即環境庫茲涅茨曲線假說。不少學者（Selden & Song, 1994; Shafik, 1994; Grossman & Krueger, 1995）認為在一個較低的收入水平上，環境污染水平隨著收入的增長而上升，收入超過一定水平以後，污染水平則會隨著收入的增長而遞減。洛佩茲（Lopez, 1994）發現庫茲涅茨曲線的存在要依賴於污染和清潔要素間的高技術替代彈性以及對避免風險有一個較高的偏好。安德里尼（Andreoni, 2001）認為為了滿足庫茲涅茨曲線，技術必須能夠呈現規模報酬遞增。格羅斯曼（Grossman, 1995）等進行的跨國研究採用的是二氧化硫和菸霧的排放量，結論是兩種污染物的排放量在某一個臨界值水平之下會隨著收入的增長而增加，一旦超過這一臨界值，污染排放水平開始下降。迪達（Dinda, 2000）發現懸浮固體顆粒密度與人均國民收入水平之間存在正 U 形關係。達斯古普塔（Dasgupta, 2002）的研究表明對於全球性的污染以及一些很難被消除和清理的污染物，環境庫茲涅茨曲線似乎是不存在的。不少學者將污染性產業轉移作為分析的切入點，從過程和競爭力角度予以闡述，形成了兩種研究觀點。第一種觀點一般被稱為「污染天堂假設」，認為 FDI 會刺激經濟增長，從而導致更多的工業污染和環境退化，環境管制會加大企業的生產成

本，促進污染型產業或企業向環境標準較低的欠發達地區轉移，使欠發達地區成為「污染天堂」，這個現象也稱為「污染產業遷移」或「污染產業雁行理論」。其他地區為了保持競爭優勢，將競相降低環境標準，最終導致全球環境質量下降。在關於 FDI 的國際競爭方面，該過程的結果一般被看成「一衝到底」或「特拉華效應」。該過程的一種比較中和的結果被稱為「陷入泥潭」，即各個國家的環境標準維持當前經濟合作與發展組織（OECD）的水準，而不再爭取更好環境的行為。或者被稱為「管制寒戰」，即發達國家為避免資金流失而不再提高環境標準。摩尼（Mani，1997）等對 1960—1995 年北美、歐洲、日本、拉丁美洲、亞洲新興工業化國家或地區以及東亞發展中國家 5 個嚴重污染部門的進出口比率進行分析，發現污染產業轉移的確存在。摩尼和惠爾（Mani & Wheele，1999）研究發現發達國家執行的環境標準迫使污染產業轉向環境標準較鬆的發展中國家。但環境管制也會隨著外商直接投資流入的增加而加強，因此「污染避難所」是一種短期現象。也有一種觀點認為發展中國家的資源環境狀況將通過清潔技術的轉移和跨國公司帶來的生產效率提高，先進環境管理經驗的採用以及利益相關主體對環境問題重視程度的提高而得到改觀。該過程被稱為「污染光環」，結果被認為是「一衝到天」或「加利福尼亞效應」。伯索爾（Birdsall，1992）等發現緩慢的、封閉的社會經濟體出現有害污染強度更快的增長，而開放的、快速發展的經濟體出現較慢的有害物污染排放強度增長的結果。惠勒（Wheeler，2001）等通過建立中國、巴西、墨西哥和美國大氣懸浮顆粒物質監控數據與 FDI 之間的關係得出了與「一衝到底」理論相反的結論。弗蘭克爾（Frankel，2003）等認為 FDI 為發展中國家提供了採用新技術的動機和機遇，促使其實現清潔或綠色生產，因而環境保護與 FDI 之間存在著一種互利互惠關係，FDI 有利於全球整體資源環境質量的提高。有研究者（Jie H E，2006）利用中國 29 個省（市、區）的面板數據研究了中國 FDI 與工業二氧化硫排放量之間的關係，結果表明外商直接投資資本每增加 1%，工業二氧化硫排放增加 0.098%。趙細康（2003）認為 FDI 在中國並未呈現出大規模的污染產業轉移傾向，但對部分產業而言，伴隨 FDI 所發生的污染轉移情況確實存在。與經濟欠發達地區相比，中國沿海等發達地區吸引外資的「清潔」程度較高。

二、數據來源及處理

（一）數據來源及變量說明

本文數據來自於 1981—2008 年山東省統計年鑑，對環境造成污染的主要是廢水、廢氣、廢渣。考慮數據的可得性，選取菸塵、二氧化硫、廢水排放量以及工業固體廢物產生量為環境污染指標。外商直接投資是當年實際利用外資的數額。工業廢水、二氧化硫、菸塵排放量分別用 $GYFS$、SO_2、YC 表示，工

业固体廢物產生量用 GT 表示，單位均為萬噸；外商直接投資用 FDI 表示，單位為萬美元。

（二）數據處理

為了得到外商直接投資與環境污染的相關關係，把 FDI 與其他指標描出附加擬合線的散點圖（見圖1）。圖1（a）顯示 GT 隨 FDI 的增加而增加，從開始是平緩上升到加速上升；圖1（b）顯示 GYFS 也是隨 FDI 的增加而增加，只是開始時有所波動，到后來也加速上升，圖1（a）和圖1（b）曲線趨勢有點相似；圖1（c）和圖1（d）的擬合線都有倒 U 形特徵，先隨 FDI 的增加而增加之后下降，隨后又都變得平緩，只是趨勢不同，前者向上，后者向下。

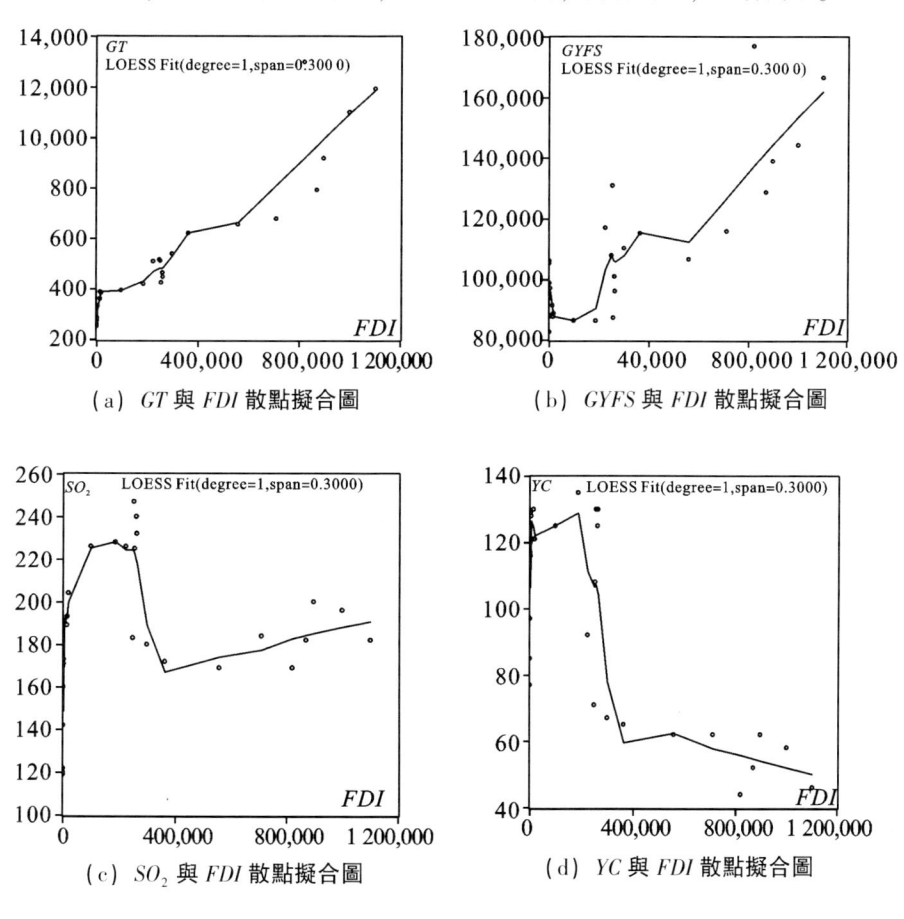

（a）GT 與 FDI 散點擬合圖

（b）GYFS 與 FDI 散點擬合圖

（c）SO_2 與 FDI 散點擬合圖

（d）YC 與 FDI 散點擬合圖

圖1　FDI 與 GT、GYFS、SO_2、YC 的散點擬合圖

為了消除時間趨勢對變量間關係的影響，本文對數據取自然對數，用 LNFDI、LNSO_2、LNGT、LN$GYFS$、LNYC 分別表示 FDI、SO_2、GT、GYFS、YC

的自然對數。從圖2（a）和圖2（b）可以看出 LNGT、LNGYFS 分別與 LNFDI 有較明顯的共同趨勢，只是在中間較窄；圖2（c）顯示 1995 年後兩者距離變大了；圖2（d）顯示兩者在 1999 年後距離越來越小，有重合之勢。

(a) LNGT 與 LNFDI 關係圖

(b) LNGYFS 與 LNFDI 關係圖

(c) LNSO$_2$ 與 LNFDI 關係圖

(d) LNYC 與 LNFDI 關係圖

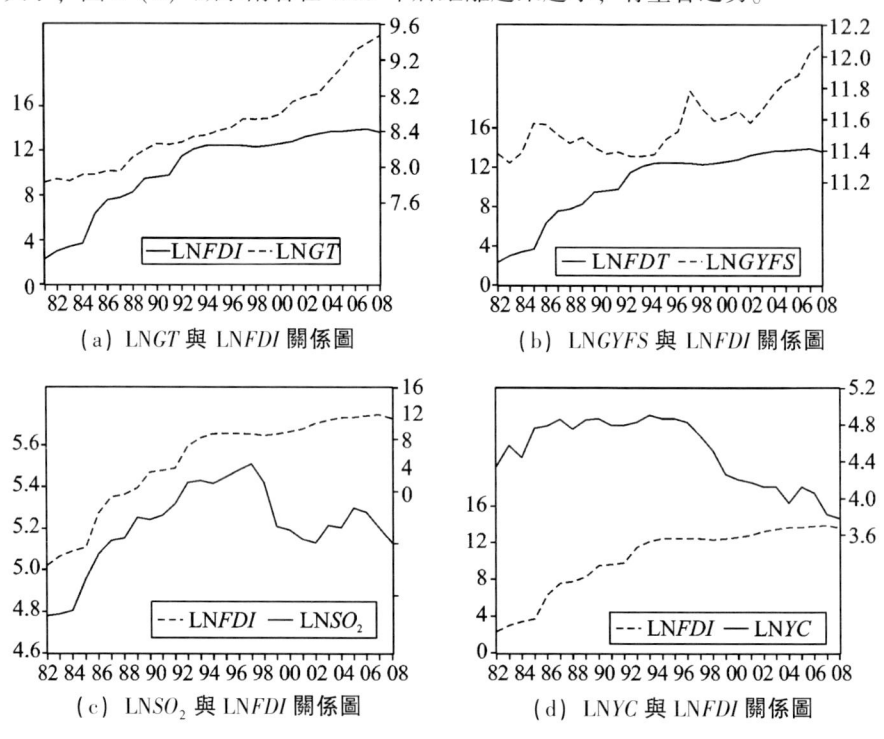

圖2　LNFDI 與 LNGT、LNGYFS、LNSO$_2$、LNYC 的趨勢圖

為了檢驗時間序列是否具有平穩性，本文對 LNFDI 與 LNGT、LNGYFS、LNSO$_2$、LNYC 分別進行差分，得差分序列 DLNFDI 與 DLNGT、DLNGYFS、DLNSO$_2$、DLNYC 的趨勢圖（見圖3）。從圖3可以看出，除了幾個突變點外，序列應具有平穩性。

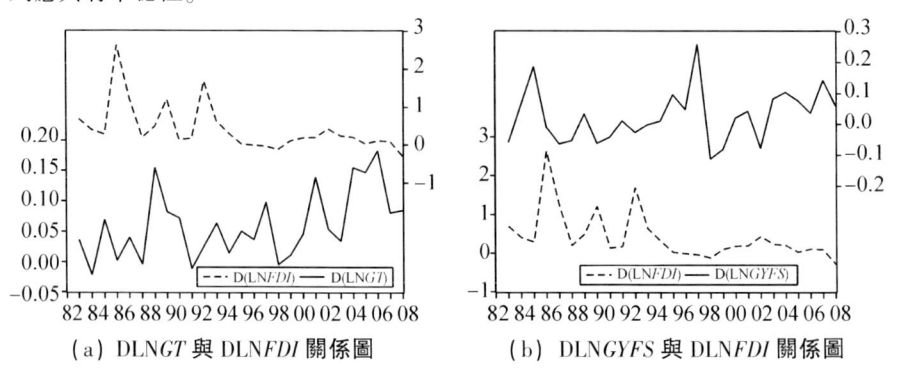

(a) DLNGT 與 DLNFDI 關係圖

(b) DLNGYFS 與 DLNFDI 關係圖

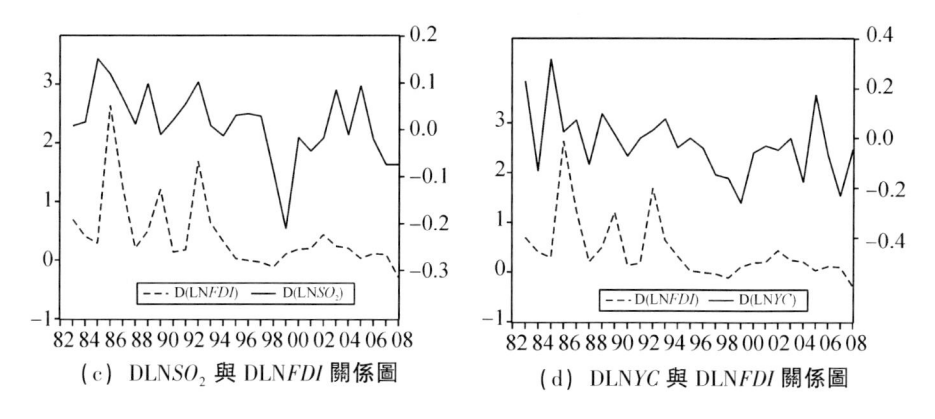

(c) DLNSO₂ 與 DLNFDI 關係圖　　(d) DLNYC 與 DLNFDI 關係圖

圖 3　DLNFDI 與 DLNGT、DLNGYFS、DLNSO₂、DLNYC 的趨勢圖

三、實證分析

（一）單位根檢驗

在檢驗一組時間序列的協整性或長期均衡關係之前應首先檢驗時間序列的單整階數，檢驗方法主要有 DF 檢驗、ADF 檢驗和 PP 檢驗。本文採用 ADF 檢驗法，檢驗結果表明，LNFDI、LNSO₂、LNYC、LNGYFS 和 LNGT 原序列都是不平穩序列，但差分后都是平穩序列，都是一階單整序列，具體檢驗結果如表 1 所示。

表 1　LNFDI、LNSO₂、LNYC、LNGYFS 和 LNGT 的單位根檢驗結果

變量	ADF 統計量	檢驗類型*（C, T, K）	麥金龍（MacKinnon）臨界值 1%	麥金龍（MacKinnon）臨界值 5%	D-W	是否平穩
△LNFDI	-4.63	0, 0, 0	-2.67	-1.96	2.05	平穩
△LNSO₂	-2.97	0, 0, 0	-2.67	-1.96	2.15	平穩
△LNYC	-3.11	0, 0, 1	-2.68	-1.96	1.75	平穩
△LNGYFS	-4.71	C, T, 0	-4.35	-3.59	1.93	平穩
△LNGT	-4.67	C, T, 0	-4.35	-3.59	1.94	平穩

＊C、T、K 分別為 ADF 檢驗式中的漂移項、時間趨勢項和滯后階數，其中 C、T 若在檢驗時取 0，表明檢驗式中無該項，檢驗式中是否要加入漂移項和時間趨勢項，要通過 t 檢驗。K 的取值表示檢驗式中滯后階數，最佳滯后階數由 AIC 和 SC 準則確定

（二）協整檢驗

協整檢驗目前應用最多的有 EG 兩步法和 Johnsen 跡統計檢驗法，本文採

用 Johnsen 跡統計檢驗。檢驗結果（見表 2）顯示，LNFDI 與 LNSO$_2$、LNFDI 與 LNYC、LNFDI 與 LNGT 各存在一個協整關係；LNFDI 與 LNGYFS 存在兩個協整關係。

表 2　LNFDI 與 LNSO$_2$、LNYC、LNGYFS、LNGT 的 Johnsen 跡統計檢驗結果

變量	H$_0$	特徵值	跡統計量	臨界值（5%）	P 值**	結論
LNSO$_2$	r = 0*	0.654,7	19.574	12.320,9	0.002,6	拒絕
	r≤1	0.023,8	0.433,9	4.129,9	0.573,5	不拒絕
LNYC	r = 0	0.379,4	13.238,3	12.320,9	0.035,0	拒絕
	r≤1	0.142,1	3.219,7	4.129,9	0.086,2	不拒絕
LNGYFS	r = 0	0.312,3	15.999,3	12.320,9	0.011,6	拒絕
	r≤1	0.274,7	7.387,1	4.129,9	0.007,8	拒絕
LNGT	r = 0	0.527,7	20.185,6	12.320,9	0.002,0	拒絕
	r≤1	0.154,1	3.682,1	4.129,9	0.065,2	不拒絕

註：*表示在 5%的顯著性水平下拒絕零假設；**為（Mackinnon-Haug-Michelies, 1999）p 值；r 表示協整關係的個數。

（三）模型迴歸結果

上述檢驗結果表明，LNFDI 與 LNSO$_2$、LNFDI 與 LNYC、LNFDI 與 LNGT、LNFDI 與 LNGYFS 具有協整關係，因此可以直接用普通最小二乘法進行迴歸分析。本文利用 Eviews 5.0 進行迴歸，迴歸結果如下：

1. LNGYFS 與 LNFDI 迴歸結果

LNGYFS$_t$ = 11.247 + 0.032LNFDI$_t$

（114.46）（3.538）

R^2 = 0.325,1　Adj-R^2 = 0.299,1　D-W = 0.312,4　F = 12.524,5

AIC = -0.624,9　SC = -0.529,8

殘差項存在很強的一階自相關，消除自相關得：

LNGYFS$_t$ = 0.423,4 - 0.044,7LNFDI$_t$ + 0.045,4LNFDI$_{t-1}$ + 0.966,6LNGYFS$_{t-1}$

（0.329,9）（-1.362,6）（1.505,8）（8.493,6）

R^2 = 0.839,9　Adj-R^2 = 0.819,0　D-W = 1.857,4　F = 40.239,7

AIC = -1.909,6　SC = -1.717,6

當年的外商直接投資會減少工業廢水排放量，但滯后一期的外商直接投資會增加工業廢水排放量。

2. $LNSO_2$ 與 $LNFDI$ 迴歸結果

$LNSO_{2t} = 4.792,2 + 0.040,4LNFDI_t$
　　　　　(62.107,2)　(5.745,5)

$R^2 = 0.559,4$　Adj-$R^2 = 0.542,5$　D-W = 0.258,5　F = 33.011
AIC = -1.108,4　SC = -1.013,3

殘差項存在很強的一階自相關，消除自相關得：

$LNSO_{2t} = 0.484,8 + 0.035,5LNFDI_t - 0.037,8LNFDI_{t-1} + 0.911,0LNSO_{2t-1}$
　　　　　(0.959,9)(1.366,0)　　　(-1.608,2)　　　　(8.559,9)

$R^2 = 0.878,1$　Adj-$R^2 = 0.862,2$　D-W = 1.635,6　F = 55.230,3
AIC = -2.404,0　SC = -2.212,0

當年的外商直接投資會增加二氧化硫的排放量，但滯后一期的外商直接投資會減少二氧化硫的排放量。

3. $LNGT$ 與 $LNFDI$ 迴歸結果

$LNGT_t = 7.330,5 + 0.108,6LNFDI_t$
　　　　　(47.155)　(7.671)

$R^2 = 0.693,5$　Adj-$R^2 = 0.681,7$　D-W = 0.133,7　F = 58.842
AIC = 0.292,4　SC = 0.387,6

殘差項存在很強的一階自相關，消除自相關得：

$LNGT_t = -0.409,0 - 0.001,3LNFDI_t + 0.001,28LNFDI_{t-1} + 1.055,8LNGT_{t-1}$
(-1.231,4)　(-0.064,8)　(0.066,8)　(23.758,7)

$R^2 = 0.988,8$　Adj-$R^2 = 0.987,3$　D-W = 1.989,2　F = 678.812
AIC = -2.896,8　SC = -2.704,9

根據 t 檢驗，剔除不顯著的 $LNFDI_t$ 與 $LNFDI_{t-1}$ 后得：

$LNGT_t = -0.416,6 + 1.056,7LNGT_{t-1}$
　　　　　(-2.200,4)　(47.043,4)

$R^2 = 0.988,8$　Adj-$R^2 = 0.988,3$　D-W = 1.995　F = 2,213.084
AIC = -3.044,8　SC = -2.948,8

外商直接投資對山東省的工業固體廢物變化沒有顯著影響。

（4）$LNYC$ 與 $LNFDI$ 迴歸結果

$LNYC_t = 4.915,2 - 0.040,1LNFDI_t$
　　　　　(25.053)　(-2.244,6)

$R^2 = 0.162,3$　Adj-$R^2 = 0.130,1$　D-W = 0.169,3　F = 5.038,4
AIC = 0.757,9　SC = 0.853,0

殘差項存在很強的一階自相關，消除自相關得：

$LNYC_t = 0.499,8 + 0.014,0LNFDI_t - 0.032,8LNFDI_{t-1} + 0.926,3LNYC_t$

$$(1.388, 1) \ (0.309, 4) \qquad (-0.782, 0) \qquad (12.596)$$

$R^2 = 0.910, 4 \quad \text{Adj-}R^2 = 0.898, 7 \quad \text{D-W} = 2.577, 8 \quad F = 77.948$

$\text{AIC} = -1.295, 0 \quad \text{SC} = -1.103, 1$

根據 t 檢驗，剔除不顯著 $\text{LN}FDI_{t-1}$ 後得：

$$\text{LN}YC_t = 0.476, 5 - 0.020, 9\text{LN}FDI_t + 0.939, 4\text{LN}YC_{t-1}$$

$$(1.338, 8) \ (-2.895, 1) \qquad (13.229)$$

$R^2 = 0.908, 1 \quad \text{Adj-}R^2 = 0.900, 4 \quad \text{D-W} = 2.416, 9 \quad F = 118.534$

$\text{AIC} = -1.342, 9 \quad \text{SC} = -1.198, 9$

當年的外商直接投資會減少菸塵的排放量。

(四) 格蘭杰檢驗

本文利用 Eviews 5.0 軟件對 FDI 與 GT、$GYFS$、SO_2、YC 的格蘭杰因果關係進行檢驗得到表3。檢驗結果顯示滯后 2～4 期，FDI 都是 GT 的格蘭杰原因，但反之則不然；滯后 2～5 期，FDI 都是 $GYFS$ 的格蘭杰原因，但反之則不然；滯后 2 期 FDI 是 SO_2 的格蘭杰原因，但反之則不然，滯后 3 期 FDI 不是 SO_2 的格蘭杰原因，同時 SO_2 也不是 FDI 的格蘭杰原因，但滯后 4 期 SO_2 是 FDI 的格蘭杰原因，反之則不然；滯后 2 期 YC 是 FDI 的格蘭杰原因，但反之則不然，滯后 3 期 YC 不是 FDI 的格蘭杰原因，FDI 也不是 YC 的格蘭杰原因，滯后 4 期 YC 是 FDI 的格蘭杰原因，但反之則不然。

表 3 　　FDI 與 GT、$GYFS$、SO_2、YC 的格蘭杰因果關係檢驗

Lags	格蘭杰因果性檢驗	F 值	F 的 P 值	結論
2	GT 不是 FDI 的格蘭杰原因	1.417	0.268	不拒絕
	FDI 不是 GT 的格蘭杰原因	6.049	0.008	拒絕
2	$GYFS$ 不是 FDI 的格蘭杰原因	1.308	0.294	不拒絕
	FDI 不是 $GYFS$ 的格蘭杰原因	10.300	0.001	拒絕
2	SO_2 不是 FDI 的格蘭杰原因	0.161	0.851	不拒絕
	FDI 不是 SO_2 的格蘭杰原因	2.777	0.094	拒絕
2	YC 不是 FDI 的格蘭杰原因	3.236	0.067	拒絕
	FDI 不是 YC 的格蘭杰原因	0.838	0.451	不拒絕

四、結論及建議

迴歸結果顯示，外商直接投資對山東省的環境產生了影響，但總影響的方向是不確定的。$\text{LN}GYFS$ 與 $\text{LN}FDI$ 的長期彈性為 0.021，外商直接投資的增加

有增加工業廢水排放量趨勢,即外商直接投資增加一個百分點,工業廢水排放量將增加 0.021 個百分點;$LNSO_2$ 與 $LNFDI$ 的長期彈性為-0.025,8,外商直接投資的增加有利於減少二氧化硫排放量的趨勢,即外商直接投資每增加一個百分點,二氧化硫排放量將減少 0.025,8 個百分點;$LNYC$ 與 $LNFDI$ 的長期彈性為-0.344,8,即外商直接投資每增加一個百分點,菸塵排放量減少 0.344,8 個百分點;外商直接投資對工業固體廢物排放量沒有顯著性的影響。總體來說,外商直接投資對減少菸塵排放量的作用明顯。在吸引外商直接投資時不能只求數量而忽視質量,要十分重視外商直接投資對環境的影響。因此,必須做到以下幾個方面:第一,調整引進外商直接投資的方式,把先前偏重於引進資金流量轉向以技術創新與制度移植為重點。政府對外商直接投資的政策優惠,應當集中到鼓勵技術轉移和制度示範等方面來。第二,強化招商引資的結構導向。要通過產業導向等途徑把外商直接投資項目更多地引向需求增長快、生產污染較少的領域,要求外商投資企業開展清潔生產和資源的循環利用,以減少污染排放。第三,在環境標準方面,應當積極參照國際標準,制定實施嚴於國家標準的環境標準。

參考文獻

[1] GROSSMAN C, KRUEGER A. Economic Growth and the Environment [J]. Quarterly Journal of Economics, 1995 (110): 353-430.

[2] LOPEZ R. The Environment as a Factor of Production: The Effects of Economic Growth and Trade Liberalization [J]. Journal of Environmental Economics and Management, 1994, 27: 163-184.

[3] ANDREONI J, LEVINSON A. The Simple Analytics of the Environmental Kuznets Curve [J]. Journal of Public Economics, 2001, 80 (2): 269-286.

[4] DINDA S, COONDOO D, PAL M. Air Quality and Economic Growth: An Empirical Study [J]. Ecological Economics, 2000 (34): 409-423.

[5] DASGUPTA S, LAP LANTE B, WANG H. Confronting the Environmental Kuznets curve [J]. Journal of Economic Perspectives, 2002 (16): 147-168.

[6] MANI M WHEELER D. In Search of Pollution Havens: Dirty Industry Migration in the World economy [Z]. Washington DC: World Bank Working Paper, 1997.

[7] WHEELER D. Racing to the Bottom? Foreign Investment and Air Pollution in Developing Countries [J]. Journal of Environment and Development, 2001, 10 (3): 225-245.

[8] BIRDSALL N, WHEELER D. Trade Policy and Industrial Pollution in Latin America: Where are the Pollution Havens? [Z] // Low P. International Trade

and the Environment. New York: World Bank Discussion Paper, 1992.

［9］ JEFFREY A FRANKEL. Experience of and Lessons from Exchange Rate Regime in Emerging Economies ［Z］ NBER Working Papers, National Bureau of Economic Research, 2003.

［10］ JIE H E. Pollution Haven Hypothesis and Environmental Impacts of Foreign Direct Investment: The Case of Industrial Emission of Sulfur dioxide (SO_2) in Chinese Provinces ［J］. Ecological Economics, 2005, 60 (1): 225-245.

［11］戴荔珠, 馬麗, 劉衛東. FDI對地區資源環境影響的研究進展評述［J］. 地球科學進展, 2008 (1): 55-62.

［12］趙細康. 環境保護與產業國際競爭力［M］. 北京: 中國社會科學出版社, 2003: 319-373.

［13］潘申彪, 餘妙志. 江浙滬三省市外商直接投資與環境污染的因果關係檢驗［J］. 國際貿易問題, 2005 (12): 74-79.

（原載於《重慶交通大學學報（社會科學版）》2010年第1期）

6. 外商直接投資與環境污染的實證研究
——中國東部和中部的省際差異比較

一、引言

随著經濟的發展，全球環境的承載壓力越來越大，經濟學家也密切關注環境質量變化。格魯斯曼和克魯格（Grossman & Krueger, 1991）提出了環境庫茲涅茨曲線（Envieonment Kuznets Curve, EKC）假說，即環境質量隨著經濟的增長呈現出先變壞后變好的關係，呈倒 U 形曲線關係。

環境競次理論是指不同國家（或地區）對待環境政策強度和實施環境標準的行為類似於「公地悲劇」的發生過程，每個國家（或地區）都擔心他國（或地區）採取比本國（或地區）更低的環境標準而使本國（或地區）的工業失去競爭優勢。因此，國家（或地區）之間會競相採取比他國（或地區）更低的環境標準和次優的環境政策，結果是每個國家（或地區）都會採取比沒有國際（或地區）經濟競爭時更低的環境標準，從而加劇全球環境惡化。

「污染天堂假說」認為在一國單方提高環境標準的情況下，國內企業和環境標準低的外國企業相比失去其競爭優勢，從而使高環境標準國家的企業將生產轉向低環境標準國家。若在實行不同環境政策強度和環境標準的國家間存在自由貿易，實行低環境政策強度和低環境標準的國家，因外部性內部化的差異而使該國企業所承受的環境成本相對要低。在該國進行生產時，其產品價格就會比在母國生產出同樣產品的價格相應要低。因此，該國在投資和生產方面具有更大的優勢。這種由成本差異所產生的「拉力」會吸引國外的企業到該國安家落戶。

埃斯克蘭和哈里森（Eskeland & Harrison, 2003）認為污染密集型的外資企業運用的生產和污染消除技術通常比東道國本地的企業更先進和更有利於改善環境。如果這些企業能夠替代部分東道國同行業低效生產的企業，則東道國的整個污染狀況將有可能好轉。郭紅燕和韓立岩通過實證研究發現中國的 FDI 存量與環境管制變量呈正相關關係，表明中國寬鬆的環境管制是吸引外商直接

投資的一個重要因素，顯現出「污染避難所」效應。

二、變量選取及模型構建

(一) 中國東部和中部地區的 FDI 區域分佈

改革開放以來，中國吸收外商直接投資數量增長迅速。1979—1984 年，FDI 總計為 41.04 億美元，而后 FDI 從 1985 年的 19.56 億美元快速增長到 2008 年的 923.95 億美元，1979—2008 年累計達 8,526.13 億美元。2007 年，東部和中部地區利用 FDI 所占比重分別為 78.27%、15.30%。2008 年，中國引進的外商直接投資為 923.95 億美元，FDI 主要集中於東部地區；從東部地區內部看，則主要集中於江蘇、廣東、山東、浙江、上海、福建和遼寧。2008 年，廣東、江蘇、浙江、上海的 FDI 的總額為 543.710,4 億美元。東部地區引進的外商直接投資中，江蘇為 251.2 億美元、廣東為 191.27 億美元、遼寧為 120.2 億美元，上海、浙江、福建分別為 100.84 億美元、100.729 億美元、100.256 億美元（見圖 1 至圖 3）。江蘇和廣東占 2008 年中國外商直接投資的 47.93%。FDI 在中部地區主要集中於湖南、江西和湖北。2007 年以來，安徽和河南的外商直接投資增長迅速。2008 年，中部引進的外商直接投資中，河南為 40.327 億美元、湖南為 40.052 億美元、江西為 36.037 億美元、安徽為 34.9 億美元、湖北為 32.45 億美元，中部五省占中國 2008 年外商直接投資的 19.89%。

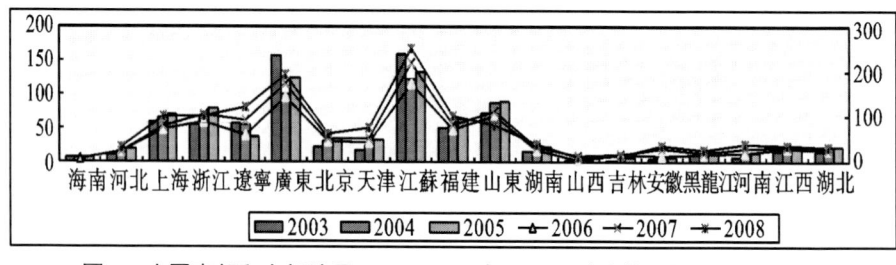

圖 1 中國東部和中部地區 2003—2008 年 FDI 區域分佈（單位：億美元）

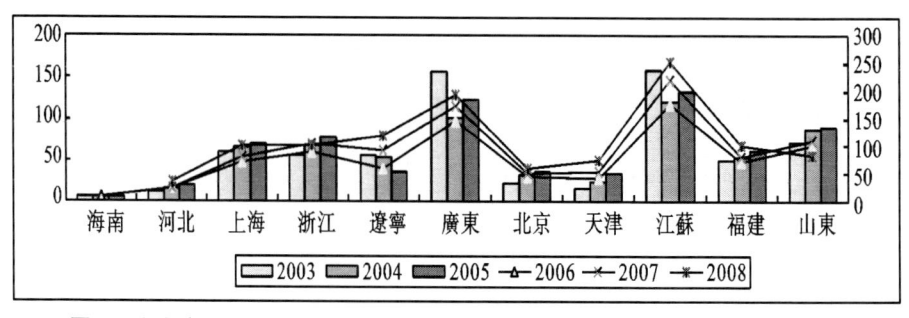

圖 2 中國東部 11 個省（市）2003—2008 年 FDI 區域分佈（單位：億美元）

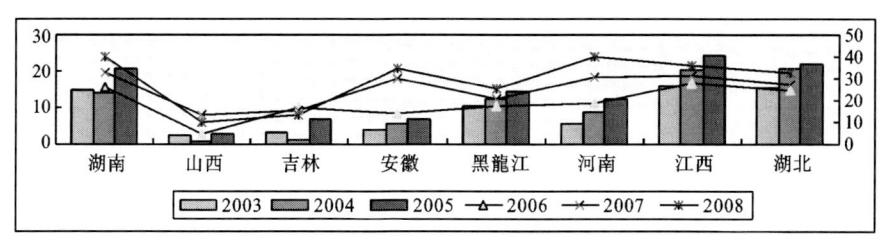

图3 中国中部8个省2003—2008年FDI区域分布（单位：亿美元）

（二）变量选取

本文考虑统计口径的一致性和数据的连续性，选取工业废气排放总量（亿标准立方米）、工业废水排放总量（万吨）、工业固体废物产生量（万吨）、工业固体废物排放量（万吨）、工业烟尘排放量（万吨）、工业粉尘排放量（万吨）和工业二氧化硫排放量（万吨）为环境污染指标；人均地区生产总值（元）作为经济增长指标；此外，考虑国际贸易因素中污染的可输出性，用FDI作为污染的输出指标（万美元）。SO_2、FS、FQ、GYYC、GYFC、GTCS、GTPF分别表示工业二氧化硫排放量、工业废水排放量、工业废气排放量、工业烟尘排放量、工业粉尘排放量、工业固体废物产生量、工业固体废物排放量，Y表示人均地区生产总值（元），FDI表示外商直接投资（万美元）。环境污染指标数据根据1986—2009年中国统计年鉴相关数据整理，地区人均生产总值和外商直接投资数据根据1986—2009年省（市）统计年鉴相关数据整理。$LNSO_2$、LNFS、LNFQ、LNGYYC、LNGYFC、LNGTCS、LNGTPF分别表示污染指标的自然对数，LNY、LNFDI分别表示人均地区生产总值和外商直接投资的自然对数。本文中东部11个省（市）为广东、上海、浙江、江苏、北京、辽宁、海南、山东、福建、河北、天津；中部8个省为湖南、湖北、安徽、山西、江西、黑龙江、吉林、河南。本文通过东部地区和中部地区的数据研究中国东部地区和中部地区FDI对环境影响的差异。

（三）模型设定形式

由于面板数据模型同时具有截面、时序的两维特性，模型中参数在不同截面、时序样本点上是否相同，直接决定模型参数估计的有效性。根据截距向量和系数向量中各分量限制要求的不同，面板数据模型可分为无个体影响的不变系数模型、变截距模型和变系数模型三种形式。在面板数据模型估计之前，需要检验样本数据适合上述哪种形式，避免模型设定的偏差，提高参数估计的有效性。本文设有因变量y_{it}与$1 \times k$维解释变量向量x_{it}满足线性关系：

$$y_{it} = \alpha_{it} + x_{it}\beta_{it} + \varepsilon_{it} \ ; i = 1, 2, \cdots, N; t = 1, 2, \cdots, T$$

其中，N表示个体截面成员的个数，T表示每个截面成员的观察时期总数，参数α_{it}表示模型的常数项，β_{it}表示对应于解释变量x_{it}的$k \times 1$维系数向量，k表

示解釋變量個數。隨機誤差項相互獨立，並且滿足零均值、同方差假設。本文採用 F 檢驗如下兩個假設：

H_1：個體變量系數相等。

H_2：截距項和個體變量系數都相等。

如果 H_2 被接受，則屬於個體影響的不變系數混合估計；如果 H_2 被拒絕，則檢驗假設 H_1，如果 H_1 被接受，屬於變截距，否則屬於變系數。變系數、變截距和混合估計的殘差平方和分別為 S_1、S_2、S_3，面板個體數量為 N，面板時間跨度為 T，根據 Wald 定理在 H_2 假設條件下構建統計量 F_2，在 H_1 假設條件下構建統計量 F_1，其中：

$$F_2 = \frac{(S_3 - S_1)/[(N-1)(K+1)]}{S_1/[NT - N(K+1)]} \sim F[(N-1)(K+1), N(T-K-1)]$$

$$F_1 = \frac{(S_2 - S_1)/[(N-1)K]}{S_1/[NT - N(K+1)]} \sim F[(N-1)K, N(T-K-1)]$$

若計算得到的統計量 F_2 的值不小於給定置信度下的相應臨界值，則拒絕假設 H_2，繼續檢驗假設 H_1；反之，認為樣本數據符合無個體影響的不變系數模型。若計算得到的統計量 F_1 的值不小於給定置信度下的相應臨界值，則拒絕假設 H_1，用變系數模型擬合；反之，用變截距模型擬合。

三、東部和中部模型迴歸結果分析

本文利用東部 11 個省（市）和中部 8 個省的相關數據，借助 Eviews 6.0 軟件，採用固定效應模型對七個環境污染指標分別進行迴歸。本文採用 Pooled EGLS（Cross-section Weights）消除異方差，採用廣義差分法消除自相關，迴歸后的殘差是平穩序列。迴歸結果見表 1 至表 8。

（一）東部和中部地區外商直接投資對工業廢水、工業廢氣影響差異分析

表 1　　　　　東部地區 LNFS、LNFQ 模型參數估計結果

變量	LNFS 參數	LNFS 固定效應	LNFQ 參數	LNFQ 固定效應
α	24.799,8*** (1.872,2)		49.384,0* (4.092,3)	
LNY	-3.680,6*** (-1.461,3)		-13.190,5* (-3.226,3)	
$LN^2 Y$	0.418,8*** (1.456,7)		1.357,4* (2.963,4)	
$LN^3 Y$	-0.015,8*** (-1.454,1)		-0.044,0* (-2.582,5)	

表1(續)

變量	LNFS 參數	LNFS 固定效應	LNFQ 參數	LNFQ 固定效應
AR（1）	0.995,8* (42.368,4)		0.808,9* (24.761,2)	
海南-LNFDI	0.102,7 (1.236,5)	-8.044,9	0.130,2 (0.951,3)	-3.732,1
河北-LNFDI	-0.008,8 (-0.128,0)	3.873,6	0.083,5 (1.109,8)	0.001,4
上海-LNFDI	0.025,9 (1.053,1)	-15.545,8	-0.131,8 (-0.958,0)	1.153,3
浙江-LNFDI	-0.038,4 (-0.584,7)	10.568,7	0.074,5 (1.369,2)	-0.491,3
遼寧-LNFDI	-0.083,5*** (-1.647,6)	-5.431,9	0.042,6 (0.327,2)	0.171,8
廣東-LNFDI	-0.039,2 (-0.355,5)	6.347,2	-0.045,9 (-0.375,6)	0.982,5
北京-LNFDI	0.013,5 (0.338,1)	-21.123,3	-0.029,5 (-0.495,1)	-0.874,5
天津-LNFDI	-0.007,8 (-0.107,2)	-5.696,1	-0.020,4 (-0.163,6)	-1.010,5
江蘇-LNFDI	-0.041,5 (-0.779,0)	7.612,7	-0.150,4** (-2.229,2)	2.712,0
福建-LNFDI	-0.095,5 (-0.709,3)	12.494,2	-0.018,6 (-0.271,2)	-0.244,4
山東-LNFDI	-0.072,7* (-2.178,7)	11.016,5	0.036,6 (0.731,6)	0.373,7
R^2	0.999,6		0.998,5	
F	21,721.19		5,607.094	
D-W	2.258,7		1.888,8	

註：括號內為t值，*表示1%的顯著水平，**表示5%的顯著水平，***表示10%的顯著水平，表2~表8同

東部工業廢水與人均地區生產總值呈倒N形關係。海南、上海、北京的FDI對工業廢水排放量產生正影響，但t統計量不顯著。河北、浙江、遼寧、廣東、天津、江蘇、福建、山東的FDI對工業廢水排放量產生負影響，遼寧在10%的水平下顯著，其他省（市）的t統計量不顯著。遼寧的FDI每增加1個百分點，工業廢水排放量將減少0.083,5個百分點。

東部工業廢氣與人均地區生產總值呈倒 N 形關係。海南、河北、浙江、遼寧、山東的 FDI 對工業廢氣排放量產生正影響，但 t 統計量不顯著。上海、廣東、北京、天津、江蘇、福建、山東的 FDI 對工業廢氣排放量產生負影響，江蘇在 5% 的水平下顯著，其他省（市）的 t 統計量不顯著，江蘇的 FDI 每增加 1 個百分點，工業廢氣排放量將減少 0.150, 4 個百分點。

表 2　　　　　中部地區 LNFS、LNFQ 模型參數估計結果

變量	LNFS 參數	LNFS 固定效應	LNFQ 參數	LNFQ 固定效應
α	16.601, 8* (7.967, 1)		11.652, 4* (3.903, 1)	
LNY	−1.132, 0* (−2.346, 6)		−1.224, 4** (−1.862, 4)	
LN^{2}Y	0.058, 7** (2.138, 5)		0.096, 7* (2.687, 7)	
AR（1）	0.777, 2* (15.227, 0)		0.869, 9* (24.107, 9)	
湖南-LNFDI	−0.033, 3 (−1.006, 5)	0.868, 9	0.003, 0 (0.092, 9)	0.030, 9
山西-LNFDI	5.29E-05 (0.002, 2)	−0.599, 8	−0.011, 6 (−0.524, 8)	0.986, 9
吉林-LNFDI	0.022, 4 (1.336, 1)	−0.811, 6	−0.013, 8 (−0.873, 1)	−0.101, 9
安徽-LNFDI	0.006, 8 (0.321, 2)	−0.107, 1	0.084, 8** (2.005, 0)	−0.536, 0
黑龍江-LNFDI	−0.069, 1 (−1.352, 2)	0.427, 6	0.004, 7 (0.139, 1)	−0.144, 7
河南-LNFDI	0.039, 6*** (1.609, 8)	−0.090, 2	0.058, 7 (1.148, 8)	−0.102, 3
江西-LNFDI	0.014, 8 (0.463, 7)	−0.371, 8	0.041, 0 (0.929, 3)	−0.732, 6
湖北-LNFDI	−0.034, 8 (−0.765, 1)	0.833, 6	−0.019, 4 (−0.411, 1)	0.634, 0
R^2	0.999, 2		0.998, 5	
F	11,085.59		6,243.136	
D-W	1.687, 7		1.659, 1	

中部地區工業廢水與人均地區生產總值呈 U 形關係。山西、吉林、安徽、

河南、江西的 FDI 對工業廢水排放量產生正影響，山西、安徽在 5%的水平下顯著，河南、江西在 1%的水平下顯著，吉林的 t 統計量不顯著，影響最大的河南為 0.144,4，其次是江西。湖南、黑龍江、湖北的 FDI 對工業廢水排放量產生負影響，黑龍江在 1%的水平下顯著，湖南和湖北的 t 統計量不顯著。黑龍江的 FDI 每增加 1%，工業廢水排放量將減少 0.102,5%。

中部地區工業廢氣排放量與人均地區生產總值呈 U 形關係。湖南、山西、安徽、河南、江西、湖北的 FDI 對工業廢氣排放量產生正影響，湖南的 t 統計量不顯著，湖北在 5%的水平下顯著，其他省都在 1%的水平下顯著。影響最大的河南為 0.081,9，其次是安徽。吉林、黑龍江的 FDI 對工業廢氣排放量產生負影響，並且都在 1%的水平下顯著。影響最大的黑龍江為 -0.152,1，即 FDI 每增加 1 個百分點，工業廢氣排放量將減少 0.152,1 個百分點，其次是吉林。

（二）東部和中部地區外商直接投資對工業菸塵、工業粉塵影響差異分析

表 3　　　　東部地區 LNGYYC、LNGYFC 模型參數估計結果

變量	LNGYYC 參數	固定效應	LNGYFC 參數	固定效應
α	32.726,2* (2.816,4)		52.989,3* (3.884,7)	
LNY	-10.502,4* (-2.694,4)		-18.502,6* (-4.034,2)	
LN²Y	1.265,7* (2.965,3)		2.284,8* (4.543,5)	
LN³Y	-0.050,5* (-3.238,6)		-0.092,7* (-5.030,5)	
AR（1）	0.400,0* (6.165,7)		0.309,7* (4.581,3)	
海南-LNFDI	0.047,7 (0.353,2)	-4.192,0	-0.281,4 (-1.274,2)	-0.449,5
河北-LNFDI	-0.033,5 (-0.384,2)	0.524,2	0.026,7 (0.251,5)	-0.045,6
上海-LNFDI	-0.152,1* (-2.782,6)	0.576,7	-0.206,9* (-2.484,7)	0.312,5
浙江-LNFDI	-0.062,7 (-0.810,4)	-0.083,3	-0.094,1 (-0.972,0)	0.678,6
遼寧-LNFDI	-0.093,4 (-1.067,6)	1.349,6	-0.085,5 (-0.993,6)	0.943,2

表3(續)

變量	LNGYYC 參數	LNGYYC 固定效應	LNGYFC 參數	LNGYFC 固定效應
廣東-LNFDI	0.040,2 (0.428,3)	-1.140,2	-0.052,5 (-0.476,1)	0.655,7
北京-LNFDI	-0.263,1** (-2.226,6)	1.304,4	0.118,8 (0.286,3)	-2.789,9
天津-LNFDI	0.013,9 (0.134,5)	-1.771,1	-0.206,2* (-3.377,8)	-0.296,4
江蘇-LNFDI	-0.108,2** (-2.339,8)	1.437,1	-0.081,0 (-1.088,4)	0.754,9
福建-LNFDI	-0.054,6 (-0.697,5)	-0.952,2	-0.001,7 (-0.017,9)	-0.875,8
山東-LNFDI	-0.164,9* (-2.478,9)	2.279,6	-0.087,6 (-1.291,5)	1.126,7
R^2	0.982,9		0.977,3	
F	487.359		326.259	
D-W	2.028,7		2.126,9	

東部地區工業菸塵與人均地區生產總值呈倒 N 形關係。海南、廣東、天津的 FDI 對工業菸塵排放量產生正影響，但 t 統計量不顯著。河北、上海、浙江、遼寧、北京、江蘇、福建、山東的 FDI 對工業菸塵排放量產生負影響，上海、山東在 1% 的水平下顯著，北京、江蘇在 5% 的水平下顯著，其他省（市）的 t 統計量不顯著。影響最大的北京為 -0.263,1，即 FDI 每增加 1 個百分點，工業菸塵排放量將減少 0.263,1 個百分點。

東部地區工業粉塵排放量與人均地區生產總值呈倒 N 形關係。河北、北京的 FDI 對工業粉塵排放量產生正影響，但不顯著。海南、上海、浙江、遼寧、廣東、天津、江蘇、福建、山東的 FDI 對工業粉塵排放量產生負影響，上海、天津在 1% 的水平下顯著，其他省（市）t 統計量不顯著。影響最大的上海為 -0.206,9，即 FDI 每增加 1%，工業粉塵排放量將減少 0.206,9%。

表4　中部地區 LNGYYC、LNGYFC 模型參數估計結果

變量	LNGYYC 參數	LNGYYC 固定效應	LNGYFC 參數	LNGYFC 固定效應
α	42.018,5** (1.844,7)		89.165,2* (3.124,4)	

表4(續)

變量	LNGYYC 參數	LNGYYC 固定效應	LNGYFC 參數	LNGYFC 固定效應
LNY	−13.546,2*** (−1.646,7)		−32.175,0* (−3.154,4)	
LN^2Y	1.614,3*** (1.644,0)		3.998,0* (3.316,2)	
LN^3Y	−0.063,6*** (−1.633,9)		−0.163,2* (−3.448,0)	
AR（1）	0.317,2* (4.146,7)		0.448,8* (6.098,4)	
湖南-LNFDI	−0.001,9 (−0.041,9)	−0.882,5	0.049,5 (0.681,8)	−0.883,6
山西-LNFDI	−0.018,9 (−0.348,2)	−0.071,1	0.035,7 (0.781,6)	−0.806,2
吉林-LNFDI	−0.128,4* (−3.041,6)	0.390,4	−0.126,7* (−3.481,7)	−0.454,6
安徽-LNFDI	−0.077,2 (−1.412,1)	−0.383,6	−0.092,3 (−1.509,7)	0.177,6
黑龍江-LNFDI	−0.238,7* (−3.829,2)	2.089,8	−0.245,4* (−3.234,9)	1.040,7
河南-LNFDI	0.019,8 (0.375,5)	−0.563,0	−0.049,3 (−0.733,3)	0.210,8
江西-LNFDI	−0.036,5 (−0.770,2)	−1.018,3	−0.068,9 (−1.235,3)	−0.131,1
湖北-LNFDI	−0.132,1* (−2.486,4)	0.337,9	−0.138,3* (−2.309,5)	0.756,1
R^2	0.948,6		0.859,2	
F	155.442		46.263,1	
D-W	1.931,1		2.118,4	

中部地區工業菸塵排放量與人均地區生產總值呈倒 N 形關係。中部 8 個省 FDI 對工業菸塵排放量產生負影響，湖南、山西和河南的 t 統計量不顯著，吉林、安徽、黑龍江、江西、湖北都在 1% 的水平下顯著。影響最大的黑龍江為 −0.260,9，即 FDI 每增加 1 個百分點，工業菸塵排放量將減少 0.260,9 個百分點，其次是吉林，再次是湖北。

中部地區工業粉塵排放量與人均地區生產總值呈倒 N 形關係。中部 8 個省

的 FDI 對工業粉塵排放量都產生負影響，湖南、山西、河南、江西的 t 統計量不顯著，吉林、安徽、黑龍江、湖北的 t 統計量在 1% 的水平下顯著。影響最大的黑龍江為-0.379,7，即 FDI 每增加 1 個百分點，工業粉塵排放量將減少0.379,7 個百分點，其次是吉林，再次是湖北。

（三）東部和中部地區外商直接投資對工業固體廢物產生量、工業固體廢物排放量影響差異分析

表 5　　　　東部地區 LNGTCS、LNGTPF 模型參數估計結果

變量	LNGTCS 參數	固定效應	LNGTPF 參數	固定效應
α	63.489,8* (5.032,0)		8.711,7* (5.030,9)	
LNY	-17.577,8* (-4.265,4)		-0.824,8* (-3.595,3)	
LN²Y	1.772,7* (3.978,4)			
LN³Y	-0.058,1* (-3.618,1)			
AR（1）	0.817,7* (27.028,7)		0.510,4 (8.636,0)	
海南-LNFDI	0.235,2 (1.488,4)	-4.483,1	4.965,6* (3.779,5)	-49.207,3
河北-LNFDI	0.251,0** (2.137,1)	-0.299,6	0.261,5 (1.166,8)	-0.394,6
上海-LNFDI	-0.011,1 (-0.294,8)	0.523,5	2.365,9** (2.057,2)	-26.980,2
浙江-LNFDI	0.161,4** (2.555,0)	-1.042,6	-0.041,3 (-0.253,4)	0.962,1
遼寧-LNFDI	0.040,1 (0.632,4)	1.901,5	-0.686,8*** (-1.599,7)	11.088,5
廣東-LNFDI	-0.045,9 (-0.334,1)	1.742,5	0.218,4 (0.674,2)	-0.951,1
北京-LNFDI	0.058,77*** (1.417,2)	-0.729,3	-0.702,7** (-2.011,1)	10.368,0
天津-LNFDI	0.113,4*** (1.484,3)	-1.759,6	0.250,3 (0.422,8)	-2.452,3

表5(續)

變量	LNGTCS 參數	LNGTCS 固定效應	LNGTPF 參數	LNGTPF 固定效應
江蘇-LNFDI	0.028,5 (0.506,3)	1.289,6	0.335,7 (0.498,1)	-2.267,8
福建-LNFDI	0.013,9 (0.109,4)	0.917,9	-0.135,9 (-0.561,0)	2.901,4
山東-LNFDI	0.075,4 (0.582,3)	1.228,9	-0.735,0* (-3.135,4)	8.678,8
R^2	0.998,8		0.874,3	
F	7,269.704		53.571,6	
D-W	2.084,3		1.861,2	

　　東部地區工業固體廢物產生量與人均地區生產總值呈倒 N 形關係。海南、河北、浙江、遼寧、北京、天津、江蘇、福建、山東的 FDI 對工業固體廢物產生量產生正影響，河北和浙江在5%的水平下顯著，北京和天津在10%的水平下顯著，其他省（市）的 t 統計量不顯著。影響最大的河北為0.251,0，其次是浙江，再次天津。上海、廣東的 FDI 對工業固體廢物產生量產生負影響，但都不顯著。

　　東部地區工業固體廢物排放量與人均地區生產總值呈遞減關係。海南、上海、廣東、天津、江蘇的 FDI 對工業固體廢物排放量產生正影響，海南在1%的水平下顯著，上海在5%的水平下顯著，與其他省（市）相比迴歸結果反差很大，其他省（市）t 統計量不顯著。浙江、遼寧、北京、福建、山東的 FDI 對工業固體廢物排放量產生負影響。遼寧在10%的水平下顯著，北京在5%的水平下顯著，山東在1%的水平下顯著，其他省（市）t 統計量不顯著。影響最大的山東為-0.735,0，即 FDI 每增加1%，工業固體廢物排放量將減少-0.765,0%。

表6　　中部地區 LNGTCS、LNGTPF 模型參數估計結果

變量	LNGTCS 參數	LNGTCS 固定效應	LNGTPF 參數	LNGTPF 固定效應
α	41.307,7 (3.875,7*)		1,991.625 (1.846,3*)	
LNY	-11.322,7* (-2.966,8)		-941.722,4** (-1.837,3)	

表6(續)

變量	LNGTCS 參數	LNGTCS 固定效應	LNGTPF 參數	LNGTPF 固定效應
LN^2Y	1.230,2* (2.721,1)		166.886,1** (1.833,3)	
LN^3Y	-0.042,1* (-2.369,2)		-13.086,7** (-1.826,9)	
LN^4Y			0.382,9** (1.817,3)	
AR（1）	0.437,2* (6.468,8)		0.546,2* (7.767,9)	
湖南-LNFDI	-0.019,2 (-0.630,1)	-0.125,4	0.145,3 (0.724,0)	-3.571,1
山西-LNFDI	0.061,9* (3.213,5)	-0.026,7	0.131,0 (0.793,3)	-1.506,8
吉林-LNFDI	-0.038,6** (-2.281,1)	-0.343,2	-0.186,9 (-1.389,9)	-2.218,1
安徽-LNFDI	0.020,8 (1.165,7)	-0.201,2	-1.094,0* (-3.708,3)	5.281,5
黑龍江-LNFDI	-0.188,9* (-6.361,9)	1.809,7	-0.958,3*** (-1.705,7)	4.985,2
河南-LNFDI	0.088,0* (4.032,2)	-0.911,1	-0.318,6*** (-1.699,4)	-0.290,6
江西-LNFDI	0.026,3 (1.092,0)	0.063,0	-0.124,7 (-0.631,9)	-1.834,6
湖北-LNFDI	-0.003,7 (-0.206,7)	-0.294,3	-0.219,6 (-0.993,8)	-0.591,1
R^2	0.998,8		0.910,0	
F	7,004.577		75.340,1	
D-W	1.891,3		2.127,4	

　　中部地區工業固體廢物產生量與人均地區生產總值呈倒 N 形關係。山西、安徽、河南、江西的 FDI 對工業固體廢物產生量產生正影響，安徽和江西的 t 統計量不顯著，山西和河南在 1% 的水平下顯著。影響最大的山西為 0.069,8，其次是河南。湖南、吉林、黑龍江、湖北的 FDI 對工業固體廢物產生量產生負影響，湖北的 t 統計量不顯著，湖南、吉林、黑龍江在 1% 的水平下顯著。影響最大的黑龍江為-0.225,6，即 FDI 每增加 1 個百分點，工業固體

廢物產生量將減少 0.225,6 個百分點，其次是吉林。

中部地區工業固體廢物排放量與人均地區生產總值呈四次曲線關係。湖南、山西的 FDI 對工業固體廢物排放量產生正影響，湖南的 t 統計量不顯著，山西在 10%的水平下顯著。吉林、安徽、黑龍江、河南、江西、湖北的 FDI 對工業固體廢物排放量產生負影響，河南、江西在 5%的水平下顯著，湖北在 10%的水平下顯著，吉林、安徽、黑龍江在 1%的水平下顯著。影響最大的黑龍江為-1.484,9，即 FDI 每增加 1%，工業固體廢物排放量將減少 1.484,9%，其次是安徽，就 FDI 對工業固體廢物排放量的影響來說，兩省與其他省形成很大反差。

（四）東部和中部地區外商直接投資對工業二氧化硫排放量影響差異分析

表 7　　　　　東部地區 $LNSO_2$ 模型參數估計結果

變量	參數 ($LNSO_2$)	固定效應
α	1.778,4* (10.426,4)	
LNY	0.247,5* (7.818,4)	
AR（1）	0.362,1* (5.937,2)	
海南-LNFDI	0.303,6* (4.082,4)	-6.565,9
河北-LNFDI	-0.052,9** (-2.216,1)	1.448,1
上海-LNFDI	-0.100,1* (-3.021,0)	0.746,6
浙江-LNFDI	-0.023,4 (-0.837,1)	0.436,2
遼寧-LNFDI	-0.054,4 (-0.953,8)	1.100,5
廣東-LNFDI	0.123,5* (2.458,0)	-1.469,8
北京-LNFDI	-0.219,2* (-3.061,6)	1.380,9
天津-LNFDI	-0.054,9 (-0.878,5)	-0.400,1
江蘇-LNFDI	-0.060,3* (-2.547,0)	1.401,6
福建-LNFDI	0.062,8 (1.184,9)	-1.772,1
山東-LNFDI	-0.121,2* (-3.893,9)	2.635,8
R^2	0.996,0	
F	2,306.281	
D-W	2.136,7	

東部地區工業二氧化硫排放量與人均地區生產總值呈遞增關係。海南、廣東、福建的 FDI 對工業二氧化硫排放量產生正影響，海南和廣東在 1%的水平

下顯著，福建的 t 統計量不顯著。影響最大的海南為 0.303,6，其次是廣東。河北、上海、浙江、遼寧、北京、天津、江蘇、山東的 FDI 對工業二氧化硫排放量產生負影響，河北在 5% 的水平下顯著，上海、北京、江蘇和山東在 1% 的水平下顯著，浙江、遼寧、天津和福建的 t 統計量不顯著。影響最大的北京為 -0.219,2，即 FDI 每增加 1 個百分點，工業二氧化硫排放量將減少 0.219,2 個百分點，其次是山東，再次是上海。

表 8　　　　　　　　中部地區 $LNSO_2$ 模型參數估計結果

變量	參數	固定效應
α	49.728,3* (2.741,1)	
LNY	-16.441,0* (-2.526,7)	
LN^2Y	1.923,6* (2.493,1)	
LN^3Y	-0.072,9* (-2.399,5)	
AR (1)	0.447,1* (6.320,2)	
湖南-LNFDI	-0.050,2*** (-1.636,7)	0.533,6
山西-LNFDI	-0.002,7 (-0.086,2)	0.364,3
吉林-LNFDI	-0.034,7 (-1.192,4)	-0.695,9
安徽-LNFDI	-0.033,1 (-1.005,8)	-0.132,1
黑龍江-LNFDI	-0.081,7** (-1.839,2)	-0.017,8
河南-LNFDI	0.057,7 (1.397,0)	-0.466,3
江西-LNFDI	-0.002,1 (-0.052,5)	-0.597,8
湖北-LNFDI	-0.125,6* (-3.469,7)	1.130,8
R^2	0.985,9	
F	591.498	
D-W	2.054,0	

中部地區工業二氧化硫排放量與人均地區生產總值呈倒 N 形關係。山西、河南的 FDI 對工業二氧化硫的排放量產生正影響，但 t 統計量不顯著。湖南、吉林、安徽、黑龍江、江西、湖北的 FDI 對工業二氧化硫排放量產生負影響，湖南、安徽、江西在 5% 的水平下顯著，吉林、黑龍江、湖北在 1% 的水平下顯著。影響最大的湖北為 -0.125,5，即 FDI 每增加 1 個百分點，工業二氧化硫排放量將減少 0.125,5 個百分點，其次是黑龍江，再次是吉林。

從以上迴歸結果分析顯示，東部地區 11 個省（市）的污染指標與人均地

區生產總值大多呈現倒 N 形關係。相對來說，上海、北京、山東、江蘇、天津和遼寧的 FDI 是「清潔」的。東部地區多數省（市）的 FDI 對工業廢水、工業廢氣、工業粉塵、工業菸塵、工業二氧化硫的排放量產生負向影響，而多數省（市）的 FDI 對工業固體廢物排放量和工業固體廢物產生量產生正向影響。中部地區 8 個省的污染指標與人均地區生產總值呈現 U 形或倒 N 形關係，工業固體廢物排放量出現四次曲線關係。中部地區 FDI 相對較「清潔」的是黑龍江、吉林和湖北。中部地區 8 個省只有部分省份的 FDI 對工業廢水、工業廢氣、工業固體廢物、工業二氧化硫排放量和工業固體廢物產生量產生負向影響，即有利於環境改善，大部分省份的 FDI 對工業廢水、工業廢氣的排放量產生正影響。

四、結論

東部地區遼寧、山東的 FDI 對工業廢水排放量產生顯著的負影響；中部地區只有河南的 FDI 對工業廢水排放量產生顯著的正影響。東部地區江蘇的 FDI 對工業廢氣排放量產生顯著的負影響；中部地區安徽的 FDI 對工業廢氣排放量產生顯著的正影響。東部地區上海、北京、江蘇、山東的 FDI 對工業菸塵排放量產生顯著的負影響；中部地區吉林、黑龍江、湖北的 FDI 對工業菸塵排放量產生顯著的負影響。東部地區上海、天津的 FDI 對工業粉塵排放量產生顯著的負影響；中部地區吉林、黑龍江、湖北的 FDI 對工業粉塵排放量產生顯著的負影響。東部地區河北、浙江、北京、天津的 FDI 對工業固體廢物產生量產生顯著的正影響；中部地區吉林、黑龍江的 FDI 對工業固體廢物產生量產生顯著的負影響，山西的 FDI 對工業固體廢物產生量產生顯著的正影響。東部地區遼寧、北京、山東的 FDI 對工業固體廢物排放量產生顯著的負影響，海南和上海的 FDI 對工業固體廢物排放量產生顯著的正影響；中部地區安徽、黑龍江、河南的 FDI 對工業固體廢物排放量產生顯著的負影響。東部地區河北、上海、北京、江蘇、山東的 FDI 對工業二氧化硫排放量產生顯著的負影響，海南、廣東的 FDI 對工業二氧化硫排放量產生顯著的正影響；中部地區湖南、黑龍江、湖北的 FDI 對工業二氧化硫排放量產生顯著的負影響。東部地區 FDI 最「清潔」的是北京，其次是上海；中部地區 FDI 最「清潔」的是黑龍江，其次是吉林。需進一步研究北京的 FDI 產業分佈，借鑑經驗調整中國 FDI 的區位和產業分佈。東部和中部地區省（市）的 FDI 對污染指標的影響存在較大差異，總體來說，東部地區的 FDI 比中部地區的 FDI 更「清潔」，這可能是因為中國的 FDI 主要集中於東部地區，因而存在結構效應和規模效應。寬鬆的環境管制是吸引外商直接投資進入的一個重要因素，具有一定的「污染避難所」效應特徵，但中國並未成為一個世界的「污染避難所」。

參考文獻

[1] GROSSMAN G, KRUEGER A. Environment Impacts of The North American Free Trade Agreement [Z]. NBER Working Paper, 1991.

[2] ESKELAND G S, HARRISON A E. Moving to Greener Pasture? Multinationals and the Pollution Haven Hypothesis [J]. Journal of Development Economics, 2003, 70 (1): 1-23.

[3] 郭紅燕, 韓立岩. 外商直接投資、環境管制與環境污染 [J]. 國際貿易問題, 2008 (8): 111-118.

[4] 賀文華. FDI與經濟增長區域差異: 基於中國省際面板數據的研究 [J]. 經濟前沿, 2009 (2~3): 24-31.

(原載於《上海商學院學報》2010年第5期)

7. FDI 視角的環境庫茲涅茨假說檢驗
——基於中國中部八省的面板數據

一、引言

隨著經濟的發展，環境污染日益嚴重，環境承受的壓力越來越大。對環境問題的研究也日益增多。經濟學界對環境問題的研究提出了兩個理論假說，即環境庫茲涅茨曲線（Environmental Kuznets Curve，EKC）和污染天堂假說（Pollution Haven Hypothesis，PHH）。

格魯斯曼和克魯格（Grossman & Krueger，1991）運用全球大氣環境監測系統（GEMS）中的數據對北美自由貿易區國家經濟增長和環境質量的關係進行了實證研究，發現人均 GDP 和二氧化硫及固體菸塵之間呈倒 U 形關係，而大氣懸浮顆粒與人均 GDP 呈單調遞增的關係。人均 GDP 和環境質量的倒 U 形關係被稱為環境庫茲涅茨曲線。格魯斯曼和克魯格（Grossman & Krueger，1995）選取城市空氣污染、江河含氧量、江河城市居民排泄物含量和江河重金屬含量作為環境指標的變量，證實了環境庫茲涅茨曲線的存在，並且拐點出現在 8,000 美元之前，但他們並沒有解釋這種關係為什麼存在。不少學者（Selden & Song，1992；Holtz–Eakin & Selden，1994；Harbaugh, Levinson & Wilson，2002）採用民主程度、對外貿易程度等變量，通過實證研究發現雖然環境與經濟增長間的關係是存在的，但這種關係對模型的設定形式非常敏感。王良健、鄒雯等（2009）對中國東部地區 11 個省（市）的環境庫茲涅茨曲線進行檢驗，發現東部地區的「工業三廢」密度和人均 GDP 之間均不符合環境庫茲涅茨倒 U 形曲線關係。

污染天堂假說也稱環境避難所假說，是發達國家通過經濟全球化，將污染嚴重的生產轉移到發展中國家，然后利用貿易進口回來消費，導致國際上出現產業轉移和污染轉移。科普蘭和泰勒（Copeland & Tayloy，1994）通過南北貿易模型分析發現國際競爭的壓力引起或加劇環境領域的政策失靈，欠發達地區

降低環境標準，導致發達地區的污染型產業或者企業向環境標準較低的欠發達地區轉移，使之成為「環境避難所」。也有學者認為外商投資建立的企業普遍採用的是比較先進的技術，與發展中國家同類企業相比，應該會造成更少的污染。齊齊爾尼斯基（Chichilnisky，1994）對這種情況做了理論分析，通過建立兩國貿易模型，得到政府對環境規制的鬆緊可以完全決定貿易形式的結論，一個國家對環境所制定的法律制度也是導致國家貿易的原因。斯塔福德（Stafford，1985）和賈菲（Jaffe，1995）認為環境管制並不是影響外商投資和企業區位選擇的決定性因素，而且環境保護的要求迫使企業技術革新，提高企業競爭力，有利於環境的改善。摩尼和惠勒（Mani & Wheeler，1997）研究表明絕大多數污染產業投向了發達國家，而非發展中國家，他們認為美國污染產業沒有向發展中國家轉移。科普蘭和泰勒（Copeland & Taylor，2001）通過理論模型說明貿易對環境污染的影響有限，實證研究發現貿易導致的技術變化使污染減少，自由貿易對改善環境有積極影響。Dean（2002）使用中國省際面板數據，研究發現自由貿易經過資本和產品流動加劇了環境惡化，但貿易提高了生活水平，生活質量要求提高有利於改善環境質量。埃斯克蘭和哈里森（Eskeland & Harrison，2003）的研究表明，在其選擇研究的4個發展中國家中，外資企業比國內企業污染排放量明顯要少得多。潘申彪、餘妙志（2005）利用1986—2003年江、浙、滬三省（市）數據研究發現，三者FDI增長是導致該區域環境污染加劇的原因之一。楊海生等（2005）根據1990—2002年中國30個省份對外貿易、FDI、經濟增長和環境相關數據，研究認為FDI與污染物排放之間呈現出顯著的正相關關係。有研究者（Jie He，2006）利用中國29個省（市）的面板數據進行研究，發現FDI每增加1%，工業二氧化硫排放量增加0.098%。沙文兵和石濤（2006）利用中國30個省（市、區）1999—2004年的面板數據進行分析，結果顯示FDI對中國生態環境具有顯著的負面效應，同時FDI的負面效應呈現出「東高西低」的特徵。陳凌佳（2008）利用中國112個重點城市2001—2006年的年度數據進行了實證分析，結果表明FDI對中國的生態環境具有較為顯著的負面效應，FDI每增加1%，工業二氧化硫污染強度增加0.058,7%。餘靜文和王勛（2009）通過研究中國地區間面板數據，發現FDI對中國的環境問題有改善的作用，在所選取的三種環境污染物（二氧化硫、菸塵、工業廢水）中，FDI的增加都將導致污染排放量的減少。

現有的研究文獻顯示，關於FDI對環境污染的影響並沒有達成共識，主要有三種觀點。第一種是污染天堂假說，也稱污染避難所假說，即發達國家將污染產業轉移到發展中國家，使後者成為污染避難所，即FDI會加劇東道國的環境污染；第二種觀點認為，跨國公司在向外進行投資的同時帶去了先進的治理污染技術，從而有利於東道國環境污染的改善；第三種觀點認為FDI促使東道國產量增加，從而導致相應的污染的增加，即環境的規模效應，但生活水平的

提高要求提高生活質量，對環境質量的要求提高，反過來又有利於改善環境。

FDI 增加能增加東道國的生產總值，提高人均收入水平，而環境庫茲涅茨假說認為環境污染指標先隨收入的提高而增加，到頂點后會隨收入的提高而下降。本文利用 1985—2008 年中國中部地區 8 個省的面板數據，從 FDI 的視角對環境庫茲涅茨假說進行檢驗。

二、數據來源及處理

(一) 環境污染指標和經濟增長指標選取

環境污染指標數據來自 1986—2009 年中國統計年鑒及中國省（市）統計年鑒，考慮統計口徑一致和數據的連續性，本文選取工業廢氣排放總量（億標準立方米）、工業廢水排放總量（萬噸）、工業固體廢物產生量（萬噸）、工業固體廢物排放量（萬噸）、工業煙塵排放量（萬噸）、工業粉塵排放量（萬噸）和工業二氧化硫排放量（萬噸）作為環境污染指標（數據來源於中國統計年鑒），人均地區生產總值（元）作為經濟增長指標。此外，考慮國際貿易因素中污染的可輸出性，有些發達國家通過 FDI 輸出污染以便減輕國內環境壓力，因而用外商直接投資作為污染的輸出指標（萬美元）。各省人均地區生產總值和 FDI 數據來自於各省 1986—2009 年統計年鑒。SO_2、FS、FQ、$GYYC$、$GYFC$、$GTCS$、$GTPF$ 分別表示工業二氧化硫排放量、工業廢水排放量、工業廢氣排放量、工業煙塵排放量、工業粉塵排放量、工業固體廢物產生量、工業固體廢物排放量，Y 表示人均地區生產總值，FDI 表示外商直接投資。因為是面板數據，為消除時間序列趨勢，對所有數據取自然對數，$LNSO_2$、$LNFS$、$LNFQ$、$LNGYYC$、$LNGYFC$、$LNGTCS$、$LNGTPF$ 分別表示污染指標的自然對數，LNY 表示人均地區生產總值的自然對數，$LNFDI$ 表示外商直接投資的自然對數。

(二) 數據平穩性檢驗

標準單位根檢驗在檢驗單變量時間序列時具有較低的檢驗功效，而考慮含有時間和截面的面板情形則更為有效。本文選用的面板單位根檢驗方法包括 LLC 檢驗（Levin、Lin & Chu）、IPS 檢驗（Im、Pesaran & Shin）和 CH 檢驗（Choi）。本文用 Eviews 6.0 軟件對各變量進行單位根檢驗，LLC 檢驗的零假設是各截面有相同的單位根，IPS、ADF 和 PP 檢驗的零假設是允許各截面有不同單位根（見表1）。本文以個體效應為外生變量，對所有變量進行單位根檢驗，一階差分后都是平穩序列，但 LNGYYC 和 LNGYFC 的原序列已是平穩序列。

表 1　環境污染指標、外商直接投資和人均地區生產總值對數值單位根檢驗

變量	LLC	IPS	ADF	PP	平穩性
LN*FDI*	-2.899,4*	-0.142,0	14.659,7	11.030,7	否

表1(續)

變量	LLC	IPS	ADF	PP	平穩性
$LNSO_2$	-0.407,4	0.798,5	8.504,2	8.904,1	否
LNY	0.188,0	3.893,8	1.485,3	1.343,1	否
$LNFQ$	6.461,1	8.671,1	0.149,8	0.166,0	否
$LNFS$	-2.045,8**	0.495,7	14.291,1	10.313,3	否
$LNGYYC$	-4.459,3*	-2.965,2*	33.567,7*	32.272,1*	是
$LNGYFC$	-3.372,8*	-3.684,7*	45.674,0*	47.353,9*	是
$LNGTCS$	7.138,5	8.584,6	13.078,4	13.159,5	否
$LNGTPF$	-0.729,2	-0.286,3	17.743,4	19.355,1	否
$DLNFDI$	-8.998,0*	-7.506,2*	93.732,7*	106.488*	是
$DLNSO_2$	-12.339,0*	-10.925,3*	125.571*	152.541*	是
$DLNY$	-1.761,5*	-3.734,6*	40.592,6*	29.506,3*	是
$DLNFQ$	-3.372,9*	-3.684,8*	45.674,0*	47.353,9*	是
$DLNFS$	-5.910,4*	-7.341,7*	84.769,8*	131.186*	是
$DLNGYYC$	-12.112,8*	-11.700,3*	130.329*	228.937*	是
$DLNGYFC$	-12.228,2*	-10.786,3*	114.991*	121.493*	是
$DLNGTCS$	-13.666,9*	-13.241,1*	178.975*	173.591*	是
$DLNGTPF$	-13.358,3*	-13.616,0*	153.487*	161.312*	是

註：*表示1%的顯著水平；**表示5%的顯著水平；***表示10%的顯著水平；D表示序列的一階差分

三、污染指標的面板數據模型

（一）模型設定形式

由於面板數據模型同時具有截面、時序的兩維特性，模型中參數在不同截面、時序樣本點上是否相同，直接決定模型參數估計的有效性。根據截距向量和系數向量中各分量限制要求的不同，面板數據模型可分為無個體影響的不變系數模型、變截距模型和變系數模型三種形式。因此，在面板數據模型估計之前，需要檢驗樣本數據適合上述哪種形式，避免模型設定的偏差，提高參數估計的有效性。設有因變量 y_{it} 與 $1 \times k$ 維解釋變量向量 x_{it}，滿足線性關係：

$$y_{it} = \alpha_{it} + x_{it}\beta_{it} + \varepsilon_{it}; i = 1, 2, \cdots, N; t = 1, 2, \cdots, T$$

其中，N表示個體截面成員的個數，T表示每個截面成員的觀察時期總數，參數α_{it}表示模型的常數項，β_{it}表示對應於解釋變量x_{it}的$k \times 1$維繫數向量，k表示解釋變量個數。隨機誤差項相互獨立，且滿足零均值、同方差假設。採用F檢驗如下兩個假設：

H_1：個體變量系數相等。

H_2：截距項和個體變量系數都相等。

如果H_2被接受，則屬於個體影響的不變系數混合估計；如果H_2被拒絕，則檢驗假設H_1，如果H_1被接受，則屬於變截距，否則屬於變系數。變系數、變截距和混合估計的殘差平方和分別為S_1、S_2、S_3，面板個體數量為N，面板時間跨度為T，根據Wald定理在H_2假設條件下構建統計量F_2，在H_1假設條件下構建統計量F_1，其中：

$$F_2 = \frac{(S_3 - S_1)/[(N-1)(K+1)]}{S_1/[NT - N(K+1)]} \sim F[(N-1)(K+1), N(T-K-1)]$$

$$F_1 = \frac{(S_2 - S_1)/[(N-1)K]}{S_1/[NT - N(K+1)]} \sim F[(N-1)K, N(T-K-1)]$$

若計算得到的統計量F_2的值不小於給定置信度下的相應臨界值，則拒絕假設H_2，繼續檢驗假設H_1；反之，則認為樣本數據符合無個體影響的不變系數模型。若計算得到的統計量F_1的值不小於給定置信度下的相應臨界值，則拒絕假設H_1，用變系數模型擬合；反之，則用變截距模型擬合。

（二）模型估計結果

本文通過F檢驗採用固定效應模型，用Eviews 6.0軟件對模型進行估計。模型基本設定形式為：

$LNE_{it} = \alpha_{it} + \beta_0 + \beta_1 LNY + \beta_2 LNY^2 + \beta_3 LNY^3 + \beta_{it} LNFDI$，其中，$E_{it}$為污染指標，$LNY^2$表示$LNY$的平方，$LNY^3$表示$LNY$的立方。

1. 工業廢水模型參數估計

本文用$LNFS$對LNY、LNY^2、LNY^3、$LNFDI$進行迴歸得到參數估計結果（見表2）。

表2　　　　　　　　　　工業廢水模型參數估計結果

變量	模型 I 參數	模型 I 固定效應	模型 II 參數	模型 II 固定效應
β_0	5.596,2 (0.910,1)		17.678,1* (19.409,9)	
LNY	3.025,6 (1.352,9)		-1.405,7* (-6.207,4)	

表2(續)

變量	模型 I 參數	模型 I 固定效應	模型 II 參數	模型 II 固定效應
LNY^2	$-0.464,7^{***}$ $(-1.729,9)$		$0.071,3^{*}$ $(5.590,6)$	
LNY^3	$0.021,5^{**}$ $(2.002,5)$			
湖南-LNFDI	$-0.006,3$ $(-0.411,6)$	$0.860,9$	$-0.004,8$ $(-0.311,2)$	$0.895,5$
山西-LNFDI	$0.026,7^{***}$ $(1.729,1)$	$-0.641,9$	$0.029,9^{**}$ $(1.920,5)$	$-0.619,8$
吉林-LNFDI	$0.005,3$ $(0.445,6)$	$-0.361,6$	$0.008,1$ $(0.668,4)$	$-0.332,5$
安徽-LNFDI	$0.028,0^{**}$ $(1.857,7)$	$-0.080,0$	$0.034,5^{*}$ $(2.290,2)$	$-0.098,6$
黑龍江-LNFDI	$-0.105,8^{*}$ $(-5.558,6)$	$1.208,4$	$-0.104,6^{*}$ $(-5.542,2)$	$1.251,5$
河南-LNFDI	$0.131,9^{*}$ $(5.569,7)$	$-0.824,3$	$0.144,7^{*}$ $(6.403,0)$	$-0.910,9$
江西-LNFDI	$0.046,9^{*}$ $(2.380,1)$	$-0.523,8$	$0.054,8^{*}$ $(2.787,4)$	$-0.560,1$
湖北-LNFDI	$-0.033,9^{*}$ $(-1.600,8)$	$1.062,6$	$-0.033,0^{***}$ $(-1.559,1)$	$1.106,2$
R^2	$0.999,2$		$0.999,1$	
F	$10,673.21$		$10,469.79$	

註：括號內為 t 值，* 表示 1% 的顯著水平；** 表示 5% 的顯著水平；*** 表示 10% 的顯著水平（下同）

對迴歸結果進行比較，確定為模型 II：

$$LNFS_{it} = \alpha_{it} + 17.687,1 - 1.405,7LNY + 0.071,5LNY^2 + \beta_{it}LNFDI_{it}$$

中部地區 8 個省工業廢水排放量對數值對人均地區生產總值和外商直接投資對數值迴歸結果中的 LNY、LNY^2、C 都在 1% 的水平下顯著。山西、安徽、河南、江西的外商直接投資都對工業廢水排放量產生正的影響，除山西在 5% 的水平下顯著外，其他都在 1% 的水平下顯著；黑龍江和湖北的外商直接投資對工業廢水排放量產生負影響，黑龍江在 1% 的水平下顯著，湖北在 10% 的水平下顯著；湖南的外商直接投資對湖南的環境污染產生負的影響，但不顯著；吉林的外商直接投資對吉林的環境污染產生正的影響，但不顯著。就中部地區

來說，工業廢水排放量與經濟增長關係存在 U 形關係，但外商直接投資對中部地區各省環境污染的影響存在差異。

2. 工業廢氣模型參數估計

本文用 LNFQ 對 LNY、LNY²、LNY³、LNFDI 進行迴歸得到參數估計結果（見表3）。

表3　　　　　　　　　工業廢氣模型參數估計結果

變量	模型 I 參數	模型 I 固定效應	模型 II 參數	模型 II 固定效應
β_0	24.471,9* (2.936,0)		17.797,7* (14.868,8)	
LNY	−5.211,8*** (−1.720,2)		−2.741,0* (−9.210,1)	
LNY²	0.490,4 (1.349,0)		0.188,5* (11.302,6)	
LNY³	−0.012,2 (−0.841,3)			
湖南-LNFDI	0.019,3 (0.991,1)	−0.065,9	0.020,2 (1.072,6)	−0.085,5
山西-LNFDI	0.075,6* (3.787,2)	−0.018,0	0.075,3* (3.889,6)	−0.025,7
吉林-LNFDI	−0.047,8* (−2.480,7)	0.311,9	−0.048,2* (−2.541,2)	0.302,1
安徽-LNFDI	0.092,2* (3.836,3)	−0.659,1	0.090,7* (3.903,1)	−0.652,2
黑龍江-LNFDI	−0.146,2* (−6.694,4)	1.643,5	−0.145,5* (−6.786,3)	1.623,8
河南-LNFDI	0.098,9* (3.194,0)	−0.279,9	0.094,3* (3.210,5)	−0.240,9
江西-LNFDI	0.066,8* (2.824,2)	−0.991,6	0.064,6* (2.895,7)	−0.976,4
湖北-LNFDI	0.024,8 (0.833,1)	0.113,9	0.025,5 (0.808,5)	0.095,0
R^2	0.996,8		0.997,2	
F	2,729.587		3,312.46	

對迴歸結果進行比較，確定為模型 II：

$$LNFQ_{it} = \alpha_{it} + 17.797,7 - 2.741,0LNY + 0.188,5LNY^2 + \beta_{it} LNFDI_{it}$$

中部地區 8 個省工業廢氣排放量對數值對人均地區生產總值和外商直接投資對數值迴歸結果中的 LNY、LNY²、C 都在 1% 的水平下顯著。湖南、山西、安徽、河南、江西、湖北的外商直接投資都對工業廢氣排放量產生正的影響，除湖南和湖北外都在 1% 的水平下顯著，湖南和湖北的外商直接投資對廢氣排放量的影響不顯著；黑龍江和吉林的外商直接投資對工業廢氣排放量產生負影響，並且都在 1% 的水平下顯著。就中部地區來說，工業廢氣排放量與經濟增長關係存在 U 形關係，但 FDI 對中部各省環境污染的影響存在差異。

3. 工業二氧化硫模型參數估計

本文用 $LNSO_2$ 對 LNY、LNY²、LNY³、LNFDI 進行迴歸得到參數估計結果（見表 4）。

表 4　　　　　　　　　　工業二氧化硫模型估計結果

變量	模型 I 參數	模型 I 固定效應	模型 II 參數	模型 II 固定效應
β_0	25.948,4* (2.628,6)		8.087,6* (5.789,0)	
LNY	-7.844,5** (-2.184,6)		-1.289,0* (-3.710,1)	
LNY²	0.891,8** (2.068,0)		0.098,7* (5.037,1)	
LNY³	-0.031,8** (-1.847,9)			
湖南-LNFDI	-0.040,4*** (-1.738,6)	0.444,4	-0.045,5* (-1.949,8)	0.394,9
山西-LNFDI	0.014,9 (0.628,1)	0.225,8	0.007,9 (0.338,6)	0.184,3
吉林-LNFDI	-0.061,3* (-2.894,8)	-0.439,1	-0.067,9* (-3.270,7)	-0.489,3
安徽-LNFDI	-0.029,1 (-1.165,3)	-0.150,1	-0.041,3** (-1.788,2)	-0.124,8
黑龍江-LNFDI	-0.092,9* (-3.347,4)	0.087,0	-0.098,2* (-3.706,5)	0.027,5
河南-LNFDI	0.067,8** (1.922,4)	-0.555,2	0.045,4 (1.383,4)	-0.419,9
江西-LNFDI	-0.043,6 (-1.426,7)	-0.111,1	-0.057,9** (-1.918,3)	-0.057,9

表4(續)

變量	模型Ⅰ 參數	模型Ⅰ 固定效應	模型Ⅱ 參數	模型Ⅱ 固定效應
湖北-LNFDI	-0.139,1* (-4.084,7)	1.351,9	-0.144,7* (-3.802,4)	1.301,3
R^2	0.983,2		0.979,7	
F	506.788		444.186	

對迴歸結果進行比較，確定為模型Ⅱ：

$$LNSO_{2it} = \alpha_{it} + 8.087,6 - 1.289,0LNY + 0.098,7LNY^2 + \beta_{it}LNFDI_{it}$$

中部地區8個省工業二氧化硫排放量對數值對人均地區生產總值和外商直接投資對數值迴歸結果中的LNY、LNY^2、C都在1%的水平下顯著。湖南、吉林、安徽、黑龍江、江西、湖北的外商直接投資都對工業二氧化硫排放量產生負的影響，除江西和安徽在5%的水平下顯著外，其餘都在1%的水平下顯著；山西和河南的外商直接投資對工業二氧化硫排放量產生正的影響，但不顯著。就中部地區來說，工業二氧化硫排放量與經濟增長存在U形關係，即經濟增長越快，污染越嚴重；但外商直接投資增加有利於降低中部各省的工業二氧化硫排放量。

4. 工業粉塵模型參數估計

本文用LN$GYFC$對LNY、LNY^2、LNY^3、LNFDI進行迴歸得到參數估計結果(見表5)。

表5　　　　　　　　　工業粉塵模型參數估計結果

變量	模型Ⅰ 參數	模型Ⅰ 固定效應	模型Ⅱ 參數	模型Ⅱ 固定效應
β_0	118.129,6* (8.149,1)		4.814,1** (1.899,2)	
LNY	-42.217,4* (-8.040,8)		-0.276,3 (-0.438,2)	
LNY^2	5.156,5* (8.209,6)		0.032,5 (0.913,1)	
LNY^3	-0.207,1* (-8.300,2)			
湖南-LNFDI	-0.021,1 (-0.448,3)	-0.444,2	-0.010,9 (-0.202,3)	-0.780,2
山西-LNFDI	-0.011,3 (-0.299,5)	-0.759,8	-0.021,0 (-0.491,3)	-0.907,8

表5(續)

變量	模型 I 參數	模型 I 固定效應	模型 II 參數	模型 II 固定效應
吉林-LNFDI	-0.174,2* (-5.301,8)	-0.353,9	-0.185,6* (-4.989,3)	-0.530,6
安徽-LNFDI	-0.126,8* (-2.926,4)	0.196,3	-0.157,0* (-3.104,1)	0.306,1
黑龍江-LNFDI	-0.383,8* (-8.080,0)	2.128,9	-0.379,5* (-7.868,7)	1.803,7
河南-LNFDI	-0.033,7 (-0.585,1)	-0.322,9	-0.118,4** (-1.834,4)	0.356,6
江西-LNFDI	-0.046,0 (-1.057,6)	-0.767,9	-0.088,5** (-2.002,3)	-0.504,4
湖北-LNFDI	-0.160,1* (-3.817,6)	0.594,6	-0.156,9** (-2.167,9)	0.295,0
R^2	0.969,9		0.831,8	
F	263.238		43.072,3	

對迴歸結果進行比較，確定為模型 I：

$$LNGYFC_{it} = \alpha_{it} + 18.129,6 - 42.217,4LNY + 5.156,5LNY^2 - 0.041,1LNY^3 + \beta_{it}LNFDI_{it}$$

中部地區 8 個省工業粉塵排放量對數值對人均地區生產總值和 FDI 對數值迴歸結果中的 LNY、LNY^2、LNY^3、C 都在 1% 的水平下顯著。中部地區 8 個省的外商直接投資都對工業粉塵排放量產生負的影響，除湖南、山西、河南和江西的影響不顯著外，其餘都在 1% 的水平下顯著。就中部地區來說，工業粉塵排放量與經濟增長存在倒 N 形關係，但外商直接投資增加有利於降低中部地區各省工業粉塵排放量。

5. 工業菸塵模型參數估計

本文用 $LNGYYC$ 對 LNY、LNY^2、LNY^3、$LNFDI$ 進行迴歸得到參數估計結果（見表6）。

表6　　　　　　　　　　工業菸塵模型參數估計結果

	模型 I 參數	模型 I 固定效應	模型 II 參數	模型 II 固定效應

表6(續)

	模型 I		模型 II	
	參數	固定效應	參數	固定效應
β_0	28.562,0* (2.054,1)		5.722,9* (2.804,3)	
LNY	-8.717,1*** (-1.717,0)		-0.307,9 (-0.607,0)	
LNY^2	1.040,8*** (1.699,7)		0.019,4 (0.679,6)	
LNY^3	-0.041,1*** (-1.673,5)			
湖南-LNFDI	0.013,89*** (0.378,1)	-1.045,9	0.012,9 (0.345,6)	-1.112,2
山西-LNFDI	0.019,2 (0.378,0)	-0.412,5	0.014,6 (0.341,4)	-0.449,5
吉林-LNFDI	-0.151,1* (0.448,7)	0.613,8	-0.155,2* (-4.484,8)	0.566,1
安徽-LNFDI	-0.091,0* (-4.329,5)	-0.229,2	-0.100,9* (-2.532,2)	-0.199,0
黑龍江-LNFDI	-0.229,9* (-2.251,7)	1.983,4	-0.231,0* (-5.611,5)	1.908,7
河南-LNFDI	0.017,0 (-5.574,9)	-0.521,4	-0.004,4 (-0.097,9)	-0.368,0
江西-LNFDI	-0.040,7 (0.360,9)	-0.953,6	-0.053,2 (-1.393,2)	-0.891,4
湖北-LNFDI	-0.179,6* (-1.025,3)	1.001,8	-0.180,7* (-3.422,1)	0.929,9
R^2	0.939,3		0.926,4	
F	133.246,2		115.567,2	

對迴歸結果進行比較,確定為模型 I :

$$LNGYYC_{it} = \alpha_{it} + 28.562,0 + 28.562,0 - 8.717,1LNY + 1.040,8LNY^2 - 0.041,1LNY^3 + \beta_{it}LNFDI_{it}$$

中部地區8個省工業菸塵排放量對數值對人均地區生產總值和外商直接投資對數值迴歸結果中的 C 在1%的水平下顯著,LNY、LNY^2和LNY^3在10%的水平下顯著。湖南、山西和河南的外商直接投資都對工業菸塵排放量產生正的影響,除湖南在10%的水平下顯著外,山西、河南的影響不顯著;吉林、安徽、

黑龍江、江西和湖北的外商直接投資都對工業菸塵排放量產生負的影響，除江西的影響不顯著外，其他省都在1%的水平下顯著。就中部地區來說，工業菸塵排放量與經濟增長存在倒N形關係，但外商直接投資增加有利於降低中部地區各省工業粉塵排放量。

6. 固體廢物產生量模型參數估計

用 LNGTCS 對 LNY、LNY²、LNY³、LNFDI 進行迴歸得參數估計結果（見表7）。

表7　　　　　固體廢物產生量模型參數估計結果

變量	模型 I 參數	模型 I 固定效應	模型 II 參數	模型 II 固定效應
β_0	18.885,1* (3.264,1)		14.118,2* (16.413,2)	
LNY	-3.535,6*** (-1.681,4)		-1.796,6* (-8.405,8)	
LNY²	0.340,8 (1.350,2)		0.131,8* (11.054,0)	
LNY³	-0.008,3 (-0.827,1)			
湖南-LNFDI	-0.043,7* (-2.409,6)	-0.098,7	-0.044,9* (-2.481,3)	-0.112,1
山西-LNFDI	0.067,8* (4.347,2)	-0.326,6	0.066,0* (4.265,3)	-0.336,6
吉林-LNFDI	-0.061,3* (-3.849,2)	-0.374,8	-0.062,8* (-3.960,2)	-0.388,7
安徽-LNFDI	-0.000,7 (-0.039,3)	-0.229,8	-0.004,0 (-0.242,3)	-0.221,1
黑龍江-LNFDI	-0.227,5* (-12.523,1)	1.972,6	-0.228,5* (-12.597,1)	1.953,7
河南-LNFDI	0.062,8* (3.079,8)	-0.862,9	0.056,9* (2.950,5)	-0.825,4
江西-LNFDI	0.008,0 (0.446,1)	0.022,6	0.004,1 (0.236,6)	0.038,8
湖北-LNFDI	-0.023,2 (-1.331,4)	-0.308,1	-0.023,9 (-1.387,1)	-0.328,0
R^2	0.998,8		0.998,9	

表7(續)

變量	模型Ⅰ 參數	模型Ⅰ 固定效應	模型Ⅱ 參數	模型Ⅱ 固定效應
F	7,561.619		8,463.407	

對迴歸結果進行比較，確定為模型Ⅱ：

$LNGTCS_{it} = \alpha_{it} + 14.118,2 - 1.796,6LNY + 0.131,8LNY^2 + \beta_{it}LNFDI_{it}$

中部地區8個省固體廢物產生量對數值對人均地區生產總值和外商直接投資對數值迴歸結果中的LNY、LNY^2、C都在1%的水平下顯著。湖南、吉林、安徽、黑龍江和湖北的外商直接投資都對固體廢物產生量產生負的影響，除安徽和湖北的影響不顯著外，其餘都在1%的水平下顯著；山西、河南和江西的外商直接投資對固體廢物產生量產生正的影響，除江西的影響不顯著外，山西和河南都在1%的水平下顯著。就中部地區來說，固體廢物產生量與經濟增長存在U形關係，但外商直接投資對固體廢物產生量的影響各省之間存在差異。

7. 固體廢物排放量模型參數估計

本文用LNGTPF對LNY、LNY^2、LNY^3、LNFDI進行迴歸得到參數估計結果（見表8）。

表8　　　　　固體廢物排放量模型參數估計結果

變量	模型Ⅰ 參數	模型Ⅰ 固定效應	模型Ⅱ 參數	模型Ⅱ 固定效應
β_0	182.021,9* (3.441,7)		13.453,4* (1.850,2)	
LNY	-61.992,3* (-3.240,2)		-0.703,7 (-0.391,6)	
LNY^2	7.365,2* (3.223,0)		0.017,6 (0.175,4)	
LNY^3	-0.292,2* (-3.218,5)			
湖南-LNFDI	0.040,4 (0.338,5)	-3.904,4	-0.026,2 (-0.211,6)	-4.166,0
山西-LNFDI	0.178,8*** (1.529,7)	-3.441,1	0.107,7 (0.899,8)	-3.791,8
吉林-LNFDI	-0.341,7* (-3.276,3)	-2.259,2	-0.384,5* (-3.616,4)	-2.882,3

表8(續)

變量	模型 I 參數	模型 I 固定效應	模型 II 參數	模型 II 固定效應
安徽-LNFDI	−1.179,3* (−5.155,8)	4.776,9	−1.290,3* (−5.684,9)	4.972,1
黑龍江-LNFDI	−1.521,7* (−6.337,4)	9.290,6	−1.571,9* (−6.530,6)	8.725,5
河南-LNFDI	−0.333,4** (−2.064,0)	−1.688,8	−0.538,2* (−3.500,2)	−0.469,1
江西-LNFDI	−0.281,3* (−2.198,0)	−1.710,6	−0.414,8* (−3.235,7)	−1.229,2
湖北-LNFDI	−0.251,2** (−1.802,4)	−1.938,3	−0.302,6* (−2.278,2)	−2.421,6
R^2	0.901,3		0.895,19	
F	74.069,4		73.861,4	

對迴歸結果進行比較，確定為模型 I：

$LNGTPF_{it} = \alpha_{it} + 182.021,9 - 61.992,3LNY + 7.365,2LNY^2 - 0.292,2LNY^3 + \beta_{it} LNFDI_{it}$

中部地區8個省固體廢物排放量對數值對人均地區生產總值和外商直接投資對數值迴歸結果中的 LNY、LNY^2、LNY^3、C 都在1%的水平下顯著。吉林、安徽、黑龍江、河南、江西和湖北的外商直接投資都對固體廢物排放量產生負的影響，除河南和湖北在5%的水平下顯著外，其餘都在1%的水平下顯著；山西和湖南的外商直接投資對固體廢物排放量產生正的影響，湖南的影響不顯著，山西在10%的水平下顯著。就中部地區來說，固體廢物排放量與經濟增長存在倒N形關係，但外商直接投資對固體廢物排放量產生負的影響，即外商直接投資增加有助於降低固體廢物排放量。

四、結論及建議

從FDI視角利用中國中部地區8個省1985—2008年的面板數據對環境庫茲涅茨假說進行檢驗，迴歸結果顯示中國沒有嚴格意義上的倒U形庫茲涅茨曲線，只有U形和倒N形。FDI對中部地區8個省環境污染指標的影響存在差異，但總體來說，FDI增加有利於減少環境污染。因此，本文提出以下建議：

第一，提高引資質量，盡可能多地引入「清潔」FDI，逐步減少污染密集型製造業外資項目的引進。加大力度調整引資結構，更多地吸引高新技術產業和服務業在內的新型外資項目。這種引資方式可以有效地降低第二產業占整個

國內產出的份額，不僅能改善我們的生態環境，還有利於中國經濟的持續發展。

第二，加大環保力度，建立保護環境的激勵機制。中國必須進一步加強環境保護的立法和執法，最大限度上減少外商直接投資對中國生態環境的負面效應，除了運用法律手段建立懲戒機制之外，還需要運用經濟和政策手段建立環保激勵機制。

參考文獻

［1］GROSSMAN GENE M, ALAN B KRUEGER. Environmental Impacts of a North American Free Trade Agreement［Z］. NBER Working Paper, 1991.

［2］GROSSMAN GENE M, ALAN B KRUEGER. Economic Growth and the Environment［J］. Quarterly Journal of Economics, 1995, 110（2）: 353-377.

［3］SELDEN T M, SONG D. Environmental Quality and Development: Is there a Kuznets Curve for Air Pollution Emissions［J］. Journal of Environmental Economics and Management, 1994, 27: 147-162.

［4］COPELAND BRIAN R, TAYLOR M SCOTT. North-South Trade and the Environment［J］. Quarterly Journal of Economics, 1994, 109（3）: 75-87.

［5］MANI M, D WHEELER. In Search of Pollution Havens: Dirty Industry Migration in the World Economy［Z］. World Bank Working Paper, 1997.

［6］ANTWEILER W COPELAND, BRIAN R TAYLOR, M SCOTT. Is Free Trade Good for the Environment［J］. American Economic Review, 2001, 91（4）: 877-908.

［7］CHICHILNISKY, GRACIELAL. Global Environment and North-South Trade［J］. American Economic Review, 1994, 84（4）: 851-874.

［8］A B JAFFE, S R PETERSON, P R PORTNEY et al. Environmental Regulation and the Competitiveness of US Manufacturing［J］. Journal of Economic Literature, 1995（33）: 132-163.

［9］JUDITH M DEAN. Does Trade Liberalization Harm the Environment? A New Test［J］. The Canadian Journal of Economics, 2002, 35（4）: 819-842.

［10］ESKELAND G S, HARRISON A E. Moving to Greener Pastures? Multinationals and the Pollution Haven Hypothesis［J］. Journal of Development Economics, 2003, 70: 12-23.

［11］JIE HE. Pollution Haven Hypothesis and Environmental Impacts of Foreign Direct Investment: The Case of Industrial Emission of Sulfur Dioxide（SO_2）in Chinese Provinces［J］. Ecological Economics, 2006: 12-18.

［12］潘申彪, 餘妙志. 江浙滬三省市外商直接投資與環境污染的因果關

係檢驗［J］.國際貿易問題，2005（12）：74-79.

［13］楊海生，賈佳，周永章，等.貿易、外商直接投資、經濟增長與環境污染［J］.中國人口·資源與環境，2005，15（3）：99-103.

［14］沙文兵，石濤.外商直接投資的環境效應——基於中國省級面板數據的實證分析［J］.世界經濟研究，2006（6）：76-81.

［15］陳凌佳.FDI環境效應的新檢驗——基於中國112座重點城市的面板數據研究［J］.世界經濟研究，2008（9）：54-60.

［16］王良健，鄔雯，黃瑩，等.東部地區環境庫茨涅茨曲線的實證研究［J］.海南大學學報（人文社會科學版），2009（1）：57-62.

［17］徐靜文，王勛.經濟增長、FDI與環境——基於中國地區間面板數據的分析［J］.經濟前沿，2009（8）：3-11.

（原載於《產經評論》2010年第2期）

8. FDI 的「污染天堂假說」檢驗
——基於中國東部和中部的數據

一、引言

20 世紀 60 年代后期和 70 年代早期，大多數經濟合作與發展組織（OECD）國家基於「污染者付費」原則建立了環境法規，這些舉措導致外商直接投資迅速增加，並湧向發展中國家。在這一背景下，經濟學家開始關注外商直接投資對環境的影響。由於發達國家環境標準嚴格，在利潤最大化目標的驅動下，跨國公司會把污染產品的生產活動轉移到發展中國家，從而改善了發達國家的環境，卻導致發展中國家環境的惡化。在這種情形下，經濟學家提出了「污染天堂假說」。

「污染天堂假說」也稱「污染避難所假說」或「產業區位重置假說」，該假說主要指污染密集型產業的企業傾向於建立在環境標準相對較低的國家或地區。發達國家環境標準普遍較高，而發展中國家環境標準普遍較低，因而形成發達國家將本國面臨淘汰的污染產業轉移到發展中國家，不斷地向發展中國家轉移環境污染和生態危機；而發展中國家急於發展經濟在一定程度上縱容了環境污染問題，自身的可持續發展與環境安全受到嚴重威脅。

「污染避難所假說」最早由沃爾特和尤格羅（Walter & Ugelow）提出。鮑莫爾和奧茨（Baumol & Oates）則從理論上進行了系統的論述，認為如果發展中國家自願實施較低的環境標準，那麼將會變成世界污染的集中地。其他一些學者也從理論上論證了「污染避難所假說」存在的合理性。

倫納德（Leonard）提出了兩個互補假說，即「產業逃離假說」和「污染天堂假說」。「產業逃離假說」認為，發達國家環境稟賦的迅速減少會產生大量促使污染密集型產業整體逃離的「推動」因素。巴里·卡斯爾曼（Barry Castleman）指出，出口危險的經濟正在成為許多危險和污染密集型產業新工廠投資的推動力量。

薩米爾·阿明（Samir Amin）認為，默許污染密集型產業轉移就是同樣默許這種轉移的最終成本從發達國家向發展中國家轉移。這意味著接受一個新的

不平等的勞動國際分工、統治中心與受統治的外圍之間的持續不平等關係和中心與外圍之間日益加深的生活水平鴻溝。

對「污染天堂假說」的實證檢驗沒有形成一致結論。托比（Tobey）認為環境規制對FDI的產業定位不產生影響。埃斯克蘭和哈里森（Eskeland & Harrison）認為，理論上環境管制標準對產出和投資的作用不能確定，「污染天堂假說」只能通過實證檢驗。瓦格納和蒂明斯（Wagner & Timmins），通過實證研究發現「污染天堂假說」在大多數污染密集型行業被證實成立。杰普森和格雷（Jeppesen & Gray）等發現，FDI對「污染天堂」有強烈偏好。朗和西伯特（Long & Siebert）建立了有兩個國家、勞動和資本兩種要素以及一個生產部門的模型，在生產產生污染和政府徵收排污稅（Pollution Tax）的假設下，排污稅降低了資本收益率，利益驅動資本流向國外，直到兩國的資本收益率均等。

張燕從環境管制的視角利用江蘇的數據對污染產業轉移進行實證研究發現，外商通過投資將污染產業轉移是造成中國環境污染的主要原因。這一說法在江蘇省並不完全成立，江蘇省的環境污染是由外商投資企業和國內企業共同造成的。外商對江蘇省的投資主要集中在紡織業、紡織服裝鞋帽、通信設備和計算機及其他電子設備等輕度污染產業，總體對環境影響不大。

戴育琴和歐陽小迅研究發現，從絕對數量來看，外商投資污染密集型產業的各項經濟指標都占到中國污染密集產業同類指標的15%左右，似乎證實了「污染天堂假說」。但外商清潔密集型產業較污染密集型產業的生產能力更強，比較優勢更明顯，同時外商投資污染密集型產業分佈結構優於中國整體污染密集型產業分佈結構，外商投資對中國整體污染產業具有拉升效應，中國並沒有成為外商直接投資的「污染天堂」。

對於「污染天堂假說」的檢驗一般有以下幾種方法：第一種方法是利用環境政策的強度數據檢驗環境政策是否影響貿易流向；第二種方法是通過建立FDI的區位選擇模型，來檢驗環境保護強度變量在FDI區位選擇中的作用或貢獻；第三種方法是進行個案研究，即對某些公司的區位投資決策或某些特殊產業的區位轉移行為進行個案分析；第四種方法是構建污染產業的顯示比較優勢指數，即一國某污染產業出口占世界該產業總出口的份額與該國總出口在世界總出口中份額的比率，比率大於1，表示該國在該污染產業有比較優勢。本文從環境庫茲涅茨曲線假說的視角利用中國東部和中部省（市）外商直接投資數據對「污染天堂假說」進行檢驗。

二、變量選取和數據處理

（一）變量選取

考慮統計口徑一致和數據的連續性，本文選取工業廢氣排放總量（億標

準立方米)、工業廢水排放總量(萬噸)、工業固體廢物產生量(萬噸)、工業固體廢物排放量(萬噸)、工業菸塵排放量(萬噸)、工業粉塵排放量(萬噸)和工業二氧化硫排放量(萬噸)作為環境污染指標,人均地區生產總值(元)作為經濟增長指標。此外,考慮國際貿易因素中污染的可輸出性,用 FDI 作為污染的輸出指標(萬美元)。SO_2、FS、FQ、GYYC、GYFC、GTCS、GTPF 分別表示工業二氧化硫排放量、工業廢水排放量、工業廢氣排放量、工業菸塵排放量、工業粉塵排放量、工業固體廢物產生量、工業固體廢物排放量,Y 表示人均地區生產總值,FDI 表示外商直接投資。環境污染指標數據根據 1986—2009 年中國統計年鑒相關數據整理獲得,人均地區生產總值和外商直接投資數據根據 1986—2009 年省(市)統計年鑒相關數據整理獲得。因為是面板數據,為消除時間序列趨勢,對所有數據取自然對數,$LNSO2$、LNFS、LNFQ、LNGYYC、LNGYFC、LNGTCS、LNGTPF 分別表示污染指標的自然對數,LNY、LNFDI 分別表示人均地區生產總值和外商直接投資的自然對數。改革開放以來,中國吸收外商直接投資數量增長迅速。1979—1984 年總計為 41.04 億美元,而后從 1985 年的 19.56 億美元快速增長到 2008 年 923.95 億美元,1979—2008 年累計達 8,526.13 億美元。2007 年,東部和中部地區利用外商直接投資占全國的比重分別為 78.27%、15.30%,江蘇和廣東占 2008 年中國外商直接投資的 47.93%,外商直接投資主要集中於東部地區。東部地區 11 個省(市)為廣東、上海、浙江、江蘇、北京、遼寧、海南、山東、福建、河北、天津;中部地區 8 個省為湖南、湖北、安徽、山西、江西、黑龍江、吉林、河南。

(二) 單位根檢驗

標準單位根檢驗在檢驗單變量時間序列時具有較低的檢驗功效,而考慮含有時間和截面的面板情形則更為有效。選用的面板單位根檢驗方法包括 LLC 檢驗(Levin、Lin & Chu)、IPS 檢驗(Im、Pesaran & Shin)和 CH 檢驗(Choi),面板協整檢驗方法則為佩德羅尼(Pedroni)提出的面板和組間檢驗。本文用 Eviews 6.0 軟件對各變量進行單位根檢驗,LLC 檢驗的零假設是各截面有相同的單位根;IPS、ADF 和 PP 檢驗的零假設是允許各截面有不同單位根。以個體效應為外生變量,一階差分后都是平穩序列(見表 1)。

表 1 環境污染指標、外商直接投資、人均地區生產總值對數值單位根檢驗

變量	東部地區				中部地區			
	LLC	IPS	ADF	PP	LLC	IPS	ADF	PP
LNFDI	-6.847,8***	-3.732*	55.479***	53.266***	-2.940,9***	-0.583,3	15.732,7	12.566,4
$LNSO_2$	-2.241,2**	-2.136,1**	39.932,5***	41.748,2***	-0.407,3	0.798,5	8.504,2	8.904,1
LNY	-2.115,1**	1.978,2	8.357,2	8.013,5	0.188,01	3.893,8	1.485,3	1.343,1
LNFQ	1.420,8	4.915,2	12.529,8	11.560,4	6.461,1	8.671,0	0.149,7	0.165,9
LNFS	3.450,5	2.904,2	17.829,3	9.684,6	-2.045,7**	0.495,7	14.291,1	10.313

表1(續)

變量	東部地區				中部地區			
	LLC	IPS	ADF	PP	LLC	IPS	ADF	PP
LNGYYC	−2,000.5**	−1,626.1**	36.607,6***	26.175,0	−4,459.3***	−2,965.2***	33.567,7***	32.272,1***
LNGYFC	−1,432.5	−2,044.4	44.148,4	44.058	−3,372.8***	−3,684.7***	45.674,0***	47.353,9***
LNGTCS	4,371.8***	6,354.3**	7.751,4***	7.312,4***	7,138.4	8,584.6	13.078,4	13.159,5
LNGTPF	−1,752.6***	−0,403.4	25.200,6	32.370***	−0,729.2	−0,286.3	17.743,4	19.355,1
DLNFDI	−8,982***	−7,569***	95.475***	91.932***	−8,519.6***	−8,285.6***	94.041,8***	106.363***
DLNSO$_2$	−8,577.9***	−12,677***	169.550***	507.941***	−12,339***	−10,925.3***	125.571***	152.541***
DLNY	−4,172.9***	−5,210.7***	67.264,3***	54.847,3***	−1,761.6**	−3,734.6***	40.592,6***	29.506**
DLNFQ	−10,916***	−9,335.7***	138.488***	209.469***	−15,757.6***	−11,218.5***	181.262***	156.797***
DLNFS	−11,310***	−10,493***	138.517***	157.608***	−5,910.3***	−7,341.7***	84.769,8***	131.186***
DLNGYYC	−16,877***	−15,185***	198.625***	391.292***	−12,112.8***	−11,700.3***	130.329***	228.937***
DLNGYFC	−17,296***	−14,550***	182.750***	378.930***	−12,228.2***	−10,786.3***	114.991***	121.493***
DLNGTCS	−8,434.8***	−9,319.7***	122.251***	255.208***	−13,666.9***	−13,241.1***	178.975***	173.591***
DLNGTPF	−11,756***	−10,964***	145.998***	278.029***	−13,358.5***	−13,616.0***	153.487***	161.312***

註：＊＊＊表示1%的顯著水平，＊＊表示5%的顯著水平，＊表示10%的顯著水平；D表示變量的一階差分

三、污染天堂假說檢驗

（一）模型設定形式

由於面板數據模型同時具有截面、時序的兩維特性，模型中參數在不同截面、時序樣本點上是否相同，直接決定模型參數估計的有效性。根據截距向量和系數向量中各分量限制要求的不同，面板數據模型可分為無個體影響的不變系數模型、變截距模型和變系數模型三種形式。在面板數據模型估計之前，需要檢驗樣本數據適合上述哪種形式，避免模型設定的偏差，提高參數估計的有效性。設因變量 y_{it} 與 $1×k$ 維解釋變量向量 x_{it} 滿足線性關係：

$$y_{it} = \alpha_{it} + x_{it}\beta_{it} + \varepsilon_{it}; i = 1, 2, \cdots, N; t = 1, 2, \cdots, T$$

其中，N 表示個體截面成員的個數，T 表示每個截面成員的觀察時期總數，參數 α_{it} 表示模型的常數項，β_{it} 表示對應於解釋變量 x_{it} 的 $k×1$ 維繫數向量，k 表示解釋變量個數。隨機誤差項相互獨立，並且滿足零均值、同方差假設。採用 F 檢驗如下兩個假設：

H_1：個體變量系數相等。

H_2：截距項和個體變量系數都相等。

如果 H_2 被接受，則屬於個體影響的不變系數混合估計；如果 H_2 被拒絕，則檢驗假設 H_1，如果 H_1 被接受，則屬於變截距，否則屬於變系數。變系數、變截距和混合估計的殘差平方和分別為 S_1、S_2、S_3，面板個體數量為 N，面板時間跨度為 T，根據 Wald 定理在 H_2 假設條件下構建統計量 F_2，在 H_1 假設條件下構建統計量 F_1，其中：

$$F_2 = \frac{(S_3 - S_1)/[(N-1)(K+1)]}{S_1/[NT - N(K+1)]} \sim F[(N-1)(K+1), N(T-K-1)]$$

$$F_1 = \frac{(S_2 - S_1)/[(N-1)K]}{S_1/[NT - N(K+1)]} \sim F[(N-1)K, N(T-K-1)]$$

若計算得到的統計量 F_2 的值不小於給定置信度下的相應臨界值，則拒絕假設 H_2，繼續檢驗假設 H_1；反之，則認為樣本數據符合無個體影響的不變系數模型。若計算得到的統計量 F_1 的值不小於給定置信度下的相應臨界值，則拒絕假設 H_1，用變系數模型擬合；反之，則用變截距模型擬合。

（二）東部和中部地區模型估計結果

本文通過 F 檢驗確定採用固定效用模型，因為中國的環境庫茲涅茲曲線呈現出 U 形和 N 形特徵，在設定模型時，將代表環境質量的各種主要環境污染物指標作為被解釋變量，將人均地區生產總值及其平方項與立方項作為模型中的解釋變量。這樣，基本函數形式為：

$$E_t = \beta_0 + \beta_1 Y_t + \beta_2 Y_t^2 + \beta_3 Y_t^3 + \varepsilon_t \tag{1}$$

其中，E_t 為第 t 年的某項環境指標；β 為待估計參數；Y_t 為第 t 年的人均地區生產總值；ε_t 為隨機誤差項。根據式（1）的迴歸結果能夠判斷環境污染與經濟增長之間可能存在的多種曲線關係：第一，當 $\beta_1 > 0$ 且 $\beta_2 = 0$、$\beta_3 = 0$ 時，環境污染隨經濟增長單調遞增。第二，當 $\beta_1 < 0$ 且 $\beta_2 = 0$、$\beta_3 = 0$ 時，環境污染隨經濟增長單調遞減。第三，當 $\beta_1 > 0$ 且 $\beta_2 < 0$、$\beta_3 = 0$ 時，表明存在倒 U 形 EKC；當 $\beta_1 < 0$ 且 $\beta_2 > 0$、$\beta_3 = 0$ 時，環境污染與經濟增長之間存在 U 形曲線關係。第四，當 $\beta_1 > 0$ 且 $\beta_2 < 0$、$\beta_3 > 0$ 時，環境污染與經濟增長之間為三次曲線關係，或者稱為 N 形曲線關係；當 $\beta_1 < 0$ 且 $\beta_2 > 0$、$\beta_3 < 0$ 時，環境污染與經濟增長之間為倒 N 形曲線關係。本文在環境污染的環境庫茲涅茲假說基礎上引入外商直接投資，代表發達國家對發展中國家的污染輸出，把模型設定為：

$$\text{LNE}_{it} = \alpha_{it} + \beta_0 + \beta_1 \text{LN} Y_{it} + \beta_2 \text{LN}^2 Y_{it} + \beta_3 \text{LN}^3 Y_{it} + \gamma \text{LN} FDI_{it} \tag{2}$$

其中，E_{it} 為污染指標。本文用 Eviews 6.0 軟件對模型參數進行估計，為了消除異方差，採用 Pooled EGLS 估計方法，為消除序列相關，對序列進行廣義差分，得東部地區和中部地區的參數估計值。

從環境庫茲涅茲曲線角度看，東部地區只有工業固體廢物排放量與經濟增長的關係呈現倒 U 形曲線，工業廢氣排放量呈現 U 形曲線，其他指標均呈現倒 N 形曲線。從東部地區迴歸模型的符號看，除工業廢氣排放量和工業固體廢物產生量外，東部地區外商直接投資對其他污染指標都有負向影響，即 FDI 增加會減少污染物排放量，除工業廢水排放量和工業固體廢物排放量外，其他指標的 t 統計量都在 5% 的水平下顯著（工業菸塵和工業粉塵都在 1% 的水平下顯著）。外商直接投資每增加 1%，工業二氧化硫、工業菸塵和工業粉塵的排放量分別減少 0.058,0%、0.119,4% 和 0.138,6%（見表 2）。外商直接投資對工業廢水排放量和工業固體廢物

排放量存在負影響，但 t 統計量不顯著。外商直接投資對工業廢氣排放量和工業固體廢物產生量存在正向影響，即隨著外商直接投資的增加，這兩項污染指標也會增加，但工業廢氣排放量的 t 統計量不顯著，工業固體廢物產生量的 t 統計量在1%的水平下顯著，即外商直接投資每增加1%，工業固體廢物產生量將會增加0.051%。迴歸結果顯示，東部地區的外商直接投資增加有利於減少工業二氧化硫、工業菸塵和工業粉塵的排放量，但卻會增加工業固體廢物的產生量。除工業固體廢物產生量外，東部地區的其他污染指標不支持「污染天堂假說」。

表2　　　　　　　　　東部地區迴歸模型參數估計結果

	LNFQ	LNFS	LNSO$_2$	LNGYYC	LNGYFC	LNGTCS	LNGTPF
β_0	20.991,5 ***	25.034,9 ***	15.879,8 **	26.916,5 ***	42.892,3 ***	50.209,2 ***	-10.484,6
	(7.462,4)	(3.707,8)	(2.109,5)	(2.634,4)	(3.771,9)	(4.115,3)	(-0.971,6)
LNY	-3.000,9 ***	-4.441,0 **	-4.742,7 **	-8.698,6 ***	-15.475,1 ***	-13.019,8 ***	4.374,0 *
	(-4.952,7)	(-1.864,6)	(-1.821,7)	(-2.479,1)	(-3.904,7)	(-3.225,3)	(1.704,2)
LNFDI	0.000,5	-0.014,1	-0.058,0 **	-0.119,4 ***	-0.138,6 ***	0.051,0 ***	-0.246,7
	(0.019,9)	(-0.894,3)	(-1.983,0)	(-2.824,1)	(-2.573,2)	(2.370,6)	(-1.308,8)
LN^{2}Y	0.182,1 ***	0.498,2 **	0.595,9 **	1.096,5 ***	2.008,7 ***	1.276,8 ***	-0.278,9 **
	(5.547,2)	(1.815,4)	(2.020,0)	(2.774,4)	(4.439,0)	(2.882,2)	(-2.006,5)
LN^{3}Y		-0.018,5 **	-0.023,3 **	-0.045,3 **	-0.084,5 ***	-0.040,3 ***	
		(-1.764,2)	(-2.101,2)	(-3.066,4)	(-4.924,3)	(-2.501,3)	
AR（1）	0.899,1 ***	0.990,1 ***	0.589,7 ***	0.507,4 ***	0.380,8 ***	0.865,2 ***	0.671,5 ***
	(41.848,1)	(39.107,1)	(11.069,3)	(8.448,4)	(5.975,8)	(34.515,3)	(11.474,0)
海南-C	-1.836,1	-2.404,7	-3.080,1	-2.879,5	-2.706,1	-2.830,6	3.937
河北-C	1.181,3	2.726,8	1.086,0	1.015,7	1.138,8	1.868,3	0.735,5
上海-C	-0.729,4	-5.004,0	-0.167,5	-0.356,3	-1.255,7	-0.711,7	2.971,5
浙江-C	0.711,2	4.693,5	0.424,6	0.123,0	0.595,8	0.136,7	-1.246,7
遼寧-C	0.894,5	-3.565,3	0.679,6	1.140,3	0.859,8	1.346,6	0.451,5
廣東-C	0.559,7	2.984,1	0.561,0	0.502,6	1.103,4	0.030,5	0.525,2
北京-C	-1.486,5	-8.722,4	-0.966,7	-0.934,5	-0.521,9	-1.096,8	0.075,3
天津-C	-1.281,0	-2.602,8	-0.815,5	-0.697,5	-1.837,7	-1.323,2	-1.451,4
江蘇-C	0.751,0	3.182,1	0.941,6	1.080,1	0.786,6	0.642,3	0.639,0
福建-C	-0.216,1	3.796,0	-0.690,4	-0.645,1	0.120,9	0.220,6	-0.526,7
山東-C	0.991,8	3.176,4	1.438,9	1.235,6	1.063,9	1.230,6	-2.306,0
R^2	0.998,1	0.999,5	0.995,3	0.982,3	0.978,4	0.998,8	0.870,5
F	8,390.15	31,474.46	3,138.95	819.221	602.998	12,456.2	89.370,1
D-W	2.010,3	2.182,7	2.214,5	2.068,8	2.210,11	2.111,9	2.028,2

　　註：＊＊＊表示1%的顯著水平，＊＊表示5%的顯著水平，＊表示10%的顯著水平，括號內為 t 值

　　從環境庫茲涅茨曲線角度看，中部地區工業廢氣排放量與經濟增長的關係呈現 U 形曲線，工業粉塵排放量和工業固體廢物產生量呈現倒 N 形曲線，其

他指標則呈現單調性，即工業廢水和工業二氧化硫的排放量隨經濟增長而增加，工業菸塵和工業固體廢物的排放量隨著經濟增長而減少。從中部地區迴歸模型的符號看，中部地區除工業廢水排放量和工業固體廢物產生量外，外商直接投資對其他污染指標都有負向影響，即外商直接投資增加會減少污染物排放量。外商直接投資產生負影響的污染指標中，除工業廢氣排放量外，其他指標的 t 統計量都在 10%的水平下顯著（工業粉塵 t 統計量的顯著水平是 5%）。外商直接投資每增加 1%，工業二氧化硫、工業菸塵、工業粉塵、工業固體廢物的排放量分別減少 0.035,3%、0.051,8%、0.064,5%和 0.147,0%，其中影響最大的是工業固體廢物排放量（見表 3）。外商直接投資對工業廢氣排放量有負向影響，但不顯著。外商直接投資對工業廢水排放量和工業固體廢物產生量有正影響，但不顯著。迴歸結果顯示，中部地區外商直接投資的增加有利於減少工業二氧化硫、工業菸塵、工業粉塵和工業固體廢物的排放量。

表 3　　　　　　　　　中部地區迴歸模型參數估計結果

	LNFQ	LNFS	LNSO$_2$	LNGYYC	LNGYFC	LNGTCS	LNGTPF
β_0	10.931,8 ***	10.644,5 ***	1.375,8 ***	4.264,8 ***	67.540,1 **	42.313,6 ***	8.606,4 ***
	(3.682,0)	(14.323,3)	(4.271,0)	(10.323,3)	(1.866,7)	(2.811,5)	(3.182,6)
LNY	-1.026,2 *	0.028,9	0.337,5 ***	-0.010,6	-24.913,6 **	-11.272,3 **	-0.538,7 *
	(-1.630,3)	(0.399,2)	(6.629,9)	(-0.142,8)	(-1.933,5)	(-2.146,9)	(-1.652,6)
LNFDI	-0.000,2	0.004,8	-0.035,3 *	-0.051,8 *	-0.064,5 **	0.004,0	-0.147,0 *
	(-0.015,8)	(0.504,9)	(-1.759,1)	(-1.652,6)	(-2.060,5)	(0.379,2)	(-1.694,1)
LN^{2}Y	0.086,6 ***				3.188,6 **	1.184,2 **	
	(2.547,2)				(2.098,0)	(1.941,8)	
LN^{3}Y					-0.133,5 **	-0.039,1 *	
					(-2.215,2)	(-1.630,1)	
AR（1）	0.909,3 ***	0.911,5 ***	0.638,6 ***	0.534,6 ***	0.621,0 ***	0.813,0 ***	0.779,0 ***
	(26.510,2)	(30.341,1)	(11.315,5)	(8.340,2)	(10.935,1)	(23.543,6)	(14.664,9)
湖南-C	-0.184,9	0.419,8	0.343,0	-0.056,8	0.565,1	-0.286,3	1.848,7
山西-C	0.762,9	-0.392,7	0.684,4	0.529,5	0.288,8	0.719,9	3.473,4
吉林-C	-0.554,8	-0.525,2	-0.717,6	-0.091,0	-0.858,2	-0.665,2	-0.822,8
安徽-C	0.360,0	0.103,5	-0.104,7	-0.365,3	0.072,6	0.169,4	-3.200,6
黑龍江-C	-0.438,9	-0.662,6	-0.521,7	0.383,5	-0.713,7	-0.340,8	-2.088,4
河南-C	0.315,5	0.608,2	0.551,6	0.467,2	0.570,6	0.186,2	-0.180,3
江西-C	-0.443,8	0.052,1	-0.265,2	-0.587,5	0.060,9	0.464,3	0.403,4
湖北-C	0.184,9	0.454,4	0.109,5	-0.276,2	0.113,9	-0.264,6	0.570,5
R^2	0.998,5	0.999,4	0.982,0	0.933,9	0.831,6	0.998,5	0.911,2
F	10,059.36	27,815.02	914.025	237.722	61.751,1	12,270.76	162.130
D-W	1.599,5	1.802,7	2.143,5	2.032,2	2.244,8	2.212,1	2.311,5

註：＊＊＊表示 1%的顯著水平，＊＊表示 5%的顯著水平，＊表示 10%的顯著水平，括號內為 t 值

四、結論

迴歸結果顯示，東部地區的 FDI 對工業廢水排放量存在負向影響，中部地區的 FDI 對工業廢水排放量的影響是正向的，但都不顯著。東部地區的 FDI 對工業固體廢物產生量有正向影響，t 統計量在 1%的水平下顯著，中部地區 FDI 對工業固體廢物產生量有正向影響，但不顯著。東部地區和中部地區的 FDI 對工業二氧化硫排放量、工業菸塵排放量和工業粉塵排放量都有負向影響，東部地區除二氧化硫排放量在 5%的水平下顯著外，其他兩項指標的 t 統計量都在 1%的水平下顯著，中部地區除工業粉塵排放量在 5%的水平下顯著外，其他兩項指標都在 10%的水平下顯著，並且東部地區的 FDI 對污染指標排放量的減少效應更強，其中差別最大的是工業粉塵排放量，東部地區 FDI 每增加 1%，工業粉塵排放量將減少 0.138,6%，而中部地區 FDI 每增加 1%，工業粉塵排放量只減少 0.064,5%。東部地區工業固體廢物產生量隨 FDI 的增加而增加，存在環境避難所現象，除這項指標外，FDI 在中國東部地區和中部地區沒有足夠證據支持污染天堂假說。從中國東部地區和中部地區的工業二氧化硫排放量、工業菸塵排放量和工業粉塵排放量的比較看，東部地區的 FDI 更「清潔」。整體上，FDI 並未呈現大規模的污染產業轉移傾向，但從部門上來看，外商在中國紡織印染業，皮革、毛皮、羽絨及製品業，橡膠工業，塑料工業中的薄膜、泡沫、塑料鞋行業，電鍍行業，醫藥製造行業，機電工業的部分行業以及電力工業中的火力發電行業等的相對規模已經超出了外資企業的平均規模水平。如果按這種趨勢發展下去，不採取相應的措施，中國遲早將會淪為西方發達國家進行污染產業轉移的天堂。因此，我們不能只追求 FDI 的規模，而應追求 FDI 的質量和環境效應，還應關注 FDI 的區域和產業分佈。在引進外資時，我們要提高環境規制標準，制定環境保護和投資自由化相協調的法規政策，調整外商投資領域的產業與地區導向，對外商直接投資企業進行環境成本評估，積極促進外商直接投資重點投資環保產業，積極引進具有先進污染治理技術企業或產業的外商直接投資，避免西方發達國家把中國變成他們的「污染天堂」。

參考文獻

[1] 肖璐.「污染天堂」假說的宏觀理論基礎研究 [J]. 全國商情（理論研究），2009（11）：117-118.

[2] AMIN, SAMIR. Imperialism and Unequal Development [M], New York: Monthly Review Press, 1975.

[3] LONG N, H. Institutional Competition Versus Ex-ante Harmonization: The Case of Environmental Policy [J]. Journal of Institutional and Theoretical Economics, 1991（147）：296-311.

〔4〕張燕.環境管制視角下污染產業轉移的實證分析——以江蘇省為例〔J〕.當代財經,2009(1):88-91.

〔5〕戴育琴,歐陽小迅.「污染天堂假說」在中國的檢驗〔J〕.企業技術開發,2006(12):91-93.

〔6〕賀文華.FDI與經濟增長區域差異:基於中國省際面板數據的研究〔J〕.經濟前沿,2009(2~3):24-31.

〔7〕趙細康.環境保護與產業國際競爭力——理論與實證分析〔D〕.天津:南開大學,2002.

(原載於《當代財經》2010年第6期)

9. 環境庫茲涅茨曲線存在嗎?
——中國和美國的比較

一、引言

改革開放以來中國經濟經歷了一個持續高速增長的階段,根據國家統計局的數據顯示,國內生產總值由 1978 年的 3,645.3 億元增長到 2008 年的 302,853.4億元,1978—2006 年國內生產總值年平均增長率為 9.17%。2008 年,受美國金融危機的影響,中國經濟增長速度減緩,在政府經濟政策的刺激下,2009 年中國經濟也保持了 8%的增長速度。然而快速的經濟增長不可避免地加劇了對資源的消耗,增加了環境保護的壓力,經濟增長與環境污染之間的矛盾日益突出。因此,中國政府 2010 年經濟工作的重點是促轉變、調結構、減少資源消耗、實現可持續發展。

國外學者對環境問題研究較早。麥德斯(Meadows,1972)、克利弗蘭(Cleveland,1984)和阿羅(Arrow,1995)等認為經濟發展會對環境施加壓力,當這種壓力超過環境的承載能力時,生態系統將會崩潰。貝克曼(Beckerman,1992)等則認為經濟發展本身就是環境保護的有效手段。隨著經濟增長,人們偏好服務性產品的消費,而對依賴於資源和會產生環境污染的產品需求減少,從而達到環境改善的目的。格魯斯曼和克魯格(Grossman & Krueger,1991)在考察環境—收入關係時發現兩者呈倒 U 形曲線關係,提出環境庫茲涅茨曲線(Envieonment Kuznets Curve,EKC,下同)假說,即環境質量隨著經濟的增長呈現出先惡化后改善的特徵。此后,眾多學者從不同角度對 EKC 假說進行了實證檢驗。格魯斯曼和克魯格(Grossman & Krueger,1995)、帕納托約(Panayotou,1997)、大衛(David,2002)等從經濟結構的改變來解釋 EKC 現象。科普蘭和泰勒(Copeland & Taylor,1994)、蘇瑞(Suri,1998)、羅爾丹(Roldan,2001)等從貿易對環境的影響來研究 EKC。不少學者(Selden & Song,1995;Markus,2002)等則從技術進步的角度來分析 EKC。在國內,張曉(1999)用國家水平的縱向歷史數據,運用簡單線性迴歸方法得出中國經濟發展狀況與環境污染水平的關係呈現出比較弱的 EKC 特徵的結論。陸虹

(2000)通過三次樣條插值法擴展數據和狀態空間模型分析發現人均國內生產總值與人均二氧化碳排放量的當前值與前期值之間存在交互影響作用，而不是簡單的倒 U 形關係。沈滿洪、許雲華（2000）通過對浙江省近 20 年來人均生產總值與工業「三廢」相互關係的分析，發現了一種 N 形曲線。黃耀磷等（2009）用中國 31 個省（市、區）1997—2006 年的環境質量數據與人均生產總值、人口密度、FDI、產業結構和技術進步的關係進行分析，發現經濟指標與環境指標更多呈 N 形或倒 N 形的曲線關係。

2009 年哥本哈根氣候變化峰會上，發達國家減排比預期要積極，環境質量問題已引起參與各國的高度重視。中美兩國是兩個有影響的大國，一個是發展中國家，一個是發達國家，兩個國家的行動具有重要導向意義。因此，本文選用兩個具有代表性國家的環境污染指標對環境庫茲涅茨曲線假說進行檢驗。

二、環境污染指標選取及數據處理

（一）中國環境污染指標選取及數據處理

中國環境污染指標數據來自 1986—2009 年中國統計年鑒，由於工業廢水中化學需氧量排放量、工業廢水中氨氮排放量以及工業菸塵排放量前後統計口徑不一致，考慮數據的連續性，選取工業廢氣排放總量（億標準立方米）、工業廢水排放總量（萬噸）、工業固體廢物產生量（萬噸）、工業固體廢物排放量（萬噸）、工業粉塵排放量（萬噸）和工業二氧化硫排放量（萬噸）作為環境污染指標，用每一年的國內生產總值除以人口得人均國內生產總值作為經濟發展指標（元），考慮國際可比性，根據每年的平均匯率換算成美元。由於是時序數據，為消除時間趨勢，對數據取自然對數，用 $LNfq$、$LNfs$、$LNgtcs$、$LNgtpf$、$LNgyfc$、$LNso_2$、$LNgdpp$ 分別表示工業廢氣排放總量、工業廢水排放總量、工業固體廢物產生量、工業固體廢物排放量、工業粉塵排放量、工業二氧化硫排放量和人均國內生產總值的自然對數值。用 $LNgdpp$ 與環境污染指標的對數值的散點圖進行擬合得到圖 1～圖 6。

圖 1 顯示 $LNfq$ 隨 $LNgdpp$ 的增加而增加，從 1985—1999 年比較平緩，在 $LNgdpp$ 達到 6.8 時（2000 年），出現拐點，$LNfq$ 隨 $LNgdpp$ 的增加而快速增加。圖 2 顯示 $LNfs$ 與 $LNgdpp$ 開始較穩定，但隨著收入的增加，即 $LNgdpp$ 達到 6.6 時（1997 年），廢水排放量急遽下降，而后又隨著收入增加，廢水排放量緩慢增加，在 $LNgdpp$ 達到 7.85 時（2007 年）可能出現轉折點。

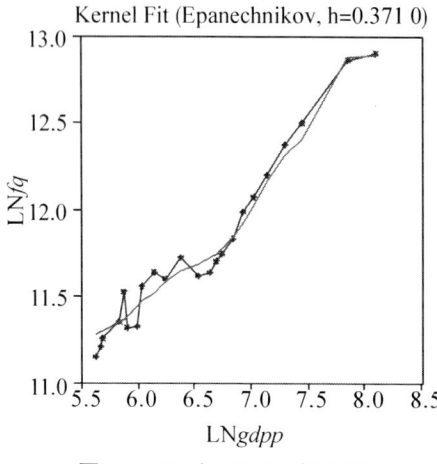

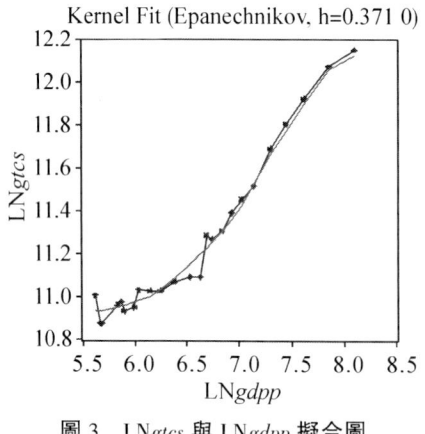

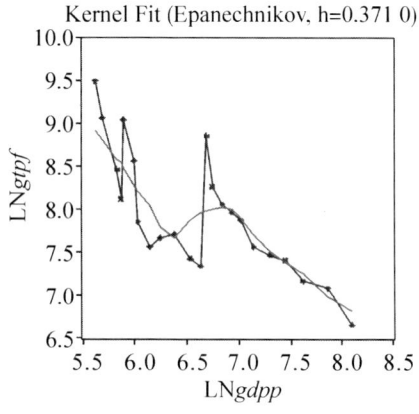

图1 LN*fq* 与 LN*gdpp* 拟合图　　图2 LN*fs* 与 LN*gdpp* 拟合图

图3 显示 LN*gtcs* 随 LN*gdpp* 的增加而增加，1985—1994 年比较平缓，在 LN*gdpp* 达到 6.38 时（1995 年），出现拐点，LN*gtcs* 随着 LN*gdpp* 的增加而快速增加。图4 显示总体趋势是 LN*gtpf* 随着 LN*gdpp* 的增加而下降，但在 LN*gdp* 达到 6.63 时（1997 年）工业固体废物排放量急遽上升，而后又随着收入的增加，排放量迴归下降趋势。

图3 LN*gtcs* 与 LN*gdpp* 拟合图　　图4 LN*gtpf* 与 LN*gdpp* 拟合图

图5 显示 LN*gyfc* 先随 LN*gdpp* 的增加而下降，但在 LN*gdp* 达到 6.63 时（1997 年），LN*gyfc* 随 LN*gdpp* 的增加急遽上升，而后又快速下降。图6 显示 1985—1995 年，LN*so*$_2$ 随 LN*gdpp* 的增加而增加，但在 LN*gdpp* 达到 6.53 时（1996 年），LN*so*$_2$ 急遽下降，后随着 LN*gdpp* 的增加而上升，在 LN*gdpp* 达到 7.61 时（2006 年），LN*so*$_2$ 随着 LN*gdpp* 的增加而下降。

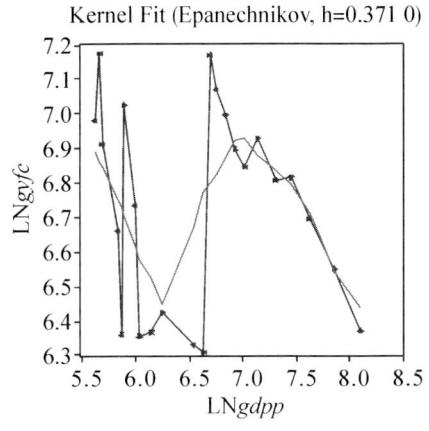

圖 5　LN*gyfc* 與 LN*gdpp* 擬合圖　　圖 6　LN*so*₂ 與 LN*gdpp* 擬合圖

（二）美國環境污染指標選取及數據處理

美國環境污染指標數據來自美國統計網站 1980—2007 年美國統計年鑒數據（水污染除外），由於一些環境污染指標前後統計口徑不一致，考慮數據的連續性，選取二氧化硫排放總量（千噸）、二氧化氮排放總量（千噸）、一氧化碳排放量（千噸）、易揮發有機物排放量（千噸）、油污染廢水排放量（加侖，1 加侖約等於 0.003,8 立方米，下同）和工業固體廢物產生量（百萬噸）為環境污染指標，其中油污染廢水排放量是 1970—2004 年數據；用每一年國內生產總值除以人口得人均國內生產總值作為經濟發展指標（美元）。由於是時序數據，為消除時間趨勢，對數據取自然對數，用 LNso_2、LNno_2、LNco、LNvoc、LN$spill$、LN$waste$、LN$gdpp$ 分別表示二氧化硫排放總量、二氧化氮排放總量、一氧化碳排放量、易揮發有機物排放量、油污染廢水排放量、工業固體廢物產生量以及人均國內生產總值的自然對數。本文用 LN$gdpp$ 與環境污染指標的對數值的散點圖進行擬合得圖 7~圖 12。

圖 7 顯示 LNso_2 隨 LN$gdpp$ 的增加而減少，1983—2002 年較平緩，在 LN$gdpp$ 達到 10.54 時（2003 年），LNso_2 隨 LN$gdpp$ 的增加而急遽減少。圖 8 顯示 LNno_2 與 LN$gdpp$ 隨收入的增加而增加，但隨著收入的增加，即 LN$gdpp$ 達到 10.54 時（2003 年），LNno_2 急遽下降。

图7　LNso_2 與 LN$gdpp$ 擬合圖　　　　圖8　LNno_2 與 LN$gdpp$ 擬合圖

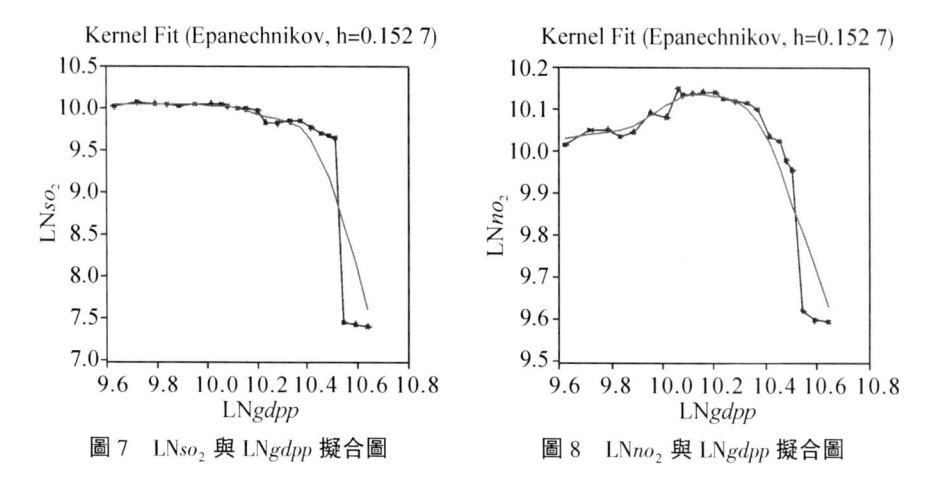

　　圖9 顯示 LNco 隨 LN$gdpp$ 的增加而增加，在 LN$gdpp$ 達到 10.06 時（1990年），出現轉折點，LNco 隨 LN$gdpp$ 的增加而快速下降。圖 10 顯示總的趨勢是 LNvoc 隨著 LN$gdpp$ 的增加而下降，但在 LNgdp 達到 10.54 時（2003 年），又隨著收入的增加而略有增加。

圖9　LNco 與 LN$gdpp$ 擬合圖　　　　圖10　LNvoc 與 LN$gdpp$ 擬合圖

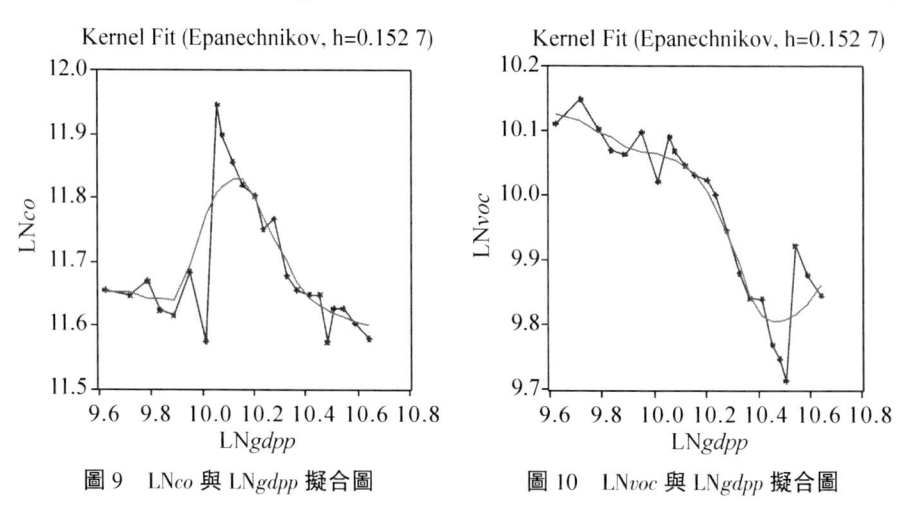

　　圖 11 顯示 LN$spill$ 隨 LN$gdpp$ 的增加而下降。圖 12 顯示 LN$waste$ 隨 LN$gdpp$ 的增加而增加。

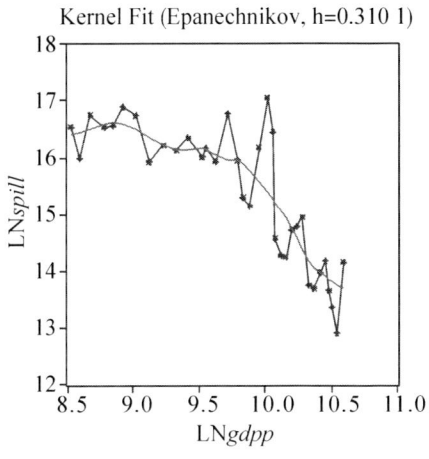

Kernel Fit (Epanechnikov, h=0.310 1)

Kernel Fit (Epanechnikov, h=0.128 1)

圖 11　LN*spill* 與 LN*gdpp* 擬合圖 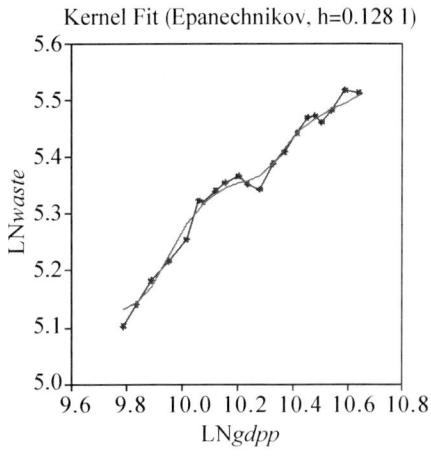　　圖 12　LN*waste* 與 LN*gdpp* 擬合圖

三、數據的平穩性檢驗

（一）中國環境污染指標數據的平穩性檢驗

對時序數據進行迴歸時，為了避免偽迴歸，必須對時序數據進行平穩性檢驗。本文用 Eviews 5.0 軟件對中國環境污染指標數據以及經濟發展指標數據進行檢驗，即對 LN*fq*、LN*fs*、LN*gtcs*、LN*gtpf*、LN*gyfc*、LN*so*$_2$、LN*gdpp* 進行單位根檢驗，發現是非平穩序列；再對差分序列進行檢驗，差分后的序列都為平穩序列，因而 LN*fq*、LN*fs*、LN*gtcs*、LN*gtpf*、LN*gyfc*、LN*so*$_2$、LN*gdpp* 都為一階單整序列（見表1）。

表 1　中國環境污染指標與人均國內生產總值對數值的單位根檢驗

變量	ADF 統計量	檢驗類型* (c, t, k)	麥金龍（MacKinnon）臨界值 1%	5%	10%	D-W	是否平穩
LN*gdpp*	2.028,8	(c, 0, 0)	-3.752,9	-2.998,0	-2.638,7	2.141,0	否
LN*so*$_2$	-1.673,5	(c, 0, 0)	-3.752,9	-2.998,0	-2.638,7	1.932,5	否
LN*fs*	-0.566,5	(0, 0, 0)	-2.669,3	-1.956,4	-1.608,4	1.852,7	否
LN*fq*	2.289,2	(c, 0, 0)	-3.752,9	-2.998,0	-2.638,7	1.844,2	否
LN*gtcs*	3.785,8	(0, 0, 0)	-2.669,3	-1.956,4	-1.608,4	2.055,9	否
LN*gtpf*	-2.254,2	(c, t, 0)	-4.416,3	-3.622,0	-3.248,5	2.059,2	否
LN*gyfc*	-2.084,0	(c, 0, 0)	-3.752,9	-2.998,0	-2.638,7	1.832,7	否
△LN*gdpp*	-4.767,9	(c, t, 0)	-4.440,7	-3.632,8	-3.254,6	2.029,8	是
△LN*so*$_2$	-4.799,1	(c, t, 0)	-2.674,2	-1.957,2	-1.608,1	1.870,5	是
△LN*fs*	-4.204,4	(0, 0, 0)	-2.674,2	-1.957,2	-1.608,1	1.973,4	是
△LN*fq*	-2.107,9	(0, 0, 0)	-2.674,2	-1.957,2	-1.608,1	2.058,8	是

表1(續)

變量	ADF統計量	檢驗類型* (c, t, k)	麥金龍（MacKinnon）臨界值 1%	5%	10%	D-W	是否平穩
△LNgtcs	-9.140,6	(0, 0, 0)	-4.440,7	-3.632,8	-3.254,6	2.051,8	是
△LNgtpf	-5.221,1	(0, 0, 0)	-2.674,2	-1.957,2	-1.608,1	1.888,8	是
△LNgyfc	-4.796,7	(0, 0, 0)	-2.674,2	-1.957,2	-1.608,1	1.988,9	是

註：c，t，k 分別為 ADF 檢驗式中的漂移項、時間趨勢項和滯后階數，其中 c 項和 t 項若在檢驗時取值為 0，表明檢驗式中無該項，檢驗式中是否要加入漂移項和時間趨勢項，要通過 t 檢驗。K 的取值表示檢驗式中的滯后階數，最佳滯后階數由 AIC 和 SC 準則確定（下同）

（二）美國環境污染指標數據的平穩性檢驗

為了避免偽迴歸，本文用 Eviews 5.0 軟件對美國環境污染指標以及經濟發展指標數據進行檢驗，即對 $LNso_2$、$LNno_2$、$LNvoc$、$LNco$、$LNspill$、$LNwaste$ 和 $LNgdpp$ 進行單位根檢驗，發現是非平穩序列；再對差分序列進行檢驗，差分後的序列都為平穩序列，因而 $LNso_2$、$LNno_2$、$LNvoc$、$LNco$、$LNspill$、$LNwaste$ 和 $LNgdpp$ 都為一階單整序列（見表2）。

表2　美國環境污染指標與人均國內生產總值對數值的單位根檢驗

變量	ADF統計量	檢驗類型 (c, t, k)	麥金龍（MacKinnon）臨界值 1%	5%	10%	D-W	是否平穩
$LNgdpp$	3.485,6	(0, 0, 1)	-2.679,7	-1.958,1	-1.607,8	1.878,3	否
$LNso_2$	2.728,3	(c, 0, 2)	-3.808,5	-3.020,6	-2.650,4	2.014,8	否
$LNno_2$	2.855,1	(c, t, 3)	-4.532,5	-3.673,6	-3.277,3	2.024,4	否
$LNvoc$	-2.380,7	(c, t, 0)	-4.440,7	-3.632,8	-3.254,6	1.913,6	否
$LNco$	-2.025,1	(c, 0, 0)	-3.769,5	-3.004,8	-2.642,2	2.238,2	否
$LNspill$	-1.800,2	(0, 0, 0)	-2.641,6	-1.952,0	-1.610,4	1.944,9	否
$LNwaste$	-2.609,9	(c, t, 1)	-4.532,5	-3.673,6	-3.277,3	2.066,3	否
△$LNgdpp$	-4.107,3	(c, 0, 0)	-3.788,0	-3.012,3	-2.646,1	1.859,8	是
△$LNso_2$	-4.334,1	(0, 0, 0)	-2.679,7	-1.958,1	-1.607,8	2.001,1	是
△$LNno_2$	-3.938,5	(0, 0, 0)	-2.679,7	-1.958,1	-1.607,8	2.042,1	是
△$LNvoc$	-5.347,2	(0, 0, 0)	-2.679,7	-1.958,1	-1.607,8	1.927,5	是
△$LNco$	-6.489,0	(0, 0, 0)	-2.679,7	-1.958,1	-1.607,8	2.000,3	是
△$LNspill$	-6.436,1	(0, 0, 2)	-2.641,6	-1.952,0	-1.610,4	1.853,2	是
△$LNwaste$	-3.465,9	(0, 0, 0)	-3.831,5	-3.029,9	-2.655,1	1.954,3	是

四、中美環境污染指標的 EKC 檢驗

在設定模型時，本文將代表環境質量的各種主要環境污染物指標作為被解釋變量，將人均國內生產總值及其平方項和立方項作為模型中的解釋變量。這

樣，基本函數形式為：

$$E_t = \beta_0 + \beta_1 gdpp_t + \beta_2 gdpp_t^2 + \beta_3 gdpp_t^3 + e_t \quad (1)$$

其中，E_t 為第 t 年的某項環境指標；β 為待估計參數；$gdpp_t$ 為第 t 年的人均收入水平；e_t 為隨機誤差項。根據式（1）的迴歸結果能夠判斷環境污染與經濟增長之間可能存在的多種曲線關係。第一，當 $\beta_1>0$ 且 $\beta_2=0$、$\beta_3=0$ 時，環境污染隨經濟增長單調遞增。第二，當 $\beta_1<0$ 且 $\beta_2=0$、$\beta_3=0$ 時，環境污染隨經濟增長單調遞減。第三，當 $\beta_1>0$ 且 $\beta_2<0$、$\beta_3=0$ 時，表明存在倒 U 形環境庫茲涅茨曲線；當 $\beta_1<0$ 且 $\beta_2>0$、$\beta_3=0$ 時，環境污染與經濟增長之間存在 U 形曲線關係。第四，當 $\beta_1>0$ 且 $\beta_2<0$、$\beta_3>0$ 時，環境污染與經濟增長之間為三次曲線關係，或者稱為 N 形曲線關係；當 $\beta_1<0$ 且 $\beta_2>0$、$\beta_3<0$ 時，環境污染與經濟增長之間為倒 N 形曲線關係。

可見，環境庫茲涅茨曲線只是模型的多種可能結果之一。如果環境污染與經濟增長之間呈倒 U 形曲線關係，即呈現出環境庫茲涅茨曲線特徵，那麼曲線的轉折點應為 $gdpp^* = -\beta_1/2\beta_2$；如果是 N 形曲線關係，則存在兩個轉折點，即 $gdpp^* = -\beta_2 \pm \sqrt{\beta_2^2 - 3\beta_1\beta_3}/3\beta_3$ 或 $gdpp^* = -\beta_2/3\beta_3$。

由於模型的設定形式對於最終參數估計的有效性具有重要影響，因此，採用了式（1）的線性、對數到線性、線性到對數及雙對數等多種形式進行參數估計。

$$E_t = \beta_0 + \beta_1 \text{LN}gdpp_t + \beta_2(\text{LN}gdpp_t)^2 + \beta_3(\text{LN}gdpp_t)^3 + e_t \quad (2)$$

$$\text{LN}E_t = \beta_0 + \beta_1 gdpp_t + \beta_2 gdpp_t^2 + \beta_3 gdpp_t^3 + e_t \quad (3)$$

$$\text{LN}E_t = \beta_0 + \beta_1 \text{LN}gdpp_t + \beta_2(\text{LN}gdpp_t)^2 + \beta_3(\text{LN}gdpp_t)^3 + e_t \quad (4)$$

通過迴歸比較，選取雙對數模型對中美兩國的數據進行迴歸。

（一）中國環境污染指標的環境庫茲涅茨曲線檢驗

本文用 Eviews 5.0 軟件對中國環境污染指標與經濟發展指標進行迴歸，得迴歸結果如表 3 所示。

表 3　中國環境污染指標對數值與人均國內生產總值對數值迴歸結果

	LNso_2	LNfs	LNfq	LN$gtcs$	LN$gtpf$	LN$gyfc$
β_0	-867.072,4*	26.887,3*	12.951,4*	51.795,6*	255.700,5*	177.733,1*
	(-5.669,3)	(-2.934,4)	(6.772,3)	(5.175,3)	(2.872,6)	(3.453,5)
LN$gdpp$	517.685,2*	-3.380,77*	-1.012,6***	-18.017*	-108.114,2*	-76.522,0*
	(5.701,9)	(3.699,5)	(-1.770,0)	(-4.042,1)	(-2.734,6)	(-3.341,6)
LN$gdpp^2$	-114.368,0*	0.232,2*	0.126,1*	2.575,6*	15.711,1*	11.334,9*
	(-5.684,1)	(-3.775,4)	(2.972,9)	(3.918,0)	(2.701,2)	(3.359,8)

表3(續)

	LNso_2	LNfs	LNfq	LN$gtcs$	LN$gtpf$	LN$gyfc$
LN$gdpp^3$	11.172,2*			−0.117,8*	−0.760,8*	−0.555,8*
	(5.662,9)			(−3.671,5)	(−2.684,3)	(−3.377,1)
LN$gdpp^4$	−0.407,069*					
	(−5.636,8)					
R^2	0.823,0	0.661,65	0.961,4	0.986,1	0.700,4	0.388,1
Adj-R^2	0.785,8	0.629,4	0.957,6	0.984,1	0.653,0	0.291,4
D−W	1.840,7	0.804,3	0.784,4	1.819,3	1.164,7	1.154,1
F	22.097,3	20.532,6	249.676,2	475.968	14.806,1	4.017,1
SC	−1.928,9	−0.552,6	−1.448,2	−2.844,4	1.447,8	0.377,2
AIC	−2.174,3	−0.699,9	−1.596,3	−3.040,8	1.250,3	0.179,7

註：括號內為t值，*表示1%的顯著水平，**表示5%的顯著水平，***表示10%的顯著水平，下同

由 LN$gtcs$、LN$gtpf$、LN$gyfc$ 分別對人均國內生產總值對數值進行迴歸，得 $\beta_1<0$、$\beta_2>0$、$\beta_3<0$，環境污染指標的工業固體廢物產生量、工業固體廢物排放量以及工業粉塵排放量與經濟增長之間為三次曲線關係，呈倒 N 形曲線關係，存在兩個轉折點。由 LNfs、LNfq 分別對人均國內生產總值對數值進行迴歸，得 $\beta_1<0$、$\beta_2>0$、$\beta_3=0$，呈 U 形曲線關係。由 LNso_2 對人均國內生產總值對數值進行迴歸，其結果出現 4 次方。因此，在現階段，中國還沒有嚴格意義上的倒 U 形環境庫茲涅茨曲線。

(二) 美國環境污染指標的環境庫茲涅茨曲線檢驗

本文用 Eviews 5.0 軟件對美國環境污染指標與經濟發展指標進行迴歸，得迴歸結果如表4所示。

表4　環境污染指標對數值與人均國內生產總值對數值迴歸結果

	LNso_2	LNno_2	LNvoc	LNco	LN$spill$	LN$waste$
C	13,104.44*	2,623.797*	−1,415.426*	−69.803,7*	−92.724,4*	−788.823,1*
	(3.339,5)	(4.632,2)	(−2.435,9)	(−3.062,0)	(−3.440,3)	(−2.401,4)
LN$gdpp$	−3,931.814*	−788.458,8*	421.022,8*	16.138,3*	24.210,5*	229.686,1*
	(−3.383,8)	(−4.700,8)	(2.446,9)	(3.591,9)	(4.295,5)	(2.378,7)

表4(續)

	LNso_2	LNno_2	LNvoc	LNco	LN$spill$	LN$waste$
LN$gdpp^2$	393.414,6*	79.239,85*	-41.392,7*	-0.798,2*	-1.340,3*	-22.174,1*
	(3.431,7)	(4.788,4)	(-2.438,3)	(-3.608,1)	(-4.565,2)	(-2.344,5)
LN$gdpp^3$	-13.117,7*	-2.653,089*	1.354,5*			0.714,6*
	(-3.480,9)	(-4.877,1)	(2.427,3)			(2.315,0)
R^2	0.822,2	0.904,5	0.825,8	0.417,7	0.777,2	0.978,9
Adj-R^2	0.794,2	0.889,4	0.798,3	0.359,4	0.763,3	0.975,2
D-W	1.493,9	1.820,8	1.178,1	1.286,7	1.301,9	1.131,5
F	29.303,5	59.985,7	30.027,2	7.173,7	55.821,2	263.719,7
SC	1.321,1	-2.549,9	-2.498,9	-1.823,2	1.973,2	-4.723,8
AIC	1.123,6	-2.747,4	-2.696,3	-1.971,3	1.839,9	-4.922,7

由 LNco、LN$spill$ 分別對人均國內生產總值對數值進行迴歸，得 $\beta_1>0$、$\beta_2<0$、$\beta_3=0$，表明存在倒 U 形環境庫茲涅茨曲線，各自有一個轉折點；由 LNvoc、LN$waste$ 分別對人均國內生產總值對數值進行迴歸，得 $\beta_1>0$、$\beta_2<0$、$\beta_3>0$，環境污染與經濟增長呈三次曲線關係，即 N 形，存在兩個轉折點；由 LNso_2、LNno_2 分別對人均國內生產總值對數值進行迴歸，得 $\beta_1<0$、$\beta_2>0$、$\beta_3<0$，為倒 N 形曲線關係。

五、結論

模型的迴歸結果顯示，中國有兩項環境污染指標，即工業廢水排放量與工業廢氣排放量隨著中國經濟的快速增長將會增加；美國有兩項環境污染指標，即一氧化碳排放量與被油污染的水排放量已經過了轉折點，其排放量會隨美國經濟增長而減少。中國有三項污染指標，即工業固體廢物產生量、工業固體廢物排放量以及工業粉塵排放量與經濟增長呈三次曲線關係，即倒 N 形，存在兩個轉折點；美國有兩項指標，即二氧化硫和二氧化氮排放量與經濟增長呈三次曲線關係，即倒 N 形。中國有一項指標，即工業二氧化硫排放量與經濟增長呈四次曲線關係，但大致呈 N 形曲線關係；美國有兩項指標，即易揮發有機物污染和工業固體廢物污染與經濟增長存在 N 形曲線關係。中美兩國除一部分污染指標存在差別外，其他指標存在一種共同趨勢，即環境曲線具有國度性特徵，但地區差異性與趨同性並存。雖然環境庫茲涅茨曲線假說具有普遍的理論解釋力，各國的環境—收入關係有可能遵循大體上相似的演變規律，但是

對於經濟發展水平、社會結構和文化傳統都存在較大差異的不同國家而言，在環境庫茲涅茨曲線的位置和轉折點的收入水平上仍具有國度性特徵。這裡沒有考慮外商直接投資可能存在的污染轉移，即發達國家通過把污染嚴重的企業或產業轉移到發展中國家，在發展中國家尋求污染避難所。也沒有考慮發達國家通過淘汰低端產業，而轉向依靠進口，把污染「免費出口」到發展中國家。發達國家不應該僅指責發展中國家工業污染對全球環境的影響。在2009年哥本哈根氣候變化峰會上，大多數發達國家已經提出了各自的量化減排指標，包括中國在內的一些發展中國家也提出了減緩排放的行動目標。發達國家自身的減排力度本就不夠，卻還對發展中國家的減排行動表示不滿。時任美國國務卿希拉里·克林頓承諾在所有主要經濟體採取有意義的減排行動並保證執行透明的前提下，美國將和其他國家一起到2020年為發展中國家應對氣候變化每年籌集1,000億美元。由於發達國家在發展初期有一段對發展中國家的掠奪史，包括污染輸出。因此，在全球環境日益嚴峻、全球氣候變暖的情況下，發達國家應該承擔更多的義務，除了降低自身的排放水平外，還應加大對發展中國家的資金和技術援助，與發展中國家攜手共建美好家園。

參考文獻

［1］MEADOWS D H, MEADOWS D L, RANDERS J, et al. The Limits to Growth［M］. New York：Universe Books，1972：78-84.

［2］ARROW K, BOLIN B, COSTANZA R. Economic Growth, Carrying Capacity and the Environment［J］. Science，1995，268：520-521.

［3］CLEVELAND C J, COSTANZA R, HALL CAS, et al. Energy and the US Economy：A Biophysical Perspective［J］. Science，1984，225：890-897.

［4］BECKERMAN W. Economic Growth and the Environment：Whose Growth? Whose Environment?［J］. World Development，1992，20：481-496.

［5］GROSSMAN G, KRUEGER A. Environment Impacts of The North American Free Trade Agreement［Z］. NBER Working Paper，1991.

［6］GROSSMAN G, KRUEGER A. Economic Growth and the Environment［J］. Quarterly Journal of Economics，1995（2）：353-378.

［7］PANAYOTOU T. Demystifying the Environmental Kuznets Curves：Turning A Black Box into a Policy Tool, Special Issue on Environmental Kuznets Curves［J］. Environment Development Economic，1997，2（4）：465-484.

［8］DAVID I S. Explaining Changes in Global Sulfur Emissions：An Econometric Decomposition Approch［J］. Ecological Economics，2002，42：201-220.

［9］COPELAND B R, TAYLOR M S. North-South Trade and the Environment［J］. Quarterly Journal of Economics，1994，109（3）：755-785.

[10] SURI V, CHAPMAN D. Economic Growth, Trade and Energy: Implications for the Environmental Kuznets Curve [J]. Ecological Economics, 1998, 25 (2): 195-208.

[11] ROLDAN M, JOAN M A. Trade and the Environment from A「Southern」Perspective [J]. Ecological Economics, 2001, 36: 281-297.

[12] SELDEN T M, SONG D. Neoclassical Growth, the J Curve for Abatement, and the Inverted U Curve for Pollution [J]. Journal of Environmental Economics and Management, 1995, 29: 162-168.

[13] MARKUS P. Technical Progress, Structural Change, and the Envieonment Kuznets Curve [J]. Ecological Economics, 2002, 42: 381-389.

[14] 張曉. 中國環境政策的總體評價 [J]. 中國社會科學, 1999 (3): 88-98.

[15] 陸虹. 中國環境問題與經濟發展的關係分析——以大氣污染為例 [J]. 財經研究, 2000 (10): 53-59.

[16] 沈滿洪, 許雲華. 一種新型的環境庫茲涅茨曲線 [J]. 浙江社會科學, 2000 (4): 53-57.

[17] 黃耀磷, 農彥彥, 吳玉鳴. 中國環境污染的庫茲涅茨曲線檢驗——基於1997—2006年的面板數據的實證分析 [J]. 四川環境, 2009 (5): 107-114.

[18] 李瑞娥, 張海軍. 中國環境庫茲涅茨曲線的變化特徵 (1981—2004) [J]. 西安交通大學學報 (社會科學版), 2008 (4): 25-43.

(原載於《西部論壇》2010年第2期)

10. FDI 與城市環境污染的區域差異研究
——基於長三角和珠三角的面板數據

一、引言

改革開放 30 多年來，中國經濟取得了舉世矚目的成就，但與此同時，對生態環境造成的影響不容小視，環境承載力對經濟增長的制約日益嚴重。在追求經濟增長的同時，人們對生活質量的要求日益提高，人們追求鳥語花香、藍天碧水的生存環境。「城市，讓生活更美好」這一 2010 年上海世博會的主題，反應了人們追求較高生活質量的訴求。

經濟學家一直關注環境承載力的變化。羅馬俱樂部的世界末日模型體現了經濟學家對經濟增長的一種極度悲觀的看法。環境庫茲涅茨假說認為，環境污染與經濟增長呈現一種倒 U 形曲線關係，即在經濟發展的早期階段，環境污染會隨經濟增長而加劇；但到達一定程度后，環境污染會隨經濟增長而減少。

對於 FDI、污染行業轉移與環境的關係的研究成果大致可以分為三類：第一類是「污染避難所假說」，即外商直接投資與東道國的環境污染是有關係的，並且東道國較弱的環境規制會吸引環境管制較高國家的外商直接投資，從而使東道國成為污染者的避難所；第二類是「污染光環假說」，即進行投資的跨國公司總是傾向於對投向東道國的公司散播綠色技術，通過運用統一的環境標準而有利於東道國的環境污染情況得到改善；第三類則認為跨國公司的對外直接投資促使東道國產出大量增加，從而導致相應污染的增加。國內外的學者進行了大量的實證研究。摩尼和惠勒（Mani & Wheeler，1997）的研究表明，絕大多數污染產業投向了發達國家，而非發展中國家。埃斯克蘭和哈里森（Eskeland & Harrison，2003）的研究表明，外資企業比國內企業排放污染明顯要少。有研究者（JieHe，2006）利用中國數據研究發現 FDI 資本每增加 1%，工業二氧化硫排放增加 0.098%，FDI 對經濟增長和結構轉換引起的污染排放增加完全抵消了 FDI 對環境管制影響引起的污染減少。楊海生、賈佳、周永章和王樹功（2005）根據 1990—2002 年中國的相關數據進行研究，其結論是

FDI與污染物排放呈現顯著的正相關關係。潘申彪、餘妙志（2005）利用1986—2003年江、浙、滬三省（市）的數據，進行了外商直接投資增長與環境污染加劇的因果關係檢驗，發現三者吸引的外商直接投資增長是導致該區域環境污染加劇的原因。沙文兵和石濤（2006）利用中國30個省（市、區）1999—2004年的面板數據進行分析，結果顯示外商直接投資對中國生態環境具有顯著的負面效應。陳凌佳（2008）利用2001—2006年全國112座重點城市（均為地級市）的面板數據研究發現，FDI對環境均產生負面效應，外商直接投資每增加1%，東部、中部和西部地區工業二氧化硫污染強度分別增加0.031,6%，0.056,8%和0.071,6%。賀文華（2010）利用東部地區11個省（市）的面板數據研究發現，中國東部地區的數據不支持「污染天堂假說」。因為FDI主要集中於東部地區的上海、浙江、江蘇和廣東，本文利用長三角地區和珠三角地區的城市面板數據研究FDI對環境的影響。

二、污染指標選取及模型構建

（一）數據來源和污染指標選取

因為2004年前後中國城市統計年鑒的統計口徑發生了變化，考慮統計口徑一致及數據的連續性，本文數據全部來自2004—2009年的中國城市統計年鑒。本文以上海、浙江、江蘇代表長三角地區，以廣東代表珠三角地區。本文以人均地區生產總值（元）代表經濟增長，外商直接投資（萬美元）表示污染輸入的代理變量，根據中國城市統計年鑒提供的數據，以工業廢水排放量（萬噸）、工業二氧化硫排放量（噸）和工業菸塵排放量（噸）代表環境污染指標。

上海的工業廢水排放量呈遞減趨勢，從2003年的61,112萬噸減少到2008年的44,120萬噸；工業二氧化硫排放量從2003年的300,734噸增加到2005年375,231噸，而後遞減，到2008年為298,000噸；工業菸塵排放量呈現遞減趨勢，從2003年的49,671噸減少到2008年的40,629噸；人均地區生產總值和FDI呈現快速增長趨勢，分別從2003年的46,718元、585,022萬美元快速增加到2008年的73,124元和1,008,427萬美元（見圖1）。

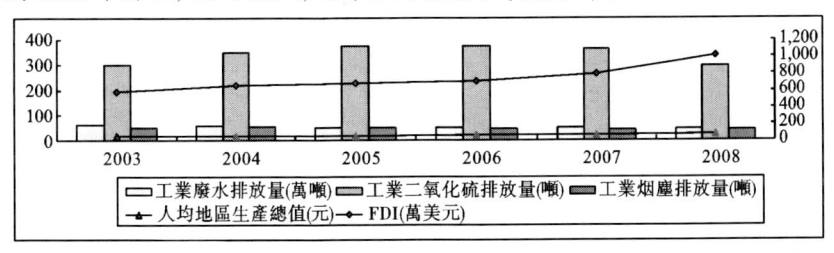

圖1　2003—2008年上海市環境污染指標、人均地區生產總值、FDI變化趨勢

註：坐標軸上100為100×1,000，圖2和圖3同

浙江和江蘇共有 24 個樣本城市，分別是江蘇的南京、無錫、徐州、常州、蘇州、南通、連雲港、淮安、鹽城、揚州、鎮江、泰州、宿遷和浙江的杭州、寧波、溫州、嘉興、湖州、紹興、金華、衢州、舟山、臺州、麗水。2008 年，工業廢水排放量超過 4 億噸的有江蘇的無錫、蘇州和浙江的杭州，杭州達 75,585 萬噸；工業二氧化硫排放量超過 10 萬噸的有江蘇的南京、徐州、蘇州和浙江的寧波、嘉興，蘇州達 176,990 噸；工業菸塵排放量超過 4 萬噸的有江蘇的無錫、蘇州，無錫達 44,487 噸；人均地區生產總值超過 6 萬元的有江蘇的南京、無錫、常州、蘇州和浙江的杭州、寧波，蘇州達 106,863 元；外商直接投資超過 20 億美元的有江蘇的南京、無錫、常州、蘇州、南通和浙江的杭州、寧波，吸納外商直接投資最多的是蘇州，達 813,260 萬美元。2007—2008 年，三大污染指標都減少的有江蘇的南京、無錫、蘇州、鎮江和浙江的溫州、紹興、金華、麗水；除江蘇的南通和浙江的溫州、嘉興、湖州、紹興、臺州的外商直接投資有所減少外，其他城市的外商直接投資呈現快速增加趨勢（見圖 2）。

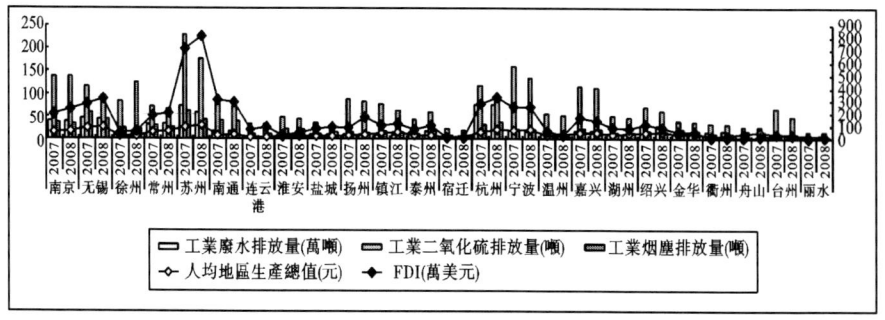

圖 2　2007—2008 年浙江和江蘇 24 個城市
環境污染指標、人均地區生產總值、FDI 變化趨勢

廣東省共有 21 個樣本城市，分別是廣州、韶關、深圳、珠海、汕頭、佛山、江門、湛江、茂名、肇慶、惠州、梅州、汕尾、河源、陽江、清遠、東莞、中山、潮州、揭陽、雲浮。2008 年，工業廢水排放量超過 1 億噸的有廣州、韶關、佛山、江門、肇慶、東莞、中山，東莞達 33,359 萬噸；工業二氧化硫排放量超過 10 萬噸的有東莞、佛山，佛山達 124,100 噸；工業菸塵排放量超過 2 萬噸的有佛山、江門、茂名、東莞，東莞達 41,612 噸；人均地區生產總值超過 6 萬元的有廣州、深圳、珠海、佛山，深圳達 89,814 元，東莞和中山都低於 6 萬元，分別為 53,285 元和 56,106 元；外商直接投資超過 20 億美元的有廣州、深圳、東莞，吸納外商直接投資最多的是深圳，達 402,018 萬美元。2007—2008 年，三大污染指標都減少的有韶關、深圳、佛山、江門、湛江、梅州；除雲浮的外商直接投資有所減少外，其他城市的外商直接投資呈現增加趨勢（見圖 3）。

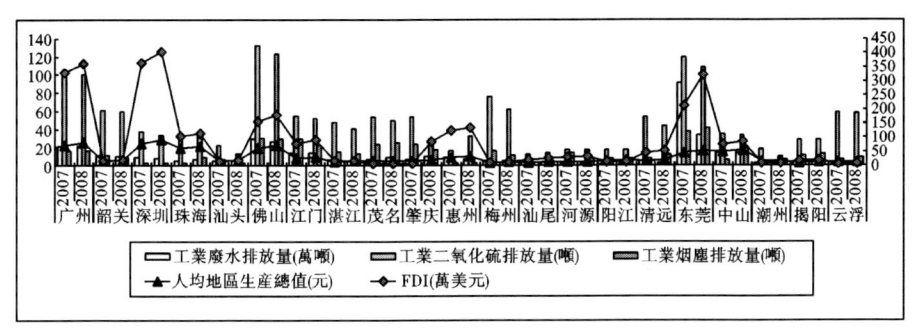

图3 2007—2008年广东21市环境污染指标、人均地区生产总值、FDI变化趋势

本文用 FS、SO_2、GYYC、Y 和 FDI 分别表示工业废水排放量、工业二氧化硫排放量、工业烟尘排放量、人均地区生产总值和外商直接投资，为了消除序列相关，数据取自然对数，用 LNFS、$LNSO_2$、LNGYYC、LNY 和 LNFDI 分别表示 FS、SO_2、GYYC、Y 和 FDI 的自然对数值。本文利用 Eviews 6.0 软件对长三角地区和珠三角地区污染指标、人均地区生产总值、外商直接投资进行统计分析得表1。从表1可以看出，长三角地区所有指标的均值、中位数都高于珠三角地区的对应值；除工业废水排放量的最大值是珠三角地区高于长三角地区外，其他指标值珠三角地区均低于长三角地区；除外商直接投资的最小值是珠三角地区高于长三角地区，其他指标值珠三角地区都比长三角地区的对应值小；其他如标准差、峰度、偏度和JB值都存在较大差异。

表1 长三角地区和珠三角地区污染指标、人均地区生产总值、外商直接投资的数据分析

	长三角地区					珠三角地区				
	FS	SO_2	GYYC	Y	FDI	FS	SO_2	GYYC	Y	FDI
Mean	20,412.6	88,902.5	24,157.7	31,445.0	135,035.6	8,622	44,570.4	10,106.2	25,262.1	72,592.9
Median	11,601.5	68,778.5	19,384	26,628.5	73,068	5,449.5	33,775	8,176	15,493	20,373
Maximum	85,735	375,231	61,606	106,863	1,008,427	91,260	197,500	41,612	89,814	403,018
Minimum	958	6,269	2,797	5,400	1,245	220	924	47	4,111	2,118
Std. Dev.	20,004.6	74,158.0	14,660.3	19,957.3	187,197.6	10,103.2	44,421.6	8,174.9	20,870.6	99,027.7
Skewness	1.548,6	1.921,6	0.738,1	1.189,2	2.420,4	4.785,5	1.710,4	1.236,1	1.193,4	1.805,2
Kurtosis	4.371,9	7.010	2.544,0	4.353,6	8.840,7	36.990	5.367,7	4.672,2	3.173,1	5.314,0
Jarque-Bera	71.717,5	192.816,1	14.919,2	46.804,3	359.671	6,546.445	90.863,7	46.768,7	30.065,8	96.542,3
Probability	0	0	0.000,6	0	0	0	0	0	0	0
Sum	3,061,893	13,335,381	3,623,648	4,716,744	20,255,335	1,086,372	5,615,867	1,273,381	3,183,027	9,146,709
Sum Sq. Dev.	5.96E+10	8.19E+11	3.20E+10	5.93E+10	5.22E+12	1.28E+10	2.47E+11	8.35E+09	5.44E+10	1.23E+12
Observations	150	150	150	150	150	126	126	126	126	126
Cross sections	25	25	25	25	25	21	21	21	21	21

（二）计量模型构建

在对面板数据进行估计时，本文使用的样本数据包含了个体、指标、时间三个方向上的信息。面板数据模型主要分为三种类型，即混合估计模型、变截

距模型和變系數模型。因此,在對面板數據進行估計前,首先要對模型的設定形式進行檢驗:

(1) 無個體影響的不變系數模型的單方程迴歸形式如下:
$$y_i = \alpha + x_i\beta + \varepsilon_i \quad i = 1, \cdots, n \quad (1)$$

(2) 變截距模型的單方程迴歸形式:
$$y_i = \alpha_i + x_i\beta + \varepsilon_i \quad i = 1, \cdots, n \quad (2)$$

(3) 變系數模型的單方程迴歸形式:
$$y_{it} = \alpha_{it} + x_i\beta_i + \varepsilon_i \quad i = 1, \cdots, n \quad (3)$$

為了得到模型的正確設定形式,避免模型的設定偏差,改進參數估計的有效性,經常使用的檢驗方法是協方差分析檢驗,主要檢驗如下兩個假設:

$H_1: \beta_1 = \beta_2 = \cdots = \beta_N$

$H_2: \alpha_1 = \alpha_2 = \cdots = \alpha_N; \beta_1 = \beta_2 = \cdots = \beta_N$

F 統計量為:

$$F_2 = \frac{(S_3 - S_1)/[(N-1)(K+1)]}{S_1/[NT - N(K+1)]} \sim F[(N-1)(K+1), N(T-K-1)]$$

$$F_1 = \frac{(S_2 - S_1)/[(N-1)K]}{S_1/[NT - N(K+1)]} \sim F[(N-1)K, N(T-K-1)]$$

其中,S_1、S_2、S_3 分別為變系數模型、變截距模型和無個體影響的不變系數模型的殘差平方和。若計算所得值不小於給定置信度下的相應臨界值,則拒絕假設 H_2,繼續檢驗假設 H_1;反之,則認為樣本數據符合模型(1),若計算所得到的統計量 F_1 的值不小於給定置信度下的相應臨界值,則拒絕假設 H_1,用模型(3)擬合樣本;反之,則用模型(2)擬合樣本。

本文採用固定效應模型,為了避免異方差和序列相關,對數據取自然對數,並進行加權處理(Pooled EGLS),用 Eviews 6.0 軟件對參數進行估計,模型具體設定形式為:

$$LN E_{it} = \alpha + \beta_1 LN Y_{it} + \beta_2 LN^2 Y_{it} + \beta_3 LN^3 Y_{it} + \gamma_i LN FDI_{it}$$

$i = 1, \cdots, n$ 為截面單元,$t = 1, \cdots, T$ 為時序期數,E_{it} 為環境污染指標,Y_{it} 為人均地區生產總值,FDI_{it} 為外商直接投資。

三、外商直接投資、人均地區生產總值對環境污染指標的影響

(一) 長三角地區外商直接投資、經濟增長對環境污染指標的影響

1. 外商直接投資、經濟增長對城市工業廢水排放量的影響

由 $LNFS$ 對 LNY 和 $LNFDI$ 進行迴歸得模型:

$$LNFS_{it} = 8.178,4 + 0.250,0LNY_{it} + \gamma_i LNFDI_{it}$$

迴歸結果顯示,經濟增長與長三角地區的工業廢水排放量呈單調遞增關係,並且在1%的水平下顯著,即長三角地區的經濟每增長一個百分點,工業

廢水排放量將增加 0.25 個百分點。但 FDI 對城市工業廢水排放量的影響在不同城市之間存在較大差異。上海、南京、無錫、徐州、蘇州、連雲港、鹽城、揚州、鎮江、泰州、杭州、溫州、嘉興、湖州、衢州的 FDI 增加對工業廢水排放量有負向影響，即 FDI 增加有利於減少工業廢水排放量。南京、無錫、鹽城、揚州、鎮江、杭州、溫州的 t 統計量不顯著。上海、連雲港、嘉興、衢州在 1% 的水平下顯著；徐州、湖州在 5% 的水平下顯著；蘇州、泰州在 10% 的水平下顯著。影響最大的是上海，即在其他條件不變的前提下，FDI 每增加 1%，工業廢水排放量將減少 0.785%，其後依次為蘇州、連雲港、嘉興、湖州、徐州、衢州、泰州，分別為 -0.562,9%、-0.367,3%、-0.338,8%、-0.307,2%、-0.301,7%、-0.159,2%、-0.136,8%。常州、南通、淮安、宿遷、寧波、紹興、金華、舟山、臺州、麗水的 FDI 增加對工業廢水排放量有正向影響，即 FDI 增加導致工業廢水排放量增加。常州、南通、宿遷、寧波、金華、舟山、臺州、麗水的 t 統計量不顯著。只有淮安和紹興在 5% 的水平下顯著。影響最大的是紹興，即 FDI 每增加 1%，工業廢水排放量將增加 0.758,6%，其次是淮安的 0.133,9%。

2. 外商直接投資、經濟增長對城市工業二氧化硫排放量的影響

由 $LNSO_2$ 對 LNY 和 LNFDI 進行迴歸得模型：

$$LNSO_{2it} = -12.968,4 + 4.765,0LNY_{it} - 0.227,5 LN^2 Y_{it} + \gamma_i LNFDI_{it}$$

迴歸結果顯示，經濟增長與長三角的工業二氧化硫排放量呈倒 U 形曲線關係，並且在 1% 的水平下顯著，即二氧化硫排放量先隨經濟增長而增加后隨經濟增長而減少。FDI 對工業二氧化硫排放量的影響差異較大。南京、無錫、徐州、蘇州、南通、連雲港、淮安、鹽城、揚州、鎮江、宿遷、杭州、寧波、溫州、湖州、金華、衢州的 FDI 增加對工業二氧化硫排放量有負向影響，即 FDI 增加有利於減少工業二氧化硫排放量。南京、無錫、徐州、蘇州、南通、淮安、揚州、宿遷、杭州、寧波、溫州、金華的 t 統計量不顯著；連雲港、鹽城、鎮江、湖州在 1% 的水平下顯著；衢州在 5% 的水平下顯著。影響最大的是湖州，即 FDI 每增加 1%，工業二氧化硫排放量將減少 0.660,5%，其後依次是鎮江的 -0.463,3%、連雲港的 -0.441,5%、衢州的 -0.256,6% 和鹽城的 -0.221,4%。上海、常州、泰州、嘉興、紹興、舟山、臺州、麗水的 FDI 增加對工業二氧化硫排放量有正向影響，即 FDI 增加導致工業二氧化硫排放量增加。上海、常州、紹興、舟山、麗水的 t 統計量不顯著。泰州和嘉興在 1% 的水平下顯著；臺州在 5% 的水平下顯著。影響最大的是嘉興，即 FDI 每增加一個百分點，工業二氧化硫排放量將增加 0.992,5%，其次是臺州的 0.584,1% 和泰州的 0.330,7%。

3. 外商直接投資、經濟增長對城市工業菸塵排放量的影響

由 LNGYYC 對 LNY 和 LNFDI 進行迴歸得模型：

$$\text{LN}GYYC_{it} = -159.849,8 + 50.799,2\text{LN}Y_{it} - 4.989,5\text{LN}^2Y_{it} + 0.162,5\text{LN}^3Y_{it} + \gamma_i\text{LN}FDI_{it}$$

迴歸結果顯示，經濟增長與長三角地區的工業菸塵排放量呈 N 形曲線關係，並且在 1% 的水平下顯著。FDI 對工業菸塵排放量的影響存在差異。上海、南京、無錫、徐州、蘇州、連雲港、淮安、鹽城、揚州、鎮江、杭州、溫州、嘉興、紹興、衢州、臺州、麗水的 FDI 增加對工業菸塵排放量有負向影響，即 FDI 增加有利於減少工業菸塵排放量。南京、無錫、蘇州、揚州、杭州、溫州、嘉興、紹興、衢州、臺州、麗水的 t 統計量不顯著。連雲港、淮安、鹽城、鎮江在 1% 的水平下顯著；上海、徐州在 5% 的水平下顯著。影響最大的是鎮江，即 FDI 每增加一個百分點，工業菸塵排放量將減少 1.128,7 個百分點，其次分別是徐州的 -0.789,0%、上海的 -0.499,9%、連雲港的 -0.403,4%、鹽城的 -0.288,6%、淮安的 -0.218,3%。常州、南通、泰州、宿遷、寧波、湖州、金華、舟山的 FDI 增加對工業菸塵排放量有正向影響，即 FDI 增加導致工業菸塵排放量增加。常州、宿遷、寧波、湖州的 t 統計量不顯著；南通、泰州、金華、舟山在 5% 的水平下顯著。影響最大的是舟山，即 FDI 每增加 1%，工業菸塵排放量增加 0.651,1%。其次分別為金華的 0.607,5%、泰州的 0.450,8%、南通的 0.149,4%。

長三角地區 FDI、人均地區生產總值對環境污染指標的影響如表 2 所示。

表 2　　　　長三角地區 FDI、人均地區生產總值
對環境污染指標的影響

變量	LNFS 系數	T 值	固定效應	LNSO₂ 系數	T 值	固定效應	LNGYYC 系數	T 值	固定效應
C	8.178,4***	16.706,3		-12.965***	-2.489,6		-159.850**	-2.241,2	
LNY	0.250,0***	5.653,7		4.765,0***	4.718,7		50.799,2**	2.389,7	
LN²Y				-0.227,5***	-4.762,2		-4.989,5**	-2.371,8	
LN³Y							0.162,5**	2.345,8	
上海-LNFDI	-0.785,0***	-5.345,1	10.518,3	0.075,1	0.265,3	-0.196,7	-0.499,9**	-2.212,7	6.038,6
南京-LNFDI	-0.007,5	-0.021,0	-0.060,6	-0.052,6	-1.522,4	0.548,0	-0.237,8	-1.040,3	2.042,1
無錫-LNFDI	-0.518,9	-1.385,8	6.209,4	-0.509,2	-0.885,9	6.145,6	-0.229,6	-0.270,5	2.040,3
徐州-LNFDI	-0.301,7**	-1.896,5	1.794,6	-0.559,5	-1.305,9	5.830,5	-0.789,0**	-1.997,7	7.076,0
常州-LNFDI	0.033,3	0.241,2	-0.950,1	0.119,3	0.542,5	-2.216,6	0.133,7	0.401,3	-2.866,3
蘇州-LNFDI	-0.562,9*	-2.037,2	7.661,5	-0.057,4	-0.226,0	1.207,1	-0.720,0	-1.417,6	9.014,0
南通-LNFDI	0.041,9	0.608,0	-1.611,3	-0.047,4	-0.381,2	0.007,4	0.149,4**	2.165,7	-2.895,8
連雲港-LNFDI	-0.367,3***	-4.771,5	1.664,5	-0.441,5***	-5.592,7	3.597,9	-0.403,4***	-4.321,9	2.168,1
淮安-LNFDI	0.133,9**	1.945,7	-2.950,1	-0.139,4	-0.973,1	0.360,0	-0.218,3***	-2.650,5	0.528,1
鹽城-LNFDI	-0.135,7	-1.538,7	0.021,3	-0.221,4***	-3.746,4	1.027,0	-0.288,6***	-3.125,0	1.063
揚州-LNFDI	-0.249,9	-1.480,9	1.353,1	-0.089,3	-1.134,1	0.423,9	-0.062,9	-0.581,2	-1.271,0
鎮江-LNFDI	-0.164,6	-0.863,2	0.233,7	-0.463,3***	-5.620,6	4.573,6	-1.128,7***	-4.382,6	11.392
泰州-LNFDI	-0.136,8*	-1.621,6	0.546,5	0.330,7***	2.441,7	-4.907,1	0.450,8**	1.894,7	-7.103,8
宿遷-LNFDI	0.026,6	1.328,3	-2.325,9	-0.042,3	-0.226,6	-1.259,7	0.042,4	0.161,9	-3.036,3
杭州-LNFDI	-0.026,7	-0.236,8	0.660,5	-0.054,0	-0.588,4	0.360,4	-0.116,6	-1.188,9	0.448,4

表2(續)

變量	LNFS 系數	LNFS T值	LNFS 固定效應	LNSO₂ 系數	LNSO₂ T值	LNSO₂ 固定效應	LNGYYC 系數	LNGYYC T值	LNGYYC 固定效應
寧波-LNFDI	0.122,8	0.255,0	-2.805,4	-0.264,3	-0.581,2	3.423,6	0.084,2	0.144,3	-2.447,2
溫州-LNFDI	-0.023,0	-0.363,9	-1.158,9	-0.141,4	-0.867,7	0.631,1	-0.065,0	-0.614,6	-1.990,8
嘉興-LNFDI	-0.338,8***	-4.963,8	2.846,1	0.992,5***	5.234,3	-12.127,5	-0.171,8	-0.401,4	0.631,5
湖州-LNFDI	-0.307,2**	-2.347,3	1.915,1	-0.660,5**	-3.349,7	6.317,9	0.383,9	1.316,6	-6.370,7
紹興-LNFDI	0.758,6**	2.042,4	-9.378,3	0.113,1	0.706,9	-2.135,8	-0.158,8	-0.199,7	0.242,1
金華-LNFDI	0.231,7	1.084,9	-4.094,9	-0.100,4	-1.143,9	-0.407,8	0.607,5**	1.840,2	-8.507,1
衢州-LNFDI	-0.195,2***	-2.809,3	0.653,0	-0.256,6**	-2.011,8	0.648,0	-0.231,5	-1.031,5	-0.434,1
舟山-LNFDI	0.164,0	1.550,1	-4.848,9	0.021,9	0.530,6	-1.999,4	0.651,1**	2.244,0	-7.687,6
臺州-LNFDI	0.079,6	0.639,3	-3.071,4	0.584,1**	2.067,2	-6.873,8	-0.249,6	-0.807,0	0.061,6
麗水-LNFDI	0.143,6	0.561,6	-2.822,3	0.088,0	0.406,9	-2.977,1	-0.612,4	-1.472,9	1.863,6
Adj-R²		0.999,9			0.999,9			0.999,5	
F-statistic		38,294.34			44,367.59			6,206.717	
D-W		2.151,8			1.822,6			2.040,2	

註:＊＊＊表示1%的顯著水平;＊＊表示5%的顯著水平;＊表示10%的顯著水平,下同

(二)珠三角地區外商直接投資、經濟增長對環境污染指標的影響

1. 外商直接投資、經濟增長對城市工業廢水排放量的影響

由LNFS對LNY和LNFDI進行迴歸得模型:

$$\text{LN}FS_{it} = -186.036,8 + 56.165,2\text{LN}Y_{it} - 5.500,7\text{LN}^2 Y_{it} + 0.180,3\text{LN}^3 Y_{it} + \gamma_i \text{LN} FDI_{it}$$

迴歸結果顯示,經濟增長與珠三角地區的工業廢水排放量呈N形曲線關係,並且在1%的水平下顯著。FDI對工業廢水排放量的影響存在差異。廣州、汕頭、佛山、湛江、河源、清遠、雲浮的FDI增加對工業廢水排放量存在負向影響,即FDI增加有利於減少工業廢水排放量。汕頭、佛山、湛江、河源、清遠、雲浮的t統計量均不顯著,廣州在5%的水平下顯著,即FDI每增加1%,工業廢水排放量減少0.664,6%。韶關、深圳、珠海、江門、茂名、肇慶、惠州、梅州、汕尾、陽江、東莞、中山、潮州、揭陽的FDI增加對工業廢水排放量有正向影響,即FDI增加引致工業廢水排放量增加。韶關、深圳、茂名、惠州、陽江、東莞、中山、潮州、揭陽的t統計量不顯著。肇慶在1%的水平下顯著;珠海、梅州、汕尾在5%的水平下顯著;江門在10%的水平下顯著。影響最大的是汕尾,FDI每增加1%,工業廢水排放量將增加2.950,3%,其次是珠海的0.914,2%,梅州的0.654,7%,江門的0.333,6%和肇慶的0.084,0%。

2. 外商直接投資、經濟增長對城市工業二氧化硫排放量的影響

由LNSO₂對LNY和LNFDI進行迴歸得模型:

$$\text{LN}SO_{2it} = 258.895,2 - 78.558,2\text{LN}Y_{it} + 8.074,2\text{LN}^2 Y_{it} - 0.272,4\text{LN}^3 Y_{it} + \gamma_i \text{LN} FDI_{it}$$

迴歸結果顯示,經濟增長與珠三角地區的工業二氧化硫排放量呈倒N形曲線

關係，並且在1%的水平下顯著。FDI對工業二氧化硫排放量的影響存在差異。廣州、深圳、珠海、汕頭、佛山、江門、湛江、肇慶、清遠、東莞、中山的FDI增加對工業二氧化硫排放量有負向影響，即FDI增加有利於減少工業二氧化硫排放量。深圳、珠海、汕頭、江門、湛江、清遠的t統計量不顯著。廣州、佛山、東莞、中山在1%的水平下顯著；肇慶在10%的水平下顯著。影響最大的是廣州，即FDI每增加1%，工業二氧化硫排放量減少2.115,7%，其后依次是東莞、中山、佛山、肇慶，分別為-0.825,2%、-0.488,3%、-0.426,1%、-0.208,2%。韶關、茂名、惠州、梅州、汕尾、河源、陽江、潮州、揭陽、雲浮的FDI對工業二氧化硫排放量產生正向影響，即FDI增加將引致工業二氧化硫排放量增加。韶關、梅州、潮州、雲浮的t統計量不顯著。河源、揭陽在1%的水平下顯著；茂名在5%的水平下顯著；惠州、汕尾、陽江在10%的水平下顯著。影響最大的是揭陽，即FDI每增加1%，工業二氧化硫排放量將增加2.23%。其后依次是汕尾、河源、惠州、陽江、茂名，分別為2.209,1%、2.179,4%、0.833,7%、0.603,0%、0.281,6%。

3. 外商直接投資、經濟增長對城市工業菸塵排放量的影響

由LNGYYC對LNY和LNFDI進行迴歸得模型：

$$LNGYYC_{it} = -34.599,3 + 7.452,7LNY_{it} - 0.326,5 LN^2 Y_{it} + \gamma_i LNFDI_{it}$$

迴歸結果顯示，經濟增長與珠三角地區的工業菸塵排放量呈倒U形關係，並且在1%的水平下顯著。FDI對工業菸塵排放量的影響存在差異。廣州、深圳、汕頭、湛江、肇慶、河源、陽江、清遠、雲浮的FDI對工業菸塵排放量產生負向影響。廣州、汕頭、湛江、肇慶、陽江、雲浮的t統計量不顯著。深圳、河源在5%的水平下顯著；清遠在10%的水平下顯著。影響最大的深圳為-2.071,1，其次為河源的-2.011,5和清遠的-0.676,8。韶關、珠海、佛山、江門、茂名、惠州、梅州、汕尾、東莞、中山、潮州、揭陽的FDI對工業菸塵排放量產生正向影響。韶關、珠海、佛山、江門、茂名、惠州、梅州、汕尾、東莞、中山、潮州的t統計量不顯著。揭陽在10%的水平下顯著，即FDI每增加1%，工業菸塵排放量將增加2.448,1%。

珠三角地區FDI、人均地區生產總值對環境污染指標的影響如表3所示。

表3　珠三角地區FDI、人均地區生產總值對環境污染指標的影響

變量	LNFS 系數	LNFS T值	LNFS 固定效應	$LNSO_2$ 系數	$LNSO_2$ T值	$LNSO_2$ 固定效應	LNGYYC 系數	LNGYYC T值	LNGYYC 固定效應
C	-186.037***	-2.554,9		258.895***	3.672,5		-34.599***	-2.684,5	
LNY	56.165,2***	2.573,5		-78.558***	-3.712,7		7.452,7***	2.951,2	
LN^2Y	-5.500,7**	-2.541,1		8.074,2***	3.839,5		-0.326,5**	-2.533,5	
LN^3Y	0.180,3***	2.529,3		-0.272,4***	-3.931,4				
廣州-LNFDI	-0.664,6**	-2.051,7	12.094,1	-2.115,7***	-4.664,3	29.188,2	-0.974,8	-1.108,6	14.079,4
韶關-LNFDI	0.147,9	0.518,8	2.352,8	0.355,7	1.178,5	-0.274,6	0.318,9	0.568,9	-0.271,4

表3(續)

變量	LNFS 系數	LNFS T值	LNFS 固定效應	LNSO₂ 系數	LNSO₂ T值	LNSO₂ 固定效應	LNGYYC 系數	LNGYYC T值	LNGYYC 固定效應
深圳-LNFDI	0.047,4	0.086,1	1.980,7	-0.450,0	-1.309,8	7.174,2	-2.071,1**	-1.974,1	26.946,7
珠海-LNFDI	0.914,2**	2.096,2	-8.277,7	-0.099,1	-1.053,5	2.351,4	0.436,1	0.698,4	-4.374,4
汕頭-LNFDI	-0.056,8	-0.526,2	3.409,0	-0.663,5	-1.103,8	8.423,2	-0.423,7	-1.048,3	5.682,8
佛山-LNFDI	-0.142,0	-0.249,3	5.540,8	-0.426,1***	-3.300,5	7.709,1	0.018,0	0.029,6	1.939,8
江門-LNFDI	0.333,6*	1.626,9	-0.167,5	-0.237,1	-0.768,2	4.798,1	0.274,8	0.752,5	-0.523,7
湛江-LNFDI	-0.050,9	-0.210,5	3.712,4	-0.139,4	-0.559,0	4.420,1	-0.091,1	-0.353,3	3.849,6
茂名-LNFDI	0.074,8	0.733,6	2.594,7	0.281,6**	1.994,8	0.459,0	0.105,8	0.386,5	1.873,2
肇慶-LNFDI	0.084,0***	2.626,7	2.499,0	-0.208,2*	-1.779,7	4.630,7	-0.008,8	-0.122,1	2.775,9
惠州-LNFDI	0.352,0	0.670,8	-1.355,3	0.833,7*	1.606,3	-8.786,2	0.467,5	0.573,7	-5.511,3
梅州-LNFDI	0.654,7**	2.065,5	-3.096,8	0.584,1	0.287,8	-2.822,7	0.577,1	1.042,6	-2.204,7
汕尾-LNFDI	2.950,3**	1.979,3	-26.597	2.209,1*	1.575,4	-21.079	3.131,1	1.261,6	-31.258
河源-LNFDI	-0.045,5	-0.063,0	2.801,7	2.179,4***	3.377,2	-20.539	-2.011,5**	-2.339,8	23.367,8
陽江-LNFDI	0.094,4	0.798,5	0.939,0	0.603,0*	1.541,8	-4.395,8	-0.054,0	-0.144,6	2.376,4
清遠-LNFDI	-0.193,0	-1.135,3	4.609,6	-0.065,2	-0.303,2	3.265,1	-0.676,8*	-1.832,9	9.352,2
東莞-LNFDI	0.426,9	0.466,8	-0.943,5	-0.825,2***	-4.465,3	12.902,8	0.261,0	0.188,3	-1.147,5
中山-LNFDI	0.560,7	0.877,4	-3.126,1	-0.488,3***	-2.517,6	6.751,4	0.760,4	0.476,0	-7.507,8
潮州-LNFDI	0.270,4	0.324,7	-0.561,4	0.974,5	0.983,7	-7.931,8	2.150,2	0.898,3	-18.733,7
揭陽-LNFDI	0.410,2	0.887,5	-1.385,0	2.230,0***	2.397,4	-19.764	2.448,1*	1.629,7	-22.064
雲浮-LNFDI	-0.046,4	-0.310,1	2.976,3	0.528,8	2.308,8	-1.616,8	-0.158,2	-0.311,6	3.699,3
Adj-R²		0.999,2			0.999,6			0.995,3	
F-statistic		3,379.12			7,608.74			612.251	
D-W		1.800,5			2.056,0			1.830,9	

四、結論

在長三角地區，經濟增長與長三角地區的工業廢水排放量呈單調遞增關係，FDI對工業廢水排放量有顯著負影響的城市有上海、徐州、蘇州、連雲港、泰州、嘉興、湖州、衢州，表現最優的是上海，淮安和紹興的FDI對工業廢水排放量有顯著正影響；在珠三角地區，經濟增長與珠三角地區的工業廢水排放量呈N形曲線關係，FDI對工業廢水排放量有顯著負影響的城市只有廣州，產生顯著正影響的有珠海、江門、肇慶、梅州和汕尾。在長三角地區，經濟增長與長三角地區的工業二氧化硫排放量呈倒U形曲線關係，FDI對工業二氧化硫排放量有顯著負影響的城市有連雲港、鹽城、鎮江、湖州、衢州，表現最優的是湖州，產生顯著正影響的有泰州和嘉興；在珠三角地區，經濟增長與珠三角地區的工業二氧化硫排放量呈倒N形曲線關係，FDI對工業二氧化硫排放量產生顯著負影響的城市有廣州、佛山、肇慶、東莞、中山，表現最優的是廣州，產生顯著正影響的有茂名、惠州、汕尾、河源、陽江和揭陽。在長三角地區，經濟增長與長三角地區的工業菸塵排放量呈N形曲線關係，FDI對工業

菸塵排放量有顯著負影響的城市有上海、徐州、連雲港、淮安、鹽城、鎮江，表現最優的是鎮江，有顯著正影響的有南通、泰州、金華和舟山；在珠三角地區，經濟增長與長三角地區的工業菸塵排放量呈倒U形曲線關係，FDI對工業菸塵排放產生顯著負影響的城市有深圳、河源、清遠，表現最優的是深圳，產生顯著正影響的只有揭陽。長三角地區和珠三角地區只有連雲港的FDI對三個污染指標都產生負向影響。長三角地區的上海、徐州、鹽城、鎮江、湖州、衢州的FDI有利於減少污染；珠三角地區只有廣州的FDI有利於減少污染。迴歸結果顯示，長三角地區和珠三角地區有部分城市的FDI增加加劇環境污染，支持「污染天堂假說」，有部分城市的FDI增加有利於提高環境質量，支持「污染光環假說」。長三角地區的FDI比珠三角地區的FDI更「清潔」。因此，中國在引進外商直接投資時不能只求規模，更要追求質量，積極引進能改善環境質量的外商直接投資，提高生態環境的承載力，提高生活質量。

參考文獻

［1］MANI M，D. WHEELER. In Search of Pollution Havens：Dirty Industry Migration in the World Economy ［R］. World Bank Working Paper，1997（16）.

［2］ESKELAND G S，HARRISON A E. Moving to Greener Pastures？Multinationals and the Pollution Haven Hypothesis ［J］. Journal of Development Economics，2003，70（1）：1-23.

［3］JIE HE. Pollution Haven Hypothesis and Environmental Impacts of Foreign Direct Investment：The Case of Industrial Emission of Sulfur Dioxide（SO_2）in Chinese Provinces ［J］. Ecological Economics，2005，60（1）：228-245.

［4］潘申彪，餘妙志. 江浙滬三省市外商直接投資與環境污染的因果關係檢驗［J］. 國際貿易問題，2005（12）：74-79.

［5］楊海生，賈佳，周永章，等. 貿易、外商直接投資、經濟增長與環境污染［J］. 中國人口·資源與環境，2005（3）：99-103.

［6］沙文兵，石濤. 外商直接投資的環境效應——基於中國省級面板數據的實證分析［J］. 世界經濟研究，2006（6）：76-81.

［7］陳凌佳. FDI環境效應的新檢驗——基於中國112座重點城市的面板數據研究［J］. 世界經濟研究，2008（9）：54-59.

［8］賀文華. FDI、經濟增長與環境污染的實證研究——基於中國東部11省（市）的面板數據［J］. 湖南農業大學學報（社會科學版），2010（1）：64-71.

（原載於《重慶工商大學學報（社會科學版）》2010年第5期）

11. FDI、經濟增長與環境污染的實證研究
——基於中國東部11個省(市)的面板數據

一、引言

隨著經濟的發展，環境問題日益引起人們的重視。有研究預測，假設單位國內生產總值排放的二氧化碳比率保持2001年的水平，到2018年，全世界二氧化碳排放總量將增長69%，達到250億噸，中國排放總量將超過90億噸，約占總排放量的37%（Thomas，2007）。中國粗放型經濟增長方式導致巨大的資源消耗和污染物排放。2005年，被監測的522個城市中有39.7%的城市空氣質量處於三級或三級以下，40.5%的城市顆粒物超過二級標準；696個被監測的市（縣）中出現酸雨的市（縣）占比達51.3%；城市二氧化硫和氨氮的排放量年均增長5%以上。在2009年哥本哈根氣候峰會上，中國承受了巨大壓力。中國目前的環境問題，是現行經濟發展方式的結果，2010年經濟發展導向是促轉變、調結構，從單純追求國內生產總值及由此而來的財政收入，轉向更加注重經濟增長的可持續性，這就意味著把環境因素納入到經濟增長中去。

環境庫茲涅茨曲線（EKC）是指環境污染和經濟發展之間一種倒U形關係，即在經濟發展的初級階段，經濟發展將導致環境的惡化；當經濟增長和人均收入達到並超越一定水平后，經濟增長將伴隨著環境的改善。EKC假說最早是由格魯斯曼和克魯格（Grossman & Krueger，1991）提出的，他們在對66個國家14種空氣和水污染指數12年的變動情況進行研究后，發現大多數污染指數與人均國內生產總值間呈現倒U形關係。許多實證研究都表明，在大多數環境質量指標與人均收入之間的確存在一種倒U形的關係（Shafik，1994；Selden & Song，1994）。二氧化碳排放量與人均收入之間呈單調上升關係（Shafik & Bandy Opadhyay，1992）或是三次方關係（Fridel & Getzner，2002）。國內學者也進行了大量研究。吳玉萍、董鎖成（2002）使用12個質量指標研究了北京市經濟增長和環境質量間的關係，發現存在明顯的EKC特徵，認為

北京施行了比較有效的環境政策。沈滿洪（2002）等用浙江的數據得出各類污染指標的 N 形曲線。彭水軍、包群（2006）利用中國的時序數據研究了經濟增長和 6 類污染物之間的關係，並通過簡化型模型，認為倒 U 形 EKC 曲線很大程度上取決於污染指標及估計方法的選取。李達、王春曉（2007）通過綜合簡化模型，研究了 3 種大氣污染物和經濟增長之間的關係，發現它們之間不存在倒 U 形曲線。高輝（2009）利用中國 1996—2007 年 29 個省、市、自治區的面板數據對經濟增長和大氣污染物排放之間的關係進行實證檢驗得出二氧化硫等污染物質的排放會達到一個環境庫茲涅茨曲線的轉折點，但省際二氧化硫排放有很強的異質性。

國際貿易能很好地解釋環境庫茲涅茨曲線。國際貿易使得一國的經濟規模擴大，這樣就增加了環境污染。隨著國際貿易和全球一體化的發展，國際貿易能夠提高發展中國家的收入水平。隨著實際收入的提高，人們希望生活在更潔淨的環境中，促使該國環境保護規則的制定。但是較低的貿易准入規則會使得具有嚴重污染的物質通過貿易轉移到該國，從而使環境質量惡化（污染天堂假說，Pollution Haven Hypothesis，PHH）；對於不同國家或地區以及不同的污染物而言，環境污染與經濟增長之間表現出來的關係並不完全符合倒 U 形的關係。不同的國家或地區經歷的經濟發展階段不同，經濟結構也不同，因此環境質量與經濟增長之間的關係也略有不同。

二、經濟增長和環境污染指標選取及數據處理

（一）經濟增長和環境污染指標選取

環境污染指標數據來自 2001—2009 年中國統計年鑑及省（市）統計年鑑。考慮統計口徑一致和數據的連續性，本文選取工業廢氣排放總量（億標準立方米）、工業廢水排放總量（萬噸）、工業固體廢物產生量（萬噸）、工業固體廢物排放量（萬噸）、工業粉塵排放量（萬噸）、化學需氧量排放量（萬噸）和工業二氧化硫排放量（萬噸）作為環境污染指標，人均地區生產總值（元）作為經濟增長指標。此外，考慮國際貿易因素中污染的可輸出性，有些發達國家通過 FDI 輸出污染以便減輕國內環境壓力，因此用 FDI（萬美元）作為污染的輸出指標。SO_2、COD、FS、FQ、GYYC、GYFC、GTCS、GTPF 分別表示工業二氧化硫排放量、化學需氧量排放量、工業廢水排放量、工業廢氣排放量、工業菸塵排放量、工業粉塵排放量、工業固體廢物產生量、工業固體廢物排放量，Y 表示人均地區生產總值，FDI 表示外商直接投資。因為是面板數據，為消除時間序列趨勢，對所有數據取自然對數，$LNSO_2$、LNCOD、LNFS、LNFQ、LNGYYC、LNGYFC、LNGTCS、LNGTPF 分別表示污染指標的自然對數，LNY 表示人均地區生產總值的自然對數，LNFDI 表示外商直接投資的自然對數。GD、SH、ZJ、JS、BJ、LN、HN、SD、FJ、HB、TJ 分別表示廣東、上

海、浙江、江蘇、北京、遼寧、海南、山東、福建、河北、天津東部11個省（市）。

(二) 單位根檢驗

標準單位根檢驗在檢驗單變量時間序列時具有較低的檢驗功效，而考慮含有時間和截面的面板情形則更為有效。本文選用的面板單位根檢驗方法包括LLC檢驗（Levin, Lin & Chu）、IPS檢驗（Im, Pesaran & Shin）和CH檢驗（Choi），面板協整檢驗方法則為佩德羅尼（Pedroni）提出的面板和組間檢驗。本文用Eviews 5.0軟件對各變量進行單位根檢驗，LLC和Breitung檢驗的零假設是各截面有相同的單位根；IPS、ADF和PP檢驗的零假設是允許各截面有不同的單位根（見表1）。本文以個體效應為外生變量，對所有變量進行單位根檢驗，一階差分后都是平穩序列。

表1　環境污染指標、FDI、人均地區生產總值對數值單位根檢驗

變量	LLC	Breitung t-stat	IPS	ADF	PP
LNFDI	1.288,0***	0.976,6	1.546,7	16.336,6	23.733,3
△LNFDI	-7.376,4*	-1.455,8**	-1.921,9*	40.547,3*	39.449,3*
LNSO$_2$	-4.027,1*	0.783,7	-0.304,3	26.910,8	20.542,8
△LNSO$_2$	-3.292,2*	-1.781,2**	-0.682,9	26.914,6	24.722,4
LNCOD	-3.323,6*	-0.721,0	-1.469,5***	34.237,7**	41.801,7*
△LNCOD	-6.175,5*	-1.776,4**	-2.577,7*	45.506,1*	58.794,8*
LNY	3.457,0	-0.180,5	5.900,6	3.270,7	3.235,8
△LNY	-8.107,7*	-0.629,5	-2.561,5*	46.438,2*	43.418,0*
LNFQ	-1.184,01	1.135,2	1.599,0	15.084,6	29.468,2
△LNFQ	-6.462,6*	-2.438,1*	-3.260,5*	43.990,3*	70.051,1*
LNFS	-2.395,9*	-0.462,8	-0.796,5	32.777***	38.011,9**
△LNFS	-8.161,6*	-4.472,9*	-3.232,7*	53.273,7*	71.608,8*
LNGYYC	-3.991,4*	-1.455,4***	-0.192,6	29.964,7	34.070,9**
△LNGYYC	-11.457,3*	-2.037,9*	-5.810,8*	76.364,4*	73.427,5*
LNGYFC	-0.918,9	-1.429,9***	0.904,4	14.423,3	14.175,3
△LNGYFC	-11.085,3*	-4.489,2*	-4.484,7*	67.133,1*	88.498,2*
LNGTCS	1.231,1	0.765,5	2.733,4	13.144,5	14.163,8

表1(續)

變量	LLC	Breitung t-stat	IPS	ADF	PP
△LN$GTCS$	-9.374,9*	-4.137,3*	-3.956,5*	60.676,7*	75.977,3*
LN$GTPF$	-7.590,1*	-0.158,0	-1.542,4***	32.474,2**	40.948,8*
△LN$GTPF$	-9.515,8*	-3.947,1*	-4.092,2*	55.449,0*	65.641,3*

註：＊表示1%的顯著水平，＊＊表示5%的顯著水平，＊＊＊表示10%的顯著水平，下同

三、面板數據迴歸模型

面板數據（Panel Data）是用來描述一個總體中給定樣本在一段時間內的情況，並對樣本中每一個樣本單位都進行多重觀察。這種多重觀察既包括對樣本單位在某一時期（時點）上多個特性進行觀察，也包括對該樣本單位的這些特性在一段時間的連續觀察，連續觀察得到的數據集稱為面板數據。時間序列數據或截面數據都是一維數據。面板數據是同時在時間和截面空間上取得的二維數據。面板數據從橫截面（Cross Section）上看，是由若干個體在某一時刻構成的截面觀測值；從縱剖面（Longitudinal Section）上看是一個時間序列。

面板數據計量經濟模型是近20年來計量經濟學理論的重要發展之一。在實際研究中經常採用的面板數據迴歸模型是固定效應模型（FEM）和隨機效應模型（REM）。在實證研究中一般通過對數據的豪斯曼（Hausman）檢驗以確定是選用固定效應模型還是隨機效應模型。當橫截面的單位是總體的所有單位時，固定效應模型是合理的模型。固定效應模型可表示為：

$$y_{it} = \alpha_{it} + x_{it}\beta + u_{it} \quad i = 1\cdots, n; \ t = 1, \cdots T$$

其中，x_{it}為1×K維向量，β為K×1維向量，K為解釋變量個數；u_{it}為隨機擾動項；α_{it}稱為非觀測效應（Unobserved Effect），也就是橫截面單元的固定效應。它概括了影響著y_{it}的全部觀測不到的在時間上恒定的因素。也就是說，α_{it}為模型中被忽略的反應個體差異變量的影響，因此模型的截距項抓住了每個截面單位的本質特徵，隨個體或截面單位而變化。

本文利用中國東部11個省（市）2000—2008年的環境污染指標、FDI、人均地區生產總值數據構建面板數據模型。為了確定面板數據分析模型，本文利用F檢驗來進行模型設定檢驗，第一步用Chow檢驗的F統計量F_1檢驗是否接受零假設；若拒絕零假設，再進行第二步檢驗。計算 $F_2 = \dfrac{(RRSS - URSS)/N - 1}{URSS/(NT - N - K + 1)} \sim$ $F[N-1, N(T-1)-K+1]$，其中，RRSS、URSS分別表示有約束模型（即混合數據迴歸模型）和無約束模型 ANCOVA 估計的殘差平方和或者是 LSDV 估計的殘差平方和。在給定的顯著性水平α下，如果$F_2 > F_\alpha[N-1, N(T-1)-K+1]$，

則拒絕零假設,即可以採用個體固定效應面板數據模型。數據取自然對數,模型設定形式為:

LN(E_{it}) = α + βLNFDI_{it} + c_{it} + $β_{it}$LN(Y_{it}) + $δ_{it}$

E_{it}為環境污染指標,FDI_{it}為外商直接投資,Y_{it}為地區生產總值,i為截面數,t為時序數。本文利用面板數據對選取的環境污染指標和人均地區生產總值、FDI 進行迴歸檢驗;採用廣義最小二乘法進行估計來糾正截面個體的截面異方差性;借助 Eviews 5.0 軟件包採用 Pooled EGLS (Cross-Section Weights)法對模型參數進行估計(見表2)。

迴歸結果顯示外商直接投資對工業粉塵排放量有負影響,但不顯著。11個省(市)中,廣東、上海、浙江、北京、山東、天津、河北和海南的人均地區生產總值對工業粉塵排放量有負影響,但天津和河北的影響不顯著;江蘇、福建和遼寧的人均地區生產總值對工業粉塵排放量有正影響,但江蘇和遼寧的影響不顯著。經濟增長對減少工業粉塵排放量最明顯的是北京,為 -2.713,0,即人均地區生產總值每增加一個百分點,將會減少 2.713,0 個百分點工業粉塵排放量;其次是上海,為 -1.028,2。外商直接投資對工業菸塵排放量有負影響,但不顯著。11 個省(市)中,上海、浙江、江蘇、福建、北京、山東、天津、河北和海南的人均地區生產總值對工業菸塵排放量有負影響,但浙江、江蘇、福建、河北和海南的影響不顯著;廣東和遼寧的人均地區生產總值對工業菸塵排放量有正影響,但遼寧的影響不顯著。經濟增長對減少工業菸塵排放量效果最明顯的是北京,為 -1.058,4,即人均地區生產總值每增加一個百分點,將會減少 1.058,4 個百分點工業菸塵排放量;其次是上海,為 -0.586,3。

表2　　LN$GYFC$ 和 LN$GYYC$ 對 LNFDI、LNY 的迴歸結果

變量	LNGYFC 參數	t-統計值	固定效應	LNGYYC 參數	t-統計值	固定效應
α	10.411,1*	4.653,0		5.422,1*	11.228,4	
LNFDI	-0.159,4	-1.311,4		-0.042,3	-0.761,2	
GD-LNY	-0.679,1*	-4.797,0	2.112,7	0.327,2*	2.591,5	-4.902,5
SH-LNY	-1.028,2*	-5.543,5	-4.051,5	-0.586,3*	-4.683,6	-0.962,7
ZJ-LNY	-0.476,5***	-1.677,2	-0.179,4	-0.118,8	-0.976,1	-0.704,9
JS-LNY	0.086,0	0.330,4	-5.651,2	-0.069,3	-0.740,2	-0.512,2
FJ-LNY	0.246,5**	1.816,8	-7.851,1	-0.065,8	-0.361,7	-1.993,8
BJ-LNY	-2.713,0*	-1.263,0	22.628,2	-1.058,4*	-4.813,3	7.307,5

表2(續)

變量	LNGYFC 參數	LNGYFC t-統計值	LNGYFC 固定效應	LNGYYC 參數	LNGYYC t-統計值	LNGYYC 固定效應
SD-LNY	-0.719,1*	-3.218,3	2.541,4	-0.338,9*	-4.284,6	2.247,2
TJ-LNY	-1.137,2	-4.577,4	3.890,8	-0.398,2*	-4.363,5	1.251,3
LN-LNY	0.057,8	0.268,5	-5.258,2	0.071,4	0.548,3	-1.732,2
HB-LNY	-0.009,7	-0.036,7	-4.231,1	-0.141,1	-1.225,3	0.409,5
HN-LNY	-0.308,8	-2.385,1*	-5.684,1	-0.483,2	-1.268,2	-0.465,1
R^2	0.994,9			0.996,5		
F	652.085			949.479,0		
D-W	2.137,0			1.647,7		

　　迴歸結果顯示外商直接投資對工業固體廢物產生量有正影響，但不顯著，並且系數很小，趨於零。11個省（市）的人均地區生產總值對工業固體廢物產生量有正影響，並且都顯著。影響最大的是天津，為1.027,4，即人均地區生產總值每增加一個百分點，將會增加1.027,4個百分點工業固體廢物產生量；其次是浙江、廣東、江蘇，分別為0.868,5、0.851,6、0.796,2。外商直接投資對工業固體廢物排放量有負影響，但不顯著。11個省（市）中，廣東、浙江、福建、北京、山東、天津、遼寧、河北和海南的人均地區生產總值對工業固體廢物排放量有負影響，但浙江的影響不顯著；上海和江蘇的人均地區生產總值對工業固體廢物排放量有正影響，並且都顯著。經濟增長對減少工業固體排放量效果最明顯的是天津，為-9.607,4，即人均地區生產總值每增加一個百分點，將會減少9.607,4個百分點工業固體廢物排放量；其次是北京，為-6.674,2（見表3）。

表3　　LNGTCS和LNGTPF對LNFDI、LNY的迴歸結果

變量	LNGTCS 參數	LNGTCS t-統計值	LNGTCS 固定效應	LNGTPF 參數	LNGTPF t-統計值	LNGTPF 固定效應
α	1.213,1*	2.928,8		9.395,3**	1.895,6	
LNFDI	0.000,9	0.024,9		-0.005,4	-0.015,3	
GD-LNY	0.851,6*	14.126,9	-1.823,8	-0.623,6**	-1.810,7	-0.309,6
SH-LNY	0.536,6*	9.702,8	4.227,2	13.325,0*	3.577,3	-55.938,5
ZJ-LNY	0.868,5*	12.507,3	-2.224,8	-0.945,6	-1.340,5	1.563,0
JS-LNY	0.796,2*	12.164,2	-0.634,1	4.050,5***	1.707,0	-46.295,7

表3(續)

變量	LNGTCS 参數	t-統計值	固定效應	LNGTPF 参數	t-統計值	固定效應
FJ-LNY	0.478,4**	1.856,1	2.371,0	-1.223,6*	-2.984,8	4.202,2
BJ-LNY	0.135,1***	1.599,1	4.436,2	-6.674,2*	-5.220,2	62.334,7
SD-LNY	0.499,5*	2.290,2	3.026,7	-2.221,4*	-4.117,3	11.249,9
TJ-LNY	1.027,4*	11.677,4	-5.067,5	-9.607,4*	-2.300,4	84.966,8
LN-LNY	0.778,2*	10.740,5	0.403,6	-3.211,9*	-4.438,5	24.664,9
HB-LNY	0.988,5*	5.548,5	-1.119,9	-0.903,7**	-1.639,8	3.115,4
HN-LNY	0.899,9*	4.529,0	-4.781,6	14.165,6**	2.140,1	-136.461,1
R^2		0.999,8			0.963,6	
F		15,225.97			74.706,4	
D-W		2.085,0			2.083,3	

迴歸結果顯示外商直接投資對工業廢氣排放量有正影響，但不顯著。11個省（市）的人均地區生產總值對工業廢氣排放量都有正影響，並且都顯著。影響最大的是河北，為1.532,8，即人均地區生產總值每增加一個百分點，將會增加1.532,8個百分點工業廢氣排放量；其次是遼寧、海南、福建，分別為1.291,4、1.223,3、1.180,4。影響最小的是上海，為0.421,6，其次是北京，為0.478,6。外商直接投資對工業二氧化硫排放量有負影響，但不顯著。11個省（市）中，北京和天津的人均地區生產總值對工業二氧化硫排放量有負影響，但天津的影響不顯著；廣東、上海、浙江、江蘇、福建、山東、遼寧、河北和海南的人均地區生產總值對工業二氧化硫排放量有正影響，除上海、江蘇和山東外都顯著。經濟增長對減少工業二氧化硫排放量效果最明顯的是北京，為-0.434,7，即人均地區生產總值每增加一個百分點，將會減少0.434,7個百分點的工業二氧化硫排放量（見表4）。

表4　LNFQ和$LNSO_2$對LNFDI、LNY的迴歸結果

變量	LNFQ 参數	t-統計值	固定效應	$LNSO_2$ 参數	t-統計值	固定效應
α	0.075,1	0.199,0		2.412,1*	7.325	
LNFDI	0.056,7	1.232,3		-0.010,7	-0.257,9	
GD-LNY	0.690,8*	11.314,5	1.673,1	0.265,2*	3.860,8	-0.204,8

表4(續)

變量	LNFQ 參數	t-統計值	固定效應	LNSO$_2$ 參數	t-統計值	固定效應
SH-LNY	0.421,6*	5.349,1	6.634,8	0.068,2	0.938,2	1.329,1
ZJ-LNY	0.738,3*	8.300,7	1.089,9	0.312,3*	2.734,3	-1.129,2
JS-LNY	0.678,0*	6.665,2	2.137,2	0.047,7	0.686,1	2.067,0
FJ-LNY	1.180,4*	13.848,4	-3.786,8	0.925,6*	4.562,6	-7.825,8
BJ-LNY	0.478,6*	3.263,8	2.334,8	-0.434,7*	-4.260,7	5.211,8
SD-LNY	0.790,6*	12.209,7	1.405,9	0.043,1	0.675,9	2.513,0
TJ-LNY	0.777,8*	3.750,5	-0.566,6	-0.133,6	-1.444,6	2.350,7
LN-LNY	1.291,4*	10.179,1	-3.726,4	0.445,1*	3.422,6	-2.019,1
HB-LNY	1.532,8*	20.893,8	-5.221,1	0.200,4*	3.020,4	0.783,5
HN-LNY	1.223,3*	4.733,8	-5.418,1	0.256,5*	3.268,7	-3.843,0
R^2	0.999,7			0.999,2		
F	12,276.27			4,005.783		
D-W	2.023,3			1.366,8		

迴歸結果顯示外商直接投資對工業廢水排放量有負影響，並且顯著。11個省（市）中，廣東、浙江、江蘇、福建、山東、天津、河北和海南的人均地區生產總值對工業廢水排放量有正影響，除遼寧外都顯著。影響最大的是福建，為0.784,3，即人均地區生產總值每增加一個百分點，將會增加0.784,3個百分點工業廢水排放量；其次是廣東、山東、浙江，分別為0.762,7、0.465,6、0.454,2。北京、上海和遼寧人均地區生產總值對工業廢水排放量有負影響，但遼寧不顯著。影響最大的北京為-0.966,6，即人均地區生產總值每增加一個百分點，將會減少0.966,6個百分點工業廢水排放量；其次是上海，為-0.479,9。外商直接投資對化學需氧量排放量有負影響，但不顯著，11個省（市）中，上海、浙江、北京、山東和遼寧的人均地區生產總值對化學需氧量排放量有負影響，但浙江和遼寧的影響不顯著。影響效果最大的是北京，為-0.574,9，即人均地區生產總值每增加一個百分點，將會減少0.574,9個百分點化學需氧量排放量；其次是山東和上海，分別為-0.227,4和-0.128,2。廣東、江蘇、福建、天津、河北和海南的人均地區生產總值對化學需氧量排放量有正的影響，除廣東、天津和河北外都顯著。經濟增長對增加化學需氧量排放量最明顯的是海南，為0.553,9，即人均地區生產總值每增加一個百分點，將會增加0.553,9個百分點化學需氧量排放量；其次是福建和江蘇，分別為0.292,2和0.220,8（見表5）。

表 5　　　　　　LN*FS* 和 LN*COD* 對 LN*FDI*、LN*Y* 的迴歸結果

變量	LNFS 參數	t-統計值	固定效應	LNCOD 參數	t-統計值	固定效應
α	10.401,4*	29.247,1		3.969,8*	13.418,7	
LN*FDI*	-0.094,6*	-2.941,4		-0.033,4	-1.262,5	
GD-LN*Y*	0.762,7*	6.873,0	-4.606,8	0.019,8	0.329,5	0.908,6
SH-LN*Y*	-0.479,9*	-11.582,1	3.625,8	-0.128,2**	-1.990,4	0.383,0
ZJ-LN*Y*	0.454,2*	6.105,9	-1.656,2	-0.009,0	-0.167,4	0.614,8
JS-LN*Y*	0.225,6*	2.580,8	1.160,0	0.220,8*	2.960,9	-1.273,9
FJ-LN*Y*	0.784,3*	2.880,4	-5.342,9	0.292,2*	3.458,3	-2.817,7
BJ-LN*Y*	-0.966,6*	-9.508,8	10.540,3	-0.574,9*	-9.804,8	5.109,8
SD-LN*Y*	0.465,6*	11.990,6	-1.870,7	-0.227,4*	-7.334,4	3.081,0
TJ-LN*Y*	0.184,9***	1.532,5	-1.102,6	0.070,5	0.446,6	-1.676,9
LN-LN*Y*	-0.001,8	-0.023,9	2.322,2	-0.007,3	-0.069,4	0.650,7
HB-LN*Y*	0.444,2*	5.457,1	-1.805,7	0.051,7	0.865,2	0.135,5
HN-LN*Y*	0.152,8*	3.059,0	-1.882,3	0.553,9*	2.260,6	-6.557,2
R^2	0.999,9			0.999,5		
F	78,962.23			6,929.333		
D-W	2.171,0			1.702,1		

四、結論及建議

中國經濟增長方式是增加物質資本、人力資本投入，即粗放型的經濟增長方式，這種增長方式在極大地消耗資源的同時也加劇了環境污染，危害生存環境。迴歸結果顯示，東部地區 11 個省（市）的經濟增長都對工業廢氣排放量和固體廢物產生量產生正的影響，經濟增長越快，污染將越嚴重；經濟增長對其他污染指標的影響，東部地區 11 個省（市）的影響不盡相同。相對來說，表現較好的是北京和上海，經濟增長有利於改善環境。控制污染不僅有利於短期內的經濟增長，而且有利於中國經濟的長期發展。據英國公布的全球技術創新效率指數排名顯示，2008 年，日本仍居世界第一，美國居第四，中國僅列第 54 位。中國必須加快技術創新，實現節能減排，以 2009 年哥本哈根氣候峰會為契機，促轉變、調結構，加快經濟增長方式的轉變。

（一）調整產業結構

中國經濟在美國金融海嘯衝擊下，一度陷入困境，但在強有力的經濟政策的刺激下，2009 年保持了 8% 的增長速度。同時，我們應該對中國的經濟增長

方式及模式進行反思。粗放型經濟增長方式給中國環境造成了極大壓力，也影響中國的可持續發展。中國應控制資源的出口數量，對產能過剩進行整合，節約資源；淘汰污染嚴重的產業，發展新興產業和環保產業；轉變環保理念，構建綠色家園。

（二）優化出口結構

政府部門應建立可持續的商品出口結構，提高附加值高的商品及生態商品在出口總額中的比重。政府部門應加大技術密集型、知識密集型產品的生產和出口，對污染密集型、資源密集型的產品應採取一定的限制措施。對於初級產品及污染密集型產業產品，政府部門應採取「限出獎進」的措施；而對於環境友好型產品，政府部門在必要時可採取鼓勵出口的措施。

（三）引導 FDI 投資方向，調整規模和區域分佈

政府部門要糾正盲目追求外資規模、數量以及忽略環境保護的做法，積極引導外商直接投資的產業結構和區域分佈調整，健全和強化對外商直接投資企業的監督管理。政府部門應積極鼓勵外商直接投資具有重大影響的可持續發展領域，積極引進清潔生產技術，鼓勵外商投資環保產業。

參考文獻

［1］GROSSMAN G M, KRUEGER A B. Environmental Impacts of the North American Free Trade Agreement ［Z］. NBER, Working Paper, 1991.

［2］SELDEN T, SONG D. Environmental Quality and Development: Is There a Kuznets Curve for Air Pollution Emissions? ［J］. Journal of Environmental Economics and Management, 1994, 27 (2): 147-162.

［3］吳玉萍，董鎖成，宋健峰. 北京市經濟增長與環境污染水平計量模型研究［J］. 地理研究，2002（2）：239-246.

［4］沈滿洪，許雲華. 一種新型環境庫茲涅茨曲線——浙江省工業化進程中經濟增長與環境變遷關係研究［J］. 浙江社會科學，2000（4）：53-57.

［5］包群，彭水軍，陽小曉. 是否存在環境庫茲涅茨倒 U 型曲線？——基於六類污染指標的經驗研究［J］. 上海經濟研究，2005（12）：3-13.

［6］李達，王春曉. 中國經濟增長與大氣污染物排放的關係——基於分省面板數據的經驗研究［J］. 財經科學，2007（2）：43-49.

［7］高輝. 環境污染與經濟增長方式轉變——來自中國省際面板數據的證據［J］. 財經科學，2009（4）：102-109.

［8］賀文華. FDI 與經濟增長區域差異：基於中國省際面板數據的研究［J］. 經濟前沿，2009（2-3）：24-31.

（原載於《湖南農業大學學報（社會科學版）》2010 年第 1 期）

12. FDI 是「清潔」的嗎?
——中國東部和中部省際面板數據

一、引言

随著經濟的發展，全球環境承載的壓力越來越大。經濟學家也密切關注環境質量變化，並提出了環境庫茲涅茨假說、污染天堂假說以及環境競次理論。

格魯斯曼和克魯格（Grossman & Krueger, 1991）在考察環境—收入關係時發現它們呈倒 U 形曲線關係，提出了環境庫茲涅茨（Envieonment Kuznets Curve，EKC）假說，即環境質量隨著經濟的增長呈現出先惡化后改善的關係。此后，眾多學者從不同角度對 EKC 假說進行了實證檢驗。

環境競次理論認為不同國家或地區間對待環境政策強度和實施環境標準的行為類似於「公地悲劇」的發生過程，每個國家都擔心他國採取比本國更低的環境標準而使本國的工業失去競爭優勢。因此，國家之間會競相採取比他國更低的環境標準和次優的環境政策，結果是每個國家都會採取比沒有國際經濟競爭時更低的環境標準，從而加劇全球環境惡化。

污染天堂假說也稱污染避難所假說或產業區位重置假說。該理論認為，在一國單方提高環境標準的情況下，國內企業和環境標準低的外國的企業相比失去了競爭優勢，從而使高環境標準國家的企業將生產轉向低環境標準國家，即環境規制寬鬆和環境標準低的國家會吸引外國污染產業而成為「藏污納垢」之所。如果在實行不同環境政策強度和環境標準的國家間存在自由貿易，那麼實行低環境政策強度和低環境標準的國家，由於其外部性內部化的差異，而使該國企業所承受的環境成本相對要低。企業在該國進行生產時，其產品價格就會比在母國生產出同樣產品的價格相應要低。因此，該國在投資和生產方面具有更大的優勢。這種由成本差異所產生的「拉力」會吸引外國的企業到該國安家落戶，尤其是對於環境敏感型產業，這種影響更加強烈。

朗和西伯特（Long & Siebert, 1991）建立了有兩個國家、勞動和資本兩種要素以及一個生產部門的模型。他們認為，對生產性污染徵收排污稅（Pollution Tax）降低了資本收益率，利益驅動資本流向國外，直到兩國的資本

收益率均等。資本外流使國內資本稀缺，導致國內工資水平下降和外國工資水平上升。馬庫森莫里和奧爾威勒（Markusen, Morey & Olewiler, 1993、1995）建立了一個兩國的非完全競爭市場，單個企業存在規模報酬遞增的模型。兩國都設置了環境稅（Environmental Tax），企業要決定是在一國還是在兩國投資生產。該模型區分了兩種情形：一種是生產產生的環境損害嚴重，兩國都以高環境標準將該企業驅逐出市場，這是一種「不要在我家后院」（Not-in-my-backyard, NIMBY）的情形；另一種是生產帶來的環境損害小，兩國之間在環境標準上存在一種競次態勢（Race to the Bottom，也稱為競次效應或觸底競賽），競相以低環境標準吸引投資者。在類似的兩國模型中，將市場結構作為外生變量，根據政府的污染調節政策，一國的兩個企業要決定是在國內投資生產並出口到另一國，還是在國外直接投資生產。他們發現，只有兩國環境規制差別較大時才會引起投資者轉向國外。奧茨和施瓦布（Oates & Schwab, 1998）建立了有多個國家、一種非貿易商品以及三種生產要素（可自由流動的資本、不可流動的勞動和環境）的模型，得到類似的結論。但他們在只考慮了兩個國家並引入資本稅的條件下，得出了排污稅的邊際收益超過了改善環境的成本，環境規制放寬，環境規制水平低於最優水平的結論。埃斯克蘭和哈里森（Eskeland & Harrison, 2003）認為污染密集型的外資企業運用的生產和污染消除技術通常比東道國本地的企業更先進和更有利於改善環境。如果這些企業能夠替代部分東道國同行業低效生產的企業，則東道國的整個污染狀況將有可能好轉。郭紅燕和韓立岩（2008）實證研究發現中國的 FDI 存量與環境管制變量呈正相關關係，表明中國寬鬆的環境管制是吸引外商直接投資的一個重要因素，顯現出污染避難所效應。

二、變量選取及模型構建

（一）變量選取

考慮統計口徑一致和數據的連續性，本文選取工業廢氣排放總量（億標準立方米）、工業廢水排放總量（萬噸）、工業固體廢物產生量（萬噸）、工業固體廢物排放量（萬噸）、工業菸塵排放量（萬噸）、工業粉塵排放量（萬噸）和工業二氧化硫排放量（萬噸）作為環境污染指標，人均地區生產總值（元）作為經濟增長指標。此外，考慮國際貿易因素中污染的可輸出性，本文用外商直接投資作為污染的輸出指標（萬美元）。SO_2、FS、FQ、GYYC、GYFC、GTCS、GTPF 分別表示工業二氧化硫排放量、工業廢水排放量、工業廢氣排放量、工業菸塵排放量、工業粉塵排放量、工業固體廢物產生量、工業固體廢物排放量，Y 表示人均地區生產總值（元），FDI 表示外商直接投資（萬美元）。環境污染指標數據根據 1986—2009 年中國統計年鑒相關數據整理獲得，地區人均生產總值和外商直接投資數據根據 1986—2009 年省（市）統計年鑒相關

數據整理獲得，因為是面板數據，為消除時間序列趨勢，對所有數據取自然對數。LNSO_2、LNFS、LNFQ、LN$GYYC$、LN$GYFC$、LN$GTCS$、LN$GTPF$ 分別表示污染指標的自然對數，LNY、LNFDI 分別表示人均地區生產總值和外商直接投資的自然對數。改革開放以來，中國吸收外商直接投資數量增長迅速，1979—1984 年總計 41.04 億美元，而后從 1985 年的 19.56 億美元快速增長到 2008 年 923.95 億美元，1979—2008 年累計達 8,526.13 億美元。2007 年，東部地區和中部地區利用 FDI 所占比重分別為 78.27%、15.30%。2008 年，廣東、江蘇、浙江、上海的 FDI 的總額為 543.710,4 億美元，FDI 主要集中於東部地區。本文中的東部地區 11 個省（市）為廣東、上海、浙江、江蘇、北京、遼寧、海南、山東、福建、河北、天津；中部地區 8 個省為湖南、湖北、安徽、山西、江西、黑龍江、吉林、河南。本文通過東部地區和中部地區的數據比較研究各省（市）FDI 的「清潔」度。

（二）模型設定形式

由於面板數據模型同時具有截面、時序的兩維特性，模型中參數在不同截面、時序樣本點上是否相同，直接決定模型參數估計的有效性。本文根據截距向量和系數向量中各分量限制要求的不同，面板數據模型可分為無個體影響的不變系數模型、變截距模型和變系數模型三種形式。因此，在面板數據模型估計之前，需要檢驗樣本數據適合上述哪種形式，避免模型設定的偏差，提高參數估計的有效性。設因變量 y_{it} 與 $1 \times k$ 維解釋變量向量 x_{it} 滿足線性關係：

$$y_{it} = \alpha_{it} + x_{it}\beta_{it} + \varepsilon_{it} \quad i=1,2,\cdots,N; t=1,2,\cdots,T$$

其中，N 表示個體截面成員的個數，T 表示每個截面成員的觀察時期總數，參數 α_{it} 表示模型的常數項，β_{it} 表示對應於解釋變量 x_{it} 的 $k \times 1$ 維繫數向量，k 表示解釋變量個數。隨機誤差項相互獨立，並且滿足零均值、同方差假設。採用 F 檢驗如下兩個假設：

H_1：個體變量系數相等。

H_2：截距項和個體變量系數都相等。

如果 H_2 被接受，則屬於個體影響的不變系數混合估計；如果 H_2 被拒絕，則檢驗假設 H_1，如果 H_1 被接受，則屬於變截距，否則屬於變系數。變系數、變截距和混合估計的殘差平方和分別為 S_1、S_2、S_3，面板個體數量為 N，面板時間跨度為 T，根據 Wald 定理在 H_2 假設條件下構建統計量 F_2，在 H_1 假設條件下構建統計量 F_1，其中：

$$F_2 = \frac{(S_3 - S_1)/[(N-1)(K+1)]}{S_1/[NT - N(K+1)]} \sim F[(N-1)(K+1), N(T-K-1)]$$

$$F_1 = \frac{(S_2 - S_1)/[(N-1)K]}{S_1/[NT - N(K+1)]} \sim F[(N-1)K, N(T-K-1)]$$

若計算得到的統計量 F_2 的值不小於給定置信度下的相應臨界值，則拒絕

假設 H_2，繼續檢驗假設 H_1；反之，則認為樣本數據符合無個體影響的不變系數模型。若計算得到的統計量 F_1 的值不小於給定置信度下的相應臨界值，則拒絕假設 H_1，用變系數模型擬合；反之，則用變截距模型擬合。

三、東部地區和中部地區模型迴歸結果分析

（一）東部地區迴歸結果

本文利用東部地區 11 個省（市）的相關數據，借助 Eviews 6.0 軟件，採用固定效應模型對 7 個環境污染指標分別進行迴歸，迴歸結果見表1～表4。

表1　　　　　　　　$LNFS$、$LNFQ$ 模型參數估計結果

變量	$LNFS$ 參數	固定效應	$LNFQ$ 參數	固定效應
C	38.622,6* (8.771,4)		12.597,8* (9.462,8)	
LNY	-9.169,5* (-6.061,3)		-1.449,8* (-4.354,9)	
LNY^2	1.027,9* (6.072,2)		0.119,3* (6.932,9)	
LNY^3	-0.037,8* (-5.954,7)			
海南-$LNFDI$	0.024,4 (0.404,3)	-3.099,0	0.310,3* (2.695,5)	-6.682,9
河北-$LNFDI$	0.092,1* (2.451,9)	-1.330,7	0.041,9 (0.974,2)	-0.134,5
上海-$LNFDI$	-0.252,5* (-8.268,3)	2.638,9	-0.317,1* (-8.590,1)	2.539,0
浙江-$LNFDI$	0.132,0* (3.752,0)	-1.591,6	0.057,32 (1.409,7)	-1.010,1
遼寧-$LNFDI$	-0.224,4* (-8.319,9)	2.588,8	-0.130,9* (-2.855,7)	1.592,1
廣東-$LNFDI$	-0.011,7 (-0.220,9)	0.222,9	-0.021,4 (-0.439,7)	-0.239,1
北京-$LNFDI$	-0.355,3* (-6.467,3)	2.424,4	-0.404,4* (-7.244,9)	2.925,1
天津-$LNFDI$	-0.083,1* (-3.085,5)	-0.883,8	-0.157,8* (-5.484,6)	-0.128,8

表1(續)

變量	LNFS 參數	LNFS 固定效應	LNFQ 參數	LNFQ 固定效應
江蘇-LNFDI	-0.001,7 (-0.081,6)	0.560,7	-0.055,3** (-2.183,1)	0.484,9
福建-LNFDI	0.032,9 (0.703,3)	-1.014,2	-0.020,2 (-0.431,3)	-1.112,6
山東-LNFDI	0.042,6** (1.827,1)	-0.716,4	-0.031,2 (-1.102,4)	0.476,5
R^2	0.998,3		0.995,5	
F	5,587.855		2,165.344	

註：括號內為t值，＊表示1%的顯著水平，＊＊表示5%的顯著水平，＊＊＊表示10%顯著水平，下同

工業廢水排放量與人均地區生產總值呈現倒N形關係。海南、河北、浙江、福建、山東的FDI對工業廢水排放量產生正影響，河北、浙江在1%的水平下顯著，山東在5%的水平下顯著，海南和福建的t統計量不顯著。影響最大的浙江為0.132,0，其次是河北。上海、遼寧、廣東、北京、天津、江蘇的FDI對工業廢水排放量產生負影響，並且上海、遼寧、北京、天津在1%的水平下顯著，廣東和江蘇的t統計量不顯著。影響最大的北京為-0.355,3，即FDI每增加一個百分點，工業廢水排放量將減少0.355,3個百分點；其次是上海。

工業廢氣排放量與人均地區生產總值呈現U形關係。海南、河北、浙江的FDI對工業廢氣排放量產生正影響，海南在1%的水平下顯著，河北、浙江的t統計量不顯著。上海、遼寧、廣東、北京、天津、江蘇、福建、山東的FDI對工業廢氣排放量產生負影響，廣東、福建、山東的t統計量不顯著，上海、遼寧、北京、天津在1%的水平下顯著，江蘇在5%的水平下顯著。影響最大的北京為-0.404,4，即FDI每增加一個百分點，工業廢氣排放量將減少0.404,4個百分點；其次是上海。

表2　　LNGYYC、LNGYFC模型參數估計結果

變量	LNGYYC 參數	LNGYYC 固定效應	LNGYFC 參數	LNGYFC 固定效應
C	26.849,9* (4.200,8)		63.322,7* (7.553,6)	

表2(續)

變量	LNGYYC 參數	固定效應	LNGYFC 參數	固定效應
LNY	-8.352,6* (-3.821,6)		-21.903,3* (-7.692,4)	
LNY²	1.019,9* (4.191,0)		2.652,1* (8.426,3)	
LNY³	-0.041,2* (-4.534,0)		-0.105,7* (-9.066,7)	
海南-LNFDI	0.084,3 (0.851,6)	-4.975,9	-0.085,2 (-0.503,6)	-2.502,2
河北-LNFDI	-0.029,7 (-0.513,6)	0.098,6	0.058,0 (0.761,3)	-0.456,6
上海-LNFDI	-0.184,7* (-4.920,2)	0.533,7	-0.228,4* (-4.257,5)	0.537,9
浙江-LNFDI	-0.070,4 (-1.313,2)	-0.376,5	-0.065,1 (-0.881,3)	0.272,7
遼寧-LNFDI	-0.188,9* (-4.174,6)	2.159,6	-0.187,3* (-3.594,9)	2.197,2
廣東-LNFDI	0.006,9 (0.104,5)	-1.100,7	-0.070,1 (-0.866,5)	0.855,9
北京-LNFDI	-0.418,8* (-4.590,6)	2.781,5	0.133,4 (0.439,9)	-3.001,9
天津-LNFDI	-0.068,9 (-1.436,7)	-1.167,9	-0.224,8* (-6.155,4)	-0.120,1
江蘇-LNFDI	-0.099,8* (-3.337,4)	0.904,2	-0.134,3* (-2.822,8)	1.397,6
福建-LNFDI	-0.060,3 (-1.060,4)	-1.281,7	-0.035,8 (-0.499,8)	-0.474,6
山東-LNFDI	-0.155,3* (-4.034,4)	1.755,9	-0.085,0*** (-1.767,9)	1.046,9
R²	0.982,6		0.973,3	
F	529.463		325.586	

　　工業菸塵排放量與人均地區生產總值呈現倒 N 形關係。海南、廣東的 FDI 對工業菸塵排放量產生正影響，但 t 統計量不顯著。河北、上海、浙江、遼寧、北京、天津、江蘇、福建、山東的 FDI 對工業菸塵排放量產生負影響，河

北、浙江、天津、福建的 t 統計量不顯著，上海、遼寧、北京、江蘇、山東在 1% 的水平下顯著。影響最大的北京為 -0.418,8，即 FDI 每增加一個百分點，工業菸塵排放量將減少 0.418,8 個百分點；其次是遼寧，再次是上海。

工業粉塵排放量與人均地區生產總值呈現倒 N 形關係。河北、北京的 FDI 對工業粉塵排放量產生正的影響，但不顯著。海南、上海、浙江、遼寧、廣東、天津、江蘇、福建、山東的 FDI 對工業粉塵排放量產生負影響，但海南、浙江、廣東、福建的 t 統計量不顯著，上海、遼寧、天津、江蘇在 1% 的水平下顯著，山東在 10% 的水平下顯著。影響最大的上海為 -0.228,4，即 FDI 每增加一個百分點，工業粉塵排放量將減少 0.228,4 個百分點；其次是天津。

表3　　　　　　　　LN*GTCS*、LN*GTPF* 模型參數估計結果

變量	LN*GTCS* 參數	固定效應	LN*GTPF* 參數	固定效應
C	22.825,0* (5.433,9)		86.520,2* (3.661,6)	
LN*Y*	-4.681,9* (-3.257,6)		-28.958,9* (-3.459,4)	
LN*Y*^{2}	0.417,4* (2.600,3)		3.505,0* (3.605,3)	
LN*Y*^{3}	-0.010,2*** (-1.691,7)		-0.141,8* (-3.758,4)	
海南-LN*FDI*	-0.156,5*** (-1.722,1)	-0.709,6	1.802,4*** (1.732,3)	-23.049,4
河北-LN*FDI*	0.179,0* (4.355,4)	-0.078,3	-0.055,3 (-0.290,4)	-1.612,9
上海-LN*FDI*	-0.129,1* (-4.730,4)	1.207,0	1.283,4* (2.390,6)	-17.985,5
浙江-LN*FDI*	0.206,3* (5.666,0)	-2.260,1	-0.298,9** (-1.903,1)	-0.696,6
遼寧-LN*FDI*	-0.069,1* (-2.397,2)	2.670,3	-0.667,8* (-3.378,8)	5.808,5
廣東-LN*FDI*	-0.099,2** (-2.228,4)	1.678,3	-0.340,8*** (-1.677,4)	1.775,8
北京-LN*FDI*	-0.144,8* (-3.413,1)	1.115,6	-0.700,4* (-2.629,6)	5.772,0
天津-LN*FDI*	-0.029,7 (-1.055,4)	-0.661,3	-0.820,7* (-2.413,7)	3.871,7

表3(續)

變量	LNGTCS 參數	LNGTCS 固定效應	LNGTPF 參數	LNGTPF 固定效應
江蘇-LN*FDI*	0.047,1** (2.131,9)	0.265,2	-0.113,5 (-0.469,4)	-1.138,2
福建-LN*FDI*	0.264,0* (3.798,3)	-3.133,4	-0.427,5* (-2.538,7)	1.658,5
山東-LN*FDI*	0.107,7* (3.865,8)	0.178,3	-0.989,9* (-6.768,4)	6.976,5
R^2	0.997,6		0.874,6	
F	3,854.795		56.718	

工業固體廢物產生量與人均地區生產總值呈現倒 N 形關係。河北、浙江、江蘇、福建、山東的 FDI 對工業固體廢物產生量產生正影響，除江蘇的 t 統計量在 5% 的水平下顯著外，其他在 1% 的水平下顯著，主要集中在長三角地區。影響最大的福建為 0.264,0，其次是浙江，再次是河北。海南、上海、遼寧、廣東、北京、天津的 FDI 對工業固體廢物產生量產生負影響，廣東的 t 統計量在 5% 的水平下顯著，海南在 10% 的水平下顯著，其他省的在 1% 的水平下顯著。影響最大的海南為 -0.156,5，即 FDI 每增加一個百分點，工業固體廢物產生量將減少 0.156,5 個百分點；其次是北京，再次是上海。

工業固體廢物排放量與人均地區生產總值呈現倒 N 形關係。海南、上海的 FDI 對工業固體廢物排放量產生正影響，並且都顯著，與其他省（市）相比迴歸結果反差很大。河北、浙江、遼寧、廣東、北京、天津、江蘇、福建、山東的 FDI 對工業固體廢物排放量產生負影響，但河北和江蘇的 t 統計量不顯著，廣東在 10% 的水平下顯著，浙江在 5% 的水平下顯著，遼寧、北京、天津、福建、山東都在 1% 的水平下顯著。影響最大的山東為 -0.989,9，即 FDI 每增加一個百分點，工業固體廢物排放量將減少 0.989,9 個百分點；其次是天津，再次是北京。

表4　　　　　　　　　　$LNSO_2$ 模型參數估計結果

變量	$LNSO_2$ 參數	$LNSO_2$ 固定效應
C	2.093,3* (18.035,0)	
LN*Y*	0.222,8* (9.426,1)	
海南-LN*FDI*	0.145,4* (2.362,6)	-4.898,3

表4(續)

變量	LNSO_2 參數	固定效應
河北-LNFDI	-0.021,4　(-1.338,6)	0.992,8
上海-LNFDI	-0.078,2*　(-3.733,2)	0.401,2
浙江-LNFDI	-0.001,6　(-0.081,4)	0.070,2
遼寧-LNFDI	-0.091,3*　(-3.038,0)	1.494,1
廣東-LNFDI	0.149,5*　(3.829,9)	-1.907,9
北京-LNFDI	-0.258,2*　(-5.022,0)	1.809,3
天津-LNFDI	-0.099,5*　(-3.186,1)	0.082,3
江蘇-LNFDI	-0.041,0*　(-3.006,6)	1.068,6
福建-LNFDI	0.071,6***　(1.674,0)	-1.982,8
山東-LNFDI	-0.095,9*　(-5.580,9)	2.229,3
R^2	0.995,9	
F	2,545.378	

工業二氧化硫排放量與人均地區生產總值呈現遞增關係。海南、廣東、福建的 FDI 對工業二氧化硫排放量產生正影響，並且都顯著。影響最大的廣東為 0.149,5，其次是海南。河北、上海、浙江、遼寧、北京、天津、江蘇、山東的 FDI 對工業二氧化硫排放量產生負影響，河北和浙江的 t 統計量不顯著，其他省的在 1% 的水平下顯著。影響最大的北京為 -0.258,2，即 FDI 每增加一個百分點，工業二氧化硫排放量將減少 0.258,2 個百分點；其次是天津，再次是山東。

從以上迴歸結果分析顯示，東部 11 個省（市）的污染指標與人均地區生產總值大多呈現倒 N 形關係。相對來說，3 個直轄市的 FDI 是清潔的，最清潔的是北京。東部多數省（市）的 FDI 對工業廢水、工業廢氣、工業粉塵、工業菸塵、工業二氧化硫、工業固體廢物的排放量和工業固體廢物產生量產生負向影響。

(二) 中部地區迴歸結果

本文利用中部地區 8 個省的相關數據，借助 Eviews 6.0 軟件，採用固定效應模型對 7 個環境污染指標分別進行迴歸，迴歸結果見表5～表8。

表 5　　　　　　　　LN*FS*、LN*FQ* 模型參數估計結果

變量	LN*FS* 參數	固定效應	LN*FQ* 參數	固定效應
C	17.298,3* (19.468,6)		16.881,1* (14.917,2)	
LN*Y*	-1.298,6* (-5.861,1)		-2.521,0* (-8.935,7)	
LN*Y*²	0.064,6* (5.173,4)		0.176,2 (11.184,9)	
湖南-LN*FDI*	-0.004,2 (-0.285,8)	0.845,8	0.011,7 (0.644,3)	-0.050,4
山西-LN*FDI*	0.030,0** (1.952,7)	-0.663,5	0.068,1* (3.603,1)	-0.015,4
吉林-LN*FDI*	0.009,1 (0.770,2)	-0.383,4	-0.054,1* (-2.935,5)	0.302,8
安徽-LN*FDI*	0.033,9** (2.310,1)	-0.136,4	0.080,6* (3.555,8)	-0.603,4
黑龍江-LN*FDI*	-0.102,5* (-5.586,5)	1.188,4	-0.152,1* (-7.348,7)	1.633,9
河南-LN*FDI*	0.144,4* (6.397,4)	-0.948,9	0.081,9* (2.872,3)	-0.162,0
江西-LN*FDI*	0.054,2* (2.784,5)	-0.596,9	0.054,2* (2.498,7)	-0.919,9
湖北-LN*FDI*	-0.008,5 (-0.493,9)	0.806,7	0.044,7** (2.164,8)	-0.203,0
R²	0.998,9		0.997,4	
F	9,360.168		3,816.452	

　　工業廢水排放量與人均地區生產總值呈現 U 形關係。山西、吉林、安徽、河南、江西的 FDI 對工業廢水排放量產生正影響，山西、安徽在 5% 的水平下顯著，河南和江西在 1% 的水平下顯著，吉林的 t 統計量不顯著。影響最大的河南為 0.144,4，其次是江西。湖南、黑龍江、湖北的 FDI 對工業廢水排放量產生負影響，黑龍江在 1% 的水平下顯著，湖南和湖北的 t 統計量不顯著。影響最大的黑龍江為 -0.102,5，即 FDI 每增加一個百分點，工業廢水排放量將減少 0.102,5 個百分點。

　　工業廢氣排放量與人均地區生產總值呈現 U 形關係。湖南、山西、安徽、河南、江西、湖北的 FDI 對工業廢氣排放量產生正影響，湖南的 t 統計量不顯

著，湖北在 5% 的水平下顯著，其他省都在 1% 的水平下顯著。影響最大的河南為 0.081,9，其次是安徽。吉林、黑龍江的 FDI 對工業廢氣排放量產生負影響，並且都在 1% 的水平下顯著。影響最大的黑龍江為 -0.152,1，即 FDI 每增加一個百分點，工業廢氣排放量將減少 0.152,1 個百分點；其次是吉林。

表6　　　　　　　　LNGYYC、LNGYFC 模型參數估計結果

變量	LNGYYC 參數	固定效應	LNGYFC 參數	固定效應
C	4.101,8* (16.183,2)		116.783,4* (7.668,5)	
LNY	0.082,3*** (1.469,4)		-41.566,9* (-7.473,5)	
LNY^2			5.060,2* (7.538,5)	
LNY^3			-0.202,6* (-7.528,7)	
湖南-LNFDI	-0.017,9 (-0.561,3)	-1.057,5	-0.014,2 (-0.308,1)	-0.520,8
山西-LNFDI	-0.010,6 (-0.269,6)	-0.497,2	-0.005,4 (-0.147,4)	-0.816,4
吉林-LNFDI	-0.178,9* (-5.498,7)	0.509,4	-0.170,2* (-5.337,7)	-0.397,4
安徽-LNFDI	-0.133,8* (-3.986,3)	-0.134,3	-0.118,5* (-2.809,7)	0.108,8
黑龍江-LNFDI	-0.260,9* (-6.704,3)	1.927,0	-0.379,7* (-8.125,4)	2.082,7
河南-LNFDI	-0.046,0 (-1.274,0)	-0.199,1	-0.024,9 (-0.441,4)	-0.422,9
江西-LNFDI	-0.087,1* (-2.859,7)	-0.803,8	-0.037,7 (-0.887,5)	-0.859,2
湖北-LNFDI	-0.144,4* (-4.057,9)	0.106,9	-0.169,4* (-4.081,2)	0.754,6
R^2	0.918,1		0.875,9	
F	119.222		62.762	

工業菸塵排放量與人均地區生產總值呈現遞增關係。中部地區 8 個省的 FDI 對工業菸塵排放量產生負影響，湖南、山西和河南的 t 統計量不顯著，吉林、安徽、黑龍江、江西、湖北都在 1% 的水平下顯著。影響最大的黑龍江為

-0.260,9，即 FDI 每增加一個百分點，工業菸塵排放量將減少 0.260,9 個百分點；其次是吉林，再次是湖北。

工業粉塵排放量與人均地區生產總值呈現倒 N 型關係。中部地區 8 個省的 FDI 對工業粉塵排放量都產生負影響，湖南、山西、河南、江西的 t 統計量不顯著，吉林、安徽、黑龍江、湖北的 t 統計量在 1% 的水平下顯著。影響最大的黑龍江為 -0.379,7，即 FDI 每增加一個百分點，工業粉塵排放量將減少 0.379,7 個百分點；其次是吉林，再次是湖北。

表 7　　　　　LN*GTCS*、LN*GTPF* 模型參數估計結果

	LN*GTCS*		LN*GTPF*	
變量	參數	固定效應	參數	固定效應
C	14.699,5* (18.245,1)		207.946,5* (3.981,0)	
LN*Y*	-1.948,1* (-9.701,7)		-71.994,9* (-3.790,5)	
LN*Y*^{2}	0.140,5* (12.524,4)		8.630,7* (3.784,0)	
LN*Y*^{3}			-0.345,4* (-3.791,1)	
湖南-LN*FDI*	-0.040,6* (-2.348,1)	-0.086,4	0.055,3 (0.482,6)	-3.714,6
山西-LN*FDI*	0.069,8* (4.692,7)	-0.300,1	0.192,2*** (1.692,5)	-3.204,6
吉林-LN*FDI*	-0.059,9* (-3.908,9)	-0.344,7	-0.327,7* (-3.202,0)	-2.022,8
安徽-LN*FDI*	0.001,6 (0.103,7)	-0.206,9	-1.164,5* (-5.120,3)	4.968,5
黑龍江-LN*FDI*	-0.225,6* (-12.979)	1.996,5	-1.484,9* (-6.200,6)	9.305,5
河南-LN*FDI*	0.063,6* (3.526,4)	-0.827,3	-0.298,9** (-1.926,8)	-1.690,8
江西-LN*FDI*	0.009,9 (0.600,8)	0.048,6	-0.263,4** (-2.149,2)	-1.554,6
湖北-LN*FDI*	-0.019,7 (-1.386,1)	-0.316,1	-0.214,9*** (-1.788,6)	-1.827,8
R^2	0.998,6		0.900,6	
F	7,179.601		80.058	

工業固體廢物產生量與人均地區生產總值呈 U 形關係。山西、安徽、河南、江西的 FDI 對工業固體廢物產生量產生正影響，安徽和江西的 t 統計量不顯著，山西和河南在 1% 的水平下顯著。影響最大的山西為 0.069,8，其次是河南。湖南、吉林、黑龍江、湖北的 FDI 對工業固體廢物產生量產生負影響，湖北的 t 統計量不顯著，湖南、吉林、黑龍江在 1% 的水平下顯著。影響最大的黑龍江為 -0.225,6，即 FDI 每增加一個百分點，工業固體廢物產生量將減少 0.225,6 個百分點；其次是吉林。

　　工業固體廢物排放量與人均地區生產總值呈現倒 N 形關係。湖南、山西的 FDI 對工業固體廢物排放量產生正影響，湖南的 t 統計量不顯著，山西在 10% 的水平下顯著。吉林、安徽、黑龍江、河南、江西、湖北的 FDI 對工業固體廢物排放量產生負影響，河南、江西在 5% 的水平下顯著，湖北在 10% 的水平下顯著，吉林、安徽、黑龍江在 1% 的水平下顯著。影響最大的黑龍江為 -1.484,9，即 FDI 每增加一個百分點，工業固體廢物排放量將減少 1.484,9 個百分點；其次是安徽。就 FDI 對工業固體廢物排放量的影響來說，這兩省與其他省形成很大反差。

表 8　　　　　　　　　　$LNSO_2$ 模型參數估計結果

變量	參數		固定效應
	$LNSO_2$		
C	7.978,0*	(5.941,3)	
LNY	-1.251,5*	(-3.737,4)	
LNY^2	0.097,6*	(5.174,6)	
湖南-$LNFDI$	-0.053,1**	(-2.332,3)	0.353,8
山西-$LNFDI$	0.001,9	(0.083,1)	0.116,0
吉林-$LNFDI$	-0.074*	(-3.623,8)	-0.556,1
安徽-$LNFDI$	-0.048,7**	(-2.169,6)	-0.169,6
黑龍江-$LNFDI$	-0.106,3*	(-4.091,3)	-0.015,3
河南-$LNFDI$	0.035,8	(1.119,9)	-0.440,2
江西-$LNFDI$	-0.065,6**	(-2.205,4)	-0.097,8
湖北-$LNFDI$	-0.125,5*	(-4.868,2)	0.895,6
R^2	0.978,5		
F	452.818		

　　工業二氧化硫排放量與人均地區生產總值呈 U 形關係。山西、河南的 FDI

對工業二氧化硫排放量產生正影響，但t統計量不顯著。湖南、吉林、安徽、黑龍江、江西、湖北的FDI對工業二氧化硫排放量產生負影響，湖南、安徽、江西在5%的水平下顯著，吉林、黑龍江、湖北在1%的水平下顯著。影響最大的湖北為-0.125,5，即FDI每增加一個百分點，工業二氧化硫排放量將減少0.125,5個百分點；其次是黑龍江，再次是吉林。

以上迴歸結果分析顯示，中部地區8個省的污染指標與人均地區生產總值大多呈現U形關係。FDI相對較清潔的是黑龍江和吉林。中部地區8個省只有部分省的FDI對工業廢水、工業廢氣、工業固體廢物、工業二氧化硫的排放量和工業固體廢物產生量產生負向影響，即有利於環境改善；但對工業粉塵和工業菸塵排放量都產生負向影響。

四、結論

東部地區的上海、遼寧、北京、天津的FDI對工業廢水排放量產生顯著的負影響，影響最大的北京為-0.355,3；中部地區只有黑龍江的FDI對工業廢水排放量產生顯著的負影響，為-0.102,5。東部地區的上海、遼寧、北京、天津、江蘇的FDI對工業廢氣排放量產生顯著的負影響，影響最大的北京為-0.404,4；中部地區的吉林、黑龍江的FDI對工業廢氣排放量產生顯著的負影響，影響最大的黑龍江為-0.152,1。東部地區的上海、遼寧、北京、江蘇、山東的FDI對工業菸塵排放量產生顯著的負影響，影響最大的北京為-0.418,8；中部地區的吉林、安徽、黑龍江、江西、湖北的FDI對工業菸塵的排放量產生顯著的負影響，影響最大的黑龍江為-0.260,9。東部地區的上海、遼寧、天津、山東的FDI對工業粉塵排放量產生顯著的負影響，影響最大的上海為-0.228,4；中部地區的吉林、安徽、黑龍江、湖北的FDI對工業粉塵排放量產生顯著的負影響，影響最大的黑龍江為-0.379,7。東部地區的海南、上海、遼寧、廣東、北京的FDI對工業固體廢物產生量產生顯著的負影響，影響最大的海南為-0.156,5；中部地區的湖南、吉林、黑龍江的FDI對工業固體廢物產生量產生顯著的負影響，影響最大的黑龍江為-0.225,6。東部地區的浙江、遼寧、廣東、北京、天津、福建、山東的FDI對工業固體廢物排放量產生顯著的負影響，影響最大的山東為-0.989,9；中部地區的吉林、安徽、黑龍江、河南、江西、湖北的FDI對工業固體廢物排放量產生顯著的負影響，影響最大的黑龍江為-1.484,9。東部地區的上海、遼寧、廣東、北京、天津、江蘇、山東的FDI對工業二氧化硫排放量產生顯著的負影響，影響最大的北京為-0.258,2；中部地區的湖南、吉林、安徽、黑龍江、江西、湖北的FDI對工業二氧化硫排放量產生顯著的負影響，影響最大的湖北為-0.125,5。東部地區FDI最清潔的是北京，其次是上海；中部地區FDI最清潔的是黑龍江，其次是吉林。我們需要進一步研究北京的FDI產業分佈，借鑑經驗調整中國FDI的區

位和產業分佈。東部地區和中部地區的 FDI 對污染指標的影響存在較大差異，總體來說，東部地區的 FDI 比中部地區的更清潔，這可能是因為中國的 FDI 主要集中於東部地區，因而存在結構效應和規模效應。寬鬆的環境管制是吸引 FDI 進入的一個重要因素，具有一定的污染避難所效應特徵，但中國並未成為世界的「污染避難所」。這主要有三方面的原因：一是政府在對待外資方面，針對不同產業分別採取了鼓勵、允許、限制和禁止四種態度來引導和規範外資，使其發揮推動自主創新、產業升級以及環境保護等方面的積極作用；二是在吸引 FDI 的諸多因素中，巨大的市場潛力、廉價的勞動力以及日益改善的市場環境對 FDI 更具吸引力，污染密集型外資企業只占其中較小部分；三是政府日益嚴格的環境管制阻止了部分污染密集型外資企業的進入，促進了高質量外資的進入。但環境污染的治理任重而道遠，中國在提高 FDI 規模時還需進一步提高環保標準，引進具有先進污染治理技術的 FDI，發揮 FDI 的技術外溢效應。中國在調整產業結構的關鍵時期，要引導 FDI 在中國三大區域的合理分佈，優化產業佈局，充分發揮 FDI 的規模效應和結構效應，避免發達國家把中國變成世界的「污染避難所」。

參考文獻

［1］ GROSSMAN G, KRUEGER A. Environment Impacts of The North American Free Trade Agreement ［Z］. NBER, Working Paper, 1991.

［2］ LONG N, H SIEBERT. Institutional Competition Versus Exante Harmonization: The Case of Environmental Policy ［J］. Journal of Institutional and Theoretical Economics. 1991 (147): 296-311.

［3］ MARKUSEN J R, E R MOREY, N OLEWILER. Environmental Policy When Market Structure and Plant Locations are Endogenous ［J］. Journal of Environmental Economics and Management. 1993 (24): 69-86.

［4］ MARKUSEN J R, E R MOREY, N OLEWILER. Competition in Regional Environmental Policies When Plant Locations are Endogenous ［J］. Journal of Public Economics. 1995, 56 (1): 55-77.

［5］ OATES W, R SCHWAB. Economic Competition Among Jurisdictions: Efficiency Enhancing or Distortion Inducing? ［J］. Journal of Public Economics, 1998 (35): 333-354.

［6］ ESKELAND G S, HARRISON A E. Moving to Greener Pasture? Multinationals and the Pollution Haven Hypothesis ［J］. Journal of Development Economics, 2003, 70 (1): 1-23.

［7］ 郭紅燕, 韓立岩. 外商直接投資、環境管制與環境污染 ［J］. 國際貿易問題, 2008 (8): 111-118.

[8] 賀文華. FDI與經濟增長區域差異：基於中國省際面板數據的研究[J]. 經濟前沿, 2009（2-3）：24-31.

[9] 趙細康. 環境保護與國際競爭力[J]. 中國人口·資源與環境, 2001（4）：12-16.

[10] 佘群芝.「污染天堂」假說與現實[J]. 中南財經政法大學學報, 2004（3）：86-90.

（原載於《遼東學院學報（社會科學版）》2010年第4期）

13. 東部、中部和西部的外貿依存度比較研究

經濟全球化的核心是資源配置的國際化，主要包括貿易國際化、資本國際化、生產國際化等方面的內容，貿易國際化程度一般用外貿依存度來表示。外貿依存度是指一國（地區）在一定時期（通常為1年）內進出口總額占該國（地區）生產總值的比重，用於衡量該國（地區）參與國際分工的程度和對國際市場的依賴程度。外貿依存度是反應一國經濟對外開放程度的一個指標，也是反應一國與國際市場聯繫程度的標準。對外貿易分為出口和進口兩部分，相應地外貿依存度又可以細分為出口依存度和進口依存度。在2004年，中國對外貿易額高達11,547.4億美元，比2003年增長35.7%，成為繼美國和德國之後的世界第三大貿易國，進出口總額分別突破5,000億美元，其中出口總額達5,933.6億美元，增長35.4%；進口總額達5,613.8億美元，增長30%。以當年全國國內生產總值19,309.26億美元計算，名義外貿依存度達到60%，中國外貿依存度一直呈現出逐步升高的趨勢。然而，由於自然條件、經濟基礎、政策優勢等方面的因素，中國地區間外貿依存度不平衡，呈現「東高西低」的特徵。從東部、中部、西部三大區域來看，東部地區外貿依存度約為75%，中部地區和西部地區均約為10%。在經濟最發達的東部地區內部，外貿依存度也存在差異。

一、中國東部、中部、西部三大區域的外貿依存度

中國外貿依存度從1984年開始呈現一種波動中上升的趨勢，2003年突破50%，而后出現快速上升趨勢（見圖1）。

由於東部沿海地區對外開放程度高，東部、中部和西部的開放程度呈現出明顯的區域特點。本文利用1981—2005年東部、中部、西部30個省、市、自治區（缺西藏自治區、臺灣省、香港特別行政區、澳門特別行政區數據，重慶市數據從1996年開始，下同）的進出口總額與其地區生產總值計算各省、市、自治區的外貿依存度，其中地區生產總值單位是億元，通過當年的平均匯率換算為萬美元，進出口總額單位是萬美元，數據來自各省、市、自治區的統計年鑒。本文利用傳統的外貿依存度計算方法，得到1981—2005年的名義外

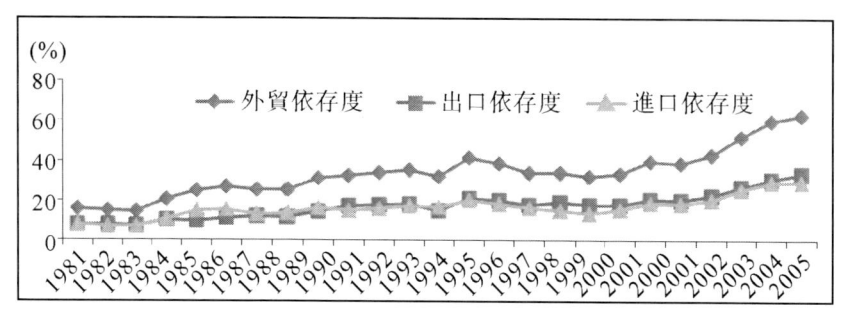

圖1　1981—2005中國外貿依存度、進口依存度、
出口依存度（進出口總額/國內生產總值）

貿依存度。

東部地區11個省、市中的北京、天津、上海、江蘇、廣東在2005年的外貿依存度分別為149.30%、118.03%、166.75%、101.99%、156.74%；河北、遼寧、浙江、福建、山東、海南分別為13.04%、41.95%、65.46%、67.85%、33.95%、23.28%。北京從1998年的26.78%急遽增加到1999年的130.81%。天津、上海、江蘇、廣東分別在2004年、2002年、2005年、1990年突破100%。東部地區11個省、市的外貿依存度的峰點是1994年的廣東，達184.45%；外貿依存度最低的河北2004年的外貿依存度為13.21%。1994年達峰點的有廣東（184.45%）、海南（70.24%）；2000年達峰點的有北京（165.72%）；2004年達峰點的有河北（13.21%）、遼寧（42.69%）、福建（68.25%）；2005年達峰點的有天津（118.03%）、上海（166.75%）、江蘇（101.99%）、浙江（65.46%）、山東（33.95%）。從圖2中可以看出，除北京、天津、廣東、上海外，其餘省份都有一致的變化趨勢。

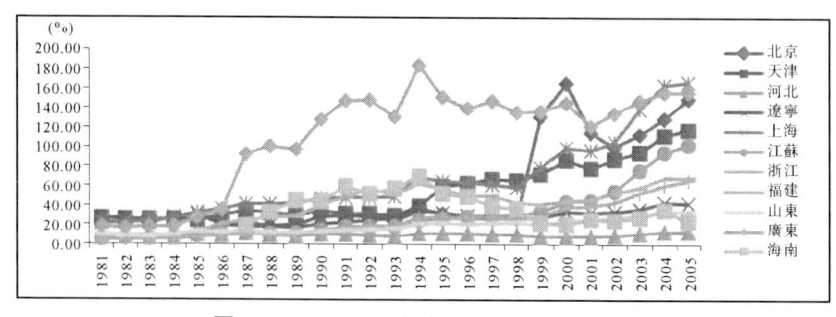

圖2　1981—2005年東部地區外貿依存度

中部地區8個省的外貿依存度2005年都低於15%，山西、吉林、黑龍江、安徽、江西、河南、湖北、湖南的外貿依存度分別為10.87%、14.77%、14.22%、13.90%、8.21%、5.98%、11.38%、7.55%。中部地區8個省的外

貿依存度的峰點是吉林省的 22.65%。1994 年達峰點的有吉林（22.65%）、黑龍江（16.47%）、江西（12.56%）、湖北（13.07%）、湖南（13.77%）；2004 年達峰點的有山西（12.47%）、河南（6.41%），其中河南 1994 達 6.32%；2005 年達峰點的是安徽（13.90%）（見圖3）。

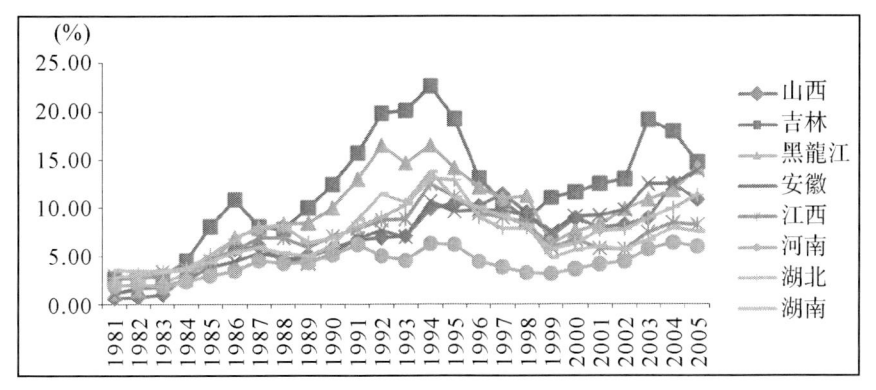

圖3　1981—2005 年中部地區外貿依存度

西部地區 11 個省、市、自治區外貿依存度除新疆在 2005 年達到了 24.98%外，其餘都低於 20%，大部分在 1994—1996 年達到高峰值，1995 年，廣西外貿依存度達到了 17.91%。2005 年，除新疆外貿依存度達到 24.98%外，貴州為 5.81%，青海為 6.23%，四川為 8.76%，其餘省份都超過了 10%，寧夏達到 13.06%。1994 年達峰點的有陝西（16.89%）、甘肅（9.72%）、內蒙古（13.42%）、四川（10.28%）；1995 年達到峰點的有廣西（17.91%）、貴州（9.03%）、雲南（14.68%）；2004 年達到峰點的有青海（10.22%）、寧夏（13.99%）、重慶（11.86%）；2005 年達到峰點的有新疆（24.98%）（見圖4）。

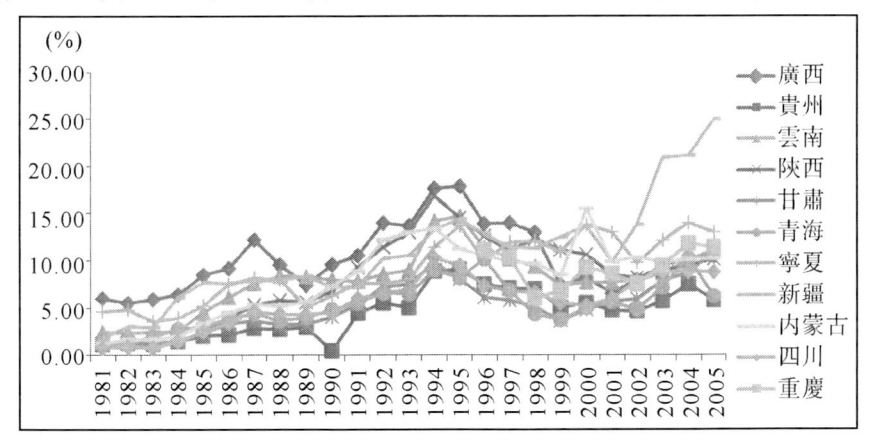

圖4　1981—2005 年西部地區外貿依存度

全國的外貿依存度從1989年的24.46%增加到2005年的63.86%，除2004年和1998年兩年出現波動，總趨勢是穩步上升的。出口依存度從1989年的11.51%增加到2005年的34.22%，進口依存度從1989年的12.95%增加到2005年的29.64%，兩者也是呈穩定上升趨勢。

2005年，東部地區11個省、市進出口總額占全國進出口總額的92.77%，地區生產總值占全國國內生產總值的64.41%；中部地區8個省的進出口總額占全國進出口總額的4.05%；西部地區11個省、市、自治區的進出口總額占全國進出口總額的3.16%。

從以上可以看出，東部地區的外貿依存度遠高於中部地區和西部地區，中部地區和西部地區的外貿依存度差別不大。2005年，外貿依存度最高的上海（166.75%）比最低的貴州（5.81%）高160.94個百分點，廣東（156.74%）、北京（149.30%）分別比貴州高150.93個百分點、143.49個百分點。受1994年中國匯率體制改革的影響，大部分省、市、自治區的外貿依存度在1994年達到峰值。受東南亞金融風暴的影響，大部分省、市、自治區的外貿依存度在1998年比1997年有所下降。中國的高外貿依存度主要是受東部地區高外貿依存度的拉動。

傳統的外貿依存度＝外貿總額/國內生產總值，在該公式中，分子外貿總額＝出口＋進口，分母國內生產總值＝消費＋投資＋淨出口。顯然，分子未完全包括在分母中。在對外貿易大進大出的國家裡，分子有可能大於分母，由此得到的外貿依存度就可能超過100%。例如，新加坡2002年的外貿依存度是175.5%。我們對公式進行調整，即外貿依存度＝外貿總額/經濟活動總量。該公式中，經濟活動總量＝國內中間使用＋國內最終產品＋進口＝總產出＋進口。表1列出了北京、天津、上海、廣東按新公式計算得到的外貿依存度。調整以后，這四個省（市）的外貿依存度在2005年都高於70%，廣東、上海分別達到92.46%和89.86%，出口依存度大於進口依存度。此外，江蘇外貿依存度也達69.4%。

表1　　　　　1981—2005北京、天津、上海、廣東
對外貿易依存度、出口依存度、進口依存度　　　　單位：%

年份	北京			天津			上海			廣東		
	外貿	出口	進口	外貿	出口	進口	外貿	出口	進口	外貿	出口	進口
1981	8.52	7.68	0.83	25.98	23.72	2.26	21.40	19.63	1.77	17.17	13.41	3.76
1982	8.34	7.42	0.92	25.03	23.19	1.84	21.51	19.92	1.59	16.30	12.03	4.27
1983	7.43	6.29	1.13	24.67	22.31	2.36	22.62	19.94	2.69	16.93	12.17	4.75
1984	8.08	6.63	1.45	24.41	18.27	6.13	24.99	20.37	4.62	17.30	11.94	5.36
1985	10.69	6.82	3.87	23.53	18.25	5.28	29.22	18.98	10.24	24.35	13.37	10.98
1986	18.01	7.04	10.96	27.52	20.75	6.77	32.86	22.62	10.24	31.10	19.42	11.68

表1(續)

年份	北京 外貿	北京 出口	北京 進口	天津 外貿	天津 出口	天津 進口	上海 外貿	上海 出口	上海 進口	廣東 外貿	廣東 出口	廣東 進口
1987	16.19	8.20	7.99	31.42	23.68	7.74	36.36	25.23	11.13	62.53	30.14	32.39
1988	16.55	8.25	8.30	30.09	22.22	7.87	36.12	22.96	13.16	65.66	31.36	34.30
1989	15.62	7.79	7.83	27.49	20.94	6.56	36.82	23.61	13.21	65.70	33.45	32.25
1990	18.70	9.75	8.95	31.91	25.78	6.13	41.46	29.69	11.77	80.16	42.51	37.64
1991	20.53	9.84	10.69	29.48	23.44	6.04	42.13	30.06	12.07	86.08	44.37	41.71
1992	22.03	10.50	11.53	29.40	21.69	7.72	41.68	28.00	13.68	85.75	43.64	42.11
1993	23.58	7.69	15.88	27.39	19.16	8.23	40.50	23.30	17.20	77.95	37.20	40.74
1994	30.65	12.80	17.86	35.52	25.73	9.78	53.48	30.59	22.89	97.78	50.79	46.99
1995	26.89	11.50	15.39	45.03	20.63	24.40	51.51	31.34	20.16	89.60	48.77	40.83
1996	23.71	9.17	14.54	47.49	23.17	24.31	50.68	30.13	20.54	85.22	46.00	39.23
1997	22.97	9.80	13.17	50.35	25.21	25.14	48.97	29.11	19.85	90.48	51.85	38.63
1998	23.26	10.11	13.14	50.13	27.18	22.95	48.00	30.09	17.91	86.63	50.47	36.16
1999	67.74	19.52	48.21	52.98	26.62	26.36	56.33	27.42	28.91	85.11	47.11	38.00
2000	73.41	17.71	55.70	60.55	30.45	30.10	64.87	30.06	34.81	87.28	47.16	40.11
2001	60.94	13.94	47.00	57.03	29.79	27.24	63.29	28.71	34.58	77.91	42.13	35.79
2002	56.94	13.68	43.26	61.38	31.30	30.08	66.05	29.14	36.92	83.19	44.57	38.62
2003	60.99	15.04	45.96	63.59	31.10	32.49	77.60	33.47	44.13	88.02	47.45	40.57
2004	64.24	13.97	50.27	71.52	35.48	36.04	86.94	39.94	47.00	90.76	48.69	42.08
2005	70.23	17.27	52.96	75.00	38.55	36.46	89.86	43.75	46.11	92.46	51.46	41.01

按新公式計算得全國1981—2005外貿依存度、進口依存度、出口依存度如圖5所示。外貿依存度從1981年的21.65%上升到2005年的49.26%；出口依存度從1989年的10.19%上升到2005年的26.39%；進口依存度從1989年的11.46%上升到2005年的22.87%。三者都呈現一種穩定的上升趨勢。

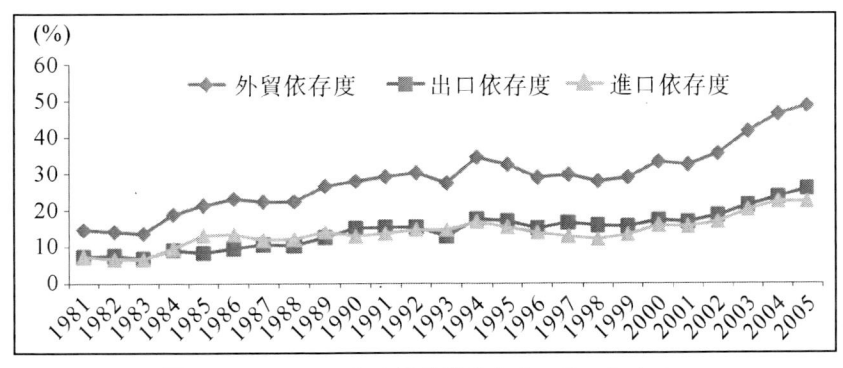

圖5 1981—2005年中國外貿依存度、進口依存度、出口依存度（外貿總額/經濟活動總量）

二、外貿依存度影響分析

根據庫茲涅茨對 19 世紀中葉到 20 世紀 70 年代的一些國家外貿依存度的分析比較，一國外貿依存度的高低與其國民經濟大小呈負相關關係。原因是小國國內市場狹小，為了克服先天市場規模的制約，只有通過發展對外貿易來促進本國經濟增長；而大國國內市場規模較大，通過發展內需也能推動經濟的快速增長。但中國的情形卻恰恰與之相悖，外貿依存度很高。中國高外貿依存度主要是由於珠三角地區和長三角地區高外貿依存度的拉動。東部地區的高外貿依存度主要受地處沿海的自然條件和對外開放的經濟政策影響。從 1985 年開始實行的出口退稅政策對增強出口產品的國際競爭力、擴大出口、賺取外匯收入、加快資本累積、提高專業化水平和資源的配置效率等方面起到了積極的促進作用。經濟全球化對發展中國家來說往往挑戰多於機遇，並且當今世界政治局勢、經濟形勢動盪起伏，突發事件很多，國際經濟環境仍存在著較大的不確定性。在世界經濟聯繫日益緊密的環境下，任何一個國家的內部失衡都會反應為外部失衡，進而會很快波及與其有密切貿易和投資關係的國家。因此，過度依靠外部市場也會給經濟發展帶來較多不確定性。過高的外貿依存度會給經濟發展帶來一定的負面影響。

(一) 資源配置偏向

外貿依存度的提高表明東部地區已是外向型經濟，出口企業的投資增多。勞動力資源、資金和技術等要素向出口部門流動，使得全社會資源配置出現偏向，區域內的進口替代型部門和內向型經濟部門的發展受到抑制，各部門難以平衡發展，影響經濟穩定和經濟結構協調。同時，由於出口的主要是勞動密集型的低端產品，資源消耗大、利潤率低，社會有限資源得不到最大化利用，影響可持續發展。

(二) 依賴國際市場

外貿依存度的提高使東部地區經濟增長更加依賴於國際市場。高外貿依存度一方面說明國際分工深化，另一方面也說明經濟發展隱藏風險。國際市場上的任何突發事件都可能直接或間接影響到東部地區經濟的發展，進而波及全國，而且這種事件和影響不可預測，有可能影響到中國經濟政策的獨立決策能力。約瑟夫·E. 斯蒂格利茨認為，中國過分依賴外需的戰略已經表現出局限性，如果這一問題不加以解決，就可能在下一個十年中導致發展的中斷。東部地區進出口貿易中，加工貿易占很高比重，而加工貿易這種利用外資方式的特點是主要原材料和半成品全部進口，國外企業隨時可以轉移投資地點，國內企業只投入勞動力，這樣一旦國際市場出現波動，就必然損害勞動者的權益。

(三) 影響財政收支

由於財政收入中很高比重是通過進出口貿易而獲得的，外貿依存度提高意

味著財政對外貿經濟的依存度也會相應提高。國際環境的變化必然通過外貿經濟影響財政收入，財政收入的波動性增大。同時，外貿依存度提高也說明了出口規模擴大了，出口退稅的數額也必然增大，加重財政負擔。出口退稅改革前，出口退稅完全由中央財政負擔。由於近年來中國外貿出口大幅度上升，年均增幅達30%以上，出口應退稅額也以幾乎相同的速度遞增，使得中央財政不堪重負。1999—2003年，中國出口應退稅額年均增長約為35%，而中央財政收入年均增長僅為20.7%。1997—2002年，出口退稅指標的年均增長率為17.8%。出口應退稅額與實退稅額之間的差距巨大。例如，2002年，中國的出口應退稅額為2,118億元，而當年的實退稅額為1,150億元。截至2003年，中國累計欠退稅額已高達2,770億元。這不僅對國家信用造成了負面影響，還嚴重影響財政政策的實施和效果。從2004年起建立的中央、地方共同負擔的出口退稅新機制將加大地方財政負擔。

三、結論及建議

中國幅員遼闊，自然條件、經濟條件存在差異導致外貿依存度的差異，具體表現為：東部地區高外貿依存度而中、西部較低的外貿依存度。自然條件方面的原因為：東部地區擁有地處沿海的地理優勢，經濟條件方面的原因則為最早對外開放的經濟政策優勢。此外，中國的出口退稅政策也對出口量的增加起到了不可低估的作用。

中國作為一個大國卻擁有高外貿依存度與庫茲涅茨的一國外貿依存度的高低與其國民經濟規模大小呈負相關關係的結論相悖。高外貿依存度會給中國經濟帶來一些不確定性的影響。為了穩定中國經濟可持續增長與發展，我們必須充分發揮自身優勢。中國東、中、西三大區域經濟發展差距有擴大趨勢，為了減緩外貿依存度的快速上升，在發展對外貿易的同時必須充分發展國內貿易。中國三大區域的資源、技術、勞動力等要素差別巨大，可以三大區域為基礎構建三大經濟圈，實施優勢互補、攜手合作戰略。東部地區向中、西部地區提供技術支持，培訓勞動力，提供高附加值的機器設備，發揮東部地區的輻射作用；中、西部地區通過分析自身的發展特點，挖掘潛力，形成各自獨特的發展模式，中、西部地區向東部地區提供豐富的原材料、多餘的勞動力。為了降低外貿依存度，盡量避免經濟全球化可能帶來的風險，中國必須注意以下方面：

（一）堅持擴大內需

在外需不太穩定的情況下，要提高中國經濟抵抗國際市場變化風險的能力，就必須從擴大國內市場的需求出發，使國內需求成為推動本國經濟發展的引擎。這樣既可以減少對國外市場的依賴，又可以擴展國內企業的市場生存空間，扶持本國的民族工業，加快經濟發展。在出口低迷的形勢下，堅持擴大內需是中國能在複雜的國內外經濟環境中保持經濟穩定增長的重要因素。中國存

在一個巨大的潛在內需市場：一是中國消費率偏低，消費率提升空間很大；二是中國居民金融資產大幅增加，只要有適當條件，這些金融資產就有部分可以轉化為現實購買力。如果一味地依靠出口，則背離了大國經濟增長以內需為引擎的發展規律。堅持以內需為主意味著一國的需求結構偏重於內需，並要有一個適當的外貿依存度。為了今後穩定的經濟增長需要適當降低外貿依存度，減緩國際經濟波動可能給中國經濟帶來的影響，宏觀政策應著眼於積極地擴大內需，適當調整需求結構中的國內需求與國外需求的比重，增加國內消費和投資。

（二）改善貿易進出口結構

對外開放以來，中國外貿進出口結構不斷改善，但出口仍以低附加值的勞動密集型產品為主，貿易增長主要依靠量的增長，外貿競爭力較弱；部門內部的深加工不足，產品附加值偏低。在出口貿易中，中國必須堅持以質取勝，從優化產業結構入手調整出口結構，加快提高出口商品質量和附加值，拉長出口產業鏈，占據附加值更高的生產環節，努力擴大高新技術產品、機電產品、成套設備出口。中國必須調整產業結構，即不但要加強工業品的科技含量和附加值，而且要注意服務的跟進，在調整產業結構時，加大對服務業和信息產業的扶持，將工業的發展與信息產業的發展協調並進，既要輸出商品又要輸出服務。此外，由於加工貿易的增值率低、產業關聯帶動效應差、與國內經濟聯繫不夠密切。政府必須加強對加工貿易的引導。應提高加工貿易進入的門檻，提高加工貿易企業對加工增值、投資設備、國內採購和科技含量的要求；保護和利用資源，禁止某些具有戰略意義的礦產資源的出口，走高效低耗的可持續發展道路；同時，對於能源和資源的進口要多元化。

參考文獻

[1] 賈歡歡. 中國外貿依存度走高的風險及對策分析 [J]. 華東經濟管理，2006（3）：56-58.

[2] 張瑞華，謝秀峨. 解讀中國對外貿易依存度 [J]. 黑龍江對外經貿，2005（7）：9-10.

[3] 沈利生. 中國外貿依存度的測算 [J]. 數量經濟技術經濟研究，2003（4）：5-12.

[4] 汪曉文，韓雪梅，祝偉. 出口退稅機制改革的原因、影響及對策 [J]. 開發研究，2005（1）：26-28.

（原載於《重慶工商大學學報（西部論壇）》2007年第4期）

14. 中美貿易的政治經濟學分析

中國加入世界貿易組織后，中美兩國的貿易達到了相當規模。對美貿易已成為中國對外貿易的重要組成部分，對拉動中國經濟持續穩定增長具有重要意義。美國經濟學家約瑟夫・E. 斯蒂格利茨用經濟模型證明，兩國間的經常項目收支逆差如果超過國民生產總值（GNP）的 1.5%，兩國之間就會發生「激烈摩擦」；要是超過 2%，就會引起報復措施；如果對一國的貿易順差超過該國貿易額的 25%～30%，那就不僅是經濟問題了，而是會成為政治問題。2003 年，中國貿易順差達到中美貿易額的 46.39%，就中美貿易不平衡規模而言，這個問題已經演變成美國國內的政治問題了。

一、中美貿易現狀

中國於 1988 年開始進入美國的前 10 位逆差國行列，1989 年從第 9 位發展到第 6 位，1990 年攀升到第 3 位。1991 年，中國成為僅次於日本的美國第二大逆差對象。2004 年，美中之間的貿易額達到 2,300 億美元，美中貿易逆差前所未有地上升到 1,600 億美元，占美國全年貿易逆差的 25%（美國口徑）；2004 年，中美貿易順差為 586 億美元（中國口徑）。雖然中美兩國統計口徑相差很大，但是美國對中國貿易逆差是毋庸置疑的。

表 1 和表 2 分別列出了 2001 年中國向美國出口最多的 5 類產品以及從美國進口最多的 5 類產品。雙方貿易量最大的是機械電器產品。中國向美國出口最多的產品第二類是家具玩具，第三類是鞋帽。中國的紡織品競爭力相當強，但美國一直對中國的紡織品設置進口配額，製造了貿易瓶頸。在向美國出口的產品中紡織品只排第四位。除了機械電器之外，美國向中國出口最多的有光學儀器、化工產品、車輛運輸設備和植物產品。其中，美方順差最大的是植物產品。美方順差第二大的項目是紙製品，這恰恰反應了中國在造紙資源上的弱點。

表 3 列出了 2001 年中美貿易順差最大的 5 類產品。第一類就是家具玩具。中國向美國出口了將近 80 億美元，而從美國進口還不到 1 億美元。中美雙方產業結構存在巨大差別，中國的比較優勢在於勞動力相對密集的產業，而美國的比較優勢則在技術和人力資本密集的產業。中美貿易順差最大的產品是體現中國勞動力成本優勢的普通機械電器、家具玩具、鞋帽和紡織製品。2003 年，

以上四類產品貿易順差為 522 億美元，占當年中美貿易順差的 89.2%。

2003 年，中方逆差的產品依次是植物產品、化工產品和紙製品，逆差分別為 21 億美元、15.7 億美元和 9.5 億美元。其中，美方順差最大的是植物產品，主要是小麥和大豆。美國農產品的優勢可能不僅反應美國土地的相對充裕，更可能反應了其在生物技術方面的領先地位。美方順差第三大的項目是紙製品，這恰恰反應了中國在森林資源方面的貧乏。

表 1　　　　　　　中國向美國出口最多的五類產品　　　　單位：億美元

排名	產品	出口	進口	貿易順差
1	機械電器	179.76	113.77	65.99
2	家具玩具	79.54	0.72	78.82
3	鞋帽	58.3	0.61	57.69
4	紡織製品	45.64	3.49	42.15
5	鋼鐵及金屬製品	34.29	12.43	21.86

資料來源：國家統計局貿易外經統計司. 中國對外經濟統計年鑒 [M]. 北京：中國統計出版社，2002.

表 2　　　　　　　中國從美國進口最多的五類產品　　　　單位：億美元

排名	產品	出口	進口	貿易順差
1	機械電器	179.76	113.77	65.99
2	光學儀器	20.81	24.36	−3.55
3	化工產品	18.12	23.86	−5.74
4	車輛運輸設備	18.29	23.08	−4.79
5	植物產品	1.84	13.68	−11.84

資料來源：國家統計局貿易外經統計司. 中國對外經濟統計年鑒 [M]. 北京：中國統計出版社，2002.

表 3　　　　　　　中美貿易順差最大的五類產品　　　　單位：億美元

排名	產品	出口	進口	貿易順差
1	家具玩具	79.54	0.72	78.82
2	機械電器	179.76	113.77	65.99
3	鞋帽	58.3	0.61	57.69
4	紡織製品	45.64	3.49	42.15
5	鋼鐵及金屬製品	34.29	12.43	21.86

資料來源：國家統計局貿易外經統計司. 中國對外經濟統計年鑒 [M]. 北京：中國統計出版社，2002.

自1972年之后，利用貿易不平衡和自己的貿易逆差來不斷吸收其他國家的貿易盈餘就逐漸成為美國政府採取的一種有意識和精心設計的戰略。尤其是80年代之後，美國便變本加厲地推行貿易逆差戰略，貿易逆差也成為一種常態。在20世紀90年代中期，逆差額急遽增加，美國經常帳戶逆差2005年為7,920億美元。

二、中國出口貿易的經濟學分析

赫克歇爾—俄林要素稟賦理論認為各國的要素稟賦是國際貿易中各國具有比較優勢的基本原因和決定因素，各國在國際貿易中趨向於出口該國相對豐裕和便宜的要素密集型的產品，進口該國相對稀缺和昂貴的要素密集型的產品。在中美貿易中，中國對美國的出口應該是勞動密集型產品，而美國對中國的出口應該是資本與技術密集型產品，這樣兩國才能達到經濟利益的最優化。中美貿易更多的是一種產業間的貿易，是一種互補貿易，符合比較優勢規律。

中國農村的聯產承包和國有企業的減員增效、下崗分流，使原先處於隱性失業的勞動力變成顯性失業，巨大的失業人口給就業造成了巨大壓力，但釋放出來的勞動力也給經濟增長提供了機遇。為了增加就業，必須設法擴大總需求。

我們用一個方盒圖表示中國兩要素經濟中的資源配置，生產的兩類產品是資本技術密集型（製造品）和勞動密集型（紡織品）（見圖1）。方盒的長代表資本的總供給，方盒的高代表勞動的總供給。兩部門間的資源配置可以用方盒中的一個點來表示，如點1。用點Q_K到點1這條線段的水平距離和垂直距離來分別衡量在製造品生產部門中使用的資本和勞動。在點1，$Q_K K_M^1$是投入製造品生產中的資本，$Q_K L_M^1$是投入的勞動。在衡量紡織品部門的投入時則從對角點出發，$Q_C^1 L_C^1$是紡織品生產中投入的勞動，$Q_C^1 K_C^1$是投入的資本。當勞動供給增加、兩種商品的價格和資本供給固定時，方盒會變得更高。原來的直線$Q_C^1 F^1$被$Q_C^2 F^2$替代。因此，資源分配點從點1移到點2，從而使得更多的資本和勞動用於紡織品生產，製造品產量下降，紡織品產量增加，其增長的幅度超過勞動供給的增長幅度。為了緩解就業壓力，中國在一定時期需優先發展勞動密集型產業，提供更多的就業機會，因此必須開拓國際市場，增加勞動密集型產品的出口，但市場單一化導致貿易摩擦不斷，因而在出口時應盡量實現市場多元化。

圖2中曲線TT^1代表勞動供給增加之前生產的可能性邊界，產出在點1，此時生產可能性邊界的斜率等於製造品的相對價格（$-P_M/P_L$），生產Q_M^1數量的製造品和Q_L^1數量的紡織品。曲線TT^2顯示勞動供給增加的生產可能性邊界，生產可能性邊界向外擴張。但在擴張的過程中，出現了生產可能性的偏向性擴張：在相對價格不變的情況下，生產從點1移到點2，從而使製造品的生產從

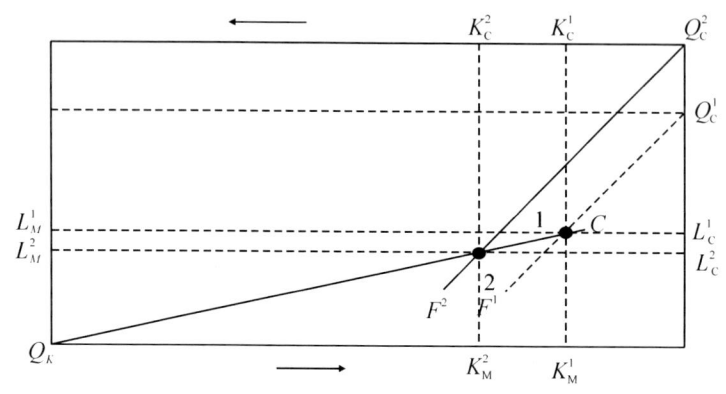

图1 勞動供給增加的資源配置

Q_M^1下降到Q_M^2，紡織品的生產從Q_L^1大幅度增加到Q_L^2。因此，在一定時期內，中國經濟的增長主要得益於釋放出來的勞動力的拉動。勞動密集型產品的出口為中國經濟增長做出了貢獻。勞動力的釋放大大提高了產出，並使中國在世界市場上成為一個重要的出口國。中國巨大的多餘勞動力給就業造成了極大的壓力，為緩解就業壓力，優先發展勞動密集型產業，吸納大量多餘勞動力是一定時期一個重要的宏觀調控目標。很多勞動密集型產品需求彈性較低，國內需求有限，國家採取各種優惠政策鼓勵出口，為勞動密集型產品尋找國外市場。這樣中國勞動密集型產品出口不僅增加了就業和外匯儲備，還擴大了總需求，因而有力地促進了中國經濟增長。中國經濟增長又會增加資本與技術密集型產品的進口，進一步拉動全球的總需求，成為影響全球經濟的重要力量。中國產品在國際市場爭奪市場份額，各種貿易摩擦難以避免。尤其與美國的貿易摩擦愈演愈烈，最後變成美方對中方匯率的干預。

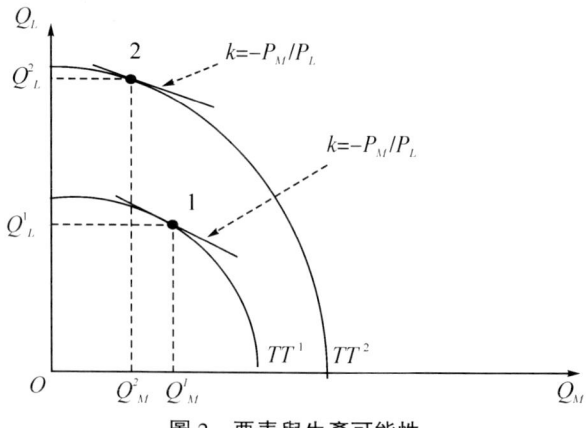

圖2 要素與生產可能性

三、中美貿易摩擦的原因

近年,隨著中美貿易順差的增加,中美貿易間的衝突也不斷升級。據美國勞工部的統計資料顯示,2003年7月美紡織成衣業平均每天有587人失業,單月失業人口達1.82萬人。與2002年同期相比,就業人數減少60,400人。中美紡織品貿易比較優勢的巨大反差,導致紡織品貿易摩擦一直是雙邊貿易摩擦的焦點。為了保護其夕陽產業紡織業,美國採取了各種手段限制中國紡織品出口,中美雙方貿易談判難以達成共識。最終,美國利用其經濟優勢,以中美貿易不平衡為促使人民幣升值的一種「巧妙借口」,給中國施壓,要求人民幣升值,以便減少中國對美國的出口,同時增加中國對美國的進口,減少美國的貿易逆差,貿易衝突轉化成了一場貨幣戰爭。

中美貿易產生摩擦的原因是多方面的。

(一) 美國的利益集團加強了對其國內產業的保護

在中美貿易過程中,美國各產業逐步形成兩大利益集團。一個是所謂的受到中國出口產品衝擊的利益集團,主張限制從中國進口,這主要是一些勞動密集型產業。另一個就是對中國大量出口產品的集團,希望能有一個良好的政治氣氛。另外,美國的一些中間加工商想利用來自中國的比較便宜的配件和原材料製造生產產品,希望中美經貿關係平穩、快速發展。勞動密集型產業,如紡織業、家具業等行業,頻頻向美國政府施壓,希望美國政府加強對這些產業的保護,減少從中國等國進口產品。

(二) 美國對華技術出口實施限制

在美國可以自由進口中國的勞動密集型產品的同時,美國對國內企業向中國出口技術密集型產品設置了諸多限制。美國基於所謂的國家安全利益的考慮不願向中國出口超大型計算機、數控機床等中國需要的產品。這種貿易的不對稱是導致美國對華貿易逆差的一個重要原因。

(三) 中美居民需求結構存在著巨大差異

由於中美經濟發展水平的巨大差距,兩國居民的需求結構也存在著巨大差異。同時,中美之間存在巨大的勞動力成本差異,這就導致美國必然大量進口中國生產的勞動密集型產品。但是,由於中國居民的收入水平比較低,中國居民對美國生產的高端產品的需求也非常低。這種由於收入水平的巨大差異而導致的兩國對貿易產品需求的不對稱是造成美對華貿易逆差的長期因素。

(四) 美國對華採取歧視性貿易政策

中國雖然已經加入世界貿易組織,但根據中美協議中國加入世界貿易組織15年內美國仍然可以把中國視為「非市場經濟國家」。根據世界貿易組織的《反傾銷協議》的規定,對於從非市場經濟國家進口的產品實施反傾銷調查時,用「替代國」類似產品國內價格來比較,這樣就導致美國對世界貿易組

織反傾銷條款的濫用。美國對華實行歧視性貿易政策也是引發中美貿易摩擦不斷的重要原因。

（五）美國所謂的「中國威脅論」

美國的反華勢力視中國為潛在敵人，認為中國發展強大之后必然會謀求亞洲的霸主地位。美國不願看到中美經貿關係得到進一步發展，認為這樣是在製造一個潛在的敵人。「中國威脅論」激化了貿易摩擦。

（六）美國儲蓄率偏低

美國貿易逆差的根本原因是美國經濟結構上的總需求大於總供給。根據國民經濟恒等式 $CA=S^p-I-（G-T）$，私人儲蓄（S^p）、投資（I）和政府赤字（$G-T$）都是決定經常項目（CA）的變量。總投資與總儲蓄的差額要用貿易差額平衡，這就是貿易逆差和順差的根源。約瑟夫·E. 斯蒂格利茨認為，美國工人看到工作崗位在消失，他們會說政府的宏觀政策出錯，有人受到不公平待遇。政客對選民做出的回應則是應該譴責中國。而真正的原因是美國的儲蓄率過低。

（七）中國企業自身及政府部門的原因

中國企業有「薄利多銷」的傳統，再加上中國長期對外貿企業進行出口補貼，導致不少外貿企業為完成出口指標對出口產品定價過低，經常被控傾銷。甚至還有企業為了換取出口補貼和出口退稅無利也要銷售，造成不規範的定價行為。這也是中美貿易摩擦的重要因素。

四、結論及建議

隨著經濟全球化的發展，各國為了自己的利益，國家之間的貿易摩擦難以避免，但為了減少衝突和避免麻煩，中國在與美國的貿易中可以採取措施，繞過對方的壁壘。

（一）積極發展對美國的直接投資

積極發展對美國的直接投資不僅可以避開貿易壁壘，大大減少貿易摩擦，而且通過投資設廠可以更有效地引進先進的技術與管理經驗，提高中國企業的綜合國際競爭能力。

（二）推動出口市場多元化

為了減輕中國出口貿易對美國市場的過度依賴，中國需要加快推進區域經濟一體化建設，東盟、澳大利亞、新西蘭等是中國建設自由貿易區的首選夥伴。

（三）擴大內需應成為中國經濟發展的長期戰略

中國對外貿易的發展，有力地拉動了經濟增長。但同時也應看到，如果外貿依存度過高，也會給經濟發展帶來隱患。由於對美貿易依存度過高，中國與美國發生各種形式的貿易摩擦在所難免，今后應致力於擴大內需。

參考文獻

[1] 宋泓. 美國的霸權地位與中美經貿關係 [J]. 國際經濟評論，2006 (5)：17-21.

[2] 保羅·克魯格曼，茅瑞斯·奧伯斯法爾德. 國際經濟學 [M]. 4 版，海聞，等，譯. 北京：中國人民大學出版社，2003.

[3] 徐滇慶. 中美貿易糾紛的來龍去脈 [EB/OL]. (2003-12-04) [2006-12-20]. http://paper.usc.cuhk.edu.hk/Details.aspx?id=2769.

[4] 馬淑琴. 2003 年中美貿易摩擦的焦點分析 [J]. 山西財經大學學報，2004 (4)：56-59.

（原載於《科技和產業》2010 年第 1 期）

15. 對外貿易與經濟增長的實證研究
——基於江蘇和湖南的比較

江蘇進出口總額從1981年的11.93億美元增加到2005年的2,279.23億美元，2005年占全國進出口總額14,273.2億美元的15.97%；地區生產總值從1981年的350.02億元增加到2005年的18,305.66億元，2005年占全國國內生產總值183,956.1億元的9.95%。江蘇對外貿易的快速發展對推動經濟增長起到了十分重要的作用。江蘇的對外貿易堪稱中國外貿奇跡的典型代表。湖南進出口總額從1981年的4.353億美元增加到2005年的60.0億美元，2005年占全國進出口總額14,273.2億美元的0.42%；地區生產總值從1981年的209.68億元增加到2005年的6,511.34億元，2005年占全國國內生產總值183,956.1億元的3.53%。從占全國的份額看，地處東部的江蘇是高進出口、高產出，而地處中部的湖南則是低進出口、低產出。本文對兩省進出口對地區生產總值的貢獻進行對比研究，考察兩省的地區經濟的增長有多大程度是受進出口的拉動。

一、數據的檢驗

本文中的數據來自兩省歷年的統計年鑒，由於是時間序列數據，為了避免偽迴歸，先對時間序列進行平穩性檢驗，再進行協整檢驗和格蘭杰因果關係檢驗。

（一）平穩性檢驗

我們對兩省的時間序列進行平穩性檢驗。

EX、IM、GDP分別代表出口、進口和地區生產總值，數據來自江蘇和湖南的統計年鑒，EX、IM的單位是萬美元，GDP的單位是億萬元人民幣，通過當年的平均匯率換算為億萬美元。從圖1中可以看出兩省的GDP、EX、IM具有共同的趨勢，只是江蘇的進出口自1981年以來已基本達到對外貿易平衡；湖南是淨出口。我們先對GDP、EX、IM序列分別取自然對數，再對兩省的對數數據進行平穩性檢驗（見圖2）。

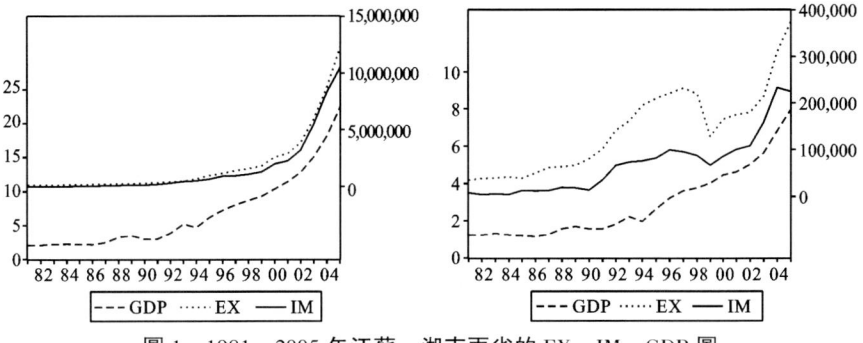

图 1　1981—2005 年江蘇、湖南兩省的 EX、IM、GDP 圖
（EX、IM 單位為萬美元，GDP 單位為億萬美元）

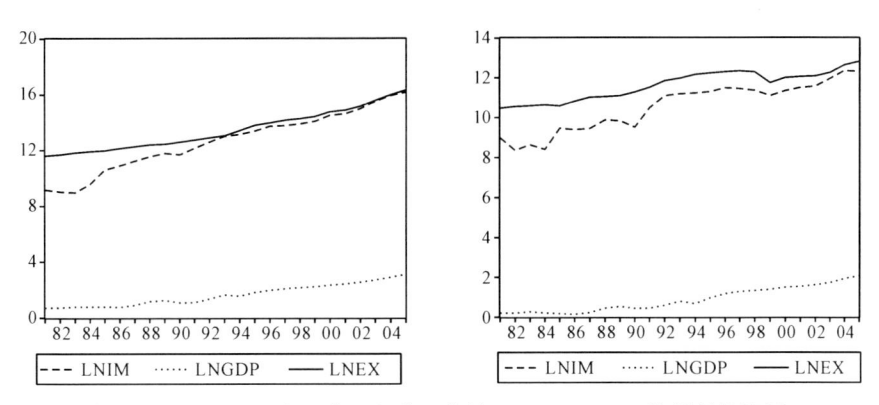

圖 2　1981—2005 年江蘇、湖南兩省的 EX、IM、GDP 的對數數據圖

1. 江蘇數據的平穩性檢驗

對 LNGDP 進行 ADF 檢驗得：

$\triangle^2 \text{LN}GDP_t = 0.128,4 - 1.266,0 \triangle \text{LN}GDP_{t-1} - 0.359,9 \triangle^2 \text{LN}GDP_{t-1}$
　　　　(3.374)　(-4.213)　　　　(1.649)　　　D-W = 1.968

ADF 值為 -4.213，小於 1% 水平下的臨界值 -3.77。LNGDP 是 I（1）序列。

對 LNEX 進行 ADF 檢驗得：

$\triangle^2 \text{LN}GEX_t = 0.045,3 + 0.009,6t - 0.834 \triangle \text{LN}EX_{t-1}$
　　　　(1.072)　(2.582)　(-3.785)　　D-W = 2.12

ADF 值為 -3.785，小於 5% 水平下的臨界值 -3.622。LNEX 是 I（1）序列。

對 LNIM 進行 ADF 檢驗得：

$\triangle^2 \text{LN}IM_t = 0.305,6 - 0.004,69t - 0.777 \triangle \text{LN}IM_{t-1}$
　　　　(2.495,2)(-0.624,5)(-3.877,7)　　D-W = 1.979

ADF 值為 -3.878，小於 5% 水平下的臨界值 -3.622。LNIM 是 I（1）序列。

2. 湖南數據的平穩性檢驗

對 LNGDP 進行 ADF 檢驗得：

$\triangle^2 \text{LN}GDP_t = 0.074,4 - 0.909 \triangle \text{LN}GDP_{t-1}$
    (2.705) (-4.187) D-W = 1.963

ADF 值為-4.186,8，小於 1% 水平下的臨界值-3.75。LNGDP 是 I（1）序列。

對 LNEX 進行 ADF 檢驗得：

$\triangle^2 \text{LN}EX_t = 0.086 - 0.862 \triangle \text{LN}EX_{t-1}$
    (1.99) (-3.967) D-W = 1.996

ADF 值為-3.967，小於 1% 水平下的臨界值-3.75。LNEX 是 I（1）序列。

對 LNGIM 進行 ADF 檢驗得：

$\triangle^2 \text{LN}IM_t = 0.220,7 + 0.110,3 \triangle^2 \text{LN}IM_{t-1} - 1.321 \triangle \text{LN}IM_{t-1}$
    (2.312) (0.530)   (-3.928) D-W = 1.959

ADF 值為-3.928，小於 1% 水平下的臨界值-3.77。LNIM 是 I（1）序列。
對數變量的 ADF 平穩性檢驗如表1所示。

表 1   對數變量的 ADF 平穩性檢驗

一階差分	江蘇				一階差分	湖南			
	ADF 值	5%	1%	D-W 值		ADF 值	5%	1%	D-W 值
△LNGDP	-4.213**	-3.005	-3.77	1.968	△LNGDP	-4.187**	-2.998	-3.753	1.963
△LNEX	-3.786*	-3.622	-4.416	2.12	△LNEX	-3.967**	-3.622	-3.753	1.996
△LNIM	-3.388*	-3.622	-4.416	1.979	△LNIM	-3.928**	-3.005	-3.77	1.959

註：* 為5%的顯著水平，** 為1%的顯著水平

（二）協整檢驗

1. 江蘇數據的協整檢驗

Johansen 協整檢驗，滯后區間從 1 到 3 期都有 LNGDP、LNIM 與 LNEX 存在協整關係。從第一期開始滯后 3 期的結果如表 2 所示。

表 2   LNGDP、LNIM 與 LNEX 的 Johansen 協整檢驗

特徵值	LR 似然值	5%	1%	原假設	結論
0.745,3	56.292	34.91	41.07	None**	拒絕
0.571	26.21	19.96	24.60	At most 1**	拒絕
0.291	7.568	9.24	12.97	At most 2	不拒絕

註：* 為5%的顯著水平，** 為1%的顯著水平

在 1% 的水平下存在兩個協整關係，LNGDP、LNIM 與 LNEX 協整參數如表3所示。

表3　　　　　　　LNGDP、LNIM 與 LNEX 協整個數檢驗

LNGDP	LNIM	LNEX	C
1.000	-0.400（0.377）	-0.079（0.446）	4.746（1.092）
1.000	0.000	-0.541（0.012）	5.167（0.150）
0.000	1.000	-1.155（0.131）	1.928（1.713）

2. 湖南數據協整檢驗

Johansen 協整檢驗，滯后區間從 1 到 3 期都有 LNGDP、LNIM 與 LNEX 存在協整關係。從第一期開始滯后 3 期的結果如表 4 所示。

表4　　　　　　LNGDP、LNIM 與 LNEX 的 Johansen 協整檢驗

特徵值	LR 似然值	5%	1%	原假設	結論
0.904	77.377	34.91	41.07	None**	拒絕
0.650,1	28.059	19.96	24.60	At most 1**	拒絕
0.248,6	6.003	9.24	12.97	At most 2	不拒絕

註：＊為5%的顯著水平，＊＊為1%的顯著水平

在 1% 的水平下存在兩個協整關係，LNGDP、LNIM 與 LNEX 協整參數如表5所示。

表5　　　　　　　LNGDP、LNIM 與 LNEX 協整個數檢驗

LNGDP	LNIM	LNEX	C
1.000	-2.018（0.541）	3.256（1.101）	-15.66（6.687）
1.000	0.000	25.646（235.12）	-241.297（2,218.7）
0.000	1.000	11.095（113.58）	-111.81（1,071.8）

（三）格蘭杰因果關係檢驗

本文分別用 GDP、EX、IM 表示國內生產總值、出口、進口，先對 GDP、EX、IM 分別求對數得到 LNGDP、LNEX 和 LNIM。通過對兩省的數據進行格蘭杰因果分析得到檢驗結果如表 6 所示。

表6　　　　　　格蘭杰因果關係檢驗（5%的顯著水平）

滯后期	格蘭杰因果性	江蘇 F 值	江蘇 F 的 P 值	結論	湖南 F 值	湖南 F 的 P 值	結論
1	LNEX 不是 LNGDP 的原因	18.318	0.000,3	拒絕	5.465	0.029	拒絕
1	LNIM 不是 LNGDP 的原因	4.305	0.050	拒絕	5.331	0.031	拒絕

表6(續)

滯后期	格蘭杰因果性	江蘇 F值	江蘇 F的P值	江蘇 結論	湖南 F值	湖南 F的P值	湖南 結論
2	LNEX 不是 LNGDP 的原因	12.53	0.000,4	拒絕	2.662	0.097	不拒絕
	LNIM 不是 LNGDP 的原因	1.84	0.187	不拒絕	2.541	0.107	不拒絕
3	LNEX 不是 LNGDP 的原因	4.966	0.014	拒絕	2.81	0.075	不拒絕
	LNIM 不是 LNGDP 的原因	1.743	0.201	不拒絕	2.749	0.079,4	不拒絕
4	LNEX 不是 LNGDP 的原因	2.677	0.083	不拒絕	2.21	0.129	不拒絕
	LNIM 不是 LNGDP 的原因	1.749	0.204	不拒絕	2.37	0.111	不拒絕
5	LNEX 不是 LNGDP 的原因	1.671	0.237	不拒絕	1.151	0.402	不拒絕
	LNIM 不是 LNGDP 的原因	5.244	0.015,7	拒絕	2.572	0.103	不拒絕
6	LNEX 不是 LNGDP 的原因	1.643	0.281	不拒絕	0.589	0.732	不拒絕
	LNIM 不是 LNGDP 的原因	5.35	0.030,4	拒絕	1.589	0.294	不拒絕

從格蘭杰因果分析可以看出，在5%的顯著水平下，滯后1期，江蘇和湖南的進出口都是經濟增長的格蘭杰原因；滯后2期，江蘇的出口是經濟增長的格蘭杰原因，但進口卻不是；滯后2期，湖南的進出口都不是經濟增長的格蘭杰原因；滯后3期，江蘇的出口是經濟增長的格蘭杰原因，滯后5期、6期，進口是江蘇經濟增長的格蘭杰原因，但湖南卻不是。

二、構建誤差修正模型

（一）江蘇省對外貿易模型

1. 模型迴歸結果

對模型 $LNGDP_t = \beta_0 + \beta_1 LNGDP_{t-1} + \beta_2 LNEX_t + \beta_3 LNIM_t + \varepsilon_t$ 進行迴歸得：

$LNGDP_t = -3.318 + 0.377 LNGDP_{t-1} + 0.291 LNEX_t + 0.036,1 LNIM_t$
　　　　　(-3.305)　(2.065)　　　　(2.726)　　　(1.056)

$R^2 = 0.987$　Adj-$R^2 = 0.985$　$F = 518.34$　D-W = 1.88

$T_{0.025}(20) = 2.086$，變量 $LNIM_t$ 在5%的水平下不顯著，但根據經濟理論和格蘭杰因果檢驗 $LNIM$ 是 $LNGDP$ 的原因，用 G-Q 檢驗得 $F(9, 9) = 103.29 > 3.18$，存在異方差性，用 WLS 迴歸得：

$LNGDP_t = -3.043 + 0.430,9 LNGDP_{t-1} + 0.268 LNEX_t + 0.031,9 LNIM_t$
　　　　　(-10.65)　(6.389)　　　　　(10.49)　　　(2.949)

$R^2 = 0.999,9$　Adj-$R^2 = 0.999,9$　$F = 36,507.7$　D-W = 2.11

$T_{0.025}(20) = 2.086$，變量在5%的水平下顯著異於零，查 D-W 值表 $d_l = 1.10$，$d_u = 1.66$，$1.66 < D-W < 2.34$ 不存在自相關。

2. 殘差項的平穩性檢驗

用擴展的 E-G 檢驗法對殘差項的平穩性進行檢驗得：

$\triangle e_t = -0.969 e_{t-1}$

（-4.56）　D-W = 1.97

ADF = -4.56，小於 1% 水平下的臨界值-2.67，殘差項是平穩的。

3. 建立誤差修正模型

$\triangle \text{LN}GDP_t = 1.057 \triangle \text{LN}GDP_{t-1} + 0.058,2 \triangle \text{LN}EX_t + 0.010,4 \triangle \text{LN}IM_t$

　　　　　（14.42）　　　　　　（1.295,7）　　　　（0.45）

$- 1.647 e_{t-1}$

（-18.67）

$R^2 = 0.982$　adj-$R^2 = 0.979$　D-W = 1.90

（二）湖南對外貿易模型

1. 模型迴歸結果

對模型 $\text{LN}GDP_t = \beta_0 + \beta_1 \text{LN}GDP_{t-1} + \beta_2 \text{LN}EX_t + \beta_3 \text{LN}IM_t + \varepsilon_t$ 進行 WLS 迴歸得：

$\text{LN}GDP_t = -0.82 + 0.906 \text{LN}GDP_{t-1} + 0.015,6\text{LN}EX_t + 0.074,4\text{LN}IM_t$

　　　　　（-20.14）（77.92）　　　　（1.674）　　　　（8.63）

$R^2 = 1.000$　Adj-$R^2 = 1.000$　F = 18,865.4　D-W = 1.68

$T_{0.05}(20) = 1.725$，$\text{LN}GDP_{t-1}$ 和 $\text{LN}IM_t$ 變量在 10% 的水平下顯著異於零，$\text{LN}EX_t$ 的顯著水平接近 10%，與 t 相伴隨的 p 值是 0.109,7。查 D-W 值表 $d_l = 1.10$，$d_u = 1.66$，1.66 < D-W < 2.34 無自相關。

2. 殘差項的平穩性檢驗

用擴展的 E-G 檢驗法對殘差項的平穩性進行檢驗：

$\triangle e_t = -1.091 e_{t-1}$

　　（-5.155）　D-W = 2.06

ADF = -5.155，小於 1% 水平下的臨界值-2.67，殘差項是平穩的。

3. 建立誤差修正模型

$\triangle \text{LN}GDP_t = 0.878,6 \triangle \text{LN}GDP_{t-1} + 0.018,37 \triangle \text{LN}EX_t + 0.087,4 \triangle \text{LN}IM_t$

　　　　　　（23.87）　　　　　　（0.421）　　　　（3.31）

$-0.908 e_{t-1}$

（-7.65）

$R^2 = 0.999$　Adj-$R^2 = 0.999$　D-W = 1.788

三、結論及政策建議

江蘇進出口對江蘇經濟增長有較大的影響，當年的進口每增加一個百分點，地區生產總值增加 0.032 個百分點，進口的長期彈性是 0.051，短期彈性

是 0.010,4，長期影響更為顯著；在其他條件不變的情況下，出口每增加一個百分點，地區生產總值將增加 0.268 個百分點，出口的長期彈性是 0.471，短期彈性是 0.058。出口比進口的貢獻更大。

湖南進口對湖南經濟增長有較大的影響，當年的進口每增加一個百分點，地區生產總值增加 0.074 個百分點，進口的長期彈性是 0.79，短期彈性是 0.074，長期影響更為顯著；在其他條件不變的情況下，出口每增加一個百分點，地區生產總值將增加 0.015,6 個百分點，出口的長期彈性是 0.166，短期彈性是 0.018。進口比出口的貢獻更大。

兩省之間的巨大差異主要源於兩省的進出口數量及結構差異。江蘇的進出口已達到對外貿易平衡；同時，江蘇進出口商品的結構也較為平衡，從格蘭杰因果分析看，進口影響的時滯更長。湖南出口的商品主要有紡織紗線、織物及製品，亞麻及苧麻紗線，未鍛造的鋅及鋅合金，未鍛造的銻，未鍛造的錫及錫合金，服裝及衣著附件等，基本是原材料和初級產品；進口的主要有建築及採礦用機械、自動數據處理設備及其部件、數字式自動數據處理設備、集成電路及微電子組件、計量檢測分析自動儀器及器具等，基本是含有高附加值的加工製成品，並且主要是設備的進口，對促進湖南經濟發展和技術進步起了不可忽視的作用。

為了促進對外貿易，加快經濟發展，必須實施相應的政策措施：第一，加快中小民營企業的發展。民營企業在進出口方面起了不可忽視的作用，應以此為契機培育新的出口增長點，加大出口拉動經濟增長的力度。第二，實施科教興貿戰略，提高出口產業的技術進步，優化出口產品的結構。加快出口產業的技術進步，優化產業結構，增加出口產品技術和資本含量，增加高附加值產品的出口，減少原材料的出口，達到可持續發展。第三，鼓勵先進技術的進口，加快經濟增長方式的轉變。引進國外先進的生產技術，提高全要素生產率，同時限制低科技含量商品的進口。第四，形成良好的機制，加快要素自由流動市場的形成。東部地區的技術、要素可以向中部地區、西部地區傳遞，由沿海地區向全國輻射，充分發揮東部沿海地區在全國的龍頭作用。

參考文獻

［1］查貴勇. 江蘇省外貿發展與經濟增長關係的實證分析 ［J］. 江蘇商論，2006（8）：76-78.

［2］周惠，王志明. 江蘇省對外貿易與經濟增長關係的協整分析 ［J］. 上海商學院學報，2006（2）：6-11.

［3］J. M. 伍德里奇. 計量經濟學導論 ［M］. 黃劍平，林相森，譯. 北京：中國人民大學出版社，2003.

［4］古扎拉蒂. 計量經濟學 ［M］. 3 版. 林少宮，譯. 北京：中國人民大學出版社，2002.

（原載於《重慶交通大學學報（社會科學版）》2007 年第 5 期）

16. 中國進口與經濟增長關係的區域差異分析

一、中國外貿狀況

近年來，中國的進出口額不斷增加，中國的外貿依存度也在上升，2004年達到70%。2004年，美中之間的貿易額達到2,300億美元，美中貿易逆差前所未有地上升到1,600億美元，占美國全年貿易逆差的25%（美國口徑）；2004年，中美貿易順差為586億美元（中國口徑）。中國在進口額增加的同時，出口額以更快的速度增加。外貿順差在2005年達1,020.0億美元。同時，中國的外匯儲備不斷增加，2006年2月底，中國的外匯儲備達到8,536.72億美元，超過日本（8,501億美元）居世界第一。到2006年年底，中國的外匯儲備超過了1萬億美元。美國借口其逆差主要是因為中國的外貿順差，因而對中國的人民幣升值不斷施壓。人民幣升值將會增加中國的進口，減少中國的出口，抑制美國逆差的增加。

中國外貿順差在2000年是241.09億美元，在2004年增加到320.97億美元，在2005年快速上升到1,020.0億美元，2004—2005年的年增長率達217.8%。東部地區的北京、天津、上海、海南在2004年、2005兩年都出現逆差，北京、天津的逆差呈增長趨勢，江蘇、遼寧在2004年存在逆差。2005年，順差最大的廣東達4,276,611萬美元，占全國外貿順差的41.93%，其出口和進口分別達24,097,511萬美元和19,820,900萬美元，分別占全國出口額和進口額的31.63%和30%。上海、浙江、江蘇、福建2005年的進口額分別達9,492,204、4,225,953、11,387,843、2,085,358萬美元，占全國進口額的14.3%、6.4%、17.26%和3.16%。江蘇、浙江、福建三省外貿順差占全國外貿順差的63.82%。2005年，東部地區11個省（市）外貿順差占全國外貿順差的91.4%，進口額占全國進口額的91.84%，出口額占全國出口額的91.78%（見圖1）。中國進出口額最大的區域是東部地區的廣東省和長三角地區（見圖4）。中部地區的吉林、湖北在2004年和2005年都存在逆差，2005年中部地區8個省外貿順差占全國外貿順差的5.2%，中部地區2005年進口額和出口額分

別占全國進口額和出口額的 4.68% 和 4.76%（見圖 2）。西部地區在 2004 年、2005 年都存在逆差的有內蒙古、廣西，新疆在 2004 年存在逆差，甘肅、雲南在 2005 年存在逆差，甘肅 2005 年逆差達-77,472 萬美元。2005 年，西部地區 12 個省（市、自治區）外貿順差占中國外貿順差的 3.36%，進口額和出口額分別占全國進口額和出口額的 3.47% 和 3.46%（見圖 3）（資料來源為 2006 年中國統計年鑒，下同）。

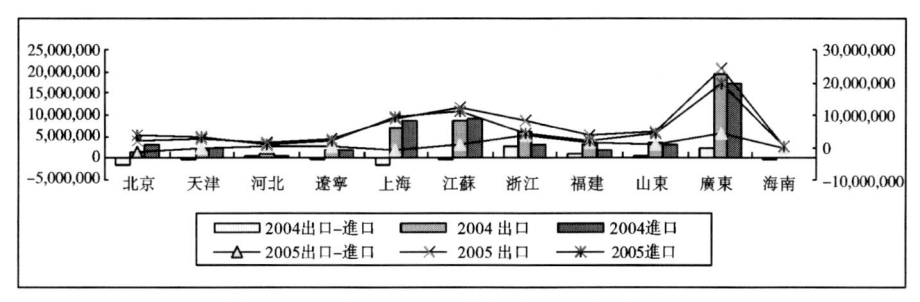

圖 1　2004 年、2005 年東部地區 11 個省（市）
進口、出口、出口-進口（單位：萬美元）

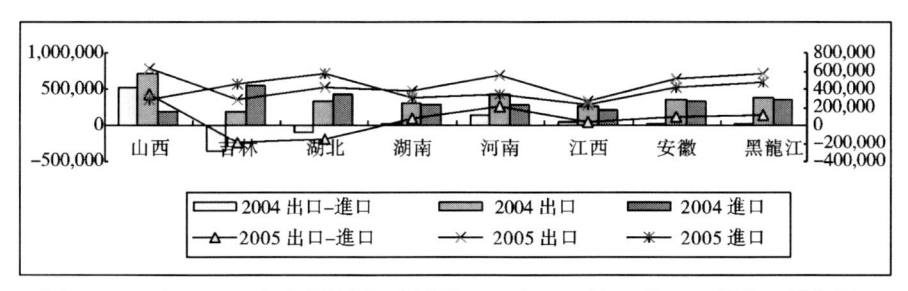

圖 2　2004 年、2005 年中部地區 8 個省進口、出口、出口-進口（單位：萬美元）

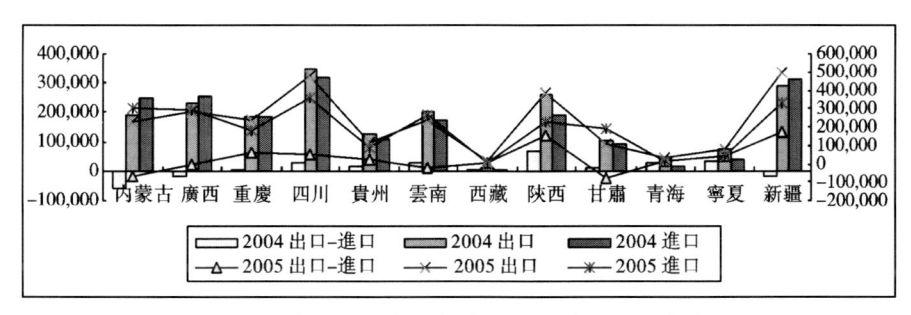

圖 3　2004 年、2005 年西部地區 12 個省（市、自治區）
進口、出口、出口-進口（單位：萬美元）

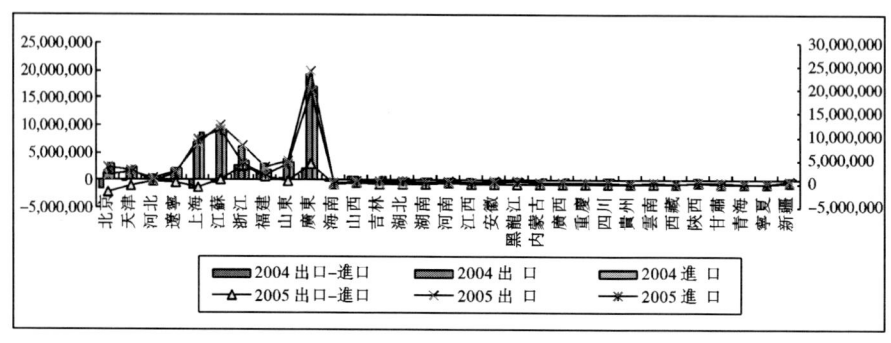

圖 4　2004 年、2005 年中國的 31 個省（市、自治區）
進口、出口、出口-進口（單位：萬美元）①

外貿順差是國外對一國出口商品的需求大於該國對國外進口商品的需求（$AC=EX-IM$）。它主要由兩個因素決定：第一，本幣對外幣的實際匯率，即以本國消費商品籃子來衡量的外國消費商品籃子的價格；第二，國內可支配收入。進口主要取決於實際匯率 e（$e=EP^*/P$）和可支配收入 Y_d，因而進口的函數式為 $IM=IM$（e, Y_d）。但實際匯率變動對 IM 的影響較為複雜。國內消費者對價格變動的反應是購買較少的價格上漲的外國產品，但並意味著 IM 一定下降。IM 指的是以本國產出來衡量的進口產品的價值，而非進口產品的國外商品數量。因為 e 的上升會提高本國單位產出來衡量的每單位進口商品價格，所以儘管外國產品的進口數量下降，以本國單位產出來衡量的進口值也可能上升。因此，當 e 上升時，IM 可能上升也可能下降，實際匯率對 IM 的影響不確定。由於 Y_d 的上升會使國內消費者增加對包括進口產品在內的所有產品的支出，因此在其他條件不變時，可支配收入增加會增加進口。

二、東部、中部、西部面板數據迴歸模型

本文採用面板數據研究中國東部、中部、西部進口額與經濟增長的區域差異。

面板數據（Panel Data）是用來描述一個總體中給定樣本在一段時間內的情況，並對樣本中每一個樣本單位都進行多重觀察。這種多重觀察既包括對樣本單位在某一時期（時點）上多個特性進行觀察，也包括對該樣本單位的這些特性在一段時間的連續觀察，連續觀察將得到的數據集稱為面板數據。時間序列數據或截面數據都是一維數據。面板數據是同時在時間和截面空間上取得的二維數據。面板數據從橫截面（Cross Section）上看，是由若干個體在某一

---

① 考慮數據可獲得性，未包括臺灣、香港、澳門數據。

時刻構成的截面觀測值；從縱剖面（Longitudinal Section）上看是一個時間序列。

面板數據計量經濟模型是近20年來計量經濟學理論的重要發展之一。在實際研究中經常採用的面板數據迴歸模型是固定效應模型（FEM）和隨機效應模型（REM）。在實證研究中，一般通過對數據的Hausman檢驗以確定是選用固定效應模型還是隨機效應模型。當橫截面的單位是總體的所有單位時，固定效應模型是合理的模型。固定效應模型可表示為：

$$y_{it} = \alpha_{it} + x_{it}\beta + u_{it} \quad i = 1, \cdots, n; \ t = 1, \cdots, T$$

其中，x_{it}為1×K維向量，β為K×1維向量，K為解釋變量個數。u_{it}為隨機擾動項。α_{it}稱為非觀測效應（Unobserved Effect）也就是橫截面單元的固定效應。它概括了影響著y_{it}的全部觀測不到的在時間上恒定的因素。也就是說，α_{it}為模型中被忽略的反應個體差異變量的影響，因此模型的截距項抓住了每個截面單位的本質特徵，它隨個體或截面單元而變化。

本文利用中國29個省（市、自治區）（不包括中國西藏、臺灣、香港、澳門數據）1981—2005年的進口、地區生產總值及平均匯率的數據，其中進口的單位是萬美元，地區生產總值的單位是億元，通過當年的平均匯率換算為萬美元（資料來源為中國及各省統計年鑒1982—2006）。我們對各變量進行單位根檢驗，變量是平穩的。在進行數據的處理時，用地區生產總值替代Y_d，用年平均匯率近似替代實際匯率，但迴歸的結果顯示匯率的t統計量不顯著（大部分省份）。我們先進行F檢驗，分別採用含有個體影響的變截距模型、含有個體影響的變系數模型、無個體影響的不變系數模型進行迴歸得殘差平方和S_1、S_2、S_3，再結合N、T以及K計算F_2，若F_2小於或等於給定置信水平下臨界值，則選擇無個體影響的不變系數模型；若F_2大於給定置信水平下臨界值，則繼續計算F_1。若F_1小於或等於給定置信水平下的臨界值，選擇固定效應模型；若F_1大於給定置信水平下的臨界值，選擇隨機效應模型。模型設定形式為：

$$\text{LN}IM_{it} = c + c_{it} + \beta_{it}\text{LN}GDP + \gamma_{it}\text{LN}IM_{t-1} + \delta_{it}\text{LN}IM_{t-2}$$

本文採用Pooled EGLS（Cross-section weights）法對模型參數進行估計。

（一）東部地區迴歸模型

我們選擇固定效應模型，利用東部11個省（市）的面板數據進行迴歸得到迴歸結果如表1所示。

$$\text{LN}IM_i = -2.875 + 0.642\text{LN}IM(-1) - 0.261\text{LN}IM(-2) + c_i + \beta_i\text{LN}GDP$$

$R^2 = 0.980$ Adj-$R^2 = 0.977$ F = 327.37 AIC = 0.061 SC = 0.493 D-W = 1.907

表1　　　　　　　東部地區11省（市）迴歸結果

變量	系數	t-值	P值	固定效應	
C	-2.875	-6.097	0.000,0		
LN*I*M（-1）	0.642	8.022	0.000,0		
LN*I*M（-2）	-0.261	-3.430	0.000,8		
北京-LNGDP	1.362	7.276	0.000,0	北京-C	-2.444
天津-LNGDP	1.326	7.005	0.000,0	天津-C	-1.929
河北-LNGDP	1.023	6.379	0.000,0	河北-C	-0.936
遼寧-LNGDP	1.291	6.205	0.000,0	遼寧-C	-2.895
上海-LNGDP	1.232	7.144	0.000,0	上海-C	-1.430
江蘇-LNGDP	1.302	7.019	0.000,0	江蘇-C	-3.147
浙江-LNGDP	1.214	6.835	0.000,0	浙江-C	-2.325
福建-LNGDP	0.581	4.588	0.000,0	福建-C	5.196
山東-LNGDP	1.257	7.012	0.000,0	山東-C	-3.171
廣東-LNGDP	0.595	4.988	0.000,0	廣東-C	5.763
海南-LNGDP	0.315	2.362	0.019,5	海南-C	7.318

　　滯后一期的進口會對 t 期的進口有正向的促進作用，即 t-1 期的進口增加 1%，t 期的進口會增加 0.642%。但滯后兩期的進口對 t 期的進口有抑製作用，即 t-2 期的進口增加 1%，t 期的進口會減少 0.261%。這可能是因為進口技術、設備在短期會對國外的技術設備有依賴性，但經過一段時間後，會形成自己的生產能力，因而會減少進口。表2中的迴歸結果顯示，東部地區除福建、廣東、海南（1988建省）的 β_i 大於1，也即地區生產總值增加1%會導致進口增加量超過1%。短期內進口對地區生產總值彈性最大的是北京（1.365），最小的是海南（0.315），其中廣東、海南和福建與東部地區其他省（市）相比出現異常，這可能與福建的廈門和廣東的深圳、珠海、汕頭是中國改革開放最早的經濟特區有關。其餘省（市）固定效應在 -3.171 ~ -0.936 之間，是各省（市）個體因素對平均值的偏離，除地區生產總值因素外，其他因素，如消費偏好、收入結構、地域文化等對進口產品的需求都有影響。東部的進口對地區生產總值的長期彈性如表2所示。

表2　　東部地區11個省（市）進口對地區生產總值的長期彈性

省（市）	北京	天津	河北	遼寧	上海	江蘇	浙江	福建	山東	廣東	海南
彈性	0.454	0.467	0.605	0.479	0.502	0.475	0.510	1.065	0.492	1.040	1.965

(二) 中部地區迴歸模型

我們選擇固定效應模型，利用中部地區 8 個省的數據進行迴歸得到迴歸結果如表 3 所示。

$$LNIM_t = -1.533 + 0.793LNIM(-1) + c_i + \beta_i LNGDP$$

$R^2 = 0.952$ Adj-$R^2 = 0.947$ F = 215.785 AIC = 0.634 SC = 0.922 D-W = 1.953

表 3　　　　　　　　中部地區 8 個省參數迴歸結果

變量	系數	t-值	P 值	固定效應	
C	-1.254	-2.211	0.028,3		
LNIM (-1)	0.821	19.385	0.000,0		
山西-LNGDP	0.402	3.061	0.002,6	山西-C	-0.642
吉林-LNGDP	0.312	2.148	0.033,1	吉林-C	0.413
黑龍江-LNGDP	0.253	1.635	0.103,9	黑龍江-C	0.864
安徽-LNGDP	0.395	2.598	0.010,2	安徽-C	-0.628
江西-LNGDP	0.331	2.544	0.011,8	江西-C	-0.004
河南-LNGDP	0.330	2.645	0.008,9	河南-C	-0.172
湖北-LNGDP	0.338	2.327	0.021,1	湖北-C	-0.083
湖南-LNGDP	0.299	2.279	0.023,9	湖南-C	0.252

滯后一期的進口會對 t 期的進口有正向的促進作用，這可能是因為進口的技術、設備短期會對國外的技術、設備配件有依賴性。但中部地區 t-2 期進口對 t 期的進口沒有顯著影響，這可能是與中部地區的地理位置有關，中部地區外貿依存度最低。表 3 中的迴歸結果顯示，中部地區的 β_i 在 0.253~0.402 之間，也即地區生產總值增加 1% 會導致進口增加 0.253%~0.402%，山西最高是 0.402，黑龍江最低為 0.253。中部地區 8 個省的固定效應在 -0.642~0.864 之間，表示各省個體因素對均值的偏離。中部地區 8 個省的進口對地區生產總值的長期彈性如表 4 所示。

表 4　　　　中部地區 8 個省進口對地區生產總值的長期彈性

省份	山西	吉林	黑龍江	安徽	江西	河南	湖北	湖南
彈性	0.445	0.574	0.708	0.453	0.541	0.542	0.530	0.599

(三) 西部地區迴歸模型

我們選擇固定效應模型，利用西部地區 10 個省（市、自治區）（缺西藏

數據,把重慶數據並入四川)的數據進行迴歸得迴歸結果如表 5 所示。

$$LNIM_t = -1.496 + 0.809LNIM(-1) - 0.148LNIM(-2) + c_i + \beta_i LNGDP$$

$R^2 = 0.951$ Adj-$R^2 = 0.946$ F = 189.6 AIC = 0.982 SC = 1.315 D-W = 1.976

表 5　　　　　西部地區 10 個省（自治區）參數迴歸結果

變量	系數	t-值	P 值	固定效應	
C	-1.496	-3.236	0.001,4		
LNIM（-1）	0.809	12.219	0.000,0		
LNIM（-2）	-0.148	-2.259	0.024,9		
廣西-LNGDP	0.406	2.928	0.003,8	廣西-C	1.301
貴州-LNGDP	0.368	2.618	0.009,5	貴州-C	1.411
雲南-LNGDP	0.477	3.269	0.001,3	雲南-C	0.616
陝西-LNGDP	0.439	2.542	0.011,8	陝西-C	0.997
甘肅-LNGDP	0.843	4.877	0.000,0	甘肅-C	-2.849
青海-LNGDP	0.474	2.963	0.003,4	青海-C	0.519
寧夏-LNGDP	0.545	3.667	0.000,3	寧夏-C	0.218
新疆-LNGDP	0.620	4.118	0.000,1	新疆-C	-0.489
內蒙古-LNGDP	0.622	3.972	0.000,1	內蒙古-C	-0.619
四川-LNGDP	0.601	4.327	0.000,0	四川-C	-0.933

　　滯后一期的進口會對 t 期的進口有正向的促進作用,即 $t-1$ 期的進口增加 1%,t 期的進口會增加 0.809%。但滯后兩期的進口對 t 期的進口有抑製作用,即 $t-2$ 期的進口增加 1%,t 期的進口會減少 0.148%。與東部地區的 0.261 相比,西部地區的 0.148 抑製作用較弱。西部地區的技術外溢性與勞動力對技術的掌握都不如東部地區。

　　西部地區的 β_i 大於 0.3 而小於 0.9,也即地區生產總值增加 1% 會導致進口增加 0.3%~0.9%。貴州最小為 0.368,甘肅最大為 0.843。新疆、內蒙古、四川都大於 0.6（重慶 1997 年建立直轄市,把相應數據並入四川計算）。西部地區 10 個省（自治區）的固定效應在 -2.849~1.411 之間,是各省（自治區）個體因素對均值的偏離。西部地區進口對地區生產總值的長期彈性如表 6 所示。

表 6　　　　西部地區 10 個省（自治區）進口對 GDP 的長期彈性

省份	廣西	貴州	雲南	陝西	甘肅	青海	寧夏	新疆	內蒙古	四川
彈性	0.835	0.921	0.711	0.772	0.402	0.715	0.622	0.547	0.545	0.564

三、結論

中國除廣東、福建、海南外，其餘省份的長期彈性都低於 1。東部地區除廣東、福建、海南外，彈性最高的河北為 0.605，其餘省份的彈性在 0.5 左右；中部地區除黑龍江的彈性達 0.708 外，其餘省份的彈性也在 0.5 左右；西部地區除甘肅的彈性為 0.402 外，其餘省份的彈性都高於 0.5，貴州的彈性達到了 0.921。數據顯示，中國作為一個大國，其經濟增長對拉動全球經濟的增長起了重要作用。中國的進口額的變化對匯率不敏感，匯率的變化主要是影響出口，美國對中國的人民幣升值施壓，給中國乃至全球經濟都會帶來不良影響。人民幣升值，將減少中國的出口，同時會增加中國的進口，導致中國的總需求降低，進而減少收入，引起中國經濟增長減緩，中國經濟增長減速最終會影響全球經濟增長。

中國的東部、中部、西部三個區域，除廣東、福建、海南外，總體來說，東部地區的長期彈性低於中部地區，中部地區低於西部地區。也就是說，隨著經濟增長，西部地區的進口額將會迎來一個快速增長期，如果進口的主要是技術和設備，隨著技術的外溢和生產能力的形成，又會加快經濟增長，進口和經濟增長形成一種良性互動。

隨著全球經濟一體化的形成，中國已是全球經濟增長和發展中極為重要一極，任何「阻擊」中國經濟的行為最后都會給世界經濟造成損失。

參考文獻

[1] 高鐵梅. 計量經濟分析方法與建模 [M]. 北京：清華大學出版社，2006.

[2] J. M. 伍德里奇. 計量經濟學導論 [M]. 費劍平，林相森，譯. 北京：中國人民大學出版社，2003.

[3] 杜莉，李丹. 中國省際收入差距的面板數據分析 [J]. 東北師大學報（哲學社會科學版），2006（6）：67-73.

[4] 唐五湘，李冬梅，周飛躍. 基於面板數據的中國各地區科技資源配置效率的評價 [J]. 科技管理研究，2007（3）：44-46.

（原載於《經濟前沿》2008 年第 2-3 期）

17. 農村人力資本投資對農村居民收入結構的影響研究
——中國中西部的面板數據

一、引言

改革開放以來，東南沿海地區快速發展，中西部地區發展相對滯后。自農村聯產承包責任制改革以來，中央政府對「三農」的支持力度顯著增加，農民收入快速增長。在糧食主產量穩步增長的同時，農村剩餘勞動力得到釋放。戶籍制度的鬆動、沿海地區經濟增長的拉力以及廣大農村地區經濟發展相對滯后的推力，刺激了中西部地區「民工潮」的湧動。隨著農村剩餘勞動力的大量轉移，農村經濟社會出現了「代際分工」，即具備一定知識儲備的年輕人外出打工，獲得工資性收入；年齡偏大但在種地方面有比較優勢的老年人經營農業，獲得家庭經營收入。此外，農村純收入的來源還有財產性收入和轉移支付收入，但工資性收入和家庭經營收入占了農村居民純收入的90%左右。隨著城鄉收入差距的擴大，進一步刺激了農村勞動力轉移，促使其追求獲取更多的工資性收入。但要獲取更多的工資性收入，必須具備一定的技能，要進行前期的人力資本投資。人力資本投資將會影響工資性收入和家庭經營收入在農村居民純收入中的份額，刺激農村居民收入結構的變化。農村居民收入結構的變化也意味著居民收入分配狀況的變化。收入分配狀況的變化又會進一步影響收入結構。隨著中西部地區農村勞動力的大量轉移，工資性收入占農村居民純收入的比重逐步提高，對農村收入結構的變化產生了重要影響。那麼，農村人力資本投資對農村居民收入結構的影響如何衡量以及對城鄉結構變遷將產生怎樣的影響，將是本文研究的主要內容。

舒爾茨（Schultz, 1960）、明瑟（Mincer, 1974）、貝克爾（Becker, 1975）構建的關於收入分配的人力資本模型認為，人口總體的平均受教育程度和教育分佈狀況都會影響收入分配狀況，通常教育不平等與收入不平等之間存在正相關關係，而平均受教育程度的提高對收入不平等的影響可能是正向的，也可能是負向的，這取決於教育收益率的演變。葉靜怡、李晨樂（2011）對人力資本、非農產

業與農民工返鄉意願進行研究發現農村非農產業越不發達，返鄉農民工人力資本的期望回報率就越低，負向選擇就越嚴重。鄒薇、張芬（2006）通過對中國各地區勞動力受教育水平和居民收入差距的橫截面數據分析，利用以教育度量的人力資本累積水平因素解釋了農村地區間收入差距問題。熊廣勤、張衛東（2010）通過對中國農村的經驗研究發現相對於高收入群體，中國農村居民中低收入群體的收入水平對教育不平等程度的變化更敏感，教育不平等程度的加劇惡化了農村居民內部收入分配狀況。賀文華（2012）認為，農村人力資本投資對農村居民工資收入的增加有顯著的正影響。

二、中西部地區農村居民收入結構變化趨勢

（一）中部地區農村居民收入結構變化趨勢

農村居民的純收入由工資性收入、家庭經營收入、財產性收入和轉移性收入構成。改革開放以來，農村居民的純收入顯著增加。外出打工收入占純收入的比重逐步提高，這種現象一方面源於近年來國家經濟發展較快，城市化建設快速發展，農民工就業機會增多；另一方面反應出農民的經濟意識不斷增強，在農村勞動力富裕的情況下，大多數青壯年農民都能夠走出家門外出務工，從而增加了收入。從發展趨勢看，農民外出務工所得逐步成為農村家庭收入的主要來源。2004年，湖南、湖北、山西、吉林、安徽、黑龍江、河南、江西的農村居民純收入分別為 2,837.76 元、2,890.01 元、2,589.60 元、2,999.62 元、2,499.33 元、3,005.18 元、2,553.15 元、2,786.78 元。2012 年，農村居民純收入分別增加到 7,440.17 元、7,851.71 元、6,356.63 元、8,598.17 元、7,160.46 元、8,603.85 元、7,524.94 元、7,829.43 元。除山西外，其餘省都在 7,000 元以上，農村居民純收入最高的黑龍江達到了 8,603.85 元，吉林也達到了 8,598.17 元（見圖1）。與 2004 年相比，2012 年，中部地區 8 個省的農村居民純收入的增長率分別為 162.2%、171.7%、145.5%、186.6%、186.5%、186.3%、194.7%、180.9%。其中，山西的增長率最低。在農村居民純收入快速增長的同時，農村居民純收入的結構也發生了很大變化。工資性收入和家庭經營收入占了農村居民純收入的絕大部分，但工資性收入和家庭經營收入在農村居民純收入中的比重也存在差異。中部地區 8 個省都有共同的趨勢，即工資性收入所占比重在增加，農業經營性收入所占比重在減少。2004—2012 年，湖南、湖北、山西、吉林、安徽、黑龍江、河南、江西的工資性收入占農村居民純收入的比重分別從 2004 年的 38.1%、26.1%、38.1%、15.3%、35.4%、13.7%、29.5%、36.5% 增加到 2012 年的 51.7%、40.6%、50.0%、20.8%、45.3%、21.1%、39.7%、45.1%；家庭經營收入占農村居民純收入的比重分別從 2004 年的 56.9%、71.0%、57.8%、76.4%、59.6%、77.5%、67.2%、59.9% 下降到 2012 年的 39.0%、52.5%、36.7%、65.3%、45.6%、63.2%、52.8%、47.8%；財產性收入和轉移性收入占農村居民

純收入的比重在波動中緩慢增加，2012年兩者占農村居民純收入的比重只有吉林和黑龍江達到了14%，其他省都在10%以下（見圖2）。

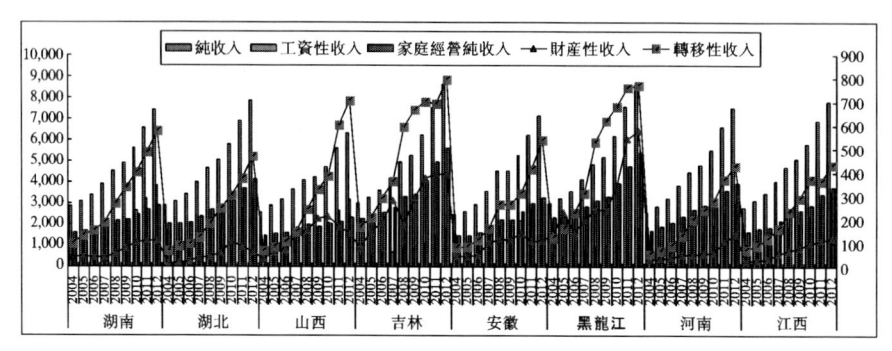

图1 中部地區8個省農村居民收入的變化趨勢（單位：元）

數據來源：2005—2013年中國統計年鑒

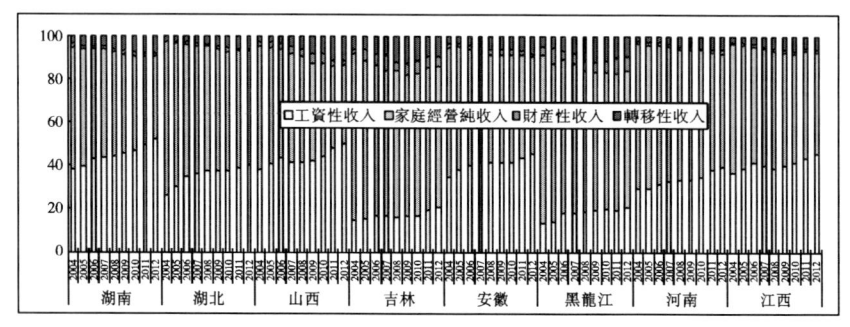

图2 中部地區8個省農村居民收入結構的變化趨勢（單位：%）

數據來源：根據2005—2013年中國統計年鑒相關數據計算整理獲得

（二）西部地區農村居民收入結構變化趨勢

2004年，廣西、貴州、雲南、陝西、甘肅、青海、寧夏、新疆、內蒙古、四川、重慶、西藏的農村居民純收入分別為2,305.22元、1,721.55元、1,864.19元、1,866.52元、1,852.22元、1,957.65元、2,320.05元、2,244.93元、2,606.37元、2,518.94元、2,510.41元和1,861.31元。2012年，上述省份的農村居民純收入分別增加到6,007.55元、4,753.00元、5,416.54元、5,762.52元、4,506.66元、5,364.38元、6,180.32元、6,393.68元、7,611.31元、7,001.43元、7,383.27元和5,719.38元（見圖3）。與2004年相比，2012年西部地區12個省（市、自治區）的農村居民純收入的增長率分別為160.6%、176.1%、190.6%、208.7%、143.3%、174.0%、166.4%、184.8%、192.0%、178.0%、194.1%、207.3%。其中，甘肅的增長率最低。在農村居民純收入快速增長的同時，農村居民純收入的結構也發生了很大變化。工資性收入和家庭經營收入占了

農村居民純收入的絕大部分，但工資性收入和家庭經營收入在農村居民純收入中的比重也存在差異。除西藏外，西部地區其他11個省（市、自治區）都有共同的趨勢，即工資性收入所占比重在增加，農業經營性收入所占比重在減少。2004—2012年，廣西、貴州、雲南、陝西、甘肅、青海、寧夏、新疆、內蒙古、四川、重慶的工資性收入占農村居民純收入的比重分別從2004年的37.2%、29.3%、17.5%、37.0%、28.5%、23.5%、26.7%、6.2%、15.1%、32.9%、37.1%增加到2012年的37.4%、41.6%、26.5%、47.3%、39.7%、37.1%、40.6%、15.8%、19.2%、44.1%、46.1%，但廣西增加的比重不顯著，而西藏則從28.5%降為21.0%；而上述省份的家庭經營收入占農村居民純收入的比重分別從2004年的59.2%、64.8%、74.4%、55.1%、66.3%、68.1%、64.9%、87.8%、78.2%、62.3%、56.5%下降到2012年的53.8%、47.3%、61.4%、39.8%、46.9%、41.4%、49.7%、66.3%、61.6%、42.9%、40.3%，但西藏卻從59.3%增加到64.3%；除西藏外，其他省（市、自治區）的財產性收入和轉移性收入占純收入的比重有所增加，在2012年兩者占純收入的比重青海達到了20%，其他省份也都超過了10%（見圖4）。

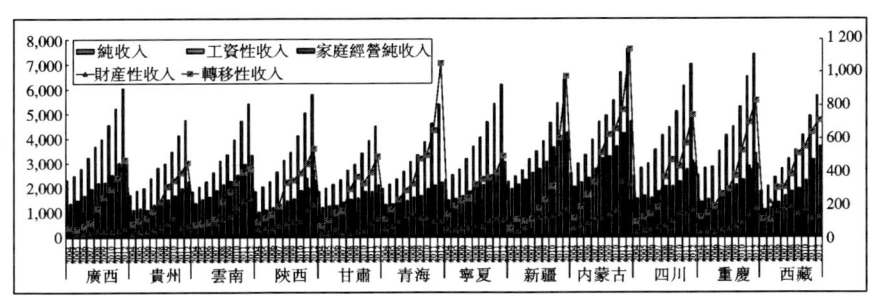

图3 西部地區12個省（市、自治區）農村收入的變化趨勢（單位：元）
數據來源：2005—2013年中國統計年鑒

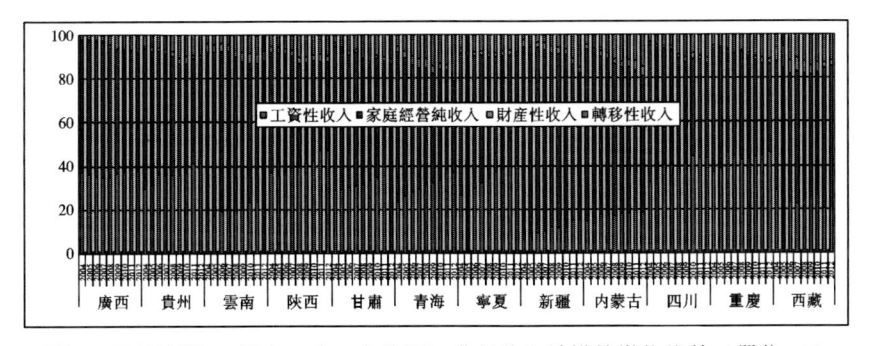

图4 西部地區12個省（市、自治區）農村收入結構的變化趨勢（單位：%）
數據來源：根據2005—2013年中國統計年鑒相關數據計算整理獲得

三、變量、數據的選擇及數據檢驗

（一）數據來源與變量選擇

人力資本投資由教育投資、健康投資和遷移投資構成，選取農村居民人均文教娛樂用品及服務支出替代農戶的教育投資，用農村居民人均醫療保健支出替代農戶的健康投資，用農村居民人均交通和通信支出替代農戶的遷移投資。本文在進行數據處理時用交通和通信、醫療保健、文教娛樂用品及服務三者之和替代人力資本投資；財產性收入和轉移性收入所占農村居民純收入比重低，對農村居民收入結構的變化影響較小，並且與農村人力資本投資的相關性弱，農村居民收入結構的變化主要是工資性收入和家庭經營收入的變化。工資收入和家庭經營收入是農村居民家庭純收入中按收入來源劃分的工資性收入和家庭經營收入，而農業經營收入是家庭經營收入的主要來源。因此，採用農村人力資本投資對工資收入和家庭經營收入的影響體現農村人力資本投資對農村居民收入結構的影響。所有數據均來自1999—2013年的《中國統計年鑑》，樣本區間為1998—2012年，單位為元。為避免數據劇烈波動對擬合效果的影響，對各序列分別取自然對數。

中部地區的湖南、湖北、山西、吉林、安徽、黑龍江、河南和江西分別用HN、HB、SX、JL、AH、HLJ、HEN、JX替代；西部地區的廣西、貴州、雲南、陝西、甘肅、青海、寧夏、新疆、內蒙古、四川、重慶、西藏分別用GX、GZ、YN、SHX、GS、QH、NX、XJ、NMG、SC、CQ、XZ替代。本文用WAG、JYSR、JY分別替代農村居民工資性收入、家庭經營收入、人力資本投資；用LWAG、LJYSR、LJY分別表示工資性收入、家庭經營收入、人力資本投資的自然對數。

（二）數據檢驗

1. 單位根檢驗

標準單位根檢驗在檢驗單變量時間序列時具有較低的檢驗功效，而考慮含有時間和截面的面板情形則更為有效。選用的面板單位根檢驗方法包括LLC檢驗（Levin, Lin & Chu）和IPS檢驗（Im, Pesaran & Shin）。本文用Eviews 7.2軟件對各變量進行單位根檢驗，LLC檢驗的零假設是各截面有相同的單位根；IPS、ADF和PP檢驗的零假設是允許各截面有不同單位根。本文以個體效應為外生變量，對原序列和一階差分序列進行平穩性檢驗，一階差分后都是平穩序列（見表1）。

表1 農村居民工資收入、人力資本投資和經營收入對數值的單位根檢驗

變量	中部地區				西部地區			
	LLC	IPS	ADF	PP	LLC	IPS	ADF	PP
LWAG	6.982,1	9.371,2	0.093,8	0.085,8	4.897,5	8.590,5	1.708,5	1.451,7
LJYSR	9.948,1	9.525,6	0.082,5	0.060,6	11.723,7	11.787,6	0.265,1	0.020,3

表1（續）

變量	中部地區				西部地區			
	LLC	IPS	ADF	PP	LLC	IPS	ADF	PP
LJY	0.695,5	4.136,6	2.292,0	1.149,8	0.487,8	5.057,7	13.382,7	7.428,3
DLWAG	-5.054,1*	-3.184,2*	36.729,5*	41.250,1*	-8.094,2*	-5.970,5*	75.315,0*	74.119,8*
DLJYSR	-5.591,3*	-2.885,2*	36.206,7*	55.609,8*	-8.144,3*	-4.696,3*	111.662*	89.312,2*
DLJY	-8.263,2*	-5.950,1*	62.219,2*	90.456,7*	-9.628,8*	-7.360,2*	96.607,7*	127.228,0*

註：滯后長度根據 SIC 法則自動選擇，＊＊＊表示 10% 的顯著水平，＊＊表示 5% 的顯著水平，＊表示 1% 的顯著水平（表2～表4同）。

2. 協整檢驗

由於所有序列的一階差分都是平穩的，都是 I（1）序列，因此繼續對其進行協整檢驗，Kao 檢驗和 Pedroni 檢驗的滯后階數由 SIC 準則確定。同質面板數據的協整檢驗（Kao，1999）也稱為 Kao 檢驗，包括 DF 檢驗和 ADF 檢驗。Kao 檢驗顯示中西部工資性收入、家庭經營收入和農村人力資本投資在 5% 的顯著水平下存在協整關係。佩德羅尼（Pedroni）提出了 7 個統計量來檢驗面板數據的協整性，當樣本期較短（$T \leq 20$）時，Panel ADF 和 Group ADF 的檢驗效果較好。鑒於本文採用的樣本時間跨度為 1998—2012 年（$T=15$），Pedroni 檢驗顯示只有部分統計量在 5% 的顯著水平下存在協整關係。當 7 個統計量的檢驗結果不一致時，參照 Panel ADF 統計量和 Group ADF 統計量對變量協整關係做出判斷。經檢驗，LWAG、LJYSR 分別與 LJY 存在協整關係（見表2）。

表2　中西部地區的工資性收入、家庭經營收入與農村人力資本投資的 Kao 檢驗和 Pedroni 檢驗

中部地區				西部地區			
檢驗方法	統計量名	LWAG 統計量值	LJYSR 統計量值	檢驗方法	統計量名	LWAG 統計量值	LJYSR 統計量值
Kao 檢驗	ADF	-2.735,1*	-2.365,0*	Kao 檢驗	ADF	-4.681,2*	-3.608,2*
Pedroni 檢驗	Panel v	1.667,9**	1.013,7	Pedroni 檢驗	Panel v	3.973,6*	1.360,2
	Panel rho	-0.165,8	-0.525,1		Panel rho	-1.829,1	-0.463,1
	Panel PP	-0.406,9	-1.727,2**		Panel PP	-4.239,1**	-1.266,6**
	Panel ADF	-1.272,0***	-1.066,3		Panel ADF	-3.591,8**	-0.686,9**
	Group rho	0.990,7	0.527,9		Group rho	0.634,9	1.343,0
	Group PP	0.271,0	-2.002,6**		Group PP	-1.893,6**	-0.685,8
	Group ADF	-1.018,4	-0.591,9		Group ADF	-1.922,7**	-1.204,0***

四、計量模型的選擇及迴歸結果分析

（一）中西部地區工資性收入、家庭經營收入與人力資本投資散點圖

為了清晰地顯示農村居民工資性收入與農村人力資本投資的關係以及農村

居民家庭經營收入與農村人力資本投資的關係，分別描出 1998—2012 年中部地區 8 個省和西部地區 12 個省（市、自治區）的散點圖（並附擬合線，見圖 5 和圖 6）。中部地區 8 個省農村居民家庭經營收入與農村人力資本投資存在正向關係，但山西和江西的散點較平緩，而吉林和黑龍江的散點顯得較陡峭；西部地區 12 個省（市、自治區）農村居民家庭經營收入與農村人力資本投資也存在正向關係，但陝西和青海的散點較平緩，而新疆和西藏的散點則顯得陡峭。

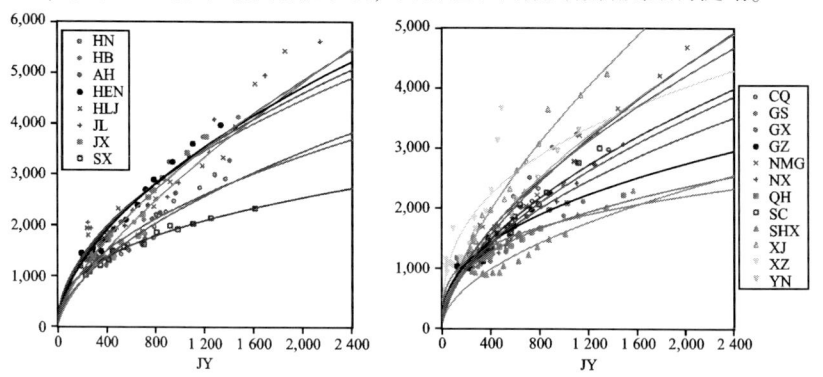

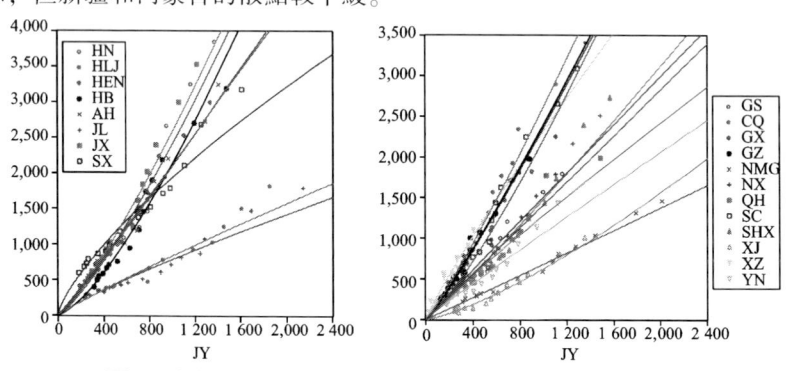

圖 5　中部地區 8 個省和西部地區 12 個省（市、自治區）的家庭經營收入與農村人力資本投資的關係（單位：元）

數據來源：根據 1999—2013 年中國統計年鑑相關數據整理獲得

中部地區 8 個農村居民工資性收入與農村人力資本投資存在正向關係，但吉林和黑龍江的散點較平緩，主要是這兩省家庭經營收入占了較大比重；西部 12 個省（市、自治區）農村居民工資性收入與農村人力資本投資存在正向關係，但新疆和內蒙古的散點較平緩。

圖 6　中部地區 8 個省和西部地區 12 個省（市、自治區）的工資性收入與農村人力資本投資的關係（單位：元）

數據來源：根據 1999—2013 年中國統計年鑑相關數據整理獲得

從散點圖及擬合線可以看出，隨著農村人力資本投資增加，家庭經營收入以遞減的速度增加，而工資性收入與人力資本投資呈現出一種線性增加關係。

(二) 模型設定形式

面板數據模型中參數在不同截面、時序樣本點上是否相同，直接決定模型參數估計的有效性。根據截距向量和系數向量中各分量限制要求的不同，面板數據模型可分為無個體影響的不變系數模型、變截距模型和變系數模型三種形式。在面板數據模型估計之前，需要檢驗樣本數據適合上述哪種形式，避免模型設定的偏差，提高參數估計的有效性。設有因變量 y_{it} 與 $1 \times k$ 維解釋變量向量 x_{it}，滿足線性關係：

$$y_{it} = \alpha_{it} + x_{it}\beta_{it} + \varepsilon_{it} \quad i = 1, 2, \cdots, N; t = 1, 2, \cdots, T$$

其中，N 表示個體截面成員的個數，T 表示每個截面成員的觀察時期總數，參數 α_{it} 表示模型的常數項，β_{it} 表示對應於解釋變量 x_{it} 的 $k \times 1$ 維繫數向量，k 表示解釋變量個數。隨機誤差項相互獨立，並且滿足零均值、同方差假設。

本文採用 F 檢驗進行固定效應模型和混合 OLS 模型的篩選，根據 BP 檢驗進行隨機效應模型和混合 OLS 模型的篩選，使用 Hausman 檢驗和 Likelihood Ratio 檢查進行固定效應模型和隨機效應模型的選擇。本文用 Eviews 7.2 軟件進行模型形式設定檢驗，對個體截面數據採用固定效應模型，而對時序數據採用隨機效應模型，根據研究目的而選擇個體固定效應模型。隨機效應的優勢是節省自由度，對於從時間和截距兩方面都存在比較大變化的數據，隨機效應模型能明確描述出誤差來源的特徵。固定效應的優勢是很容易分析任意截面數據所對應的因變量與全部截面數據所對應的因變量均值的差異程度。在實際應用時，本文選擇固定效應和隨機效應的經驗做法是，若是建立面板數據模型推斷樣本空間的經濟關係，設定為固定效應模型更合理。

因此，模型設定形式為：

$$LWAG_{it} = \alpha_{it} + \beta_0 + \beta_{it} LJY_{it} + \varepsilon_{it} \tag{1}$$

$$LJYSR_{it} = \alpha_{it} + \beta_0 + \beta_{it} LJY_{it} + \varepsilon_{it} \tag{2}$$

其中 WAG_{it}、$JYSR_{it}$ 分別為農村居民工資性收入和家庭經營收入，JY_{it} 表示農村人力資本投資。本文採用 Pooled EGLS (Cross-section SUR) 法對模型參數進行估計。

(三) 中西部地區工資性收入、家庭經營收入與人力資本投資的迴歸分析

中部地區的模型迴歸結果顯示（見表3），農村人力資本投資對農村居民工資性收入和家庭經營收入的增加都有正向影響。但人力資本投資對工資性收入增加的影響更大。人力資本投資對農村居民工資性收入的影響在中部地區8個省之間存在差異。人力資本投資對農村居民工資性收入的影響在1%的水平下顯著，影響最大的是湖北，人力資本投資每增加一個百分點，農村居民工資性收入增加 1.372,9 個百分點；其后依次是湖南的 1.244,8、江西的 1.214,7、河南的 1.073,8、安徽的 1.039,8、黑龍江的 0.916,0、吉林的 0.858,6，最低的是山西的 0.731,3。除吉林、黑龍江和山西外，其他省都在 1.0 以上。人力

資本投資對家庭經營收入的影響在 1% 的水平下顯著，影響最大的是江西，人力資本投資每增加一個百分點，農村居民工資性收入增加 0.721,5 個百分點；其后依次是湖北的 0.643,5、湖南的 0.574,3、河南的 0.564,8、吉林的 0.532,8、黑龍江的 0.504,6、安徽的 0.503,8，最低的是山西的 0.385,0。除山西外，其他省都在 0.5 以上。

表 3　　　　　中部地區 8 個省工資性收入、家庭經營收入與
農村人力資本投資的迴歸模型

	LWAG				LJYSR		
Variable	Coefficient	t-Statistic	Fixed Effects (Cross)	Variable	Coefficient	t-Statistic	Fixed Effects (Cross)
C	0.146,7	1.198,8		C	4.086,0*	31.677,6	
HN-LJY	1.244,8*	16.049,0	HN-C	-0.960,7	HN-LJY	0.574,3*	10.291,0	HN-C	-0.307,8
HB-LJY	1.372,9*	21.662,2	HB-C	-1.967,5	HB-LJY	0.643,5*	14.040,4	HB-C	-0.491,6
SX-LJY	0.731,3*	20.224,0	SX-C	2.369,2	SX-LJY	0.385,0*	15.113,5	SX-C	0.828,5
JL-LJY	0.858,6*	16.310,5	JL-C	0.584,4	JL-LJY	0.532,8*	8.279,5	JL-C	0.296,6
AH-LJY	1.039,8*	26.364,0	AH-C	0.324,5	AH-LJY	0.503,8*	8.557,6	AH-C	0.205,2
HLJ-LJY	0.916,0*	15.929,2	HLJ-C	0.250,6	HLJ-LJY	0.504,6*	9.026,8	HLJ-C	0.483,1
HEN-LJY	1.073,8*	38.822,7	HEN-C	0.081,5	HEN-LJY	0.564,8*	14.860,5	HEN-C	0.078,8
JX-LJY	1.214,7*	20.915,6	JX-C	-0.682,1	JX-LJY	0.721,5*	8.153,9	JX-C	-1.092,6
R^2	0.979,8		F	336.16	R^2	0.931,7		F	94.517
Adj-R^2	0.976,9		D-W	0.886,0	Adj-R^2	0.921,8		D-W	0.766,3

西部地區的模型迴歸結果顯示（見表 4），農村人力資本投資對農村居民工資性收入和家庭經營收入都有正向影響。人力資本投資對農村居民工資性收入的影響在西部地區 12 個省（市、自治區）之間存在差異。人力資本投資對農村居民工資性收入的影響在 1% 的水平下顯著，影響最大的是新疆，人力資本投資每增加一個百分點，農村居民工資性收入增加 1.319,0 個百分點；其后依次是廣西的 1.228,5、重慶的 1.125,3、四川的 1.115,1、貴州的 1.113,3、陝西的 1.077,1、內蒙古的 1.010,9、甘肅的 1.002,6、寧夏的 0.986,9、雲南的 0.956,9、青海的 0.920,7，最低的是西藏的 0.875,3。除寧夏、雲南、青海、西藏外，其他省（市、自治區）都在 1.0 以上。人力資本投資對農村家庭經營收入的影響在 1% 的水平下顯著，影響最大的也是新疆，人力資本投資每增加一個百分點，農村家庭經營收入增加 0.652,2 個百分點；其后依次是廣西的 0.641,2、雲南的 0.608,6、內蒙古的 0.582,2、重慶的 0.558,9、四川的 0.554,2、陝西的 0.531,5、寧夏的 0.515,5、貴州的 0.404,4、甘肅的 0.384,4、西藏的 0.366,5，最低的是青海的 0.293,7。除貴州、甘肅、西藏和青海外，其他省（市、自治區）都在 0.5 以上。

表4 西部地區12個省（市、自治區）工資性收入、家庭經營收入與
農村人力資本投資的迴歸模型

	LWAG				LJYSR			
Variable	Coefficient	t-Statistic	Fixed Effects (Cross)		Variable	Coefficient	t-Statistic	Fixed Effects (Cross)	
C	-0.011,4	-0.106,0			C	4.273,7*	46.994		
GX-LJY	1.228,5*	15.765,0	GX-C	-0.772,6	GX-LJY	0.641,2*	6.883,0	GX-C	-0.762,0
GZ-LJY	1.113,3*	29.823,9	GZ-C	0.104,0	GZ-LJY	0.404,4*	8.570,3	GZ-C	0.570,0
YN-LJY	0.956,9*	15.655,4	YN-C	0.368,2	YN-LJY	0.608,6*	23.048,6	YN-C	-0.514,1
SHX-LJY	1.077,1*	20.581,0	SHX-C	-0.132,7	SHX-LJY	0.531,5*	10.340,1	SHX-C	-0.566,5
GS-LJY	1.002,6*	16.687,0	GS-C	0.336,5	GS-LJY	0.384,4*	7.614,9	GS-C	0.571,6
QH-LJY	0.920,7*	14.995,9	QH-C	0.804,4	QH-LJY	0.293,7*	7.291,3	QH-C	1.191,9
NX-LJY	0.986,9*	13.980,8	NX-C	0.511,9	NX-LJY	0.515,5*	10.532,4	NX-C	-0.121,6
XJ-LJY	1.319,0*	15.703,1	XJ-C	-2.662,5	XJ-LJY	0.652,2*	23.425,3	XJ-C	-0.594,4
NMG-LJY	1.010,9*	26.036,2	NMG-C	-0.448,4	NMG-LJY	0.582,2*	12.826,7	NMG-C	-0.355,0
SC-LNJY	1.115,1*	21.631,7	SC-C	0.074,1	SC-LJY	0.554,2*	15.916,8	SC-C	-0.295,0
QC-LNJY	1.125,3*	24.771,7	QC-C	0.107,8	QC-LJY	0.558,9*	10.180,7	QC-C	-0.365,1
XZ-LNJY	0.875,3*	11.469,9	XZ-C	1.709,3	XZ-LJY	0.366,5*	5.435,8	XZ-C	1.240,7
R^2	0.976,0		F	276.04	R^2	0.949,3		F	127.097
Adj-R^2	0.972,5		D-W	1.104,0	Adj-R^2	0.941,7		D-W	0.693,5

中西部地區的農村人力資本投資對農村居民工資性收入和家庭經營收入的增加都有正向影響，並且人力資本投資對工資性收入增加的影響更大。除中部地區的吉林、山西和西部地區的西藏外，農村人力資本投資對農村居民工資性收入的彈性均介於0.9~1.3之間。中部地區最高者是湖北的1.372,9，而西部地區的最高者是新疆的1.319,0；中部地區最低者是山西的0.731,3，而西部地區最低者是西藏的0.875,3，沒有顯示出地域的強相關性。除中部地區的山西和西部地區的甘肅、西藏和青海外，農村人力資本投資對農村居民家庭經營收入的彈性均介於0.40~0.75之間。中部地區最高者是江西的0.721,5，而西部地區最高者是新疆的0.652,2；中部地區最低者是山西的0.385,0，而西部地區最低者是青海的0.293,7，也沒有顯示出強的地域相關性。但新疆的人力資本投資對農村居民工資性收入和農村家庭經營收入的影響在西部地區具有最大彈性。

五、結論及建議

中西部地區農村居民人力資本投資對工資性收入的效應較高，人力資本投資每增加1%，大部分省（市、自治區）將會使工資性收入的增加超過1%；人力資本投資每增加1%，大部分省（市、自治區）將會使家庭經營收入增加

0.5%。隨著農村人力資本投資的增加，農村居民的收入結構將發生變化，即工資性收入的比重逐漸增加，家庭經營收入的比重逐漸降低。改革開放以來，農村家庭聯產承包責任制為農村勞動力轉移提供了資金籌備，農村義務教育和職業教育為農村勞動力轉移提供了智力支持，沿海地區的快速發展為農村勞動力轉移提供了動力源泉。隨著農村勞動力轉移數量的日益增加，農村的代際分工也日益發達，進一步促進了農村居民收入結構的變化，即工資性收入在農村居民純收入中的比重逐步增加。城鄉比較收益的差異會導致農村人力資本投資主要是為了獲取工資性收入。工資性收入的增加又進一步誘導農村勞動力的轉移。與此同時，增加家庭經營收入對人力資本投資的激勵會弱化。這在一定程度上會推動高素質農村勞動力轉移，農村勞動力轉移會加快城鎮化進程。在農村勞動力轉移的過程中，留守農村經營農業的勞動力素質出現弱化現象，導致農業的弱質化和農村空心化。因此，在城鎮化的發展過程中，要加快發展現代農業和農村經濟，政府要實施對農村的政策偏向。在農業比較收益偏低的情形下，理性的農村勞動力必定放棄經營農業而進城打工，獲取工資性收入。要避免在城鎮化發展過程中的農村發展滯后而引發城鄉差距的進一步擴大，政府必須在對農業和農村提供政策支持的同時還要提供資金和智力支持。現階段，中國經濟發展所具備的物質基礎已具備了城市支持鄉村、工業反哺農業、促進城鄉統籌協調發展的條件。2013年12月的中央農村工作會議指出：中國要強，農業必須強；中國要美，農村必須美；中國要富，農民必須富。因此，必須改變「農村真窮，農民真苦，農業真危險」的狀況，加快實現農業現代化和新農村建設的進程，實現農業現代化和新農村建設是中國今後經濟發展的重要戰略，是實現中華民族復興之夢的必然選擇，也是構建和諧社會實現人的發展的必由之路。

　　在農村收入結構發生變化的過程中，農民群體也開始出現分化。一些農民已開始從農民工向市民轉化，以適應新型城鎮化的發展；一些農民已成為新型職業農民，以適應現代農業發展的需要。農民群體的分化有利於解決城鄉協調發展過程中誰將成為市民、誰將依然是農民的難題。農民身分烙印將轉化為新時代的職業特徵。農村居民收入結構的變化推動農民群體分化，進而推動產業升級和經濟結構優化，實現經濟社會和諧。但關鍵是提高農村勞動力的素質和促進人的全面發展。

　　農業現代化和新農村建設的動力和最終目標是人的發展，因此要加快提升農村人力資本，提高農村人口素質。農村人力資本投資對於加快中國農村勞動力市場轉型和增加農村居民收入的影響也在日益上升。提升農村人力資本是加快中國農村經濟轉型的重要途徑。本文就提升農村人力資本提出以下建議：

　　一是提高農村人力資本要根據就業選擇有針對性分階段進行。對以適應城鎮工作和生活為目標的農村勞動力，要進一步提升其人力資本，使其適應產業

結構升級和經濟結構優化的需要，創造條件使其盡快實現從「農民」向「市民」的真正轉變。但在農民市民化的新型城鎮化發展過程中，要避免城鎮化過程中「貧民窟」的出現。選擇農業生產經營的農村勞動力的人力資本擁有的知識資源要與現代農業的發展相適應。在農村勞動力轉移和城鎮化發展過程中，農業的經營規模和經營方式以及土地流轉模式也相應發生變化，對經營農業的勞動力提出更高的要求，要加快培養新型職業農民的步伐。因此，要充分調節好農村教育與農村經濟發展的關係，使農村教育適應農村經濟社會發展的需要，保證農村教育發展與農村經濟社會發展相協調。

二是變革政策的城市偏向，實施教育投資的農村偏向。經濟發展加快了城市化進程，城市具有完善的公共設施、高收入推動的高質量生活方式。而與此同時，農村居民收入偏低，生活水平難以改善，城鄉差距擴大。城市的拉力和農村的推力激發農村高素質勞動力的轉移，導致農村勞動力素質有相對降低的趨勢。而農業現代化、新型城鎮化的發展都需要較高素質的勞動力。因此，增加農村教育投資是實現城鄉協調發展的關鍵。與此同時，現階段應鼓勵民間資金投資農村教育，回報社會；鼓勵城市反哺農村，通過提升農村人力資本提高農村的發展能力。

三是實現農村人力資本投資與農村人口增長協調一致。在新的經濟社會發展階段，注意控制農村人口數量，提高農村人口素質，為經濟結構調整、產業優化升級創造條件，進一步優化農村收入結構。在農村居民純收入一定的條件下，每個家庭的教育投資能力與家庭子女數量呈反向關係。家庭子女數量越多，單個孩子分享到的教育資源和資金就越少，將影響家庭教育投資能力的提升，影響家庭的發展能力，進而影響人口素質的提升。

四是根據經濟社會發展的需要發展農村職業技能教育。促進農村職業技能教育發展，提高農村人力資本是加快調整農村收入分配格局的重要舉措，也是體現公平正義和人的發展的重要因素。面對日益擴大的城鄉收入分配差距，通過進一步擴展農村職業技能教育來提高那些未能升入大學且又缺乏專業技能的普通高中畢業生在勞動力市場上的就業能力，為其提供再教育機會或專業技能培訓，仍不失為一種縮小城鄉勞動收入差距的有效策略。現階段應盡快實現教育均等化，城鄉居民享受均等公共服務和發展機會，為農村人口發展提供智力儲備，從而在日益競爭的市場中實現機會均等，為城鄉協調發展創造條件。

參考文獻

[1] SCHULTZ T W. Capital Formation by Education [J]. Journal of Political Economy, 1960, 68 (12): 571-583.

[2] MINCER J. Schooling, Experience and Earnings [M]. New York: National Bureau of Economic Research, 1974.

［3］BECKER G S. Human Capital：A Theoretical and Empirical Analysis with Special Reference to Education ［M］. Second Edition. New York：National Bureau of Economic Research，1975.

［4］葉靜怡，李晨樂. 人力資本、非農產業與農民工返鄉意願——基於北京市農民工樣本的研究 ［J］. 經濟學動態，2011（9）：77-82.

［5］鄔薇，張芬. 農村地區收入差距與人力資本累積 ［J］. 中國社會科學，2006（2）：67-79.

［6］熊廣勤，張衛東. 教育與收入分配差距：中國農村的經驗研究 ［J］. 統計研究，2010（11）：40-46.

［7］賀文華. 農村居民工資收入與農村人力資本投資的區域差異研究——基於經濟發展的視角 ［J］. 經濟與管理評論，2012（4）：125-132.

［8］胡咏梅，陳純槿. 農村職業教育投資回報率的變化：1989—2009年［J］. 教育與經濟，2013（1）：22-30.

（原載於《經濟與管理評論》2014年第6期）

18. 工資水平與經濟增長的區域差異研究
——基於湖南 14 個市的面板數據

一、引言

古典經濟學和新古典經濟學認為經濟增長取決於資本的累積，利潤是資本累積的唯一源泉，收益一定時，利潤與工資呈反向變化，低工資成本可以增加資本累積，還可以避免工資成本推動通貨膨脹，因此有利於經濟增長。效率工資理論認為工資與勞動生產率有相互促進關係，而勞動生產率的高低會直接作用於經濟增長。艾倫（Allen）指出，18 世紀英國的工資上漲是第一次科技革命的動因。著名的哈巴卡克（Habakkuk）假設提出，19 世紀美國的技術進步超過了英國，其動因正是美國的勞動力短缺所激發的機械化需求。希格諾（Seguino，2007）研究指出，當工資很高時，工資成本會擠壓創新投入或使企業破產，此時高工資抑制生產率提高。阿西莫格魯（Acemoglu，2009）證明了勞動力的短缺造成勞動力成本上漲，進而促使企業實行節約勞動的技術創新。勞動力短缺推動工資上漲，而工資上漲促使企業加快技術研發以資本替代勞動，或採用勞動節約型技術進而促進經濟發展。西奧多·舒爾茨提出，人力資本是由醫療和健康、在職人員培訓、正式初中高等教育、非企業組織的成人學習項目以及就業變動而帶來的遷移等方面的投資所形成的資本，教育是形成人力資本的主要途徑。加里·S. 貝克爾強調在職培訓對於人力資本投資的重要性。羅伯特·盧卡斯強調人力資本是經濟持續增長的引擎，人力資本能夠節省生產中勞動和物質資本的使用數量，同時人力資本具有外部性。技術外溢效應和擴散效應需通過人力資本傳導，可促進經濟增長方式轉變。這主要體現在三個方面：一是工資上漲的成本壓力迫使企業加大職工培訓力度，以提高勞動生產率。霍徹斯（Hutchens，1989）研究表明，勞動力成本上升，迫使企業裁減員工，在機器數量不變的情況下，企業將加大對在崗工人的培訓力度以提高其勞動生產率。二是高工資具有激勵效應。佐拉和加勒（Zeira & Galor，1993）

發現教育的高回報促使工人增加教育投入以獲得更高工資，進而產生高工資、高人力資本的良性循環。三是高工資產生的誘導作用會吸引高素質的人員進入該行業或區域，促進行業或區域整體人力資本水平的提升。因此，工資上漲會促使企業或個人加大人力資本投資，提高勞動生產率，進而促進經濟發展。

　　改革開放以來，勞動力市場的分割減弱，勞動力的流動性快速提高。與此同時，大量農村剩餘勞動力得到釋放。由於中國區域經濟發展不平衡，勞動力資源為追逐高工資水平而不斷湧向東部地區，即所謂的勞動力「潮湧」現象。而近年來出現的中西部地區的勞動力回流及所謂的「返鄉潮」，則源自於近年來東部地區向中西部地區的產業轉移和中西部地區工資水平的提升，東部地區產業結構升級而對低素質勞動力需求減少。勞動力要素流動背後是強烈逐利訴求的驅動。產業轉移的過程本身也是東部地區產業結構升級的過程，這使得東部地區依舊擁有較高的相對平均工資，勞動力流動配合產業的區域間佈局調整揭示的是就業與崗位的匹配機制。即使在一個省的內部，發展差距也不平衡，以地處中部的湖南來說，其所轄 14 個市發展差距較大，並有加劇擴大之勢。由於湖南省委、省政府經濟發展戰略的推動，湖南的經濟發展已呈現「一個核心、三道弧線」的局面。一個核心是長株潭地區，第一道弧線是長株潭地區周邊縣（區）；第二道弧線是「3+5」城市群中的「5」再加上郴州；第三道弧線則是大西部。改革開放以來，湘東京廣線沿線的岳陽、長沙、株洲、湘潭、衡陽、郴州等地發展較快，尤其是長株潭地區取得了巨大成就。湘西大片地區包括湘西自治州、懷化、張家界、邵陽卻發展緩慢，與長株潭地區的差距越來越大。尤其是地處西部的懷化、邵陽有被邊緣化之勢。在完全競爭的市場環境裡，在其他條件不變的情況下，較高的工資水平意味較高的邊際生產力，具有較高的人力資本。因此，可以把工資作為人力資本的代理變量以研究工資（人力資本）與地區經濟增長的關係。

二、湖南區域經濟發展狀況

　　改革開放以來湖南經濟取得巨大成績，在各方面都獲得了長足的發展。但與沿海發達地區存在較大差距的同時，湖南省內各市（州）的差距也有擴大之勢。人均地區生產總值長株潭區域優勢明顯，尤其是長沙地區的人均地區生產總值遠遠高於其他區域。2013 年，長沙的人均地區生產總值為 99,570 元，株洲、湘潭分別為 49,723 元、51,717 元；除長株潭地區外，人均地區生產總值突破 3 萬元的地區有岳陽、常德、郴州和衡陽，分別為 43,953 元、39,169 元、36,256 元和 30,030 元；其他區域都低於 3 萬元，介於 2 萬~3 萬元之間的依次是婁底、益陽、張家界、懷化、永州，分別為 29,249 元、25,773 元、24,259 元、23,285 元和 22,210 元；湘西和邵陽的人均地區生產總值則低於 2 萬元，分別為 16,170 元和 15,727 元。與經濟發展的差異相隨的是在崗職工工

資的巨大差異。長沙在崗職工年均工資2012年突破了5萬元，為50,904元，2013年達到56,381元；株洲在2013年達到了46,319元。其他各市（州）介於3萬~4萬元之間，依次是湘潭、郴州、張家界、岳陽、常德、婁底、益陽、懷化、湘西、永州、邵陽、衡陽，分別為43,078元、40,792元、38,131元、38,117元、38,059元、37,984元、37,835元、37,670元、37,361元、37,132元、36,481元、36,361元。按從業人員數量計算的人均固定資產投資狀況，湖南14個市（州）的差異巨大。2013年，按投資額高低排列依次是長沙、湘潭、株洲、郴州、岳陽、常德、益陽、婁底、永州、衡陽、懷化、張家界、邵陽、湘西，分別為10.06萬元、6.59萬元、6.20萬元、4.63萬元、4.27萬元、3.59萬元、3.18萬元、3.12萬元、3.11萬元、3.02萬元、2.64萬元、2.16萬元、2.02萬元、1.34萬元（見圖1）。人均地區生產總值與人均固定資產投資、人均工資水平呈現高度相關性。

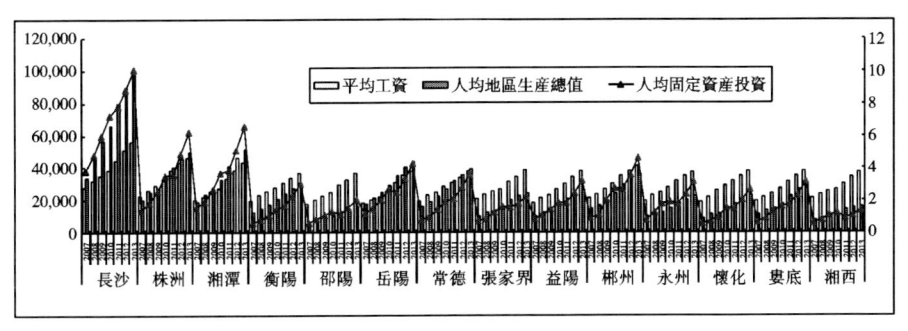

圖1 2007—2013年湖南14個市（州）人均地區生產總值、工資水平（單位：元）和人均固定資產投資（單位：萬元）狀況

由於湖南14個市（州）經濟發展存在著巨大差異，必然會影響其經濟發展環境以及政府對經濟發展的調控能力。從14個市（州）的財政赤字看，每個市（州）財政赤字都在快速增加且區域間差異較大。2013年，財政赤字從高到低依次是邵陽、衡陽、常德、永州、懷化、岳陽、長沙、郴州、益陽、湘西、婁底、株洲、湘潭、張家界，赤字分別為238.66億元、207.09億元、194.86億元、187.62億元、180.34億元、173.99億元、165.19億元、156.04億元、148.58億元、141.12億元、126.76億元、111.10億元、85.53億元、62.33億元；14個市（州）的存貸比也存在較大差異，2013年長沙的存貸比為92.72%，是湖南省區域內最高者並一直穩定在90%以上。存貸比高於50%的有湘潭、張家界、婁底、懷化、岳陽、株洲，分別為70.07%、72.39%、61.04%、54.93%、51.27%、50.48%；其他市（州）存貸比在50%以內，依次是益陽、常德、永州、湘西、郴州、邵陽、衡陽，存貸比分別為49.39%、49.00%、47.36%、43.78%、42.54%、41.29%、40.79%（見圖2）。

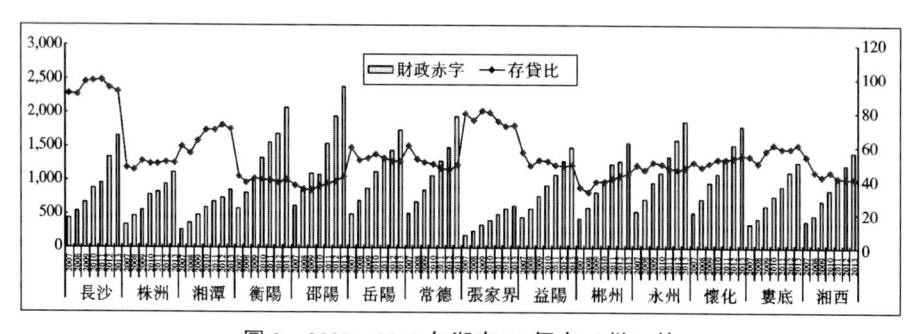

圖 2　2007—2013 年湖南 14 個市（州）的
財政赤字（單位：千萬元）和存貸比（單位:%）變化情況

湖南 14 個市（州）的發展水平存在較大差異，其差距有擴大趨勢。從 2000—2013 年湖南 14 個市（州）的經濟數據的統計分析表可以看出，從工資水平看，在崗職工年工資額最低為 6,892 元，是 2000 年的邵陽，而同一時期的懷化、湘西都超過了 7,000 元；最高為 56,381 元，是 2013 年的長沙；均值為 21,746.6 元。2013 年邵陽在崗職工的年均工資為 36,481 元，僅略高於長沙 2009 年 34,889 元的水平，低於長沙 2010 年的水平。人均地區生產總值最低為 2,534.0 元，是 2000 年的湘西，最高為 99,570 元，是 2013 年的長沙；均值為 17,263.3 元。2013 年湘西的人均地區生產總值達到了 16,170 元，高於同期邵陽的 15,727 元。2013 年其他市（州）的人均地區生產總值都超過了 2 萬元，張家界、懷化、永州分別為 24,259 元、23,285 元和 22,210 元。其他經濟指標，如財政收入、財政支出、存款、貸款、外商直接投資、出口、進口以及固定資產投資均存在巨大差異（見表1）。

三、變量、數據的選擇及數據檢驗

（一）變量選擇

外商直接投資對經濟增長的作用及其影響程度歷來頗受爭議。一些外商投資企業在華投資的目的主要是利用中國廉價的自然資源和勞動力以及中國政府給予外資的超國民優惠待遇。外商直接投資主要集中於沿海地區，中西部地區相應較少。本文把外商直接投資、出口量作為對外開放程度的代理變量。

在改革開放的推動下，政府職能轉變是否會對經濟發展產生積極的影響也是經濟發展過程中必須關注的重要問題。經濟發展的良好態勢說明政府做對了很多事情。考慮到數據的可得性以及政府管理機構的職能特徵，本文將地方政府的財政預算支出以及銀行貸款量作為政府職能的代理變量。作為經濟增長的影響因素之一，預計政府財政支出對地區經濟增長具有正向作用。

資本投入是推動湖南經濟發展的重要引擎，但投資效率不高。從固定資產

表1　湖南14個市（州）2000—2013年經濟數據的統計分析

	工資	人均地區生產總值	財政支出	財政收入	存款	貸款	FDI	固定資本	出口	進口
Mean	21,746.6	17,263.3	1,074,290.	473,111.5	834.7	567.01	26,831.3	457.3	46,024.2	32,063.3
Median	19,839.0	12,516.0	680,889.0	241,961.0	466.2	256.0	11,000.0	210.0	16,703.7	5,902.0
Maximum	56,381	99,570	7,018,238	5,366,331	10,077.2	9,344	340,043	4,593.4	616,591	372,662
Minimum	7,234.0	2,745.0	76,003.0	30,115.0	44.8	49.6	174.0	22.4	2.0	0.0
Std. Dev.	10,429.6	14,989.5	1,074,189.	726,983.2	1,301.6	1,243.3	48,553.1	645.3	84,394.0	61,609.7
Skewness	0.65	2.53	2.31	4.28	4.69	5.14	4.04	3.59	3.94	3.20
Kurtosis	2.67	11.62	10.74	24.97	28.12	30.81	21.51	19.21	21.62	14.91
Jarque-Bera	13.51	753.84	612.34	4,192.23	5,423.92	6,628.5	3,077.06	2,370.05	3,083.91	1,379.56

註：外商直接投資、進口、出口的單位為萬美元，固定資產投資的單位為億元，存款和貸款的單位為億元，財政支出和財政收入的單位為萬元，工資和人均地區生產總值的單位為元

投資的變動趨勢看，在湖南的 14 個市（州）中，固定資產投資基本保持上升趨勢。這說明湖南各地區近年來的快速經濟增長很大程度上是由資本的大規模投入帶動的，這與湖南這一階段正處於重工業化階段的大環境有關。但是資產投資的比重過大同時也反應出經濟發展中存在的問題，單純靠投資促進經濟增長不是長久之計，必須加快增長方式轉變和優化經濟結構。這又要加快人力資本投資，從而提高人力資本水平。

經濟增長對高素質人力資本的需求在不斷增加，人力資本的數量和水平直接決定於勞動力的受教育程度。現有文獻主要用每萬人中的在校大學生人數來表示人力資本變量。但大學生畢業后都會向收入水平或者說工資水平高的地區流動。勞動力具有的人力資本水平越高，越容易流動。高素質的勞動力趨於向高工資區域流動。根據邊際生產力理論，在完全競爭市場條件下，實際工資取決於勞動的邊際生產力。在技術水平和資本存量不變的情況下，人力資本水平提高，則意味著邊際產量線向右上方移動，雇傭相同數量的勞動必須支付更高的工資。由於 $MP_L = W/P$，高素質的勞動力相應具有高邊際生產力，在其他條件不變的條件下要求更高的工資。因此，可用實際工資作為人力資本代理變量。當然，工資水平與經濟發展應該具有雙向關係，在相同條件下，高工資意味著較高的人力資本，有利於推動經濟發展，同時經濟發展又會推動工資水平進一步提高，也會激勵人們提升人力資本水平。工資是收入的重要組成部分，在其他條件不變且消費傾向穩定的情況下，較高的工資意味著較高的收入，根據穩定的消費函數，則意味著較高的消費支出，較高的消費支出將刺激經濟增長。

所有數據均來自 2001—2014 年《湖南統計年鑒》，樣本區間為 2000—2013 年，為避免數據劇烈波動對擬合效果的影響，對各序列分別取自然對數。

湖南 14 個市（州）的長沙、株洲、湘潭、衡陽、邵陽、岳陽、常德、張家界、益陽、郴州、永州、懷化、婁底和湘西，分別用 CS、ZZ、XT、HY、SY、YY、CD、ZJJ、YIY、CZ、YZ、HH、LD、XX 替代。

（二）數據檢驗

1. 格蘭杰因果檢驗

從理論上可以推出較高的工資水平意味著較高的人力資本和較優的產業結構以及相應較高的消費支出，因此較高的工資在一定程度上促進經濟增長；快速穩定的經濟增長則意味著較多較好的工作機會以及較優越的工作待遇，因而可獲得優厚的工資收入，這也體現了人們享受經濟發展的成果。本文分別用 H 和 Y 代表人均工資和人均地區生產總值，對數據進行格蘭杰因果關係檢驗，結果顯示從 8 階滯后開始，在 5% 的顯著水平下，不拒絕 H 是 Y 的格蘭杰原因，也不拒絕 Y 是 H 的格蘭杰原因（見表 2）。從較長時期看，兩者存在雙向格蘭杰因果關係。

表2　　　　　工資水平與人均地區生產總值的格蘭杰檢驗結果

Null Hypothesis：	Obs	F-Statistic	Prob.
Y does not Granger Cause H	174	1.990,8	0.050,9
H does not Granger Cause Y		3.996,0	0.000,2

2. 單位根檢驗

由於面板模型研究的是跨截面的時間序列問題，因此在對面板模型進行迴歸分析之前也要進行單位根檢驗，從而避免偽迴歸。標準單位根檢驗在檢驗單變量時間序列時具有較低的檢驗功效，而考慮含有時間和截面的面板情形則更為有效。本文選用的面板單位根檢驗方法包括 LLC 檢驗（Levin, Lin & Chu）；IPS 檢驗（Im, Pesaran & Shin）以及 ADF 和 PP 檢驗。本文用 Eviews 7.2 軟件對各變量進行單位根檢驗，LLC 檢驗的零假設是各截面有相同的單位根；IPS、ADF 和 PP 檢驗的零假設是允許各截面有不同單位根。以個體效應為外生變量，對原序列和一階差分序列進行平穩性檢驗，一階差分后都是平穩序列（見表3）。

表3　　　　　　　　變量對數值的單位根檢驗結果

變量	水平值				一階差分值			
	LLC	IPS	ADF	PP	LLC	IPS	ADF	PP
lny	5.608,2	9.927,4	0.257,9	0.144,5	-11.311*	-7.507,4*	100.899*	103.531*
lnh	-2.557,9*	2.939,6	9.549,7	20.143,3	-9.614,2*	-6.742,1*	93.357,2*	133.115*
lnfdi	-4.744,5	1.154,5	25.497,8	32.555,7	-12.977,9*	-10.000,1*	130.653*	177.591*
lnx	-2.858*	0.508,9	23.269	31.113	-9.697,8*	-7.699,3*	103.277*	133.375*
lncaz	1.106,6	5.997,6	1.788,9	2.187,2	-5.921,1*	-4.394,4*	64.797,4*	65.264,4*
lnk	0.878,8	5.542,2	7.943,5	20.557,0	-6.503,0*	-4.443,5*	69.282,3*	79.668,4*

註：滯后長度根據 SIC 法則自動選擇；＊＊＊表示10%的顯著水平，＊＊表示5%的顯著水平，＊表示1%的顯著水平（下同）

3. 協整檢驗

由於所有序列的一階差分都是平穩的，都是 I（1）序列，因此繼續對其進行協整檢驗，Kao 檢驗和 Pedroni 檢驗的滯后階數由 SIC 準則確定。同質面板數據的協整檢驗（Kao, 1999）也稱為 Kao 檢驗，包括 DF 檢驗和 ADF 檢驗。Kao 檢驗顯示中西部地區工資性收入、經濟發展水平與其他變量在1%的顯著水平下存在協整關係。佩德羅尼（Pedroni）提出了7個統計量來檢驗面板數據的協整性，檢驗原假設為面板變量之間不存在協整關係。如果各個統計量均在1%（或5%）的顯著性水平下拒絕「不存在協整關係」的原假設，表明非

平穩的面板數據存在著協整關係，經驗表明各個統計量絕對值越大越能拒絕原假設。當樣本期較短（$T \leqslant 20$）時，Panel ADF 和 Group ADF 的檢驗效果較好。本文鑒於採用的樣本時間跨度為 2000—2013 年（$T=14$），Pedroni 檢驗顯示只有部分統計量在 5% 的顯著水平下存在協整關係。當 7 個統計量的檢驗結果不一致時，參照 Panel ADF 統計量和 Group ADF 統計量對變量協整關係做出判斷。Pedroni 檢驗中，4 個統計量拒絕了原假設，並且各統計量的絕對值較大，可以認為變量之間存在協整關係。Kao 檢驗與 Pedroni 檢驗基本相同，結果表明，Kao 檢驗拒絕原假設，說明變量之間存在協整關係（見表 4）。

表 4　人均地區生產總值與其影響因素的 Kao 檢驗和 Pedroni 檢驗

檢驗方法	統計量名稱	統計量值
Kao 檢驗	ADF	$-7.122,5^*$
Pedroni 檢驗	Panel v	0.110,2
	Panel rho	2.077,7
	Panel PP	$-3.960,8^*$
	Panel ADF	$-2.716,3^*$
	Group rho	3.808,4
	Group PP	$-5.019,7^*$
	Group ADF	$-3.210,6^*$

綜上所述，衡量經濟增長的指標人均地區生產總值和各影響因素之間存在協整關係。本文進行隨機效應的 Hausman 檢驗，以便確定是採用固定效應模型還是隨機效應模型（見表 5）。Hausman 檢驗表明在 5% 的顯著性水平下拒絕接受「隨機效應模型有效」的原假設，應該採用固定效應模型。

表 5　　　　　　　隨機效應 Hausman 檢驗結果

Test Summary	Chi-Sq. tatistic	Chi-Sq. d. f.	Prob.
Period random	12.520,9	4	0.013,9

四、計量模型的選擇及迴歸結果分析

（一）湖南 14 個市（州）人均地區生產總值與人均工資水平散點圖

為了更直觀地顯現湖南 14 個市（州）的人均工資水平和人均地區生產總值的關係，做出散點圖如圖 3 所示。從圖 3 中可以看出，長沙、湘潭、株洲、岳陽、常德位於散點圖的上方，當工資水平突破 4 萬元以後，長沙的地區生產總值出現快速提升，遠高於其他市，「領頭雁」的趨勢十分明顯，其次則是株

洲、湘潭，隨后是岳陽、常德；婁底、衡陽、益陽、郴州處於中間位置；處於底部的是湖南西南部地區的市（州），如湘西、張家界、懷化、邵陽、永州，在工資水平處於 1.5 萬元以前，邵陽一直處於最底部，比湘西還低，在工資高於 2 萬元以后，兩個地區已進入相同層次，比這兩個地區略高的是懷化、永州和張家界。

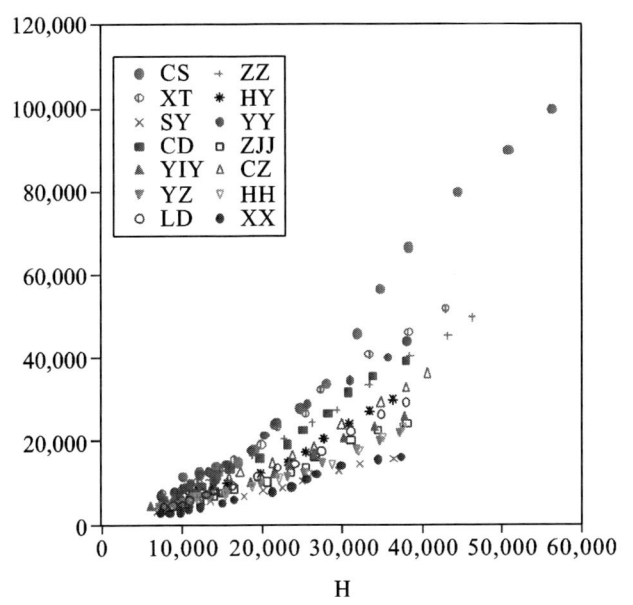

圖 3　湖南 14 個市（州）工資水平與人均地區生產總值散點圖

（二）模型設定形式

面板數據模型中參數在不同截面、時序樣本點上是否相同，直接決定模型參數估計的有效性。根據截距向量和系數向量中各分量限制要求的不同，面板數據模型可分為無個體影響的不變系數模型、變截距模型和變系數模型三種形式。在面板數據模型估計之前，需要檢驗樣本數據適合上述哪種形式，避免模型設定的偏差，提高參數估計的有效性。設因變量 y_{it} 與 $1 \times k$ 維解釋變量向量 x_{it}，滿足線性關係：

$y_{it} = \alpha_{it} + x_{it}\beta_{it} + \varepsilon_{it}$，$i = 1, 2, \cdots, N; t = 1, 2, \cdots, T$

其中，N 表示個體截面成員的個數，T 表示每個截面成員的觀察時期總數，參數 α_{it} 表示模型的常數項，β_{it} 表示對應於解釋變量 x_{it} 的 $k \times 1$ 維繫數向量，k 表示解釋變量個數。隨機誤差項相互獨立，並且滿足零均值、同方差假設。

本文採用 F 檢驗進行固定效應模型和混合 OLS 模型的篩選，根據 BP 檢驗進行隨機效應模型和混合 OLS 模型的篩選，使用 Hausman 檢驗和 Likelihood Ratio 檢驗進行固定效應模型和隨機效應模型的選擇。本文用 Eviews 7.2 軟件

進行模型形式設定檢驗，對個體截面數據採用固定效應模型，而對時序數據則採用隨機效應模型，根據研究目的而選擇個體固定效應模型。隨機效應的優勢是節省自由度，對於從時間和截距兩方面都存在比較大變化的數據，隨機效應模型能明確描述出誤差來源的特徵。固定效應的優勢是很容易分析任意截面數據所對應的因變量與全部截面數據所對應的因變量均值的差異程度。在實際應用時，選擇固定效應和隨機效應的經驗做法是如果建立面板數據模型推斷樣本空間的經濟關係，設定為固定效應模型更合理。

因此，模型初始設定形式如下：

$$\ln y_{it} = \alpha_{it} + \beta_0 + \gamma \ln caz_{it} + \phi \ln x_{it} + \lambda \ln fdi_{it} + \kappa \ln dk_{it} + \tau \ln k_{it} + \beta_{it} \ln h_{it} + \varepsilon_{it}$$

其中，$\ln y_{it}$、$\ln h_{it}$、$\ln caz_{it}$、$\ln x_{it}$、$\ln fdi_{it}$、$\ln dk_{it}$、$\ln k_{it}$ 分別為人均地區生產總值、人均工資水平、財政支出、出口、外商直接投資、貸款量、人均固定資本投資的自然對數。

（三）湖南14個市（州）經濟增長與工資水平的迴歸分析

由於存在多個截面個體，為了減少由截面數據造成的異方差的影響，這裡採用 Pooled EGLS（Cross-section Weights）方法對模型進行廣義最小二乘估計。模型 I 估計結果表明，外商直接投資、人均固定資本投資的 t 統計量不顯著，並且符號與經濟理論不吻合，可能是貸款量與投資以及外商直接投資之間存在高度共線性，因此剔除外商直接投資和貸款量，保留人均固定資本投資，得到模型 II。因此，最后的迴歸方程如下：

$$\ln y = 1.577,9 + 0.400,5\ln caz + 0.016,8\ln x + 0.124,0\ln k + \beta \ln h$$
$$(3.532,8) \quad (7.114,3) \quad (2.230,6) \quad (4.131,7)$$

模型迴歸結果顯示，政府財政支出每增加一個百分點，人均地區生產總值增加 0.400,5 個百分點；出口每增加一個百分點，人均地區生產總值增加 0.016,8 個百分點；人均固定資產投資每增加一個百分點，人均地區生產總值增加 0.124,0 個百分點。用實際工資替代人力資本分析，人力資本對人均地區生產總值增加的影響，各個地區存在較大差異。工資水平（人力資本）每提高一個百分點，人均地區生產總值增加的百分數從高至低依次為長沙、湘西、婁底、常德、岳陽、張家界、郴州、湘潭、株洲、衡陽、益陽、懷化、永州、邵陽，其彈性分別為 0.495,8、0.418,0、0.293,9、0.290,7、0.288,4、0.278,2、0.274,5、0.238,8、0.236,1、0.169,9、0.135,4、0.089,5、0.064,9、0.059,7。彈性介於 0.2~0.4 的是長沙、湘西、婁底、常德、岳陽、張家界、郴州、湘潭、株洲，在 1% 的水平下顯著；彈性介於 0.1~0.2 的是衡陽和益陽，衡陽在 10% 的水平下顯著，益陽的 t 統計量不顯著；彈性小於 0.1 有懷化、永州、邵陽，並且其 t 統計量不顯著（見表6）。

表 6　　　　　　　　人均 GDP 增長模型的迴歸結果

	模型 I				模型 II			
Variable	Coefficient	t-Statistic	Fixed Effects（Cross）		Coefficient	t-Statistic	Fixed Effects（Cross）	
C	-0.346,4	-1.025,5			1.577,9*	3.532,8		
lncaz	0.306,4*	6.162,5			0.400,5*	7.114,3		
ln$x$	0.019,9*	3.714,0			0.016,8**	2.230,6		
Lnk	-0.000,6	-0.021,0			0.124,0*	4.131,7		
lnfdi	-0.037,2*	-2.777,5						
lndk	0.169,9*	5.301,0						
CS-ln$h$	0.717,3*	7.370,8	CHS-c	-2.235,8	0.495,8*	4.910,4	CHS-c	-2.331,6
ZZ-ln$h$	0.501,7*	6.433,4	ZZ-c	0.177,8	0.236,1*	2.758,8	ZZ-c	0.347,1
XT-ln$h$	0.504,2*	6.011,1	XT-c	0.333,6	0.238,8*	2.485,4	XT-c	0.471,4
HY-ln$h$	0.434,2*	4.954,7	HY-c	0.396,1	0.166,9***	1.717,7	HY-c	0.599,4
SY-ln$h$	0.267,1*	3.270,4	SY-c	1.590,2	0.059,7	0.633,5	SY-c	1.195,7
YY-ln$h$	0.549,5*	7.121,7	YY-c	-0.307,3	0.288,4*	3.330,8	YY-c	-0.231,9
CD-ln$h$	0.581,6*	6.486,0	CD-c	-0.776,4	0.290,7*	3.095,5	CD-c	-0.361,1
ZJJ-ln$h$	0.425,8*	4.504,4	ZJJ-c	0.867,8	0.278,2*	2.755,0	ZJJ-c	-0.155,4
YIY-ln$h$	0.406,5*	5.187,6	YIY-c	0.734,8	0.135,4	1.540,8	YIY-c	0.945,1
CZ-ln$h$	0.512,7*	6.023,4	ZZH-c	-0.156,7	0.274,5*	2.964,0	ZZH-c	-0.351,3
YZ-ln$h$	0.361,5*	4.506,2	YZ-c	1.050,1	0.064,9	0.716,2	YZ-c	1.471,7
HH-ln$h$	0.371,4*	4.301,4	HH-c	0.898,4	0.089,5	0.964,6	HH-c	1.269,1
LD-ln$h$	0.546,3*	6.253,1	LD-c	-0.596,3	0.293,9*	3.115,6	LD-c	-0.527,6
XX-ln$h$	0.637,2*	8.022,8	XX-c	-1.930,6	0.418,0*	4.953,9	XX-c	-2.181,1
R^2	0.999,9		F	32,733.66	R^2	0.999,8	F	26,014.01
Adj-R^2	0.999,8		D-W	1.436,0	Adj-R^2	0.999,8	D-W	1.164,8

五、結論及建議

　　工資水平的高低與經濟發展水平相關，但在同一經濟環境下，工資水平由勞動的邊際生產力決定，而勞動的邊際生產力又取決於勞動者擁有的知識量和技能水平。以工資水平高低作為人力資本的替代變量，計量模型的結果顯示，湖南的 14 個市（州）中，人力資本對經濟增長貢獻最大的是長沙，湘西人力資本水平對經濟增長的貢獻也較大，這可能取決於湘西的民俗文化等區域特徵內涵於人力資本之中，對經濟增長產生獨特的影響。湘潭和株洲卻並沒有明顯的證據可以與其他區域分離開來。懷化、永州和邵陽三者卻具有共同的特徵，處於湖南西南部，經濟發展相對落後，人力資本對經濟增長的貢獻不明顯，其彈性在 0.1 以下，並且不顯著。湖南經濟增長的區域差異較大，其中一個重要的原因就是湖南西南部地區的人力資本和資金的流失，形成一個經濟發展窪地，這個窪地形成后若沒有政策性因素的影響抑制這種趨勢，則這種現象會自

我維持並逐步加速，進而使發展差距進一步擴大。因此，必須制定措施抑制區域差異的擴大，實現區域間的協同發展。

　　一是湖南在發展長株潭地區一體化的過程中，應加快打造湖南經濟增長極，盡快發揮增長極對周邊地區的輻射效應。以長株潭地區為中心構建兩個經濟帶，一個是以岳陽、常德、益陽、張家界、湘西為東北帶；一個是以衡陽、郴州、婁底、邵陽、永州、懷化為西南帶。形成一個以長株潭地區為龍頭，東北帶和西南帶為兩翼的面向東南沿海地區騰飛的態勢。同時，以長株潭地區為中心構建兩個圈層，一個是以緊鄰長株潭區域中心的岳陽、常德、益陽、衡陽、郴州、婁底為一個圈層，遠離中心的張家界、湘西、邵陽、永州、懷化為第二個圈層。發揮增長極的輻射功能，以中心帶動第二個圈層的發展，進而帶動第三個圈層的發展。在增長極發展的同時，要加大中心對第三圈層的扶持力度，包括技術、人才、資金等的回流，特別要防止經濟發展過程中偏遠區域被邊緣化。

　　二是各個地區在繼續加強教育投入的同時，要從滿足市場需求的角度積極推進現有教育資源的分配結構優化。政府要提升職業教育在國民教育序列中的占比，從學科設置、資金與師資配置上向應用型人才培養提供支持。地方性本科院校的人才培養計劃要適應地方經濟發展的需要，服務地方經濟發展。政府對就業人員的人力資本投資給予一定的財政支持，鼓勵並扶持用人單位開展員工技能型培訓和繼續教育，提高人力資本的知識存量和勞動的邊際生產力。在教育資源投入的區域配置上，應盡可能向經濟發展落後、資金稀缺、教育薄弱的區域進行傾斜。應加大政府在勞動力崗位選擇指導、崗前教育和培訓等方面的投入力度，提高勞動力的就業—崗位匹配性。

　　三是地方政府要因地制宜實施發展戰略，要轉變高投入、低產出的經濟增長模式，要改變只注重「引資」卻忽略「引人」的發展思路，要改變把工資水平低看成成本低從而具備競爭力的慣性思維。低工資只能是低人力資本、低消費能力，從而只能是低經濟發展水平。政府要完善基礎設施建設，建設良好的發展環境，設法打造具有地方特色和優勢的產業，在人才引入方面，確定以較高工資吸納能給地方經濟發展做出較大貢獻的人才，政府可給予適當津貼，發揮優秀人才在經濟發展中的「鯰魚效應」。通過優惠政策甚至財政補貼引進資金、技術、人才，打造支柱產業，以期帶動其他相關產業的發展，逐步形成產業集聚，提升競爭力，從而進一步吸納人才和資金，形成上升式螺旋發展軌道。通過培養、留住、吸納人才推動地方經濟發展，經濟發展推動工資水平提高，提高消費能力，增加人力資本投資，提高人力資本水平，進而推動經濟發展，實現人的發展與經濟發展的良性互動。

參考文獻

[1] SEGUINO S. Is More Mobility Good? Firm Mobility and the Low Wage-Low Productivity Trap [J]. Structural Change and Economic Dynamics, 2007, 18 (1): 27-51.

[2] ALLEN R C. Engels'pause: Technical Change, Capital Accumulation, and Inequality in the British Industrial Revolution [J]. Explorations in Economic History, 2009, 46 (4): 418-435.

[3] HUTCHENS R M. Seniority, Wages and Productivity: A Turbulent Decade [J]. Journal of Economic Perspectives, 1989, 3 (4): 49-64.

[4] GALOR O, ZEIRA J. Income Distribution and Macroeconomics [J]. Review of Economic Studies, 1993, 60 (1): 35-52.

[5] 賀文華. 區域經濟發展差距的理論與實證分析——基於長沙與邵陽的比較 [J]. 山東工商學院學報, 2013 (5): 12-19.

[6] 任杰, 王雨飛. 珠江三角洲經濟區經濟增長實證分析 [J]. 城市問題 2014 (3): 74-79.

[7] 李平, 宮旭紅, 張慶昌. 工資上漲助推經濟增長方式轉變——基於技術進步及人力資本視角的研究 [J]. 經濟評論, 2011 (3): 69-76.

(原載於《山東工商學院學報》2015 年第 6 期)

下 篇

微觀經濟學、宏觀經濟學理論應用與教學
——縣域經濟發展與經濟學教學

1. 農村資金流失與農村經濟發展

改革開放以來，農村經濟得到一定程度的發展，農民收入也相應增加。但總的情況不容樂觀，農民收入增長緩慢，農村經濟的發展水平與其在國民經濟中的地位很不相稱。農村經濟的發展受到很多因素的制約，其中一個很重要的原因是農村的資金極為短缺。在資金極為短缺的情況下，還存在農村資金的大量流失，這嚴重制約著農村經濟的發展。

一、農村資金流失的現狀

農村資金的流失主要是通過工.農業「剪刀差」、農業稅、農村信用社、徵地及亂收費等途徑流出。

(一)「剪刀差」屬於一種隱形流失，並且數額巨大

1952年「剪刀差」絕對量為24.56億元，之后迅速上升，1960年達127.23億元，1961年減少為71.59億元，之后又有上升，1964年超過100億元，1973年突破200億元，1983年超過300億元，1989年最高，達到797.44億元。改革開放以來「剪刀差」依然大幅度增加，1990年「剪刀差」絕對量為1952年的近30倍。1952—1990年，農民通過「剪刀差」為工業化提供了高達8,708億元（累計，沒有折現）的剩餘，平均每年達223億元。從改革開放之初測算，從農民那裡集中的剩餘，僅「剪刀差」一項就達6,000~8,000億元。

(二) 農業稅的徵收為工業體系建立做出巨大貢獻，也是農村資金流失渠道

以貨幣額計算，農業稅1950年為19.1億元，占國家財政收入的29.3%，占國家各種稅收的39%，1952年增加到27億元，占國家財政收入的14.7%，占國家各種稅收的27.6%，以后各年均為30億元左右，1985年後呈明顯上升趨勢，1991年達到71億元。農業稅的絕對量從1992年起迅速增長，1992年為119億元，1994年達231億元，1996年達369億元，1997年達397億元，1999年達423.5億元。農業稅占各項稅收的比重，在波動中呈現上升趨勢，1992年為3.61%，1995年為4.61%，上升了一個百分點，而1999年下降為3.96%，農業稅占產值的比重穩定上升，1992年為1.31%，1995年為1.36%，1999年為1.73%。

(三) 以農村信用社為仲介汲取農村資金

農村信用社農戶的存貸差逐年擴大，依據對江蘇省 34 個縣 3,400 個農戶的調查，1984 年農戶的存貸比為 3.7（以貸入為 1），1994 年升至 8.6，1995 年達到兩位數后便居高不下。2001 年這 3,400 戶人均存貸款分別為 395.6 元、35.3 元。推及全省為 203.5 億元、18.3 億元，存貸相差 185.2 億元。由於金融政策的制定在中央一級，農村資金的流出具有全國性。中國社會科學院人口與勞動經濟所農民收入課題組根據國家統計局的《中國統計年鑒》和中國金融學會《中國金融年鑒》的數據，計算了 1978—2000 年每年通過農村信用社轉移出農村的資金總額證明了這一點。從農村流出的資金 1978 年為 120.9 億元，1980 年為 190.7 億元，1985 年為 324.9 億元，1990 年為 731.9 億元，1991 年為 900.9 億元，1992 年為 1,023.8 億元，1993 年為 1,153.4 億元，1994 年為 1,512.5 億元，1995 年為 1,938.6 億元，1996 年為 2,503.7 億元，1997 年為 3,282.5 億元，1998 年為 3,851.3 億元，1999 年為 4,132.5 億元，2000 年為 4,639.9 億元，農村資金的流失情況越來越嚴重。

(四) 以徵地、亂收費等方式掠奪農村資源

根據國土資源部門的測算，從改革開放以來，通過對農地的徵用，從農民那裡集中的資金超過 2 萬億元。此外，還存在農業資金的滲漏。第一，農民除了支付鄉村兩級公共產品開支的「三提五統」以外，還要承擔名目繁多的亂收費項目，並且「三亂」收費是農民負擔的大頭，正所謂「一稅輕，二稅重，『三亂』是個無底洞」。而這些亂收費有一部分實際上流出了農村地區，形成農村資金的流失。第二，政府有關部門對農業資金的擠佔、挪用。為了鞏固農業的基礎地位，中央和地方各級財政每年都要形成一定的支農資金，但由於對這部分資金的監管不力，支農資金常被各級機構挪用、擠佔，其他如扶貧資金、移民安置資金等被變相截留、挪用的現象也很嚴重。第三，由於高校並軌，農村家庭為子女的高學歷付出高額的教育成本，有的家庭因為子女的沉重教育負擔，甚至傾家蕩產，債臺高築，而農村出來的大學生幾乎全部留在了城市，這也是農村資金的一種隱性流失。

二、農村資金流失的原因分析

中國農村資金流失嚴重，有多方面的原因。

(一) 特定歷史時期經濟政策的制定對農村資金流失的影響

在新中國成立初期，中國的資金極為短缺，而當時的國際國內形勢是國內資金奇缺而西方列強又對中國實施經濟封鎖。在這種壓力下，中國迫切需要建立自己的工業體系和國民經濟體系，採取的方式則是建立集權的政治體制，通過農業稅和「剪刀差」的方式汲取農村的本該用於發展農業的資金。在當時來說，是迫於國際形勢的壓力和國內經濟發展的需要，而這種機制一旦建立，

就有其一直存在下去的慣性,要消除這種慣性,就必須施加一定的外力,這是政府應該承擔的責任。

(二) 金融政策制定的城市偏向

輕鄉重城的金融政策是農村信用社資金流失的原因之一。這些政策規定了財政性存款、建築業存款不得存入農村信用社,使農村信用社難以吸收低成本的存款;規定了農村信用社不得在大中城市設點經營,而商業銀行卻可以到鄉鎮設點吸儲,商業銀行的貸款多面向城市,這就加劇了農村資金的外流。據2001年上半年蘇北地區某縣的一項調查顯示,分佈在重點鄉鎮的5個商業銀行營業網點的存款有1.18億元。這些資金全由上級進行統一調度,對當地農民的資金需求根本不予考慮。某市的調查也證實了這一點,這個市1999—2001年郵政儲蓄增加10.55億元,同期農村信用社只增加5.34億元,全市郵儲資金的70%來自縣及縣以下,其攬儲的資金全都上調,根本不沾「三農」的邊。

(三) 資金的趨利性

市場經濟條件下資金的趨利性將驅使資金流向回報率較高的領域。農業資金只有在獲得社會平均利潤率的前提下,農業才會保持一定投資規模。如果農業投資的收益長期低於社會平均水平,就會迫使農業資金流向其他行業和領域,城鄉分離的二元結構及大量的歧視性政策等因素,降低了農業的比較利益。資金的投資必須具備三個條件:盈利性、流動性、安全性。農村信用社面對的客戶是分散的千家萬戶的農戶,主要是小額的貸款,因此營運成本高、盈利率低。農戶經營種植業,沒有固定的收入來源,不能按時還貸的可能性很大,影響資金的流動性。農戶收入增長緩慢,並且因病致貧、因災致貧的比例很高,導致農戶沒有償還能力,影響信用社資金的安全性。如果剝離政策性方面的原因,農村信用社把資金投向城市是信用社作為經濟主體理性的經濟決策。因為信用社如果把資金投向城市,其面對的是較大的客戶,可以對客戶進行客觀的信用等級評判,在一定程度上可以保證貸款的盈利性、流動性、安全性,防範呆帳、壞帳風險。

(四) 農民貸款存在很高的信用風險

信用社擔心農民不能按時還款而影響信用社的資金安全,形成經營風險。第一,農業是一種弱質產業,受氣候和自然災害的影響較大,干旱、洪澇、冰雹和病蟲害等都可能對其帶來致命打擊。以種植業為主的農戶基本是靠天吃飯,抗風險能力極差。如果遇到大的自然災害,農戶的各種投入就會面臨較低的產出,信貸資金的按期足額償還必然受到影響。第二,農戶生產處於一種封閉狀態,在信息不對稱的市場上農戶處於一種弱勢地位,農戶進行的是分散化經營,組織化程度低,造成他們對農產品價格和供求信息十分匱乏,搜尋信息需要極高的成本,分散經營的農戶不會花費高額成本進行信息搜索,農戶在生

產中只能依賴蛛網模型進行產量決策,決策嚴重滯后於產品價格變化。由於市場經濟中產品價格的變化頻率很高,價格的變化可能給農戶帶來風險,給農戶帶來經濟利益損失,從而影響還貸。第三,小額農貸是自上而下的支持農業、農村和農民的金融措施,具有較強的政策性業務色彩,信用社在資金、人員方面投入很大,信用社在開展農村小額農貸業務時不能要求農戶提供有效擔保和抵押,不能獲得財政貼息,而且還要繳納等同於其他商業性銀行貸款的各種稅收。第四,小額農貸的利率變化也可能給小額農貸帶來損失。小額農貸的經營過程中借貸雙方最為敏感的問題就是小額農貸的利率問題。利率過高,會加重農戶的經濟負擔,利率過低,會減少信用社的利息收入,可能導致信用社的虧損。第五,小額農貸是採用無擔保信貸方式發放的,由於信用社面對的是成千上萬的分散農戶,農村小額信貸具有巨大的工作量,各地農村信用社在評估農戶信用程度時,一般依靠當地政府的力量而獲得一些數據,並核定農戶的效益等級,這會給農村信用社帶來很大的信用風險。

三、資金流失對農村經濟發展的影響

農村資金的流失對農村經濟發展的負面影響將是深遠的,也是全方位的。

(一) 融資渠道單一,難以緩解農業生產經營困境

目前在農村金融領域,信用社處於壟斷地位,而近年來農村信用社存貸比逐漸擴大,大量資金流入城市,農民很難從信用社得到貸款。農民貸款,在很多情況下要以自己或他人的存單作為抵押。江蘇省農村社會經濟調查隊2001年調查的3,400戶農戶中1996—2001年借入的資金中,來自金融機構的僅占26.2%,73.8%來自民間借貸。在許多地方的調查都表明,農民從信用社得到的貸款占其總借額比重不足20%。一些農民和企業有很好的項目,產品更新換代有市場,但缺乏資金,有掙錢的門路也只能作罷。越需要資金越得不到貸款,越得不到貸款就越阻礙經濟發展,這形成一種惡性循環,影響整個農村經濟的發展。

(二) 農村資金淨流出影響農村的自我發展能力

農村資金淨流出導致農村的低地效應越來越嚴重,難以逃脫因果貧困的陷阱。由於農業剩餘被掠奪,農業生產只是農民賴以求生的一種方式,農民沒有能力對農業生產追加資金,定位於一種生存農業。現代農產品市場已達到供求基本平衡,豐年有餘,已轉為買方市場。農業人口比例過大,並且農民的消費是以自給自足的消費方式為主,種植結構單一導致農產品在一定程度上供給大於需求,加之農產品需求彈性較低,提升農產品價格的空間又極為有限,在農村資金大量流出的同時,農民收入不能得到應有的補償,因此沒有能力對農業進行必要的投資。財政支農的逐年減少,導致農業的基礎水利設施不能及時得到修整和完善,農業生產成本逐年提高,農業生產收益逐年降低,有些地方農

業生產的淨收益已為零甚至為負。農民進行農業生產不但不能從中得到收益，反而要從非農產業中搜尋資金用於農業投資，在迫不得已的情況下，農民只有拋荒土地，遠走他鄉。

(三) 農業資金流失阻礙農村人口素質提高

農業資金流失破壞農村人口的生存環境和抑制農業人口生存能力的提高。因為大量農業資金流失，農民不能集儲自己的養老基金，也無法建立農村人口的保障體系，導致農村中的「養兒防老，多子多福」的傳統觀念得到加強，給計劃生育政策的實施帶來一定的負面影響。農民有義務讓自己的子女接受義務教育，但在農民收入降低乃至生存都有困難的時候，農村大量學齡兒童失學也就在情理之中了，這又將影響今後農村人口整體素質的提高，農村人口的生存能力也難以進一步提高，因此阻礙了農村經濟發展。

(四) 收入差距擴大，影響社會公平，危及社會穩定

現階段仍然有相當一部分處於絕對貧困狀態下的農村人口，按625元的貧困標準，中國的農村貧困人口1993年是8,000多萬人，2002年依然有2,800多萬人。來自農村扶貧基金會的數字顯示，農村現在未解決溫飽問題的人口約3,000萬人，低收入人口（人均收入以865元為標準）約6,000萬人，總計約9,000萬人，佔農村人口的11%。以2000年為例，農村家庭人均純收入為2,253.4元，城鎮居民人均可支配收入為6,280.0元，即農民的人均可支配收入只相當於城鎮居民人均可支配收入的35.9%，卻依然要負擔相對較重的稅負，加劇了農村人口的相對貧困化。

四、防止資金流失的策略研究

防止農村資金流失，同時向農村注入反哺資金已到了刻不容緩的地步，必須採取切實可行的政策措施阻止農村資金流失。

(一) 取消農業稅和「三提五統」等有關費用，增大對農業的財政支持力度

改革現行財政分配體制，加大農業投入。從財政渠道看，要解決農村資金的外流問題，有兩條途徑：一是取消農業稅，二是加大農業投入。通過農業投入的增加把從農村流出的資金返回到農村，減少資金的淨流出，直到形成淨流入。現行產業投資體制是國家對農業投入不足的根本原因，因此必須改革現行產業投資體制，適應經濟發展形勢，建立新的產業投資體制。財政對農業的投入應著重於以下幾方面：一是農業基礎設施建設，如水利建設、農田改造等。完備的農業基礎設施是農業生產順利開展的重要保障。據農業部統計，全國現有大量的中小水庫是「病危庫」，亟須資金來治理。另外，農業基礎設施老化也導致農業抗災減災能力降低。二是增加農村文化教育、衛生保健、通信和電網改造等的投入，提高農村人口的科學文化素質，改善農村人口的生活質量，

改變農村人口傳統的生活方式，分享經濟發展帶來的利益。三是增加農業科技的投入，降低農村人口對農業的投資成本，增加農業的收益。

(二) 縮小工農價格「剪刀差」

為了建立完善的工業體系和國民經濟體系，國家通過工農業產品價格「剪刀差」汲取了大量的農業剩餘和農村資金。但隨著經濟的發展，「剪刀差」的累積功能逐步弱化，國家財政收入對農業剩餘的依賴性降低。進入20世紀90年代后，通過「剪刀差」累積的農業剩餘大量地轉化為消費基金。這為縮小「剪刀差」提供了可能。此外，中國已進入工業化中期階段，具備了工業反哺農業的能力。第一，在可能的空間內提高農產品價格。提高農產品價格是縮小「剪刀差」的重要途徑。但是一些農產品已經接近甚至超過國際市場價格，而農產品品質較低。中國加入世界貿易組織后，限制了農產品的提價空間。第二，提高農業勞動生產率。在提升農產品價格已沒有潛力的情況下，解決「剪刀差」的有效途徑是提高農業勞動生產率，降低生產成本，提高農業比較利益。現階段的農業生產已進入一個怪圈，農村長期投資不足影響勞動生產率提高，而增加投資卻提高了農業經營成本，從而喪失競爭力。因此，政府必須增加財政支農力度，利用財政資金在農業中實施先進的科學技術和基礎設施方面的投資，降低單位農產品的資源消耗。第三，減少農業人口。加快城鎮化建設步伐，扶植鄉鎮企業發展，進一步減少農業人口，減少農產品供給，同時增加農產品需求，利用供需原理提高農產品價格。第四，調整農業產業結構，實施多元化經營。加長農產品生產鏈條，實施產供銷一體化和農產品深加工，增加農產品在生產過程中的附加值，爭取把大量的農業剩餘留在農業內部，有效防止農業剩餘的流失。不斷增加農產品的花色品種，提高農產品品質。

(三) 在農村進行金融創新，糾正金融政策的城鎮偏向，改善農村的投資環境

第一，為了減少農村資金流失，撤銷沒有支農任務的商業性銀行在農村的網點，保留郵政儲蓄，形成與農村信用合作社的有序競爭，有利於提高金融服務質量。國家金融管理部門應採取必要的經濟和行政手段，保證來自農村的儲蓄又回到農村。第二，規範農村金融市場。目前農村金融市場的主體除了商業銀行、合作信用社的網點，還有民間借貸行為和地下高利貸組織，一些主體的存在極大地影響和擾亂了農村金融市場秩序，因此必須依法規範民間借貸行為。第三，進一步推進農村信用合作社改革，激勵制度創新，由國家對農村信用合作社實行政策傾斜和相應的財政支持，適當降低存款準備金比例，對虧損進行補貼，減免稅收，自動調整利率，以解決農村信用社的自身利益問題，避免農村資金流失，保護農村存款確實用於農業和農村經濟發展。

參考文獻

［1］江蘇省農村社會經濟調查隊. 調整國民收入分配格局促進三農問題的解決——江蘇及全國三農與國民收入分配關係問題的研究［J］. 調研世界, 2003（4）: 11-16.

［2］中國社科院人口與勞動經濟所農民收入課題組. 農村大量資金淨流出須予重視［J］. 農業經濟導刊, 2003（3）: 21-22.

［3］楊永華. 外商直接投資農業與農業發展［J］. 南京社會科學, 2002（3）: 11-15.

［4］阮紅新, 楊海軍, 雷春柱. 信貸資產分散條件下的風險與收益: 對農戶小額信用貸款的實證研究［J］. 管理世界, 2003（7）: 95-102.

［5］李新生, 謝元態. 關於農村資金流失的實證分析及理論思考［J］. 江西財經大學學報, 2002（6）: 27-30.

（原載於《湖北經濟學院學報（人文社會科學版）》2004年第2期）

2. 湖南縣域經濟發展差距研究
——基於邵陽和長沙縣域經濟的對比

一、引言

全國縣域內陸地國土面積為874萬多平方千米,占全國陸地國土面積的94.0%。2003年,全國縣域內人口達9.16億人,占全國總人口的70.9%,全國縣域經濟國內生產總值為6.45萬億元,占全國國內生產總值的55.15%。湖南省有縣域單位86個(不包括市轄區),面積為18.3萬平方千米,占全省總面積的89%。2003年,湖南省縣域內人口占全省人口的83%,縣域經濟地區生產總值占全省地區生產總值的68%,縣域人口平均規模為62萬人,財政收入平均規模為1.2億元,縣域地區生產總值為31億元。

湖南省位於長江中遊南岸,總面積21萬多平方千米,受地質地貌條件、人口素質和經濟基礎等方面的影響,各縣的經濟發展水平差異顯著。

縣域經濟是縣域範圍內所有經濟活動的總和,屬於中觀經濟和區域經濟範疇,又是農村經濟和城市經濟的結合部,是實現國家對整個經濟活動進行調控的重要環節,縣域經濟以鄉村經濟為基礎,以小城鎮為中心,並與各種不同的區域經濟及外資經濟結成一個整體。鄉村經濟和小城鎮經濟是縣域經濟的基本構件,在縣域經濟發展中處於十分重要的地位。縣域經濟與人民群眾的切身利益息息相關,縣域興則全省興,縣域活則全省活,湖南省全面建設小康社會的重點、難點在農村,抓重點、破難點的關鍵在於大力推進縣域經濟發展。

2003年,湖南省評出的20個經濟強縣中長瀏寧望(長沙縣、瀏陽市、寧鄉縣、望城縣)、資興、汨羅、醴陵位列「第一集團」。緊隨其后的是耒陽、冷水江、桂陽、邵東、攸縣、永興、澧縣、桃源、吉首、華容、湘鄉、臨湘、湘陰。邵東縣的地區生產總值名列第四,在長沙縣、瀏陽市、寧鄉縣之后。長沙縣、瀏陽市、望城縣的地方財政收入、農民人均純收入都位列前三名。

二、邵陽地區和長沙地區縣域經濟發展差距分析

邵陽地區的縣域單位包括邵東、洞口、隆回、新邵、邵陽、城步、新寧、綏

寧和武岡（縣級市）。長沙地區的縣域單位包括長沙、寧鄉、望城和瀏陽（縣級市）。2004 年，長沙地區的瀏陽市和寧鄉縣人口數量都超過了 130 萬人，人口最多的瀏陽達到了 133.21 萬人，長沙縣和望城縣人口也都超過了 70 萬人。邵陽地區人口最多的是邵東縣，人口達到了 118.14 萬人，隆回縣的人口達到了 111.13 萬人，邵陽縣人口達到了 97.16 萬人，新邵和武岡的人口都超過了 73 萬人，和長沙縣的人口相當，城步和綏寧的人口較少，城步是苗族自治縣，人口只有 25.8 萬人。

2004 年，邵陽地區生產總值最高的邵東縣也只有 86.47 億元，洞口為 41.813 億元，隆回為 35.48 億元，武岡為 31.05 億元，其餘縣的地區生產總值都在 30 億元以下，地區生產總值最低的城步苗族自治縣只有 10.43 億元。同期長沙地區的「四小龍」，除望城縣的地區生產總值只有 80.78 億元外，其餘三個縣都突破了 100 億元，地區生產總值最高的長沙縣達到了 149.49 億元，是洞口的 3.58 倍，隆回的 4.21 倍，是邵陽地區生產總值最低的城步的 14.13 倍（見圖 1）。

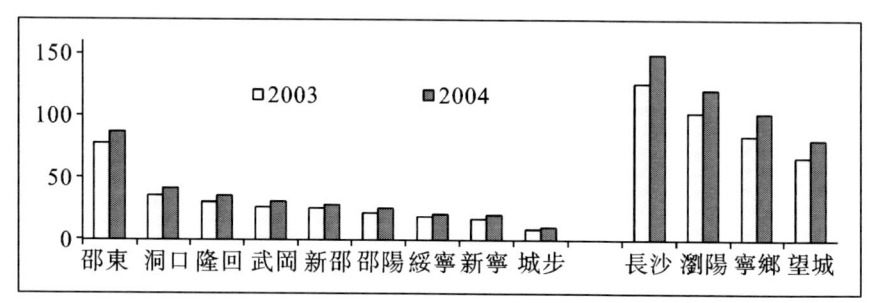

圖 1　長沙縣域與邵陽縣域 2003 年、2004 年的地區生產總值（單位：億元）

2004 年，邵陽地區生產總值增長率最高的新寧達到了 20.58%，城步為 17.72%，新邵只有 11.0%，進入湖南前 20 強的邵東的地區生產總值增長率也只達到 11.6%，地區生產總值排在邵陽地區第二位的洞口的增長率也只有 11.61%。同時期，長沙地區的「四小龍」中，地區生產總值增長率最高的寧鄉達到了 21.85%，地區生產總值最高的長沙縣的地區生產總值增長率達到了 20.69%，增長最慢的瀏陽也達到了 18.25%。因為長沙地區「四小龍」的地區生產總值基數大，如果以這種發展差距持續下去的話，兩個地區的差距將會越來越大。

2004 年，邵陽地區人均地區生產總值最高的邵東為 7,780 元，綏寧為 5,977 元，洞口為 5,226 元，最低的邵陽縣只有 2,636 元，新寧也只有 2,945 元。同時期，長沙地區的「四小龍」中人均地區生產總值最高的長沙縣達到了 20,267 元，是邵東的 2.61 倍，綏寧的 3.39 倍，洞口的 3.87 倍，邵陽縣的

7.69倍（見圖2）。

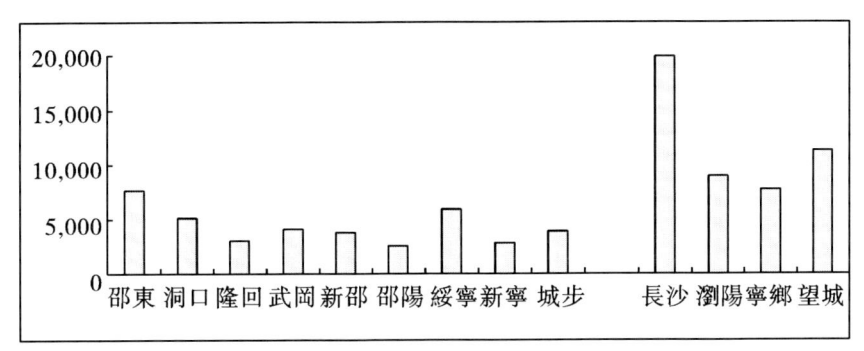

图2 長沙縣域與邵陽縣域2004年人均地區生產總值（單位：元）

2004年，邵陽地區各縣的財政收入除邵東外，都少於2億元，城步、新寧在2004年剛剛突破1億元，邵東在2004年的財政收入也不足4億元，隆回為1.8億元，武岡為1.6億元，洞口為1.33億元。長沙地區的「四小龍」的財政收入都超過了5億元，財政收入最高的長沙縣達到了15.17億元，瀏陽市的財政收入是12億元，最少的寧鄉縣也有5.60億元。邵陽地區的大部分縣的財政常常是入不敷出。

2004年，邵陽地區各縣的固定資產投資最多的邵東達到了18.38億元，洞口為12.93億元，固定資產投資最少的城步只有5.078億元。同時期，長沙地區的「四小龍」除望城只有51.771億元外，其餘三個縣都超過了60億元，固定資產投資最多的瀏陽市達66.05億元。與2003年相比，2004年固定資產投資增長率除邵東、洞口和新邵外都達到60%以上，增長率最高的武岡達80.9%，綏寧也達73%，增長率最低的邵東只有31%，新邵為40%。長沙地區的長沙、瀏陽、寧鄉、望城分別為35.6%、27.8%、18.9%、32.1%（見圖3）。

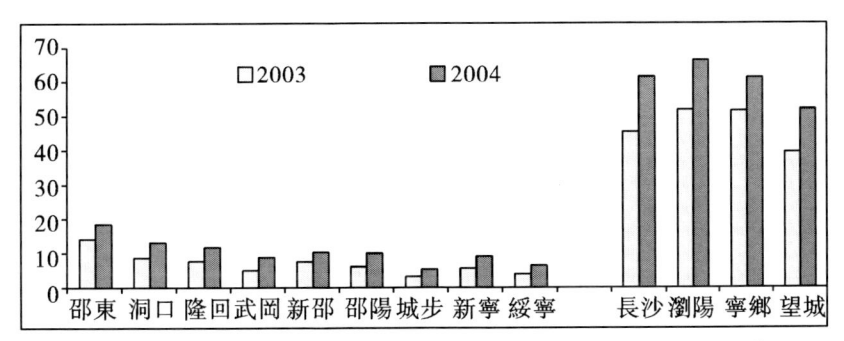

圖3 長沙縣域與邵陽縣域2003—2004年固定資產投資情況（單位：億元）

2003—2004年，長沙地區和邵陽地區的產業結構都在不斷調整，長沙地

區「四小龍」產業結構都有一個共同的特點，第一產業比重較低，第一產業比重最大的寧鄉也只有26.8%，比重最低的長沙只有16.3%，第二產業和第三產業的比重之和都接近或超過了80%。三次產業結構中比重最高的是第二產業，其比重都超過了40%，比重最高的長沙達到了59.1%，第三產業的比重都低於35%，第三產業比重最高的寧鄉也只有32.9%。除邵東外，邵陽地區各縣三次產業結構中的第一產業的比重都超過30%，比重過大，而第三產業的比重除洞口和城步外都超過了30%，邵東、隆回、武岡、新邵、新寧的第三產業的比重都超過了長沙地區「四小龍」的比重。隆回是全國貧困縣，但第三產業的比重卻達到了39.68%，第一產業的比重達31.62%。而第二產業中的比重都低於長沙地區「四小龍」的第二產業的比重，比重最高的是洞口和城步，但也只有38.9%，低於長沙「四小龍」中第二產業比重最低的寧鄉的40.3%。從邵陽地區的總體情況來看，第一產業比重過大，第二產業比重偏低，有些縣幾乎沒有效益很好的企業，而第三產業出現了超前發展，邵陽地區第三產業主要集中於餐飲貿易服務，沒有工業化的支撐，沒有第二產業作為依託，很難出現經濟持續快速發展（見圖4）。

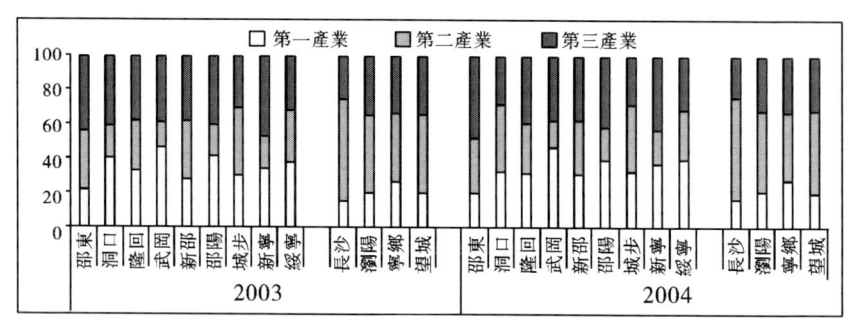

圖4 長沙縣域與邵陽縣域2003—2004年產業結構變化情況（單位:%）

長沙地區和邵陽地區金融機構中的存貸款餘額差別也很大。2004年，邵陽地區存款最多的邵東達到了58.84億元，洞口為36.55億元，隆回為31.47億元，但貸款的數量相對都較少，邵東只有17.47億元，洞口為11.10億元，隆回為16.61億元。2003—2004年，除城步和邵陽縣外，其餘各縣的存貸比都低於50%，存貸比最低的邵東只有29.7%，並且從2003年至2004年，各縣的存貸比都是下降的。同時期，長沙地區四個縣的存貸比都超過了55%，並且從2003年至2004年，存貸比都是上升的，存貸比最高的瀏陽達69.05%（見表1）。這說明邵陽地區的投資不活躍，民間缺乏投資熱情，金融資源沒有得到良好運用。

2004年，邵陽地區消費品零售總額除邵東和武岡外，消費品零售總額都在10億元以下，最低的城步還不足3.7億元。但消費品零售額最多的邵東卻

達 28.2 億元，直追長沙地區的長沙縣，比望城高 10.8 億元，這主要是由於邵東家電批發市場的貢獻。長沙地區的「四小龍」的餐飲業在消費零售總額中所占比例最高的望城也只有 10.1%，長沙縣和寧鄉分別為 8.62% 和 7.62%。而邵陽地區的城步、新邵、隆回的餐飲業在社會消費零售總額中所占的比例卻分別達到了 15%、14.03%、9.46%，綏寧和洞口也分別達到了 7.21% 和 7.11%。這顯示出這些縣的餐飲業較為發達（見圖 5）。

表1　長沙縣域與邵陽縣域的年末存款餘額、貸款餘額及存貸比

		2003 年			2004 年		
		存款（億元）	貸款（億元）	存貸比（%）	存款（億元）	貸款（億元）	存貸比（%）
邵陽地區	邵東	51.33	16.48	32.11	58.84	17.47	29.7
	洞口	26.165,8	10.828,7	41.38	31.470,2	11.102,4	35.23
	隆回	30.571,1	14.107,9	46.15	36.55	16.61	45.44
	武岡	20.442,0	8.186,4	40.05	25.395,3	9.579,8	37.72
	新邵	19.608,6	9.573,1	48.82	22.963,2	11.050,4	48.12
	邵陽	16.462,5	8.632,4	52.44	19.161,2	9.686,4	50.55
	城步	7.613,2	6.893,1	90.54	9.028,6	7.581,7	83.97
	新寧	14.639,5	6.513,5	44.49	17.685,2	7.126,9	40.30
	綏寧	13.610,8	5.879,3	43.20	16.078,1	6.622,1	41.19
長沙地區	長沙	60.98	39.5	64.78	77.77	53.5	68.79
	瀏陽	61.649,7	39.139,8	63.49	70.380,5	48.599,9	69.05
	寧鄉	51.800,3	30.338,3	58.57	59.808,0	35.864,7	59.97
	望城	35.524,8	19.845,7	55.86	42.805,1	25.088,6	58.61

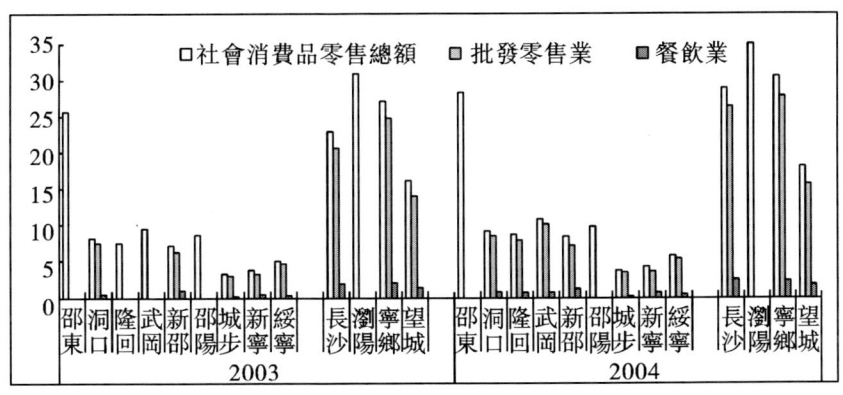

圖5　社會消費品零售額、批發零售業零售額、餐飲業零售額（單位：億元）

三、結論及建議

　　長沙地區縣域經濟發展走在全省的前列，有其獨特的地理區位優勢，「近水樓臺先得月」，能最先受到長沙市政治、經濟、文化等因素的影響。長沙市的經濟觀念、文化理念能很快地向周邊輻射，長沙地區的「四小龍」能較快地調整經濟觀念，改變文化理念，以最快的步伐進入工業化。邵陽地區和長沙地區縣域經濟的差距主要是工業化程度的差距，邵陽地區工業化進程緩慢，產業結構中第一產業和第三產業的比重偏高，第二產業的比重偏低。邵陽市委、市政府提出了「興工強市」戰略，積極振興邵陽工業，邵陽下屬各縣同時推進「興工強縣」戰略。邵陽地區和長沙地區的存貸比差別極大，2004 年與 2003 年相比，長沙地區四個縣存貸比都呈上升趨勢，而邵陽地區的 9 個縣的存貸比都呈下降趨勢。這說明邵陽地區的投資不活躍，金融資源未充分利用。這主要是因為邵陽地區的民營企業少、投資環境差。長沙地區的「四小龍」地區生產總值增長速度高於邵陽地區除新寧縣以外的其餘各縣，長沙地區增速最低的瀏陽市比邵陽地區增速最低的邵陽縣高 7.25 個百分點。而長沙地區的「四小龍」地區生產總值基數大，2004 年長沙地區地區生產總值總量最低的望城比邵陽地區生產總值總量最低的城步高 70.352 億元，地區生產總值總量最高的長沙縣是城步地區生產總值的 14.3 倍。長沙地區在基數大、增速快的優勢下，與邵陽地區發展差距將會出現馬太效應，因此邵陽地區經濟的發展任重而道遠。

　　為了加快邵陽縣域經濟發展，必先振興工業，加快產業結構調整步伐，改善投資環境，鼓勵民間投資。

（一）加大經濟結構調整力度

　　在產業結構轉型戰略上，縣域經濟要從以農業經濟為主向以工業經濟為主轉變，工業由分散向集聚轉變。從資源市場轉型戰略視角來看，縣域經濟要由單純依靠當地資源和國內市場向利用兩種資源、開拓兩個市場轉變。調整產業結構，應建立適應生產力發展的多元化產業結構。邵陽地區大部分縣屬於農業主導型產業結構，在市場競爭日益激烈的形勢下，其適應市場的能力較弱。因此，應重點培育各縣具有比較優勢的產業帶，甚至產業群體，優化調整產業結構，建立適應市場競爭機制的多元化產業結構，逐步打破農業主導產業經濟結構模式，大力發展第二產業和第三產業，提高其產業所占的比重，逐步建立起三次產業協調發展的宏觀經濟結構。

（二）調整優化縣域經濟所有制結構

　　在所有制轉型戰略上，縣域經濟應由國有、集體所有制為主向積極構建以民營企業為主體的經濟框架、全方位發展民營經濟轉變。要積極培育「農民老闆」，抓住民營資本在全國範圍內大規模流動的時機，到民營經濟發達地區

學習並吸引大型民營企業落戶邵陽。改革開放以來，逐步打破了公有制一統天下的格局，形成了以公有制為主體，個體經濟、私營經濟、「三資」經濟等非公有制經濟共同發展的所有制結構。這種所有制結構在一定程度上推動了縣域經濟發展，但仍不能滿足所有縣域經濟快速發展的需要，要因地制宜構建各縣的所有制結構，根據生產力發展的現狀和要求，構建多種經濟成分共同發展的結構，擴大民營經濟在縣域經濟中的比例。

（三）發展特色產業

要像提到瀏陽就會想到菸花，提到醴陵就會想到瓷器，提到桂陽就會想到菸葉那樣，縣域經濟要由雷同型經濟向特色型經濟轉變。在經濟屬性轉型戰略上，縣域經濟實質上就是特色經濟，必須立足當地優勢，圍繞「特」字做文章；必須依據當地區位和自然資源優勢，因地制宜打造特色產業和名牌產品，改變「小而全」和自求平衡的農業區域格局。邵陽縣域經濟要打造自己的特色產業、支柱產業，有旅遊資源優勢的縣域要積極開發旅遊資源，如新寧的崀山、隆回的魏源故居、城步的南山牧場；同時，開發特色資源，如邵東的黃花菜、隆回的金銀花等。

（四）推進工業化進程，走新型工業化道路

工業化是一個國家、一個地區邁向現代化的必由之路。無農不穩，無工不富，工業興則經濟興，工業強則經濟強。一個地方的經濟發展離不開工業的振興，縣域經濟的發展首先是加快推進工業化進程。縣域經濟要立足本土優勢，走出一條科技含量高、經濟效益好、資源消耗低、環境污染少、人力資源優勢得到充分發揮的新型工業化道路；推進產業結構優化升級，形成以高新技術產業為先導、基礎產業和製造業為支撐、服務業全面發展的產業格局，積極發展對經濟增長有帶動作用的高新技術產業，積極發展能帶動基地生產和區域經濟發展的加工型龍頭企業，使之上聯市場，下聯基地和農戶，在農工商、產加銷之間形成利益共享、相互促進的利益共同體，積極推進農業產業化經營，提高農民進入市場的組織化程度和農業綜合效益，發展農產品加工業，壯大縣域經濟。

參考文獻

［1］譚藝平．湖南省縣域經濟發展問題研究——以瀏陽市為例［J］．經濟地理，2003（4）：472-475．

［2］趙國如．縣域經濟的經濟學思考［J］．山東農業大學學報（社會科學版），2005（2）：28-31．

［3］謝功梅，鄭應平．縣城經濟帶動縣域經濟 縣域經濟發展研討會昨召開［N］．瀟湘晨報，2004-09-20（1）．

（原載於《中國民營科技與經濟》2006年第5期）

3. 湖南省貧困縣的發展現狀及對策

「貧困」是所有發展中國家面臨的最重大的社會問題之一。近年來，世界經濟增長相當顯著，而國家之間的貧富差距卻越來越大了。據聯合國1997年的《人文發展報告》披露，近年來世界貧窮國從27個增加到48個，貧困人口從10億人增至13億人，並且仍在以每年2,500萬人的速度增加。與世界的情形截然不同，通過政府部門和社會各界的共同努力，中國在緩解農村貧困方面取得了舉世矚目的成就。中國在世界增加3億貧困人口的期間減少了本國的2億貧困人口。2000年，湖南省共有貧困縣（含市、區、州，下同）31個，其中國家級貧困縣10個：水順、保靖、平江、雙植、新化、沅陵、花垣、安華、隆回、心田。省級貧困縣21個：城步、桂東、汝城、古丈、瀘溪、鳳凰、通道、江華、龍山、麻陽、慈利、宜章、新晃、炎陵、茶陵、吉首、石門、芷江、永定區、瀏陽市、武陵源區。貧困地區土地面積達7.98萬平方千米，占全省土地總面積的37.68%；貧困地區總人口達1,449.2萬人，占全省總人口的22.90%。

一、湖南省貧困縣的現狀

2000年，湖南省貧困地區人均地區生產總值為3,150.22元，相當於全省平均水平的55.86%；人均財政收入為133.39元，相當於全省平均水平的49.44%；人均工農業總產值為2,459.68元，相當於全省平均水平的25.94%；人均糧食產量為388千克，相當於全省平均水平的88.38%；農民人均純收入為1,522.75元，相當於全省平均水平的69.31%。其中，國家級貧困縣的水平更低（見表1）。

表1　2000年湖南省貧困地區主要經濟發展指標與全省的比較

區別	人均國內生產總值（元）	人均工農業總產值（元）	人均財政收入（元）	人均糧食產量（千克）	農民人均純收入（元）
全省	5,639.00	9,481.50	269.79	439	2,197.16
貧困地區	3,150.22	2,459.68	133.39	388	1,522.75
其中：國家級貧困縣	2,587.35	2,153.47	105.28	371	1,195.58

資料來源：湖南省第五次人口普查辦公室《湖南貧困地區人口現狀及對經濟發展的制約》

2004年，湖南省貧困地區人均地區生產總值為4,084.97元，相當於全省平均水平的44.81%；人均財政收入為209.35元，相當於全省平均水平的26.87%；人均工業增加值為991.42元，相當於全省平均水平的37.28%；人均糧食產量為375.82千克，相當於全省平均水平的89.57%；農民人均純收入為1,749.17元，相當於全省平均水平的61.63%。其中，國家級貧困縣的水平更低（見表2）。

表2　2004年湖南省貧困地區主要經濟發展指標與全省的比較

區別	人均國內生產總值（元）	人均工業增加值（元）	人均財政收入（元）	人均糧食產量（千克）	農民人均純收入（元）
全省	9,117.00	2,659.33	907.77	419.59	2,838.00
貧困地區	4,084.97	991.42	243.88	375.82	1,749.17
其中：國家級貧困縣	3,529.69	901.39	209.35	356.78	1,499.15

資料來源：2005年《湖南統計年鑒》

（一）湖南省國家級貧困縣的發展現狀

根據新的評定標準，2004年湖南省國家扶貧開發重點縣有20個，即張家界市桑植縣、益陽市安化縣、岳陽市平江縣、郴州市桂東縣、汝城縣、永州市新田縣、江華縣、邵陽市隆回縣、城步縣、邵陽縣、懷化市沅陵縣、通道縣、婁底市新化縣、湘西州古丈縣、瀘溪縣、保靖縣、永順縣、鳳凰縣、花垣縣、龍山縣。

湖南省國家扶貧開發重點縣中，新化、隆回、平江三縣的人口都超過了100萬人，分別為129.19萬人、111.13萬人和100.08萬人，邵陽和安化兩縣的人口均接近100萬人，分別為97.16萬人、96.20萬人，其餘的縣除龍江和沅陵外，人口都在50萬人以內，人口最少的古丈縣只有13.76萬人。生產糧食最多的平江縣達48.92萬噸，人均488.81千克；人口達25.85萬人的城步縣生產的糧食只有1.73萬噸，人均66.925千克。2004年，平江縣的人均糧食產量最高，城步縣最低（見圖1）。

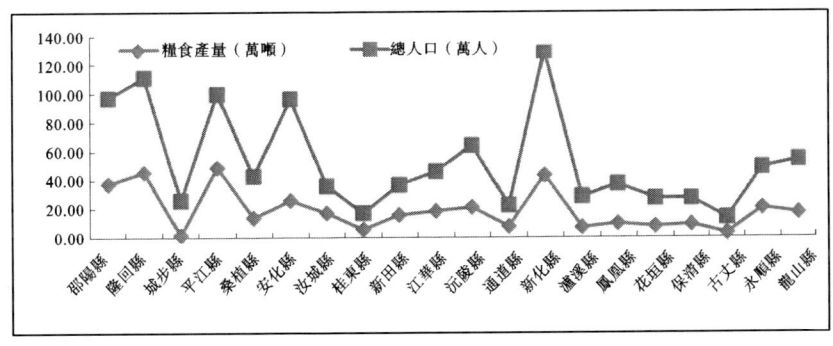

圖1　2004年湖南省國家級貧困縣的總人口、糧食產量

地區生產總值最高的平江縣達465,834萬元，人均4,654.6元，第一產業增加值達139,453萬元。工業增加值最高的是沅陵縣，達219,421萬元，其餘各縣除平江縣為120,353萬元外，均在10億元以內，古丈縣只有6,326萬元。地區生產總值最低的古丈縣為39,081萬元，人均2,840.2元，第一產業增加值最低的古丈縣為12,345萬元。2004年，湖南省國家級貧困縣的人均地區生產總值都在5,000元以下，平江縣最高，最低的桑植縣只有2,560.794元（見圖2）。

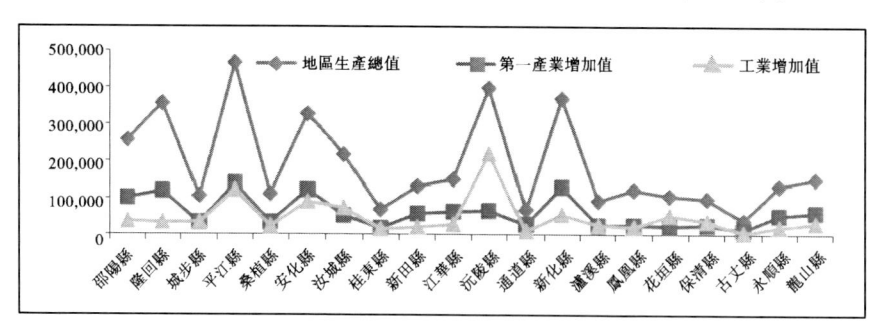

圖2　2004年湖南省國家級貧困縣的地區生產總值、
第一產業增加值和工業增加值（單位：萬元）

2004年，財政收入最高的新化縣達24,497萬元，最低的古丈縣是2,171萬元；農民人均收入最高的汝城縣達1,797元，最低的城步縣是1,347元（見圖3）。

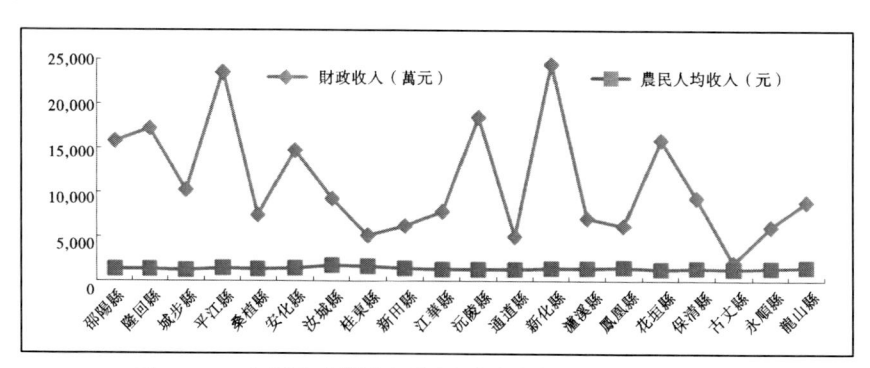

圖3　2004年湖南省國家級貧困縣財政收入、農民人均收入

（二）湖南省省級貧困縣的發展現狀

2004年，湖南省扶貧開發重點縣有茶陵、炎陵、新邵、新寧、石門、慈利、宜章、安仁、寧遠、辰溪、麻陽、新晃、芷江、雙牌、漣源、吉首、永定區、武陵源區。

2004年，湖南省省級貧困縣中漣源、茶陵、新寧、石門的人口都超過了30

萬人，分別為40.10萬人、33.46萬人、32.60萬人和30.68萬人，新邵、寧遠和慈利人口都接近30萬人，分別為28.82萬人、27.70萬人和27.42萬人，其餘的縣除安仁和宜章外人口都在10萬人以內，人口最少的武陵源區只有1.35萬人。生產糧食最多的漣源市是109.62萬噸，人均2,733.65千克；武陵源區生產的糧食只有4.65萬噸，人均3,444.445千克。2004年，人均糧食最多的是永定區，達13,856.68千克，最低的安仁縣為1,511.026,5千克（見圖4）。

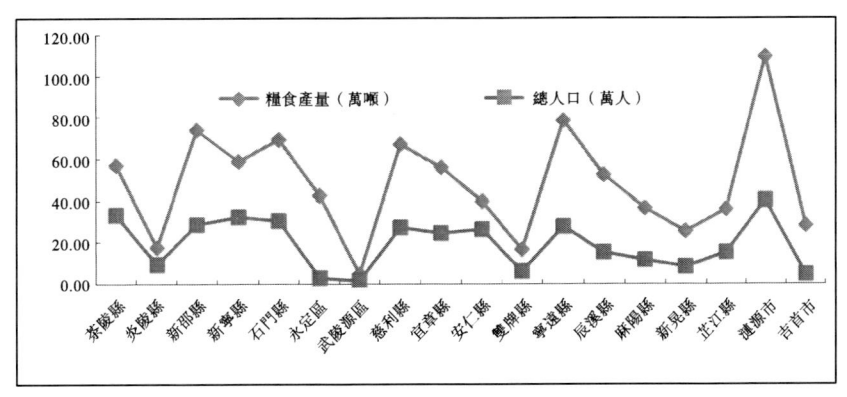

圖4　2004年湖南省省級貧困縣的總人口、糧食產量

2004年，地區生產總值最高的石門縣達476,966萬元，人均15,546.48元，第一產業增加值155,099萬元。工業增加值最高的是宜章縣，達121,399萬元，其餘除漣源市116,416萬元、石門縣108,613萬元外，均在10億元以內，武陵源區為2,165萬元。地區生產總值最低的武陵源區為84,537萬元，第一產業增加值最低的武陵源區為5,071萬元。2004年，人均地區生產總值最低的新寧縣為6,191.166元（見圖5）。

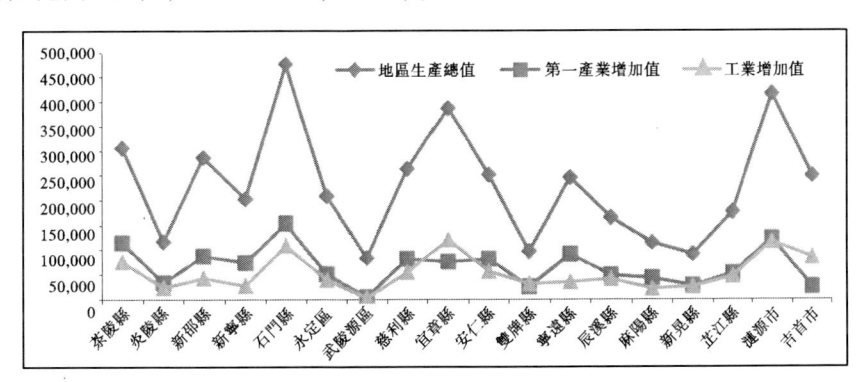

圖5　2004年湖南省省級貧困縣的地區生產總值、
第一產業增加值和工業增加值（單位：萬元）

2004年，財政收入最高的漣源市達32,018萬元，最低的新晃縣為4,503萬元；農民人均收入最高的武陵源區是2,745.87元，最低的新寧縣是1,337.00元（見圖6）。

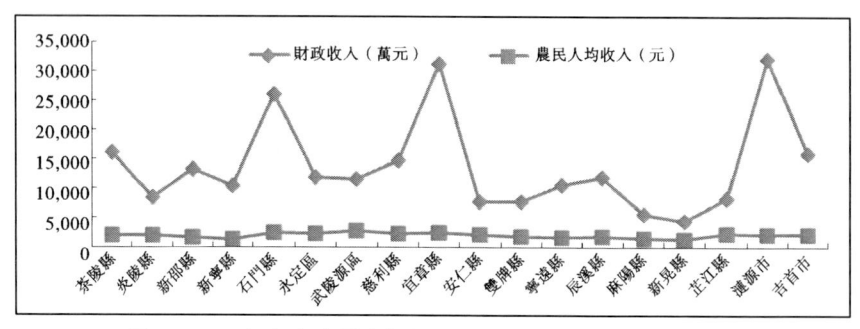

圖6 2004年湖南省國家級貧困縣財政收入、農民人均收入

二、貧困地區經濟發展的制約條件

湖南省貧困區域形成的原因是多方面的，包括地理位置、文化理念、人口素質、產業結構等自然和社會因素。

（一）人口自然增長率高、文化素質低

全省貧困地區1999年11月1日至2000年10月31日人口自然增長率為5.09‰。貧困地區文盲人口達91.85萬人，占15歲及以上人口的比例為8.30%，比全省平均水平高出3.65個百分點。茶陵、桑植、麻陽、新晃、吉首、瀘溪、鳳凰、花垣、保靖、古丈、永順、龍山12個縣的文盲率還超過了10%，最高的保靖達到15%。特別是女性人口的文盲率更高，平均達到12.92%，鳳凰、花垣、保靖、永順、龍山5個縣該比例還超過了20%。

（二）少數民族人口比重大

貧困地區大多地處湖南省邊陲，屬山區或半山區，也是少數民族人口居住比較集中的地方。湖南省現有16個民族縣（市、區），除靖州苗族侗族自治縣外，其餘均屬貧困縣。2000年，湖南省有少數民族人口658萬人，其中居住在貧困地區的達509.28萬人，占到了77.40%。

（三）經濟生產條件差

2000年，貧困地區的機耕面積為334.29萬畝（1畝＝666.67平方米，下同），只占區域耕地面積的13.76%（全省平均為43.88%）；有效灌溉面積為820.13萬畝，占耕地面積的57.38%（全省平均為68.27%）；擁有農業機械動力為420.23萬千瓦，每畝耕地平均佔有0.29千瓦（全省平均為0.40千瓦）。

（四）城鎮化水平低

2000年，貧困地區城鎮人口占總人口的比重為15.64%，比全省平均水平

低 14.11 個百分點。不計 4 個市、區，27 個貧困縣的城鎮化水平為 11.15%，並且還有桂東（9.53%）、平江（8.27%）、汝城（7.66%）3 個縣的城鎮化水平在 10% 以下。貧困地區城鎮化水平較低，是非農產業不發達的一種反應。2000 年，貧困地區非農業戶口人數占總人口的比例為 12.26%，較全省平均水平低 7.34 個百分點，特別是有 7 個縣的非農業戶口比例還在 10% 以下，最低的隆回縣僅為 7.49%。

三、結論及對策

湖南省縣域經濟的發展存在巨大差距。貧困縣都是農業縣，農民收入微薄，財政收入少，赤字嚴重；工業基礎薄弱，交通設施等基礎設施破敗，地理位置偏僻，交通不便，有許多區域為少數民族聚居地。但這些地方也有其獨特的發展優勢，有些地方地理位置偏僻，為少數民族聚居地，因而有其獨特的自然景觀和民族風情。新寧的崀山、城步的南山牧場、新化的波月洞、鳳凰的鳳凰古城、武陵源的旖旎風光、隆回的魏源故居、雙植的賀龍故居等，可以充分利用地緣優勢，發展旅遊業，開發各地的特色產品。在對貧困縣加大財政投入的同時，應正確處理好授人以「漁」和授人以「魚」的關係，把自主創業和政府扶持結合起來。

（一）改善發展條件，減輕農民負擔

國家對所有尚未解決溫飽的貧困農戶，免除稅費，適當延長扶貧貸款的使用期限，放寬抵押和擔保條件，扶貧貸款實行優惠利率。同時，省和地方政府制定有利於貧困地區休養生息的政策；逐步加大對貧困地區的轉移支付力度，為貧困地區提供更多的財力支持；全部免除貧困地區學生的九年義務制教育費用，設立義務教育基金，給予特困學生資助，依靠多種途徑籌集教育經費，改善辦學條件。貧困地區的人才缺乏是多方面、多層次的，引進人才是必要的，但基點還必須放在發展教育、開發內部人才上。貧困地區應精簡鄉鎮機構，減少不必要的財政支出，真正減輕農民負擔；建立農村醫療保障體系，改變農民「小病挨，大病扛」的現狀。

（二）改善投資環境，吸引外部資源

國家應改善貧困地區的投資環境，加大交通、通信、電力等基礎設施的投資力度，發展硬件設施；同時，完善法律法規制度，嚴格執法，防止相關部門的「索、拿、卡、要」的出現，杜絕「三亂」行為，為民營企業的投資創造良好環境，鼓勵自主創業，發展縣域經濟。政府對貧困縣新辦企業和發達地區到貧困區興辦的企業，實施減免稅優惠政策；同時，積極推動發達地區與貧困地區在政府、民間、企業等層次上的大跨度橫向聯合和扶貧協作。

（三）誘導自願移民，組織勞務輸出

國家應在缺乏基本生產和生活條件的少數特困地區誘導自願移民。其政策

是群眾自願、就近安置、量力而行、適當補助。貧困地區的農業勞動力剩餘狀況與其他地區別無二致，同樣存在著轉移的緊迫性。同時，貧困地區在城鎮發展、產業結構、經濟發展水平等方面落後於其他地區，農業勞動力的轉移又存在著特殊性。因此，把產業間流動同地域間流動有機地結合起來，有組織地實施勞務輸出，既可以緩和農業勞動力剩餘嚴重而本地實難解決的矛盾，又可以促使邊遠山區的人口從偏僻落後的、甚至被歷史遺忘的窮山僻野中走出來。勞務輸出項目不僅可以增加農民現金收入，解決溫飽問題，更重要的是可以通過項目的組織和管理，使貧困地區勞動力在異地工作、生活，更新了觀念，掌握了技術，提高其自我發展的能力。這對於貧困家庭和貧困地區徹底擺脫貧困，走上穩定發展的道路意義十分重大。

（四）關注弱勢群體，加大投入力度

中國是一個多民族的國家，其中少數民族人口約占總人口的10%。由於少數民族地區的發展起點低、起步晚，目前大多仍處於相對落後的狀態，少數民族地區的貧困人口占全國貧困人口的比例超過40%，少數民族地區的貧困問題突出。對此，國家應採取以下措施：第一，在確定貧困縣時對少數民族地區給予特殊照顧；第二，扶貧資金向少數民族地區傾斜；第三，加大基礎設施建設力度，完善道路、水利等公共基礎設施；第四，促進教育、衛生等社會事業的發展。

參考文獻

[1] 湖南省統計局.湖南統計年鑒 [G].北京：中國統計出版社，2005.

[2] 賀文華，胡茜.湖南省縣域經濟發展差距研究——基於邵陽和長沙縣域經濟的對比 [J].中國民營科技與經濟，2006（5）：74-76.

[3] 湖南省第五次人口普查辦公室.湖南貧困地區人口現狀及對經濟發展的制約 [EB/OL].(2002-07-04).http://www.hntj.gov.cn/rkpc/200207240113.htm.

（原載於《臺灣農業探索》2007年第1期）

4. 整合支農資金 發展縣域經濟
——以湖南隆回縣為例

根據財政部《關於做好財政支農資金整合試點工作的通知》（財政部財農便〔2004〕31號），2005年5月中旬湖南省財政廳農業處赴懷化市辰溪縣和邵陽市隆回縣實地瞭解支農資金使用情況，6月底，初步確定了全省指導性方案——《湖南省財政支農資金整合試點工作方案》，與農業綜合開發辦公室（簡稱農開辦）聯合在懷化的辰溪和邵陽的隆回、永州的祁陽、益陽的赫山區四個縣區開展支農資金整合試點工作。

隆回縣位於湘中偏西南，地處雪峰山南麓與衡邵干旱走廊交接地帶，總面積2,866平方千米，是國家扶貧開發工作重點縣，下轄26個鄉鎮1,010個村（居）委會，其中省定扶貧工作重點村180個，總人口110萬人，農業人口98萬人。到2004年年底，全縣農民人均純收入僅為1,450元，貧困人口達18.9萬人、5.4萬戶，低收入貧困人口14.22萬人、4萬戶，未解決貧困人口4.68萬人、1.4萬戶。

一、隆回縣財政收入及支出狀況

（一）財政收支概況

1978年，隆回縣的財政收入是1,518萬元，財政支出是1,236.31萬元，其中經濟建設支出占財政支出的46.84%，財政收支盈餘。1996年，隆回縣財政收支出現赤字，收入12,818萬元，支出16,101.0萬元，並且經濟建設支出占總支出的比例也有下降趨勢。2002年，隆回縣經濟建設支出占財政支出的10.60%（見表1、表2）。因此，作為一個國家級貧困縣，如何提高財政資金的使用效率顯得尤為重要。

表1　　　　　　　隆回縣1990—2002年財政收入情況　　　　　單位：萬元

年度	總收入	其中縣級一般預算收入							
		合計	工商各稅	農業稅收	企業收入	專項收入	其他收入		
							國家預算調節基金	國有資產經營收益	其他
1991	6,345	3,788.9	2,517.2	646.5	236.9	72.6	29.8		285.9
1992	6,342	6,098.0	4,734.0	661.0	37.0	113.0	28.0		525.0
1993	8,031	7,698.0	5,781.0	886.0	43.0	98.0	16.0		874.0

表1(續)

年度	總收入	其中縣級一般預算收入							
		合計	工商各稅	農業稅收	企業收入	專項收入	其他收入		
							國家預算調節基金	國有資產經營收益	其他
1994	8,632	4,636.0	1,807.0	1,351.0	107.0	95.0	9.0		1,267.4
1995	10,728	6,383.0	2,343.0	1,384.0	62.0	224.0	4.0		2,366.0
1996	12,818	8,194.0	2,743.0	1,778.0	51.0	217.0			3,405.0
1997	14,791	9,891.0	3,234.0	2,140.0	145.0	237.0			4,135.0
1998	16,646	11,269.0	3,831.0	1,783.0	191.0	249.0	182.0		5,033.0
1999	16,320	12,664.0	4,158.0	1,770.0	447.0	303.0	144.0		5,842.0
2000	18,358	12,817.0	4,707.0	1,777.0	379.0	361.0	161.0		5,432.0
2001	20,335	14,122.0	5,920.0	1,571.0	439.0	353.0	221.0		5,618.0
2002	21,259	13,521.0	4,416.0	2,508.0	141.0	353.0	131.0		5,972.0

資料來源：《隆回縣志（1978—2002年）》（隆回縣志編撰委員會）

表2　　　　　隆回縣1990—2002年財政支出情況　　　　單位：萬元

年度	合計	其中					財政支出比上年增減	經濟建設支出占財政支出%
		經濟建設	文教科衛	撫恤社教	行政管理	其他支出		
1991	5,518.3	1,398.1	2,310.8	225.7	931.3	652.4	8.80	25.34
1992	6,177.0	1,130.0	2,737.0	198.0	1,395.0	717.0	11.94	18.29
1993	7,458.0	1,489.0	3,006.0	249.0	1,697.0	1,017.0	20.74	19.97
1994	8,465.0	1,109.0	4,381.0	266.0	2,183.0	526.0	13.50	13.10
1995	9,879.0	1,403.0	3,876.0	397.0	2,512.0	1,691.0	16.70	14.20
1996	13,864.0	2,959.0	4,946.0	720.0	2,756.0	2,483.0	40.34	21.34
1997	16,101.0	3,086.0	5,148.0	1,648.0	2,993.0	3,226.0	16.14	19.17
1998	17,399.0	4,588.0	4,668.0	1,824.0	4,185.0	2,134.0	8.06	26.37
1999	20,842.0	5,207.0	5,463.0	2,531.0	5,132.0	2,509.0	19.79	24.98
2000	21,689.0	3,681.0	6,951.0	2,920.0	5,567.0	2,570.0	4.06	16.97
2001	25,970.0	4,113.0	8,771.0	3,656.0	6,475.0	2,955.0	19.74	15.84
2002	30,493.0	3,235.0	10,451.0	5,083.0	7,181.0	4,543.0	17.42	10.60

資料來源：《隆回縣志（1978—2002年）》（隆回縣志編撰委員會）

　　2004年，隆回縣共完成財政總收入17,272萬元，其中地方財政總收入完成12,498萬元；完成財政總支出40,518萬元，其中財政支農支出完成4,219萬元，占財政支出的比重為10.41%。支農支出中，農口部門與鄉鎮農業事業費支出1,941萬元，占支農支出的46%；農業綜合開發支出594萬元，占支農支出的14.08%；農業專項支出326萬元，占支農支出的7.72%；農村科教文衛支出65萬元，占支農支出的1.55%；財政扶貧資金支出1,293萬元，占支農支出的30.65%。2005年，隆回縣共完成財政總收入17,853萬元，其中地方財政總收入完成12,312萬元；完成財政總支出48,728萬元，其中財政支農

支出完成5,372萬元,占財政總支出的比重為11.51%。支農支出中,農口部門與鄉鎮的農業事業費支出2,287萬元,占支農支出的42.57%;農業綜合開發支出382萬元,占支農支出的7.11%;農業專項支出490萬元,占支農支出的9.12%;農村科教文衛支出92萬元,占支農支出的1.71%;財政扶貧資金支出1,362萬元,占支農支出的25.35%。2004年,省市下達隆回縣支農資金總額為11,614.6萬元,其中通過財政部門下達的9,141.9萬元,農口部門單獨下達的982.2萬元(省級農口部門下達82萬元,市級農口部門下達900.2萬元)。財政部門下達的支農資金中,農業科2,864萬元(含財政扶貧資金1,293.2萬元),農開辦594萬元,經建科4,124萬元,教科文416萬元,企業科27萬元,社保科343萬元。2005年,省市下達隆回縣支農資金總額為12,866.28萬元,其中通過財政部門下達的11,615.06萬元,農口部門單獨下達的869.22萬元(省級農口部門下達200萬元,市級農口部門下達669.22萬元)。財政部門下達的支農資金中,農業科3,238.58萬元(含財政扶貧資金1,346.42萬元),農開辦382萬元,經建科5,276萬元,教科文446萬元,企業科6萬元,社保科2,648.48萬元。

2004年和2005年,隆回縣財政支出遠大於財政收入,其中支農支出分別為4,219萬元和5,372萬元。2004年和2005年省市下達給隆回縣的支農資金分別為11,614.6萬元和12,866.3萬元,是通過農口部門和財政部門分別下達(見表3)。財政支農資金支出主要是農口部門與鄉鎮農業事業費、農業綜合開發、農業專項支出、農村科教文衛、財政扶貧五方面支出(見表4)。

表3　隆回縣2004—2005年省市下達隆回縣的支農資金情況　　單位:萬元

2004年	2005年
省市下達縣支農資金總額　11,614.6	省市下達縣支農資金總額　12,866.28
農口部門982.2 其中:省級農口部門82 　　　市級農口部門900.2	農口部門869.22 其中:省級農口部門200 　　　市級農口部門669.22
財政部門9,141.9 其中:農業科2,864 　　　農開辦594 　　　經建科4,124 　　　教科文416 　　　企業科27 　　　社保科343	財政部門11,615.06 其中:農業科3,238.58 　　　農開辦382 　　　經建科5,276 　　　教科文446 　　　企業科6 　　　社保科2,648.48

資料來源:隆回縣財政局農業股《隆回縣支農資金有關情況》

表4　　　　　　　　隆回縣 2004—2005 年財政支農情況　　　　單位：萬元

	2004 年	2005 年
農口部門與鄉鎮農業事業費	1,941	2,287
農業綜合開發	594	382
農業專項支出	326	490
農村科教文衛	65	92
財政扶貧	1,293	1,362

資料來源：隆回縣財政局農業股《隆回縣支農資金有關情況》

（二）縣級支農專項資金預算安排情況及資金來源

2004 年，隆回縣共安排支農專項資金 326 萬元，主要分為兩個方面：一是重點項目專項，共計 11 個項目，共計金額 296 萬元，其中沼氣生態能源建設 50 萬元，金銀花入藥典、硒資源普查評審 60 萬元，畜牧專項事業費 75 萬元；二是農技推廣專項，共計 16 個項目，金額 30 萬元。2005 年，隆回縣共安排支農專項資金 490 萬元，其中沼氣生態能源建設 50 萬元，農村勞動力轉移培訓與配套 20 萬元，畜牧事業費 60 萬元，防汛抗旱 20 萬元，水土保持項目配套 10 萬元，農業發展機動金 40 萬元，烤菸發展基金 100 萬元。

2004 年，隆回縣來源各渠道的支農資金達 11,614.6 萬元，其中農業綜合開發資金 594 萬元，財政扶貧資金 1,293.2 萬元（含以工代賑），長治水保項目資金 171 萬元，教育危改 316 萬元，農村社會救助 1,064.63 萬元，國債交通 1,020 萬元，基本建設 40 萬元，種糧補貼 1,553.25 萬元，退耕還林補助 3,468.5 萬元，農業專項資金 126.2 萬元，水利建設資金 89.5 萬元，林業專項資金 61.1 萬元，其他 109.55 萬元。省市農口部門單獨下達的支農資金達 982.2 萬元。2005 年，隆回縣來源於各渠道的支農資金達 12,866.28 萬元，其中農業綜合開發資金 382 萬元（含長治水保 184 萬元），財政扶貧資金 1,346.42 萬元（含以工代賑），農村社會救助 2,648.48 萬元，教育危改 362 萬元，科技富民強縣 84 萬元，國債 635 萬元，基本建設 575 萬元，種糧補貼 1,795.72 萬元，退耕還林補助 3,552.49 萬元，農業專項資金 56.5 萬元，水利建設資金 275.5 萬元，林業專項資金 147.4 萬元，其他 136.55 萬元。省市農口部門單獨下達的支農資金達 869.22 萬元。[1]

二、隆回縣支農資金整合的特點

隆回縣在進行支農資金整合的過程中，結合縣域經濟的特點，摸索出了自

---

[1] 數據來源：隆回縣財政局農業股《隆回縣支農資金有關情況》。

身的整合特色，主要是精心選好項目，以項目為整合平臺，提高資金的使用效率。

（一）基礎設施建設

在農田水利基本建設方面，隆回縣從改善農業生產條件入手，克服縣級財政資金緊缺的困難，充分發揮政府組織的協調作用，把分散在各部門的支農資金整合起來，用於全縣的農田水利基本建設。2002年，隆回縣實施了六都寨水庫庫尾圍堤復耕工程，該項目通過兩年多時間的實施，完成總投資2,364萬元，上級財政只安排專項資金1,000萬元，缺口資金達1,364萬元。為解決這一難題，縣政府將財政、農業綜合開發、以工代賑、六灌局、國土、扶貧六項支農資金進行整合，共整合農業綜合開發資金300萬元、國土資金200萬元，扶貧資金200萬元，六灌局400萬元，縣級財政配套安排300萬元等部門資金1,300餘萬元，用於平整土地、渠道開挖與砼化、河堤修築、機耕道建設等項目，確保項目順利實施。資金整合使用后，有效改善了項目區的生產和農民的生活條件，進一步提高了農業產業化水平，使支農資金產生了巨大的社會、經濟效益。2004年，項目建成後，項目區農民人均收入增加到1,345.2元，比全縣平均水平高出86.2元。20世紀五六十年代修建的246座中小型水庫，近90%出現了裂縫、水庫干渠嚴重毀損等現象。大部分水庫和渠道已不能正常發揮蓄水灌溉功能，並且給水庫下游群眾的生命財產安全埋下了隱患。從2005年開始，隆回縣共整合水利、水保、防洪保安、以工代賑、烤菸、國債、農業綜合開發七個部門的資金，共計500多萬元，對縣內的20餘座病型水庫進行了改造和維修，從而確保基本農田灌溉用水需要，促進了當地農業增產和農民增收。兩年多來，隆回縣還實施了山塘硬化工程、渠系改造工程、土地平整工程以及節水灌溉工程等項目，整合水利、以工代賑、農業綜合開發、國土、財政扶貧等涉農項目資金達6,000多萬元，維修改造水利工程16,000處，增加蓄水量4,000多萬立方米，新增和改善有效灌溉面積20餘萬畝，增強了農業綜合生產能力和抗旱抗災能力。

在交通建設方面，近幾年，隆回縣實施了「通鄉油路、通村公路與千里村級路網改造工程」等項目，將以工代賑、交通、國債、扶貧等專項資金整合使用，整合支農資金近億元，新修村級公路195千米，改造公路450多千米，基本實現了「村村通」的目標。

（二）優勢產業培植

隆回縣確定了中藥材、優質稻、烤菸、蔬菜、楠竹五大農業優勢產業。為了扶持這些優勢產業壯大發展，隆回縣制定了資金整合扶持優勢產業規劃，按照「以規劃定項目、資金跟著項目走」的原則，整合一批支農資金，發展壯大一個優勢產業。五大農業優勢產業中，縣域南面的烤菸和北面的中藥材最具代表性。

烤菸是隆回縣的傳統產業，種植歷史悠久，早在清朝嘉慶年間縣內南面的7個鄉鎮就有種植習慣，但由於種植區的交通、水利等基礎設施落后，導致這一傳統產業無法形成規模。在烤菸生產方面，隆回縣採取「上級部門資金捆、本級財政資金獎、菸農配套資金投」等措施籌措資金1,800多萬元，實施了「菸水、菸田、菸路」等配套改造工程，新建標準化菸田1.5萬畝，新增密集式烤房200餘座。這些措施大大激發了廣大農民的種菸積極性，使烤菸生產取得重大突破。2005年，隆回縣烤菸面積達到1.6萬畝，產量達到3.2萬擔，菸葉產值達到1,487萬元，創稅600餘萬元，面積、產量創造了1998年以來的最好水平。2006年，隆回縣烤菸種植面積突破2萬畝，產量達4.5萬擔，菸葉產值達到1,972萬元，是2002年產值的近3倍。在中藥材生產方面，隆回縣選準金銀花這一主導產業，在鞏固原有種植規模的基礎上，積極實施品種改良、標準化種植、規範化管理、無害化加工等措施，進一步提升金銀花的質量，同時對金銀花進行深加工，延伸產業鏈。2005年，隆回縣整合農業綜合開發、農業、扶貧、以工代賑等部門支農資金200餘萬元，新建了一個占地面積達50畝的良種繁育基地和一個種植面積達200畝的金銀花示範基地，基地內配套設施齊全、技術服務到位，有效帶動了當地藥農發展金銀花的積極性，促進了藥農增收。種植金銀花15萬畝，其他中藥材10萬畝，隆回縣由此躋身全國藥材生產重點基地縣行列，成了名副其實的「中國金銀花之鄉」。

（三）生態環境建設

自2005年以來，隆回縣實施了退耕還林工程、水保長治工程、改水改廁工程、安全飲水與沼氣能源建設工程，整合資金600餘萬元，完成退耕還林面積4.6萬畝，新建沼氣池2,300口，社會效益、經濟效益和生態效益得到了充分發揮。[①]

三、支農資金整合過程中的困難分析

在支農資金整合過程中，縣級政府部門往往存在一種整合上級財政資金的積極性，希望向上級要資金，要優惠政策，而對本級的財政資金整合積極性不高；在資金的審批和管理上埋怨上級管得太嚴、統得太死；在申報、審批和資金安排上要求更高的自主權，希望上級財政部門對資金量大的項目給予重點支持，對資金量小的項目要保障全額安排。支農資金整合併不是只整合上級資金，整合支農資金是一種資源的再配置問題，是把好鋼用在刀刃上。如果整合資金使用得到的收益能夠補償各部門資金減少的損失且還有剩餘，這是資金使用的一種帕累托改進。在各個部門分散使用的資金都會受到邊際收益遞減的約束，即隨著使用資金的增加，單位資金邊際收益遞減，甚至對社會經濟發展沒

---

① 數據來源：隆回縣財政局農業股《縣級財政支農資金整合的實踐與思考》

有促進作用，只是增加了部門收益，形成了資金的無效使用，是一種稀缺資源的浪費。如果能整合各部門的資金用於社會經濟發展的重要領域，必然會增加資金的使用效益，增加社會收益。因為部門利益的客觀存在，各部門為了維護本部門的利益，使本部門的利益最大化，所以在資金的整合過程中會出現各種矛盾和衝突，困難在所難免，主要表現在以下四個方面。

(一) 本位意識強，協調配合難

整合支農資金就是將部門掌握的專項資金由縣政府統一安排，減少了部門因分散資金而獲得的一些既得利益。由於受長期以來項目資金分配、使用的慣性影響，有的部門考慮局部利益多、整體利益少，整合資金積極性不高，存在協調配合難的問題。

(二) 體制不統一，整合效率低

由於受當前支農資金管理體制的制約，各種支農專項資金均以部門為主分配下達，形成了自下而上申報項目，以部門為主管理項目的管理體制，並且上級部門對項目實施有嚴格的規定，各部門對項目有不同的審批標準。在項目實施過程中，存在項目重疊管理現象，降低了整合效率。

(三) 趨利心理強，管理難度大

在整合過程中，支持同一項目建設支農資金有可能來自多個部門，但必須明確一個責任主體。由於資金管理和使用會帶來某些方面的利益驅動，部門之間爭功趨利，加大了管理難度。

(四) 機構不健全，實施操作難

支農資金涉及多個部門及單位，並且政策性強，開展整合工作需要一個權威的辦事機構來負責組織、協調。隆回縣組建的整合機構具有臨時性的特點，實施整合操作難度相當大。

四、支農資金整合的經驗及建議

通過幾年來支農資金整合實踐，隆回縣在整合支農資金方面也取得了一定成績，得出了一些具有一定借鑑意義的經驗。

(一) 強化整合意識

支農資金整合是對公共財政資源進行的一次優化配置，涉及各級政府多個部門的自身利益。整合的有來自中央、省、市、縣的支農資金。把各部門的資金進行有效整合，需要各級政府的統籌協調。首先，需要增強各級政府領導的整合意識。其次，各部門要強化整合意識，局部利益服從整體利益，避免各部門為了部門利益相互博弈而形成巨額摩擦成本，導致資源浪費。

(二) 做好整合規劃

整合支農資金是一個複雜的系統工程，需制定長期的整合規劃，制定的規劃應具備前瞻性、可行性、連續性。在短期還需制定項目規劃，項目是資金整

合的載體，項目質量直接影響整合效益。

（三）加強整合監管

資金整合后，資金量大，使用相對集中，容易產生一些新問題，因此一定要加強整合資金的監管力度。首先，縣財政局要設立財政支農資金整合帳戶。其次，嚴格項目資金報帳審批程序，全面推行縣級報帳與縣級驗收審批鄉鎮核算報帳相結合的報帳制度。

（四）完善整合機制

資金整合是關係到各部門的利益調整及利益格局的重新安排，因而必須要有一個強有力的機構進行管理，負責各部門以及部門內部機構之間分配、管理、使用財政支農資金中工作的協調，因而需加強機構隊伍建設。同時，還要激發部門整合力度，圍繞支農資金整合規劃，建立切實可行的激勵機制，即實施各部門支農資金整合業績與單位預算安排、評先評優、幹部提拔任用、單位文明建設考核、今后目標安排的「五掛勾」機制。

參考文獻

［1］湖南省財政廳農業處. 關於支農資金整合有關情況的匯報 ［R］. 2005-10-14.

［2］邵陽市農業局財政科. 支農資金整合有關情況匯報 ［R］. 2005-10-14.

［3］隆回縣財政局農業股. 縣級財政支農資金整合的實踐與思考 ［R］. 2006-9-30.

［4］隆回縣財政局農業股. 隆回縣支農資金有關情況 ［R］. 2006-8-10.

（原載於《臺灣農業探索》2008年第2期）

5. 財政支農資金現狀及使用效率分析

　　財稅政策不僅是政府調節收入分配的最重要工具之一，也是現階段縮小中國收入分配差距的有效選擇。在建設新農村的各種措施中，財政支農資金起著至關重要的作用。財政支農資金對於新農村建設的作用，不僅在於其支農的數量，更在於其支農的質量和效率。中國財政支農政策體系多年來不僅處於較低的水平，而且受農業比較利益下降、改革步伐滯緩等多方面因素的影響，還呈現出不斷縮減和惡化的趨勢，阻礙了農業快速發展和農民持續增收。

一、財政支農資金投入量及結構分析

（一）財政支農資金投入量分析

　　國家財政用於農村農業的支出從1978年的150.66億元增長到2004年的2,357.89億元，年均增長11.16%。其中，增長最快的是支農支出，年均增長12.63%。多年來，國家財政用於農業的支出占財政支出的比重不僅沒有提高，反而有所下降。1996年為8.82%，1997年為8.30%，1998年為10.69%，1999年為8.23%，2000年為7.75%。其中，1998年比重有所提高，原因是這一年發生了特大水災。國家財政收入從1996年的7,400億元增至2000年的16,386億元，增幅達121%，但財政對農業支出只從700億元增至1,231億元，增幅僅為75%。農業各稅增長速度快於國家財政用於農業支出的增長速度，年均增長14.23%，因而用於農業支出與農業各稅的比值呈下降趨勢，1996年、1997年均小於2，2003年也只有2.01，2004年有所恢復，為2.61。

　　從圖1可以看出，財政用於農業支出占財政支出的比重從1991后一直呈下降趨勢，由於從1998年開始「農業基本建設支出」包括增發國債安排的支出，支出比重從1997年的8.30%增加到1998年的10.69%，之後又呈下降趨勢，到2003年達到了最低點，2004年呈現恢復性增長，為8.28%。

　　1990—2004年，中國農業各稅為國家財政累計增加收入5,961.06億元。但農村公共產品主要靠農民自籌解決，國家僅給予少量補助。據統計，目前占全國總人口近60%的農村居民僅享用了20%左右的醫療衛生資源，農村每千

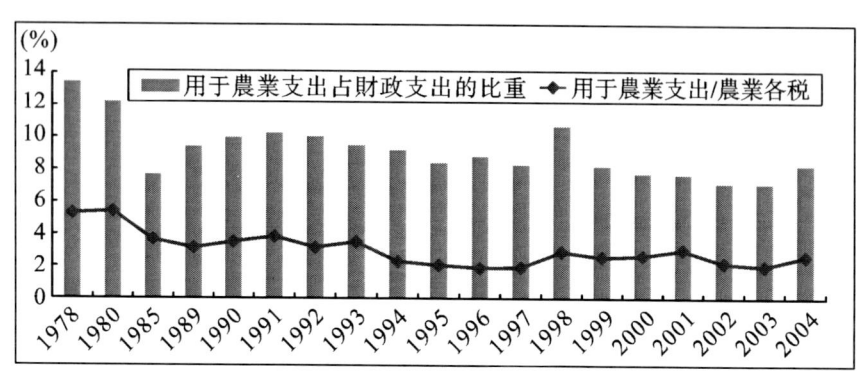

图 1　1978—2004 年財政用於農業支出占財政支出的比重、
用於農業支出/農業各稅之比

人擁有的病床數僅為城市的 32.9%；農村中學生享受到的國家中學教育經費僅為城市的 38%；城鄉社會保障覆蓋率之比高達 22：1。同時，農村中本應由政府提供的公共產品，往往以農民承擔為主。有些應由中央財政承擔的事權下放到了鄉鎮，甚至村委會，致使鄉鎮政府事權大於財權，攤派或舉債運作屢屢發生，鄉鎮財政不堪重負，村級負擔過重。

（二）財政支農資金投入結構分析

中國的財政支農支出，由以下支出構成：農林水利和氣象支出、農業綜合開發支出、農業基本建設支出、農業科技三項費用、農村救濟費。以 2004 年為例，全國財政用於農業的支出總額為 2,358 億元。

目前，中國財政農業投入狀況與農業可持續發展還存在許多問題。其中比較突出的是財政農業投入總量不足和結構不盡合理。一是財政農業支出總體水平偏低。據統計，1995 年財政農業支出占國內生產總值的比重是 0.95%，2004 年該比重是 1.5%，儘管有較大提高，但所占比重依然不高。1995 年財政農業支出占財政支出的比重是 8.43%，2004 年該比重是 8.28%，支農支出占了財政用於農業支出的絕大部分（見圖 3、圖 4）。二是在財政農業投入結構上，用於「養人吃飯」的錢多，而用於「辦事建設」的錢少。生產性支出少，非生產性支出多，經常出現行政費擠占事業費、事業費擠占生產性支出的現象。例如，2004 年全國用於農林水利氣象等事業費支出占農業投入總額的比例高達 64.0%。由於實施積極的財政政策，農業基本建設支出有比較大的增長，1996 年是 141 億元，2004 年達到 565 億元。農業科技三項費用絕對額不大，1996 年是 5 億元，2004 年是 13 億元，占財政農業總投入的比重不到 1%。

2005 年，中央財政繼續加大對「三農」的支持力度，中央財政全年安排用於「三農」的支出比 2004 年增長 16.1%。支農資金主要用在以下幾個方面：第一，深化農村稅費改革。牧業稅和除菸葉外的農業特產稅全部免除，繼

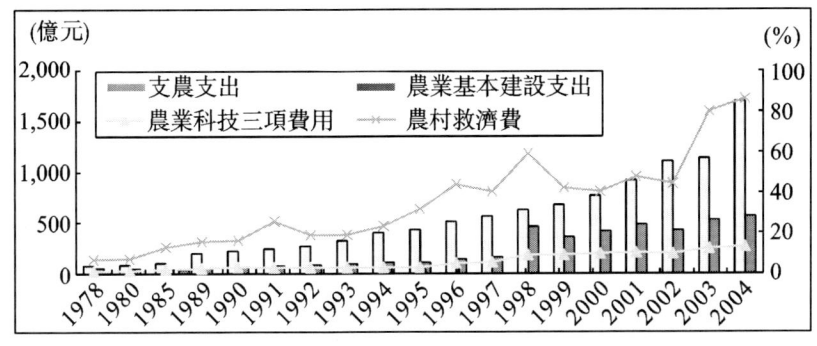

圖2　1978—2004年國家財政用於農業支出的構成變化情況

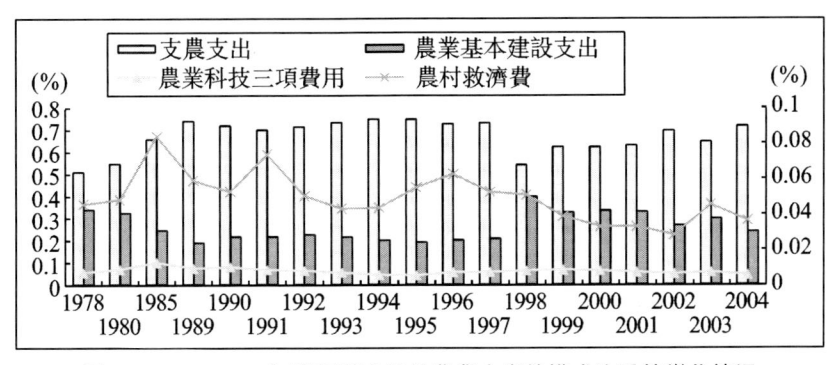

圖3　1978—2004年國家財政用於農業支出的構成比重的變化情況

續擴大免除農業稅的省份範圍，為此中央財政安排轉移支付662億元，比2004年增長26.3%。第二，落實「三補貼」政策。中央財政用於糧食直補的資金達到132億元，比2004年增長了3.8%；兌付良種補貼資金38.7億元，比2004年增長了35.8%，兌付農業機械購置補貼資金3億元，是2004年的4倍之多。同時，中央財政實施對企業生產銷售的尿素免徵增值稅的稅收優惠政策。第三，實行「三獎一補」政策。2005年，中央財政安排1.50億元資金，對財政困難縣級政府增加稅收收入和省市級政府增加對財政困難縣財力性轉移支付給予獎勵，對縣鄉政府精簡機構和人員給予獎勵，對產糧大縣給予獎勵，對以前緩解縣鄉財政困難做得好的地區給予補助。第四，支持農村新型合作醫療試點。新型合作醫療制度改革試點範圍由11.6%的縣（市、區）擴大到23.5%的縣（市、區），涉及農民2.33億人，國家財政每人每年補助不低於20元，其中中央財政對中西部地區每人每年補助10元。第五，支持農村和農民的長遠發展。中央財政加大了農村勞動力轉移培訓、扶貧開發等方面的投入，加大了農業綜合開發的投入，發揮其引導、示範和帶動作用。總體來看，中國

財政支農支出占財政支出比重低和財政支農支出比例結構不合理，與農業在中國國民經濟發展中的基礎性地位和農業發展要求政府支持與保護的需求相比，仍有很大差距。

二、財政支農資金使用效率及管理機制分析

(一) 財政支農資金使用效率分析

近年來，農民收入增長緩慢，已成為制約國內市場和經濟增長的重要因素。2002 年，農村居民人均純收入為 2,476 元，大約相當於城鎮居民人均可支配收入 7,703 元的三分之一。提高農民收入，已成為政府和社會各界十分關注的重要問題。但是，財政支農力度不強。

政府支農資金主要是指國家財政用於支持農業和農村發展的建設性資金投入，主要包括固定資產投資（含國債投資和水利建設基金）、農業綜合開發資金、財政扶貧資金、支援農村生產支出、農業科技投入等。各級政府對「三農」的投入不斷增加，有力地促進了農業生產、農村發展和農民增收。但是，由於資金渠道來自不同部門，各自有不同的管理方式，也在一定程度上出現了支農資金使用管理分散現象，影響支農資金使用效益和政策效應的發揮。政府必須逐步規範政府農業資金投向，合理有效配置公共財政資源；轉變政府和部門的職能，消除「缺位」和「越位」現象；集中力量辦大事，提高支農資金的整體合力。由於支農資金目前還是多渠道投入，因此中央部門也面臨著支農資金整合問題。例如，針對部門和行業特點，明確各自的投入重點和支出範圍，適時推進中央預算安排的支農資金整合，統籌安排支農資金的使用。長期以來，項目靠「跑」，資金靠「爭」，一些地方財政支農資金的使用與管理存在嚴重的分散現象。原本是規範管理，有著嚴格申報、審批、使用、監管程序的支農資金卻存在著憑關係分配的潛規則。個別地區存在有關係的基層幹部能夠在掌握支農資金的實權部門爭取到更多的資金，沒關係的基層單位只能乾等。「人情」蓋過規範的分配方式，使支農資金很難發揮應有的作用，好鋼難用在刀刃上。國家有關政策表明，新農村建設的核心在於生產發展。這就意味著基層幹部的主要任務在於充分調動農民的積極性，挖掘農業內部的增收能力，通過生產發展來帶動農民生活富裕。然而，不少基層幹部卻將主要精力放在向上「跑款」上，甚至在「跑款」的途徑及數量上互相攀比。跑到款的基層幹部理直氣壯，跑不到款的基層幹部垂頭喪氣。有些基層幹部通過各種關係從上級部門爭取到的支農資金大多用於村子巷道硬化、街道綠化等「面子」工程，較少部分用於農田水利建設等幫助農民發展生產的項目上；有些基層幹部甚至出現資金挪用等違規現象，如將水利資金用於巷道硬化等。這種支農資金的混亂使用，看得見的負面影響自不必說，同時也反應出某些基層幹部輕「發展」重「形象」的錯位政績觀。某省南部某貧困縣的一個鄉鎮，通過從上

級部門爭取各種支農資金，甚至從銀行貸款來建設園林村，村子綠化得很漂亮，各級政府很滿意，但農民生產增收並沒有得到太大改善。農業、水利、林業、農機、海洋漁業等多條線資金單獨分配，條線之間沒有聯繫。「天女散花」式的資金分配方式，使得最需要解決的項目卻往往拿不到資金，中間環節太多，也使涉農項目成本增加，甚至滋生腐敗。

財政支農資金效益有待進一步提高，主要表現為：第一，財政部門滯留支農資金。有的單位將支農資金列支后，轉入「暫存款」科目，於次年陸續撥付；有的單位將預算列支的支農資金轉入農財部門，未及時撥付。第二，農口部門在管理和使用支農資金時，輕視效益。有的農口單位年底結餘（包括往年結餘）竟然占當年度財政撥款的82%。第三，缺乏科學論證盲目立項，造成支農資金的浪費損失。第四，資金投向失準，超出財政管理範圍，造成財政支農資金的流失。有的主管部門將農業專項資金投入下屬自負盈虧的獨立實體，導致支農資金流入私人囊中。第五，財政支農資金投入分散，各農口主管部門缺少拉動地方農業發展的重點工程和龍頭產業，影響支農資金整體效益的發揮。

（二）財政支農資金管理機制分析

財政支農資金是農業基礎地位政策的體現和農業投入的具體實現形式，為促進和加強財政支農資金管理、提高資金使用效率、改善農業發展環境、提高農業綜合實力、促進農業可持續發展起到了至關重要的作用，並奠定了堅實的基礎。同時，財政支農資金在管理和使用等方面還存在一些問題，在某些環節上制約了財政支農資金作用的正常發揮，影響國家農業政策的切實貫徹落實。第一，財政支農政策出現偏差，農業投入比例失調。《中華人民共和國農業法》規定國家逐步提高農業投入的總體水平。國家財政每年對農業總投入的增長幅度應當高於國家財政經常性收入的增長幅度。但在實際操作過程中，財政支農政策出現偏差，農業投入不足且比例失調，達不到增長幅度。一些地方行政事業費用支出高於支援農業生產支出，用於農業基礎設施的支出為空白點，農業項目的配套資金不能到位，不能按照農業項目計劃規定配足配套資金。農村的小型農田水利建設、農村道路建設、農業科技推廣、農村社會化服務體系建設等理應由政府財政投入，由於財政投入缺位，導致農村生產和農民生活條件改善不明顯。第二，縣鄉財政無力提供配套，甚至截留挪用中央和省市財政支農專項資金。近年來，除少數發達地區外，中國縣鄉本級財政的支農能力有名無實，甚至是極其虛弱的，財政支農主要依賴中央和省級財政。特別是欠發達的中西部地區和糧食主產區，縣鄉財政困難的問題日益普遍和嚴重化，縣鄉政府支農的實際能力已經普遍弱化，這不僅妨礙了農業和農村經濟發展，還嚴重制約著農業和農村的穩定運行。再加上政府能夠向上爭取到的資金支持項目，多屬於農業項目，而爭取到的項目資金經常被挪用於給政府部門發

放工資。第三，支農資金項目管理模式落後，資金安排不科學。目前，支農項目投資的隨意性和被動性很強，投資也不科學、不合理。支農資金項目管理基本上是延續計劃經濟時期高度集中的投資、建設、管理、使用四位一體的管理方式，導致行政權力直接介入工程項目的實施，缺乏有效的監督，易產生腐敗現象，工程質量得不到保證，造成資源極大的浪費。第四，支農項目資金監管水平低下。首先是監管職能缺位，中國支農資金接受財政、審計、紀檢等部門的監管，在實際工作中表現為多頭監管、責權劃分不明確、部門配合不協調、責任落實不到位的現象。支農資金透明度低，缺乏完善的舉報系統，社會公眾輿論沒有發揮應有的監管作用。其次是事前監管嚴重缺乏，主要表現為對項目立項過程監管，工程開工前執行招投標、監理、合同管理、項目法人制情況的監管，項目開工前對法定代表人、項目單位財務人員上崗資質以及業務情況的管理等事前監督工作淡化，甚至缺位。有些支農項目沒有按照基本建設管理程序（如財政部門負責的支農項目）實行「四制」管理，以致出現擠占挪用項目資金、工程不能按計劃通過驗收等問題。

中央政府直接分配與管理支農投資的部門有16個之多，這些資金指標又分別下撥給各省所屬系統的廳、局、辦，形成逐級分配的格局；有的「管錢」部門重資金分配、輕資金管理，加之支農項目審批制度公開化、科學化不夠，助長了基層「跑資金、要項目」之風。這就需要在公共財政建設中，建立更重參與性的效果評估機制，減少資金分配和使用的盲目性和隨意性。

三、結論與建議

為了加快農業和農村的發展，在加大支農資金力度的同時還要提高支農資金的使用效率。

第一，加大支農力度，合理調整國家資源分配製度，加大財政對農業的補貼，糾正國民收入重城市、輕農村的分配偏向。首先，確保財政支農投入的穩定增長。財政支農支出應該隨著經濟的發展和國家財力的增強而穩定增長，必須使財政支農支出的增長速度超過財政其他支出的增長速度。其次，明確支農投入重點。在財政支農資金有限的情況下，資金投向應該是農業和農村發展中面臨的突出問題。這應該包括以下幾個方面：一是加大農業、農村基礎設施建設的投入；二是加大農業科研的投入；三是支持涉農服務體系的建設。

第二，建立起完善農村公共產品的供給體制。首先，建立起中央、省、市、縣四位一體的農村公共產品的供給格局，政府應承擔起農村公共產品供給的主體地位。其次，各級政府都應建立起相應的負責農村公共產品供給的組織，負責農村公共產品投入資金的籌集和使用，瞭解和掌握農民對公共產品的需求信息，並對供需信息進行分析，制定科學、合理的農村公共產品供給規劃。

第三，深化農村稅費體制改革。2006年，中央做出的取消農業稅的決定給農業的發展帶來了巨大促進作用。農村稅費改革要實施差異化策略，要實行有利於相對落後地區和純農戶的農村稅費政策。要加大中央財政對相對落後地區和純農戶的轉移支付力度；加大相對落後地區鄉鎮機構的改革，精簡機關工作人員；加強針對一切亂收費、亂集資、亂攤派等違法行為的專項治理。

第四，加強對財政支農資金的整合。一是加強機構隊伍建設。資金整合工作阻力大，事關部門切身利益的調整和利益格局的重新分配，必須要有一個強有力的機構進行管理，具體負責各部門以及部門內部機構之間分配、管理、使用財政支農資金中的工作協調。該機構應作為一個常設機構。二是激發部門整合合力。要圍繞支農資金整合規劃，建立切實可行的獎懲激勵機制，明確部門單位的職責、權限，落實好部門單位資金整合的年度目標任務。三是建立上下協調機制。通過協調機制，形成上下兩頭熱的整合局面，下級政府要紮實工作，上級政府要給予大力支持。

參考文獻

［1］鄭金水.建設社會主義新農村問題的若幹思考［J］.臺灣農業探索，2006（4）：36-39.

［2］李寧輝.新農村建設中的農村農業投資［EB/OL］.（2006-09-08）［2016-12-20］.http://www.3-xia.cn/njxx/detail.asp？pubID＝205215&page＝1.

［3］蕭灼基.加大財政支農力度，提高農民收入水平［N］.人民日報，2003-03-09（7）.

［4］晏國政，羅博.農村「跑款」風漸盛 支農資金憑關係［EB/OL］.（2006-08-15）［2016-12-20］.http://business.sohu.com/20060815/n244803968.shtmml.

［5］李曉嘉，李玉山.中國農民增收的財稅政策研究［J］.河北經貿大學學報，2006（3）：69-74.

（原載於《臺灣農業探索》2007年第2期）

6. 邵東民營經濟的發展現狀及對策研究

一、引言

縣域經濟是指縣（市）行政區劃內的生產、交換等經濟活動，反應了縣（市）的經濟發展狀況。縣域經濟在國民經濟中起著舉足輕重的作用。中國縣域經濟的國有經濟比重低，絕大多數縣內沒有或很少有國有大中型企業，因此縣域龐大的人口難以從國有大中型企業獲得收入和就業機會。其就業和收入除依靠農業和流動進城鎮打工之外，就是依靠當地非國有中小企業的發展和小城鎮的繁榮。縣域經濟的成敗，對中國近 10 億農村人口的生活水平有著巨大的影響。因此，當前中國在強調搞好國有大中型企業的同時，如何保持縣域經濟、民營經濟發展也應成為當前經濟生活中，尤其是農村經濟生活中的一個重大問題。

邵東地處湘中腹地，人多地少。2002 年以來，該縣積極引導工業經濟向規模化、產業化方向發展。2005 年，邵東全縣規模企業達到 85 個，實現了工業總產值 86.56 億元，同比增長 18.7%；規模工業總產值 30.39 億元，同比增長 31.3%。

邵東是湖南省民營經濟改革與發展試驗區、國務院縣域經濟綜合調研基地縣、全國農村流通示範縣、湖南省商品糧建設基地縣、湖南省專業批發市場試點縣。民營經濟已成為邵東縣域經濟的主體。

二、邵東民營經濟的發展現狀

2002 年 9 月，邵東縣委、縣政府強力實施「興工強縣」戰略，三年來，全縣新辦工業企業 768 個，其中投資 100 萬元以上的工業企業 568 個，投資 1,000 萬元以上的工業企業 360 個。2004 年全年邵東實現生產總值 86.47 億元，全縣工業總產值達 72.93 億元，規模工業產值達 22.4 億元。邵東縣域經濟中民營經濟的比重大，已成了邵東經濟發展的亮點，為邵東經濟綜合實力進入中部六省「百強縣」做出了巨大貢獻。截至 2004 年年底，邵東共有個體工商戶

25,536 家，註冊資本 39,803 萬元；私營企業 807 家，註冊資本 91,414 萬元，平均每戶註冊資本 4.98 萬元，從業人員 56,855 人。民營經濟總產值達 120 億元，為縣財政提供的收入占全縣財政收入的 80%以上。1998—2003 年，邵東民營規模企業產值呈穩步遞增的趨勢，年均增長率為 0.6%，2003 年與 1998 年相比規模企業產值增加值為 81,575 萬元，其中民營規模企業產值增加值為 32,567 萬元，占規模企業產值增加值的 39.99%（見表1）。部分民營經濟通過自我創業，自我累積，形成了以焦炭、五金、打火機、鋁製品、藥材為主的特色規模經濟，如曾氏鋁業集團、邵東焦炭廠、湖南順工五金工具製造有限公司等從家庭作坊企業發展到了今天的大型企業集團。

表 1　　　1998—2003 年邵東規模工業企業產值變化情況

年份	規模企業總產值（萬元）	私營規模企業產值（萬元）	私營規模企業所占比率（%）	年增長率（%）
1998	72,493	50,237	69.2	—
1999	67,810	58,469	86.2	16.3
2000	80,959	68,175	84.2	16.6
2001	96,529	70,350	72.9	3.1
2002	118,428	77,600	65.5	10.3
2003	154,068	82,804	53.7	6.7

資料來源：邵東 1999—2004 年統計年鑒

　　1980—2003 年，邵東全部工業產值大幅度增長，從 16,935 萬元增長到 596,976 萬元，增長了 25 倍，其中民營工業企業產值從 10,799 萬元增長到 528,417 萬元，增長了 38 倍。說明這期間工業產值增長得益於民營企業的發展（見表2）。

表 2　　　2000—2003 年邵東工業企業產值變化情況

年份	全部工業總產值（萬元）	個體私營產值（萬元）	個體私營貢獻度（%）	個體私營產值增長率（%）
2000	441,261	391,287	86.7	—
2001	472,956	411,962	87.1	5.2
2002	528,580	457,420	86.5	11.1
2003	596,976	496,576	83.1	8.5

資料來源：邵東 2001—2004 年統計年鑒，表 3 至表 4 同

邵東是民營經濟發展較早的地區之一，邵東人能商善賈。邵東民營經濟的發展從地下隱匿活動到政府支持經歷了一個重要的演變過程，具有一定特色，表現為小型個體工商業、私營企業和股份制企業三種形式；經歷了民營企業資本的原始累積階段、迅速發展和穩步創新三個階段。值得注意的是，每個階段都伴隨著國家政策的重大調整和企業制度的變革，明顯體現了民營企業發展和政府制度創新的互動（見表3）。2002年，邵東縣委、縣政府實施「興工強縣」的經濟發展戰略，民營經濟發展迅速，產值從2001年的411,962萬元增加到2003年的496,576萬元。湧現了一大批規模工業企業，出現了產值過億元的支柱產業，其中打火機產業的產值超過10億元，產品產量占全國的45%，出口量占全國的60%。產值超過1,000萬元的企業有36家，產值過億元的企業有2家；出口企業116家，註冊商標501個；13家企業獲省、市名牌稱號，19家企業獲得了各種質量認證。

表3　2000—2003年邵東各種工業類型的工業產值情況（當年價）

年份	國有（萬元）	個體私營（萬元）	股份制（萬元）	全部工業總產值（萬元）	個體私營工業的貢獻（%）
2000	17,310	391,287	10,025	441,261	88.7
2001	26,256	411,962	12,217	472,956	87.1
2002	30,779	457,420	12,889	528,580	86.5
2003	68,559	496,576	13,076	596,976	83.1

從20世紀90年代初期到2000年，這一時期民營經濟的特點是強商弱工型。邵東縣政府制定了「民營主體」和「以商促工、工商並舉」的經濟發展戰略，大力發展個體商業和私營企業。一方面，國企改制，中小型國企轉變為私人企業；另一方面，民間投資力度加大。民營經濟從20世紀80年代的「必要補充」而成長為縣域經濟的主要支柱。1980—2003年，民營工業產值從10,799萬元增長到596,976萬元，增加了517,618萬元，相當於1980年的49倍。民營工業產值對工業總產值的貢獻度平均達87.1%，凸顯了民營經濟的主體作用（見表4）。

表4　2000—2003年邵東工業企業產值變化情況

年份	工業總產值（萬元）	非國有工業總產值（萬元）	貢獻度（%）	個體私營工業產值（萬元）	貢獻度（%）
2000	441,261	423,951	96.1	391,287	88.67

表4(續)

年份	工業總產值（萬元）	非國有工業總產值（萬元）	貢獻度（%）	個體私營工業產值（萬元）	貢獻度（%）
2001	472,956	446,700	94.5	411,962	87.1
2002	528,580	497,801	94.1	457,420	86.5
2003	596,976	528,417	88.5	496,576	83.1

1995—2004年，邵東縣生產總值年均增長速度為9.3%，而民營經濟的年均增長速度達到了29.3%。1990年民營經濟對全縣國民經濟的貢獻率為25%，2002年達50.4%，2004年達到了62.4%。2003年，全縣財政收入3億元，其中民營企業提供的稅收及其他收入接近2億元，占全部財政收入的65%。2004年全縣財政收入為3.83億元，增加8,000萬元，增長41%。全縣當年增加稅收6,716萬元，基本上來自民營經濟，其中工業稅收占70%（見表5）。

表5　　　　邵東縣2000—2004年工商稅收情況

年份	2000	2001	2002	2003	2004
個體私營企業（萬元）	9,408	9,894	9,822	12,419	14,583
所占比重（%）	63.5	64.1	59.3	60.3	63.5

資料來源：2001—2005年邵東統計年鑒

如果從就業角度來看，民營經濟對邵東經濟的貢獻則更大，就新增就業而言，民營經濟對邵東經濟的貢獻度達80%以上。在國有企業和集體企業從業人員淨減少的同時，民營企業和外資企業緩解了社會就業壓力，它們為社會穩定做出了無法替代的貢獻。隨著民營經濟的發展，這一趨勢更加明顯。邵東縣民營企業就業人數在1998年、1999年達到最高點，1999年民營企業就業人數為319,057人，占當年總人口的27.3%，占農業總勞力的60%，接下來的三年有所下降。但從2003年開始，民營經濟就業人數又恢復了上升趨勢。民營經濟為擴大就業門路、改變就業觀念、維護社會安定起了重要作用。

三、民營經濟發展過程中存在的主要問題

民營經濟為邵東經濟發展做出了突出貢獻，但還有諸多制約因素需要加以克服。民營經濟發展過程中主要存在以下六個方面的問題：

（一）思想觀念落後

大部分民營企業主文化程度低，思想保守。許多民營企業主不敢闖市場、冒風險，缺乏進一步做大做強、搏擊市場的勇氣。

（二）管理模式陳舊

邵東的民營企業大部分都是從家庭小作坊發展起來的，這些民營業主大都是一些經濟意識比較強的農民，通常採取「夫妻店」「父子廠」的家庭管理模式，以家庭血緣關係為紐帶對企業實施管理。隨著企業的發展壯大，這種家族式管理模式束縛了企業發展。

（三）人才素質偏低

企業缺乏懂技術、會管理、善經營的高素質專業人才。思想保守、人才缺乏加重了原本落後的家族式管理模式，依賴親情維繫的運作方式容易將高素質人才排斥在外，形成了人員素質低、管理方式落后的惡性循環，影響了企業的進一步發展，限制了民營經濟的活力。

（四）融資渠道不暢

資金匱乏是制約民營經濟發展的瓶頸。民營企業要做大做強，單靠自身資金累積已無法應對。然而商業銀行基本不願意向民營企業提供貸款，企業又缺乏直接融資手段。這樣企業就會失去很多迅速壯大、做大做強的機會。2004年，邵東居民存款餘額為58.836,1億元，貸款僅為19.6億元，存貸比為0.33，遠低於湖南省平均水平。

（五）科技檔次偏低

儘管邵東民營經濟活躍，產值和效益不斷提高，但民營經濟多涉足技術簡單、資本投入較少、勞動力密集的傳統產業，精深加工、附加值較高的新型工業及精細工業較少，省級品牌、市級名牌不多，國家級品牌還是空白。

（六）經濟環境仍不寬鬆

近年來，邵東通過放寬政策、整頓秩序、優化服務，加大了對經濟發展環境的治理力度，經濟環境有所好轉，但問題仍然不少。一是治安環境不理想。二是服務意識不強，「四亂」現象仍然存在。三是基礎設施不配套。

四、結論及建議

邵東民營經濟已成為邵東縣域經濟的主體，為邵東經濟發展、就業增加、社會穩定做出了突出貢獻。邵東經濟的發展、工業的振興、人民生活的改善，其根本出路在於邵東民營經濟的崛起，因此要繼續推進「興工強縣」戰略，設法為民營經濟的發展提供良好的生存和發展環境。為了促進民營經濟的發展，政府要有所為，同時也要有所不為。

（一）加強宏觀引導

邵東經濟的發展實質是民營經濟的崛起，要實現民營經濟的發展必須要整合優勢。一是做大做強打火機、皮革製品、中藥材、黃花菜、鋁製品等支柱產業。二是做大做強民營經濟的龍頭企業。規模企業是工業經濟的臺柱子，因而必須扶持符合國家產業政策和行業走勢的中小企業；對主業突出、產品具有競

爭力的曾氏鋁業、邵東焦化等，應想方設法集中各類生產要素，實現裂變式擴張和倍增式發展。三是做大做強產品品牌，不斷提高打火機、皮革製品、鋁製品、黃花菜等暢銷產品的技術含量，擴大產品銷售規模，力爭創建名牌產品。四是加強投資方向的引導。邵東民營經濟的發展存在著商貿市場領域投資過熱、工業產業領域投資相對過少的現象，許多民營業主熱衷於投資房地產開發和市場建設，而邵東的房地產和市場開發已趨於飽和，要著力引導民營業主把資金集中投向工業產業和基礎設施領域，提高投資效益，振興邵東產業，或把資金投向第三產業的餐飲貿易等行業，擴大民營經濟的吸納就業能力。

（二）強化科技投入意識

一是造就一批民營企業家。發展民營企業，關鍵是要有一批經濟能人，有一支企業家隊伍，因此要高度重視企業家隊伍建設，加強對民營企業家的培訓，培育大批素質較高的民營經濟從業人員，同時通過多種途徑提高民營企業家的綜合素質，使善經營、懂管理的民營企業家脫穎而出。二是加快新技術、新工藝的引進。積極引導民營企業引進新技術、新設備、新材料、新工藝，著力提高五金製品、鋁製品、機械配件、中藥、打火機等傳統產品的技術含量和附加值。三是創新科技協作方式。動員和組織曾氏鋁業等規模民營企業增加技術創新資本投入，不斷增強自身的開發研究能力，同時引導企業提高外向化程度，加快產學研聯合。四是增加科技投入。制定利用民營資本的優惠政策措施，建立民間信貸擔保機構，放寬民間投資領域，降低民間投資門檻；放寬金融機構對民營企業的信貸限制，努力加大對民營企業的信貸投入。積極引進縣外資金項目，充分利用邵東作為湖南省唯一的民營經濟試驗區的特殊政策效應，擴充民營企業發展實力。

（三）加快體制創新

一是加快企業改制步伐。廣泛吸引民營企業收購某些國有、集體企業，參與國有企業實行多種形式的兼併、聯營、參股合作，鼓勵民營企業吸納國有企業和集體企業下崗職工，鼓勵支持下崗職工興辦民營企業。二是創新投入機制。由於多數民營企業向銀行借貸困難重重，民營業主不得不走漸進式自我累積之路，這嚴重制約了企業的發展。各金融機構要加大對民營經濟的資金支持力度，對信譽好、具有貸款能力的民營企業，應積極予以資金扶持；要引導民營企業主拓寬融資渠道，通過招商引資、吸納入股、股份合作等形式聚集發展資金。籌建國有資產經營管理公司，為優勢民營企業提供信貸擔保。三是創新企業管理模式。引導民營企業進行制度創新、管理創新、技術創新，打破家族制管理模式，實行股份制改造，建立現代企業制度。

（四）優化發展環境

一是著力改善投資硬環境。切實打好水、電、路、通信四大總體戰，加強市政公用設施建設。二是營造良好的輿論環境。加大對民營經濟的宣傳力度，

形成有利於民營經濟發展的環境。三是營造良好的政策環境。在法律許可的範圍內，民營經濟需要什麼政策就制定相應的政策，凡是國家法律法規沒有明令禁止的領域，都允許民營資本進入，凡是政府有權減免的費用要盡可能減免。四是營造良好的法紀環境。嚴格規範執法行為，規範收費行為，堅決杜絕「四亂」，由民營企業主給執法部門打分，對破壞環境的人和事，要從嚴查處，使外來客商和民營企業主感到舒心、放心，從而大膽投資。

參考文獻

［1］邵陽學院民營經濟研究所. 邵東民營企業制度變遷與創新調研報告［J］. 邵陽學院學報（社會科學版），2005（6）：1-10.

［2］謝奉軍，羅明. 發展江西縣域經濟 促進江西農民增收［J］. 南昌航空工業學院學報（社會科學版），2004（3）：20-24.

［3］王長忠. 邵東縣推進「興工強縣」戰略的調查和思考［C］. 興工強市理論研討會獲獎論文集，2005.

（原載於《特區經濟》2006 年第 7 期）

7. 邵東縣域物流業發展現狀及定價模式研究

一、邵東縣域經濟特點

邵東縣位於邵陽市東郊，東連雙峰、衡陽，南鄰祁東，西接邵陽縣、邵陽市雙清區，北交新邵、漣源。縣城設兩市鎮，距邵陽市 20 千米。婁邵鐵路橫貫東西，國道 320 線、國道 1814 線、潭邵高速貫通全境，洛湛鐵路邵東段、懷邵衡鐵路、邵衡高速公路、邵東新火車站和改造擴建的邵東機場進一步提升了邵東的區位優勢。邵東縣域經濟形成了「商業城、工業鎮、專業村」式經濟格局。商業城是以邵東工業品市場為核心，以 100 多個專業市場、綜合市場和農副產品市場為支撐，編織了輻射全國的商業物流網路。活躍的流通網路，給邵東經濟注入了活力。2004 年，邵東全縣集市貿易成交總額達 57.33 億元。邵東工業品市場帶動了全縣 200 多個專業村、1.5 萬戶家庭作坊、500 多家民營企業的發展，邵東產品在市場上的佔有率達 35%，小五金、打火機、服裝、針織等產業在當地市場佔有率高達 80% 以上。廉橋藥材市場年成交規模為全國第四，號稱「南國藥都」。廉橋藥材市場的興盛，帶動了藥材生產專業村、專業鄉的出現。斫曹、雙鳳成為萬畝藥材生產鄉，有 76 個村成為藥材專業村。中藥材已成為邵東的第一大經濟作物，種植品種 60 餘種，年產值近 5 億元。徐家鋪木材市場是中國中南地區最大的木材集散地之一。邵東縣城家電批發城和五金批發城也在中南地區享有盛名。工業鎮是指以打火機、鋁製品、鐵器、五金等產業為依託的小城鎮。專業村是工業鎮內部「一村一品」的分工單位。從兩市鎮到仙槎橋鎮，有條「十里五金長廊」，平均不到百米就有一家小五金企業。沿線 10 個鄉村被分解為錘子村、扳手村、鉗子村、起子村等，各村又將每道工序發包至戶。比如扳手，在黑田鋪鑄鐵，然后轉到廉橋加工成毛坯，再到火廠坪進行車床作業，又在仙槎橋鎮完成電鍍、打磨和組裝。與此類似的還有兩市鎮的打火機、服裝、漁網、黃坡橋的衣架、皮革、仙槎橋的鐵錘、鉗子、菜刀，火廠坪的鋼球，廉橋的藥材、眼鏡，範家山的爐竈、皮鞋，靈官殿的小型水泵，堡門前的竹器。打火機、小五金、鋁製品、皮革、電池是邵東縣

域經濟的「五朵金花」，產業聚集成群，帶動邵東縣域經濟發展。在邵東，民營工業企業多達5,586個，五大支柱產業中有3個產業增加值超過5億元，僅打火機出口每年就有1,500多個集裝箱，創匯達3,500多萬美元。2005年，邵東打火機總產量15億支，總產值達5億元，產品暢銷亞、歐、美、非地區的70餘個國家，出口創匯5,000多萬美元，實現利稅4,200多萬元。

二、邵東物流業發展現狀

現代物流除了降低物資消耗、提高勞動生產率之外，還是推動國民經濟增長的「第三利潤源泉」。現代物流是利用先進信息技術和物流裝備，整合傳統運輸、儲存、裝卸、搬運、包裝、流通、加工、配送、信息處理等物流環節，實現物流運作一體化、信息化、高效化營運的先進組織方式。現代物流能加快資本週轉，使有形貨幣在流通中產生更多的無形貨幣。現代物流的發展將從根本上解決產成品大量庫存的頑症，極大地減少庫存占壓資金。物流是企業最后的也是最有希望降低成本、增加利潤的重要環節。誰掌握物流成本管理技術，誰就掌握了獲利的技能，誰就能更高效地從物流營運中獲利，並建立地區核心競爭優勢。現代物流是聯結生產與消費、城市與鄉村的重要紐帶。同時，現代物流在優化區域的資源配置、改善區域投資環境、促進區域經濟發展和區域整體競爭力的提升、加速區域經濟全球化的進程等方面發揮著重要而積極的作用。現代物流是衡量一個區域現代化程度的重要標誌。

邵東產業集群的發展和商品市場的專業化呼喚物流企業和健全的物流網路。邵東物流業的發展也日益緊迫。邵東現有15家物流公司，線路160餘條；獨立托運站12個，經營線路12條，接貨站68個，線路600多條；規範的物流收、接貨站及信息部58個，物流從業人員近2萬，車輛達100餘輛。其業務涉及全國十幾個省（市、自治區），100多個地級市。邵東作為全國聞名的小商品貨物流通中心，原有的物流系統已具備較好的基礎，但面對小商品市場產業提升的需要以及整個現代物流業快速發展的宏觀態勢，邵東現代物流業的發展正面臨著有利的機遇和嚴峻的挑戰。一方面，當前邵東整個聯托運行業組織化程度不高，大多為個體私營企業，沒有現代物流所需要的經營組織；另一方面，在賣方市場條件下形成的專業市場，在當前逐漸形成的買方市場環境下，亟須通過現代物流功能與專業市場原有交易功能的整合，實現市場功能的縱深發展，進而降低物流成本。

從邵東運往全國各地的貨物主要有百貨、紙、五金、打火機、針織品、藥材、煤炭、纖維板、煤焦油、銅套、大米、化工原料等。百貨主要運往贛州、常德、義烏、貴陽、成都、宜昌、臨沂、潮州、福州、三明等市；五金主要運往貴陽、柳州、贛州、上海等市；打火機主要運往江門、廣州等市；藥材主要運往宜昌、遂寧、亳州、深圳、東莞、順德等市。另外，每天有50噸煤焦油

發往廣州。

三、邵東物流業定價模式

湘運邵東分公司現有幹部職工871人，擁有固定資產2.5億元，年收入4,000萬元；貨物吞吐量達3,000多噸；客貨運班線直達渝、鄂、貴等12個省（市）。分公司下轄的邵東湘運物流公司地處縣城建設北路，南靠全國聞名的邵東工業品市場，北靠五金大市場，交通十分便利，現有一家大型的貨運信息平臺，倉儲面積達5,000多平方米，停車場面積達12,000多平方米，有15條貨運線路，直發全國各地，從業人員100餘人，是一個集停車、運輸、倉儲信息化管理於一體的大型物流中心。該公司承辦全省範圍內快運，當天到達省外的貴陽、柳州、潛江、福州、梧州、湛江、宜昌、通城、昆明、廣州、黎平、榕江。該公司根據物流發展需要，籌建湘運物流園區。邵東湘運物流公司已成為邵東物流業中的主力軍。2003年，邵東又註冊了幾家物流公司，邵東運一物流有限責任公司，註冊資金700萬元，職工30人；邵東永通物流有限責任公司，註冊資金30萬元，職工21人；邵東縣金大地物流有限責任公司，註冊資金180萬元，職工20人；邵東縣三聯物流有限責任公司，註冊資金30萬元，職工17人；邵東縣通達物流有限責任公司，註冊資金50萬元，職工60人；邵東縣郵政勞動服務公司物流中心，註冊資金40萬元，職工80人；邵東縣振興物流有限責任公司，註冊資金50萬元，職工15人。此外，還有齊豐貨運物流有限責任公司、南國藥都物流公司、邵東縣百貨股份有限公司儲運分公司、邵東平安物流公司。這些企業絕大部分是私營企業。邵東平安物流公司經營有邵東至上海、廣州（車8輛）等線路。邵東三聯物流有限公司經營有邵東至貴陽、畢節、凱里、都勻、宜昌等線路。

在邵東物流行業中，邵東的物流公司在線路的分配中採取一種按公司實力進行分割的方式，大的物流公司有1~20條線路，實力較弱的公司只有1~2條線路。實力較強的物流公司在市場佔有額和價格制定方面具有優勢。邵東湘運物流公司相當於一個價格領導廠商，在貨物的運輸過程中採用使自己獲得最大利潤的定價方式和銷售量。在價格領導廠商模型中，一家大廠商擁有總銷量的主要份額，而一組較小的廠商則供給市場的其餘部分。這家大廠商可能會像一個主導廠商那樣運行，確定一個實現其最大利潤的價格。其他對價格只有很小影響力的廠商會像完全競爭者那樣運行，將主導廠商所定的價格當成給定的。主導廠商為了使利潤最大化，必須考慮其他廠商的業務量是怎樣取決於它所定的價格。圖1表明一個主導廠商是如何確定其價格的，圖中 D 是市場需求曲線，S_0 是次要廠商的供給曲線。主導廠商必須確定它的需求曲線，這正好是市場需求與次要廠商們供給之間的差距，即折線 P_1AD。在價格 P_1 處次要廠商們的供給正好等於市場需求，所以主導廠商在這個價格就什麼也賣不掉。在 P_2

或更低的價格，次要廠商們將不供給任何產品，因此主導廠商所面臨的就是市場需求曲線。在 P_1 和 P_2 之間的價格處，主導廠商面臨需求曲線 AR。對應於 AR 的是主導廠商的邊際收益曲線 MR。MC 是主導廠商的邊際成本曲線。為了使利潤最大化，主導廠商生產 MR 和 MC 交點處的產量 Q_L，在此找出價格 P^*。在此價格，次要廠商們運輸數量為 Q_0，因此運輸總量為 $Q_T = Q_L + Q_0$。在邵東物流行業中，邵東湘運物流公司在市場中佔有份額為 Q_L，其餘物流公司佔有份額為 Q_0，價格為 P^*。邵東平安物流公司在廣州和上海的兩條線上的價格分別為邵東—上海 350 元/T，邵東—廣州 180 元/T。對其他公司而言相當於一種完全競爭的價格。

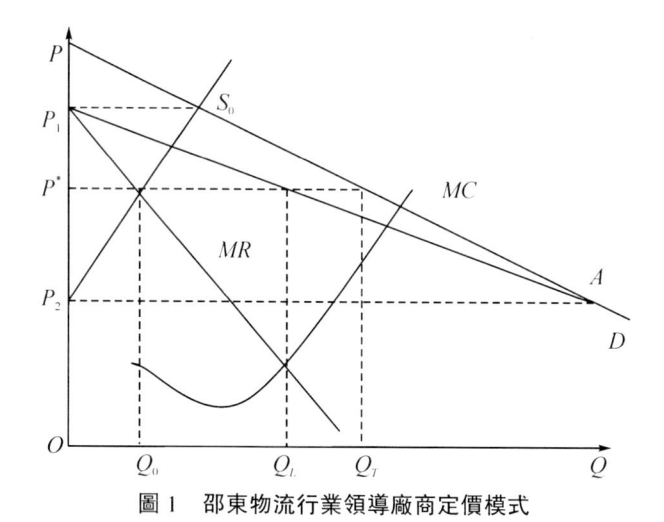

圖 1　邵東物流行業領導廠商定價模式

現在，邵東的物流行業的發展滯后嚴重制約邵東縣域經濟的發展。邵東許多民營企業家認為邵東物流行業具有較強的壟斷力。一些物流公司根據運輸成本和運輸量調整價格。不僅價格高，而且服務態度惡劣，物流公司工作人員態度傲慢，「發不發由你，如果再說的話還繼續上調！」不少民營企業主認為，有的線路基本屬於壟斷經營，大幅度調高價格難以讓人接受，而且有價格壟斷之嫌。從邵東到柳州的路程為 650 餘千米，以前小件紙箱是 2 元/件，因油價較高，漲到了 4 元/件；貨運價格從每噸 200 元漲到每噸 400 元。有些企業在長沙找物流公司，配送貨物還需先把貨物送到長沙，然后再從長沙返轉，有些企業則建立自己的物流公司，進貨送貨由廠家自己完成。邵東現有的物流企業佈局已成為邵東縣域經濟發展的瓶頸，有的企業家認為邵東物流發展的滯后將成為邵東縣域經濟發展的殺手。行業壟斷、部門分割的體制性障礙尚未完全破除。在高速公路和提速鐵路的衝擊下，邵東交通條件雖然也有較大改善，但與全省先進縣市相比區位劣勢逐漸凸現。外地客商在利用邵東交易平臺的同時，

自身也從中累積了大量信息和經驗，開始繞開邵東這一中轉站，直接和廠家交易，商業出現「空心化」趨勢，邵東物流中心地位開始下降。企業開闢新的線路必須經過政府部門批准，政府在物流行業中強行干預市場，導致尋租行為，浪費社會資源。縣政府規定托運公司、經營業主除所有從事貨物托運的車輛必須投保和辦理道路運輸貨物保險外，經營托運業務的有限責任公司每條線路必須繳納風險抵押金 10 萬元，個體經營站每條線路繳納風險抵押金 20 萬元，同時規定從事托運業務的公司或個體經營戶必須進入托運城、農林城、湘運邵東總站、縣貨運公司停車場經營。2002 年，地方政府介入托運業務，將訂貨處與發貨處強行分開，給托運雙方帶來不便。社會與政府之間的產權保護契約蛻變成政府單方面追求租金最大化的工具，那麼私人之間的契約也就只能服從政府的意志。結果是私人要麼轉入地下，進行黑市交易；要麼乾脆放棄交易。經濟出現停滯在所難免，改革成本增加也導致政府制度創新供給不足。

四、邵東物流業發展策略研究

（一）轉變政府職能，加強對物流企業的扶持和引導

第一，鼓勵民營物流企業發展，出抬扶持政策加快其發展速度，加快原有大企業的改制速度，提升物流企業競爭力。第二，開展物流知識、技術創新活動，倡導和支持新技術在物流產業中的應用和推廣。第三，在資本和金融市場給予物流企業金融支持。通過物流公司擔當中間人和擔保人的角色，銀行以倉單質押方式向經銷商或生產商進行融資，間接盤活整個供應鏈，以達到銀行、廠商、經銷商、物流公司四方共贏。第四，加強物流企業的聯合。在優勢互補和共贏的原則下，打破原有的條塊分割，鼓勵物流企業間的聯合、併購和重組，並鼓勵它們按照現代物流技術和理念積極融入由供應商、經銷商、生產商組成的供應鏈體系。

（二）調整經營策略，整合企業資源

邵東物流企業擁有一定規模的用地、倉儲設施、運輸裝卸手段和加工配送能力等物流資源，充分利用這些物流資源，按照現代物流管理方式進行整合。整合倉儲系統，建立一套物流中心、物流基地選址模式。物流企業應根據企業實際情況，分析規劃，優化物流中心的分佈。經過認真的綜合分析，確定設計運輸批次、規模，確定規劃運輸路徑，確定選擇運輸單位和控制運輸質量的標準以及提高裝載率和實車率等。由於柳州、寧波、臨沂等地有到邵東的專線，因此必須加強邵東物流行業與其他物流公司的合作，充分利用共享資源進行資源整合，實現資源的優化配置，降低物流成本，提高運行效率。

（三）走集約化發展道路

企業信息化是一場管理革命，物流信息化的內涵是管理創新，確保物流、資金流、信息流協同一體，暢通無阻。物流、資金流、信息流協同管理是電子

商務發展的基礎與前提。物流企業應通過因特網即時採購和接受客戶的個性化定制，實現零庫存的目標，減少資金積壓，提高企業應變能力；做到物流、配送系統等在滿足顧客需要的前提下實現物流成本最小的目標。

參考文獻

［1］羅瑛.草根邵東面臨轉型之痛［EB/OL］.（2005-06-19）［2016-12-20］.http://bbs.pinggu.org/thread-28509-1-1.html.

［2］寧克.對邵東地區發展現代物流的戰略思考［J］.湖南社會科學，2005（5）：193-194.

［3］吳德先，蘭寶英.物資企業資源整合的思考與對策［EB/OL］.（2006-9-1）.［2016-12-20］www.jctrans.com.

（原載於《臺灣農業探索》2007年第4期）

8. 邵東縣民營經濟就業現狀的實證研究

縣域經濟是指縣（市）行政區劃內的生產、交換等經濟活動，反應了縣（市）的經濟發展狀況。縣域經濟在國民經濟中起著舉足輕重的作用。中國縣域經濟的國有經濟比重低，絕大多數縣沒有或很少有國有大中型企業，因此縣域龐大的人口難以從國有大中型企業獲得收入和就業機會。其就業和收入除依靠農業和流動進城鎮打工之外，就是依靠當地非國有中小企業的發展和小城鎮的繁榮。如何保持縣域經濟、民營經濟發展是當前經濟生活中的一個重大問題。

邵東縣地處湘中腹地，人多地少，通過民營經濟的發展，邵東縣進入中部六省的「百強縣」，是湖南縣域經濟的前二十強。2002 年以來，邵東縣積極引導工業經濟向規模化、產業化方向發展。2005 年，邵東縣規模企業達到 85 個，實現了工業總產值 86.56 億元，同比增長 18.7%，規模工業總產值 30.39 億元，同比增長 31.3%。

邵東縣是湖南省民營經濟改革與發展試驗區、國務院縣域經濟綜合調研基地縣、全國農村流通示範縣、湖南省商品糧建設基地縣、湖南省專業批發市場試點縣。目前民營經濟已成為邵東縣域經濟的主體。

一、邵東民營經濟就業現狀

民營經濟範圍的界定是一個複雜的問題。廣義的民營經濟是對除國有和國有控股企業以外的多種所有制企業的統稱，包括個體工商戶、私營企業、集體企業、港澳臺投資企業和外商投資企業。狹義的民營經濟則不包含港澳臺投資企業和外商投資企業。本文中出現的民營經濟是指狹義的民營經濟。

邵東民營經濟為邵東的經濟發展做出了巨大貢獻。邵東縣域經濟中民營經濟比重大，已成了邵東經濟發展的亮點，為邵東經濟競爭力進入中部六省「百強縣」做出了突出貢獻。截至 2004 年年底，邵東縣共有個體工商戶 25,536 家，註冊資本 39,803 萬元，私營企業 807 家，註冊資本 91,414 萬元，從業人員 56,855 人。民營經濟總產值達 120 億元，為縣財政提供的收入占全

縣財政收入的 80%以上。1998—2003 年，邵東民營規模企業產值呈穩步遞增的趨勢，年均增長率為 0.6%，相比 1998 年，2003 年規模企業產值增加值為 81,575 萬元，其中民營規模企業產值增加值為 32,567 萬元，占規模企業產值增加值的 39.9%（見表 1）。部分民營經濟通過自我創業、自我累積，形成了以焦炭、五金、打火機、藥材為主的特色規模經濟，如曾氏鋁業集團、邵東焦炭廠、湖南順工五金工具製造有限公司等從家庭作坊企業已發展成大型企業集團。

表 1　　　　　1998—2003 年邵東縣規模工業企業產值情況

年份	規模企業總產值（萬元）	民營規模企業產值（萬元）	民營規模企業所占比（%）	年增長率（%）
1998	72,493	50,237	69.2	—
1999	67,810	58,469	86.2	16.3
2000	80,959	68,175	84.2	16.6
2001	96,529	70,350	72.9	3.1
2002	118,428	77,600	65.5	10.3
2003	154,068	82,804	53.7	6.7

民營經濟為邵東經濟的發展做出了巨大貢獻，民營經濟已成為邵東經濟發展的主體。從吸納就業的角度看，民營經濟對邵東經濟的貢獻則更大。就新增就業而言，民營經濟對邵東經濟的貢獻度在 80%以上。近年在國企改革和經濟結構調整中，國有和集體企業從業人員淨減少的同時，民營企業和外資企業緩解了社會就業壓力。它們為社會穩定做出了無法替代的貢獻。隨著民營經濟的發展，這一趨勢更加明顯。邵東民營企業就業人數在 1998 年、1999 年達到鼎盛時期，1999 年民營企業就業人數達 319,057 人，占當年總人口的 27.3%。占農業總勞力的 60%。接下來的三年中有所下降，從 2003 年開始，民營經濟就業人數又恢復了上升趨勢。民營經濟發展對擴大就業門路和維護社會安定具有重要意義。

2003 年年末，邵東縣人口數為 117.62 萬人，全縣在崗職工為 35,992 人，比 2002 年增長 5.3%，全縣下崗職工為 1.03 萬人，下崗職工再就業工作難度大。2004 年年末，邵東縣人口數為 118.14 萬人，下崗職工減少，但就業壓力仍然很大，全縣在崗職工為 32,343 人，比 2003 年減少 10.1%，下崗職工為 1.01 萬人。

邵東民營經濟自改革開放以來，得到了快速發展，鄉鎮企業從 1980 年的 2,354 戶，增加到 1999 年的 35,697 戶，之后有所減少，2004 年為 23,743 戶，

與 1980 年相比增加了 5 倍多；鄉鎮企業就業人數也從 1980 年的 56,434 人增加到 2000 年的 202,107 人，之后逐年下降，2004 年出現恢復性增長，就業人數為 176,010 人，與 1980 年相比，增加了 3 倍多。私營企業戶數從 1997 年的 868 戶增加到 1999 年的 1,002 戶，之后急遽下降，2000 年僅為 315 戶，之后又緩慢增加，但直到 2004 年才達到 807 戶；私營企業就業人數也是隨企業戶數的變化而變化的，1997 年達到最高點，為 17,595 人，私營企業就業最少的 2001 年只有 4,975 人，2004 年也只有 11,060 人。個體工商戶從 1980 年的 183 戶急遽增長到 1999 年的 60,338 戶，之后穩定在 25,000 戶左右，2004 年為 25,536 戶；個體工商戶的從業人員快速增加到 1999 年的 111,414 人，之后逐年下降，到 2003 年只有 40,370 人，2004 年開始回升，就業人數為 45,795 人。民營經濟中的總就業人數從 1997 年的 247,366 人增加到 1999 年的 319,057 人，之后逐年減少，2003 年只有 194,816 人，2004 年又出現恢復性增長，為 232,865 人。民營經濟的就業人數與民營經濟的戶數之間存在一種強的正相關關係（見表 2）。

表 2　　　　　1980—2004 年邵東縣民營企業從業人員情況

年份	鄉鎮企業 戶數	鄉鎮企業 從業人員（人）	私營企業 戶數	私營企業 從業人員（人）	個體工商戶 戶數	個體工商戶 從業人員（人）	就業總人數（人）
1980	2,354	56,434			183	202	
1990	23,288	95,362			19,512	23,884	
1997	25,622	138,429	868	13,255	57,120	95,682	247,366
1998	32,926	169,794	1,000	17,595	60,020	100,125	287,514
1999	35,697	196,277	1,002	11,366	60,338	111,414	319,057
2000	35,211	202,107	315	9,803	26,423	68,482	280,392
2001	26,922	165,364	353	4,975	26,702	43,406	213,745
2002	20,192	152,135	373	5,537	24,574	42,672	200,344
2003	22,729	146,298	588	8,148	22,253	40,370	194,816
2004	23,743	176,010	807	11,060	25,536	45,795	232,865

資料來源：邵東縣統計年鑒（1998—2005）

二、邵東民營經濟就業的實證分析

邵東民營經濟圍繞縣域工業品市場形成了針織、皮革、日化、服裝等加工

專業村，近兩年來，通信、教育、娛樂、旅遊、餐飲以及交通運輸的發展尤為迅速，無一不是民營經濟發展的結果。由於邵東民營經濟對邵東就業的增加、社會的穩定起到了舉足輕重的作用，本文對邵東私營企業和個體工商戶的就業情況進行實證分析。

第一，設 Z 為私營企業戶數，Y 為私營企業就業人數，利用 1989—2004 年的數據得到迴歸模型如下：

LNY = 4.722,7 + 0.692,7LNZ
　　　　(3.369,4) (3.170,7)[1]
R^2 = 0.626,2　Adj-R^2 = 0.564,0

模型中變量的 t 統計值均大於 t 的臨界值 $t_{0.005}$ = 2.681，在 1% 的水平下顯著。當其他條件不變時，私營企業戶數每增加 1%，私營企業就業人數增加 0.692,7%。

第二，設 X 為個體工商戶數，Y 為個體工商戶就業人數，利用 1989—2004 年數據得到迴歸模型如下：

LNY = 1.533,1 + 0.910,8LNX
　　　　(3.12)　　(6.986,2)
R^2 = 0.890,5　Adj-R^2 = 0.872,3

模型中變量的 t 值的絕對值均大於 t 的臨界值 $t_{0.005}$ = 2.681，在 1% 的水平下顯著。當其他條件不變時，個體工商戶戶數每增加 1%，個體工商戶就業人數增加 0.910,8%。邵東的個體工商戶就業存在較大的就業彈性。

第三，設私營企業戶數為 Z，個體工商戶數為 X，個體私營企業中就業人數為 Y，利用 1989—2004 年的數據進行迴歸得到如下模型：

Y_t = -5,203.912 + 27.123,8Z_t + 0.742,1X_t + 0.916,2X_{t-1}
　　　(-3.447,8)　　(7.737,3)　　(8.818,4)　　(18.392,7)
F = 1,353.62　R^2 = 0.999,2　Adj-R^2 = 0.998,5

Adj-R^2 = 0.998,5，擬合優度較高。p 值均小於 0.05，模型變量在 5% 的水平下顯著，F = 1,353.62 > $F_{0.05}$ = 4.07，方程總體線性關係成立。當其他條件不變時，邵東私營企業當年每增加 10 戶，就可以增加 271 人就業，個體工商戶當年每增加 10 戶，就可以增加 7 人就業，前一年個體工商戶每增加 10 戶，對當年的就業影響更大，增加近 9 人，即每增加十戶個體工商戶，在兩年內可以增加 16 人就業。模型說明個體工商戶主要是「夫妻店」或「父子廠」，但也說明邵東個體工商戶的經營規模呈一種擴大的趨勢。

第四，對全國私營企業、工商個體戶的就業人數和戶數進行迴歸分析，設個體工商戶數為 X（萬戶），私營企業戶數為 Z（萬戶），私營企業個體工商戶

---

[1]　括號內為 t 值，下文同。

就業人數為 Y（萬人），利用1989—2002年的數據進行迴歸得到如下模型：

$$Y = -1,044.033 + 2.346X + 15.425Z$$
$$(-9.335) \quad (43.65) \quad (34.45)$$

F = 3,373.586   R² = 0.998,5   Adj-R² = 0.998,2

Adj-R² = 0.998,2，擬合情況較好，p 值均小於 0.01，常數項 C 和 X、Z 變量在 1% 的水平下顯著，F = 3,373.586>$F_{0.01}$ = 7.21，方程總體線性關係顯著成立。其他條件不變，私營企業每增加 1 萬戶，就業人數可以增加 15.425 萬人；個體工商戶每增加 1 萬戶，就業人數可以增加 2.346 萬人。

從以上模型可以看出邵東私營企業對就業的吸納能力遠高於全國平均水平，是全國平均水平的近兩倍，個體工商戶的就業吸納能力比全國平均水平略低。因此，為了增加就業，邵東必須鼓勵民間創業，增加民間投資，發展私營企業。

三、結論及建議

邵東民營經濟不僅對邵東經濟的發展做出了突出貢獻，而且對邵東就業的增加、社會的穩定起到了舉足輕重的作用。以上分析顯示，每增加 100 戶私營企業，就可以增加 2,712 人就業。截至 2004 年，私營企業的平均註冊資金是 4.98 萬元，也就是民間投資增加 498 萬元，就會增加近 2,712 人就業。這將極大地減輕邵東目前就業壓力大的問題，因此政府在擴大民間投資促進民營經濟發展和促進社會就業方面將大有可為。

政府可以給私營經濟的產生和發展提供良好的生存空間和完善的市場環境，發揮政府在經濟增長中的重要作用：一是健全促進民營經濟發展的法律保障體系，消除制約民營經濟發展的障礙，對勞動密集型的民營經濟給予政策保護。勞動密集型企業屬於人數多、工資低、利潤少的行業，政府應當實施一定的投資收益保護政策。二是構建民營經濟融資支持體系，解決民營經濟貸款難問題。三是建立民營經濟發展服務體系，政府應該擺正自己在市場經濟中的位置，更多地為民營經濟創業和發展服務，促進民營經濟的健康發展。四是重視並發揮勞動保障部門在促進民營經濟發展中的作用，降低民營經濟的社會保障門檻，增加就業。民營經濟中大部分是勞動密集型企業，其繳納的社會保障費用通常比其他行業多。過高的勞動力成本抑制了就業，因此必須減少民營經濟的社會保障費，促進就業。五是對農村和小城鎮的民營經濟給予靈活的支持政策。政府應改革農村民營經濟的准入制度，對能轉移大量多餘農村勞動力的民營經濟實行稅收減免政策。

參考文獻

[1] 邵陽學院民營經濟研究所. 邵東民營企業制度變遷與創新調研報告[J]. 邵陽學院學報（社會科學版），2005（6）：1-10.

［2］黃孟復. 中國民營經濟發展報告No.1（2003）［M］. 北京：社會科學文獻出版社，2004.

［3］國家統計局. 中國統計年鑒（2004）［G］. 北京：中國統計出版社，2005.

［4］胡進祥. 擴大民間投資 增加就業需求［J］. 前沿，2003（11）：25-28.

［5］陳暉濤.「發展小企業，促進大就業」的新思考［J］. 中共福建省委黨校學報，2003（8）：53-55.

（原載於《價值工程》2006年第10期）

9. 發展民營經濟 增加社會就業

現階段，中國的就業壓力很大，解決就業難題是中國當前十分緊迫的任務。從中國人口眾多、城鎮新增就業規模大、國有企業和集體企業下崗分流任務重、農村多餘勞動力轉移壓力大等國情以及由於體制轉換和產業升級造成就業空間小的現實看，從根本上增加就業和降低失業率的主要途徑只有一條，就是擴大民間投資，大力發展勞動密集型的民營企業。改革開放以來，中國民營企業發展比較迅速，在保持國民經濟持續快速發展和創造就業機會方面發揮了舉足輕重的作用。特別是進入 20 世紀 90 年代后，隨著經濟結構調整和國有企業改革力度的加大，民營企業吸納就業和再就業人員的作用更加明顯。21 世紀初，中國必須進一步提高民營企業的發展速度和發展質量，利用民營企業的發展促進就業的有效增長。沒有就業崗位增加的經濟增長對於今天的中國幫助不大。1997 年，中國國內生產總值增長率為 8.8%，從業人員增加了 1.1%；1998 年，中國國內生產總值增長率為 7.8%，但是從業人員只增加了 0.6%；1999 年，中國國內生產總值增長率為 7.1%，從業人員比 1998 年年末僅增加 0.4%。現在就業增長的速度下降得太快，我們必須設法抑制住這樣一種趨勢。

一、民營經濟中就業現狀

民營經濟範圍的界定是一個複雜的問題。廣義的民營經濟是對除國有和國有控股企業以外的多種所有制企業的統稱，包括個體工商戶、私營企業、集體企業、港澳臺投資企業和外商投資企業。狹義的民營經濟則不包含港澳臺投資企業和外商投資企業。本文中出現的民營經濟一般是指狹義的民營經濟。

投資是推動一國經濟增長、增加就業的重要因素。改革開放以來，民營經濟投資對中國經濟的增長起了舉足輕重的作用。全社會固定資產投資中，民間投資成為社會投資的重要來源，有力地帶動了社會投資的增長。1981—2002 年，民間投資年均增長 25%，2002 年民間投資達到 1.7 萬億元，同比增長 22.4%，占全社會投資比重的 40.3%，而廣義的民營經濟占全社會投資的比重在 2002 年已經達到 50.3%，從圖 1 中可以看出，1981—1991 年的 11 年間民間投資額增加緩慢，但從 1992 年以后，民間投資數量快速上升。

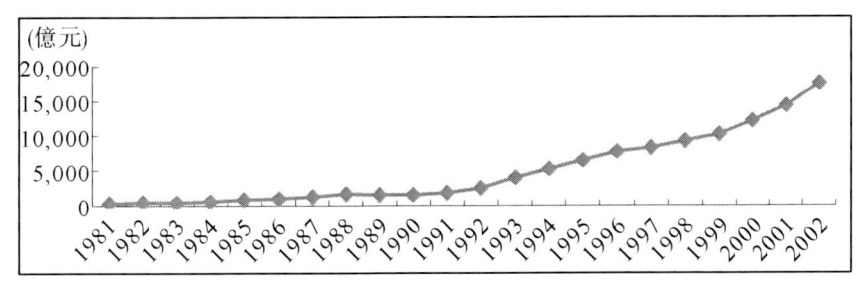

图1　1981—2002年中國民間投資發展情況

民營經濟就業的增長速度遠高於全社會就業的增長速度，為緩解社會就業壓力做出了突出貢獻。2002年，全社會及就業總數為7.374億人，其中國有企業就業人員為7,163萬人，占全社會就業總量的9.7%；民營經濟就業（包括農業勞動力）占全社會就業總量的90.3%；如果不包括農業勞動力，民營經濟吸納的就業總量為3.09億人（見圖2），占全社會就業總量的42%。民營經濟在第二產業和第三產業的就業比重達到84%，同時民營經濟在城鎮中的就業比重也已達到71.1%。民營經濟在第三產業就業量較大的增幅，為優化產業結構、促進城市化進程做出了貢獻。目前中國的就業結構表現為：第一產業達50%，比重過高，第二產業和第三產業合計為50%，比重較低，而第二產業和第三產業當中的問題表現為第三產業的就業比重太低，沒有發揮第三產業吸納就業能力強的特點。

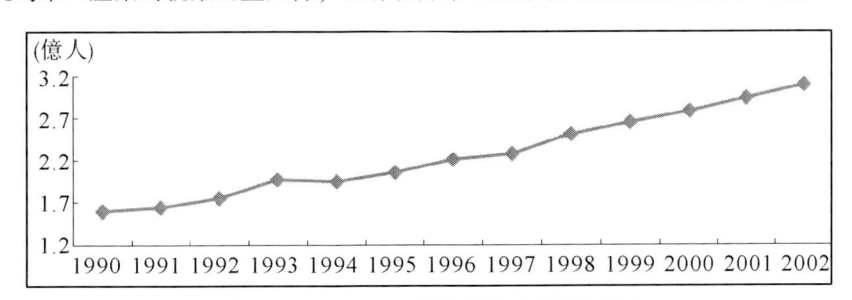

圖2　1990—2002城鄉民營經濟就業情況

相對於整個國民經濟的就業結構情況，民營經濟的就業結構要合理得多，這也是民營經濟吸納就業能力強的主要原因。1997年以來，民營經濟在第三產業的就業比重平均為66.85%，明顯高於國民經濟的第三產業中平均就業比重27.56%。事實上，農村勞動力轉移的就業和國有企業下崗職工的安置以及新增的就業勞動力，大多被新興的民營經濟第三產業所吸納。

由於市場進入障礙以及自身實力的原因，民營經濟在發展過程中以市場為導向形成了自己的產業結構，其特徵是第三產業比重較大，第二產業占的比重相對較低。民營經濟的這一產業佈局符合中國產業結構的調整和優化方向。民營經濟

在第二產業和第三產業的就業人數和民營經濟就業在第二產業和第三產業中的比重一直呈上升趨勢，就業人數從1990年的15,960萬人增加到2002年的30,905萬人，民營經濟就業人數占社會第二產業和第三產業的比重也從1990年的61.8%上升到2002年的83.8%（見圖3、圖4）。

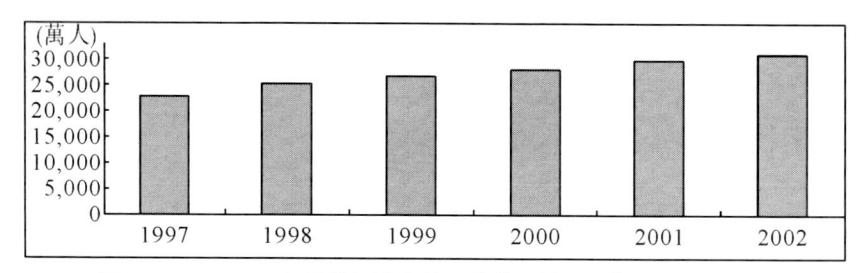

圖3　1997—2002年民營經濟在第二產業和第三產業中的就業人數

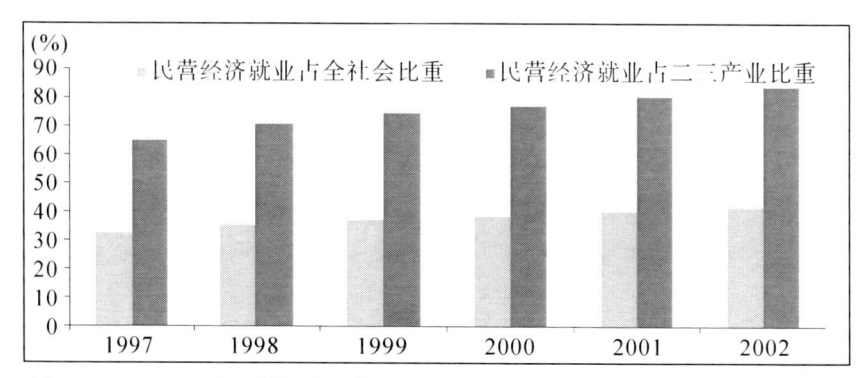

圖4　1997—2002年民營經濟就業在全社會和社會第二產業和第三產業中的比重

二、民營經濟就業的實證分析

本文用就業衡量的民營經濟中的個體私營經濟的產業結構可以看出個體私營經濟的第三產業所占比重都超過了60%，最高的1997年達到了71.6%；第二產業的比重在30%左右；第一產業的比重一直低於5%（見表1）。

表1　　　　　　　　民營經濟在三次產業中的就業比重　　　　　　單位:%

年份	2001	2000	1999	1998	1997
第一產業	3.29	4.53	5.03	4.86	4.86
第二產業	31.53	28.72	25.87	25.19	25.19
第三產業	67.1	66.7	69.2	70.2	71.6

民營經濟在第三產業中的批發零售貿易和餐飲，交通運輸、倉儲、郵電通

信，社會服務方面就業人數都較多，在批發零售貿易和餐飲中就業人數的總趨勢一直是上升的，在1999年達到了4,161.6萬人，為1989—2003年間的最高點，之后有所下降，但在2001年后又呈上升趨勢；民營經濟在交通運輸、倉儲、郵電通信以及社會服務的就業人數呈較平緩的上升趨勢。民營經濟在第三產業中的批發零售貿易和餐飲所占的就業比重從1989—2003年則一直呈下降趨勢，從1989年的59.4%降為2003年的45.4%；在交通運輸、倉儲、郵電通信中比重的總趨勢也呈下降趨勢，1994年的比重為8.16%，而2003年為4.36%；在社會服務中的就業比重卻是穩中有升，2003年達到最高點，為11.52%（見圖5、圖6）。

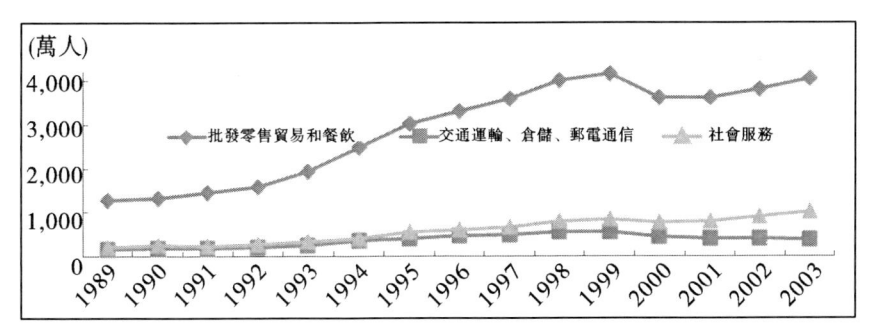

圖5　1989—2003年民營經濟在批發零售貿易和餐飲，
交通運輸、倉儲、郵電通信，社會服務就業情況

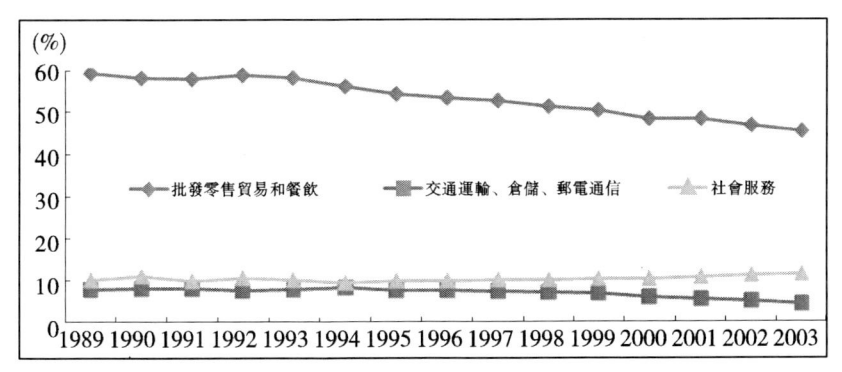

圖6　1989—2003年民營經濟在批發零售貿易和餐飲，
交通運輸、倉儲、郵電通信，社會服務中就業比重

以下建立模型進行實證分析。建立模型的理論基礎：投資增加必然引致就業增加，就業增加將會增加國民收入，從而推動整個國民經濟的增長和社會的和諧發展，因而可以進一步增加就業。

本文對民營經濟投資和就業的關係進行迴歸分析。設民營經濟就業人數為

Y（萬人），投資數量為 I（億元），利用 1985—2002 年的民營經濟的投資數量和民營經濟中的就業人數進行迴歸，得到如下迴歸模型：

$LNY = 3.152 + 0.616,5LNI$

　　　　(9.055)　(15.35)[①]

$F = 235.709$　$R^2 = 0.951,6$　$Adj\text{-}R^2 = 0.947,5$

Adj-$R^2 = 0.947,5$，擬合情況較好，t 值均大於 t 的臨界值 $t_{0.005} = 2.583$，常數項 C 和變量 LNI 在 1% 的水平下是顯著的，$F = 235.709 > F_{0.01} = 8.53$，方程總體線性關係顯著成立。從模型中可以得出民營經濟的投資就業彈性為 0.616,5，即假定其他條件不變的情況下，民營經濟投資每增加一個百分點，城鄉就業人數將增加 0.616,5 個百分點。

民營經濟在批發零售貿易和餐飲業中就業人數的總趨勢一直是呈上升趨勢的；批發零售貿易和餐飲業就業人數所占的民營經濟就業人數的比重卻從 1989—2003 年一直呈下降趨勢。本文對民營經濟的批發零售貿易和餐飲業的基本建設投資及新增固定投資和就業的關係分別進行迴歸分析。設批發零售貿易和餐飲業基本建設投資為 CI（億元），NI 為當年新增固定投資（億元），就業人數為 Y（萬人），利用 1985—2003 年的數據進行迴歸得到模型：

第一，新增固定投資就業彈性系數模型。

$LNY = 3.209,0 + 0.728,4LNNI$

　　　　(6.187,2)　　(7.374,6)

$F = 54.385$　$R^2 = 0.819,2$　$Adj\text{-}R^2 = 0.804,2$

Adj-$R^2 = 0.804,2$，擬合情況較好，t 值均大於 t 的臨界值 $t_{0.005} = 2.583$，常數項 C 和變量 LNNI 在 1% 的水平下是顯著的，$F = 54.385 > F_{0.01} = 8.53$，方程總體線性關係顯著成立。從模型中可以得出民營經濟新增固定投資就業彈性為 0.728,4，即假定其他條件不變的情況下，民營經濟新增固定投資每增加一個百分點，城鄉就業人數將增加 0.728,4 個百分點。

第二，基本建設投資就業彈性系數模型。

$LNY = 3.106,8 + 0.792,4LNCI$

　　　　(9.502,8)　　(12.023,1)

$F = 144.553$　$R^2 = 0.923,4$　$Adj\text{-}R^2 = 0.917,0$

Adj-$R^2 = 0.917,0$，擬合情況較好，t 值均大於 t 的臨界值 $t_{0.005} = 2.583$，常數項 C 和變量 LNCI 在 1% 的水平下是顯著的，$F = 144.554,6 > F_{0.01} = 8.53$，方程總體線性關係顯著成立。從模型中可以得出民營經濟的基本建設投資就業彈性為 0.792,4，即民營經濟基本建設投資每增加一個百分點，城鄉就業人數將增加 0.792,4 個百分點。與民營經濟投資的總投資就業彈性相比，第三產業中的批發

[①] 括號內為 t 值，下文同。

零售貿易和餐飲業的投資就業彈性較高，民營經濟新增固定投資就業彈性次之。

本文對民營經濟就業人數及私營企業和工商個體戶數進行迴歸分析。設個體工商戶數為 X（萬戶），私營企業戶數為 Z（萬戶），私營企業、個體工商戶就業人數為 Y（萬人），利用 1985—2003 年的數據進行迴歸得到如下模型：

$$Y = -1,044.033 + 2,346.2X + 15,424.7Z$$
$$(-9.335,3) \quad (43.650,3) \quad (34.454,9)$$
$$F = 3,373.586 \quad R^2 = 0.998,5 \quad Adj\text{-}R^2 = 0.998,2$$

$Adj\text{-}R^2 = 0.998,2$，擬合情況較好，t 值的絕對值均大於 t 的臨界值 $t_{0.005} = 2.921$，常數項 C 和變量 X、Z 在 1% 的水平下顯著，$F = 3,373.586 > F_{0.01} = 6.23$，方程總體線性關係顯著成立。從模型可以看出，其他條件不變，私營企業每增加 1 萬戶，就業人數可以增加 15,424.7 萬人，個體工商戶每增加一萬戶，就業人數可以增加 2,346.2 萬人。

三、結論

從以上分析可以看出，拓寬民間資本的投資渠道是增加社會就業的重要途徑，因此必須破解民營經濟的融資瓶頸。民營經濟有較高的投資就業彈性，當投資每增加一個百分點，就業量將增加 0.616,5 個百分點，因此要改善民營經濟的投資環境，鼓勵民營經濟增加投資，從而增加社會就業量；民營經濟在批發零售貿易和餐飲業中投資就業彈性更高，民營經濟新增固定投資每增加一個百分點，城鄉就業人數將增加 0.728,4 個百分點；基本建設投資就業彈性為 0.792,3，即民營經濟基本建設投資每增加一個百分點，城鄉就業人數將增加 0.792,3 個百分點。因此，要鼓勵民營經濟把資金更多地投向批發零售貿易和餐飲業，以便可以吸納更多的人就業，解決當前就業壓力大的問題，保持社會和諧穩定發展；鼓勵民間投資創業，增加個體工商戶數和私營企業數量，增加社會的就業數量。

參考文獻

[1] 黃孟復. 中國民營經濟發展報告 No.1（2003）[M]. 北京：社會科學文獻出版社，2004.

[2] 國家統計局. 中國統計年鑒（2004）[G]. 北京：中國統計出版社，2005.

[3] 陳暉濤.「發展小企業，促進大就業」的新思考 [J]. 中共福建省委黨校學報，2003（8）：53-55.

[4] 胡進祥. 擴大民間投資增加就業需求 [J]. 前沿，2003（11）：25-28.

（原載於《價值工程》2006 年第 11 期）

10. 旅遊方案選擇的消費者行為分析

一、引言

行為經濟學是以人類行為作為基本研究對象的經濟理論，借助心理學的分析方法，對個體和群體的經濟行為特徵進行規律性的研究，通過實證方法驗證傳統理論的有效性，同時建立能夠正確描述人類行為的研究框架和經驗定律。行為經濟學通過建立更為現實的心理學基礎，提高了經濟學的解釋力。行為經濟學研究的重點和方向一是效用理論的最大化假設，用種種動機假設代替最大化假設，而這種動機假設能夠更精確地描述市場中的人類行為動機；二是不確定條件下的決策，要決定經濟行為者是否能做出決策並實現其主觀期望效用最大化。行為經濟學促使經濟學逐步向人性化發展，它的形成表明「人及其行為」正在成為經濟學研究的核心和主題，它為現代經濟學建構了一個充滿「人性和人類價值」的理論框架，使經濟學成為人的科學。

旅遊目的地選擇是人類行為分析的一個重要課題。早在 1967 年，坎貝爾（Campbell）就根據旅遊過程中遊覽的不同目的將遊客分為「旅遊者」和「長期度假者」，即「觀光」和「休閒」，兩者旅遊線路選擇上存在差異。此后，學者們較多關注旅遊目的地選擇的影響因素，如過去經驗（David Mazursky, 1989）、旅遊者態度、抑制因素和促進因素的知覺（Um & Crompton, 1992）、家庭中的孩子（Cedric Cullingford, 1995）、消費者知覺距離（Paul & John, 1996）、旅遊者文化背景與旅遊目的地的文化之間的差距（Siew Imm Ng, 2006）。塞維爾和阿蘭（Sevil & Alan, 1998）發現，態度、風險認知水平和收入直接影響旅遊者國際度假目的地的選擇。尼古勞（Juan L Nicolau, 2006）認為，旅遊目的地的距離與價格影響旅遊者目的地選擇，但是旅遊動機對其具有調節作用。

20 世紀 80 年代，國內學者開始關注旅遊目的地的選擇。影響旅遊目的地的選擇的因素大體可以分成三類：第一類是旅遊者外在因素，如外部刺激性輸入因素（市場營銷和其他信息影響渠道）、目的地因素（氣候狀況、旅遊資

源、安全狀況、旅遊接待設施、居民友好態度、距離、交通）和目的地旅遊感知價值。旅遊時空因素與旅遊者選擇旅遊目的地之間存在相關性（肖洪根，1998）；旅遊交通系統影響旅遊者目的地選擇與出行方式選擇，旅遊目的形象影響旅遊者旅遊目的地選擇及購后行為（卞顯紅，2005）；不同參照群體對旅遊目的地選擇的影響方式及強度存在差異（衛嶺，2006）；大學生群體目的地選擇的影響因素包括旅遊區位、特色、旅遊花費、知名度、交通等（翟亘，2006）；旅行距離對重遊決策的影響很小，感知價值、滿意度以及對自然山水風光的預期等因素對重遊決策有明顯的影響（陳鋼華、黃遠水，2008）。第二類是旅遊者自身因素，如個體差異因素（個體收入、閒暇時間、旅遊動機、身體狀況）以及旅遊經歷。旅遊者期望、偏愛與旅遊目的地的感知形象之間差異越大，旅遊者選擇的可能性越小（王家駿，1994）；具有不同動機的旅遊者在選擇旅遊目的地時偏好各異（張衛紅，1999）；旅遊者「個人性初始風景」以及心理學上「自我監測」與「刺激欲求」對目的地選擇存在影響（王豔平，2005）；不同人口統計學特徵的旅遊者在目的地選擇影響因素上存在差異（李萍等，2006）。第三類是旅遊者目的地選擇模型。旅遊者目的地選擇模型揭示了旅遊者與旅遊產品的特性在旅遊者目的地選擇過程中起著重要作用（卞顯紅，2003）；旅遊目的地選擇 TPB 模型認為意向、情境、旅遊群體是旅遊者目的地選擇的基本影響因素（姚豔虹，2006）；NMNL 模型實證研究發現旅遊者對某類型目的地組的知覺越愉快越放鬆，該類型的目的地組被選擇的概率也就越大，對於同一類型的目的地來說，旅遊者感知的限制因素越小，該目的地被選擇的概率也就越大（熊勇清、彭希，2008）。

二、旅遊方案選擇及行為分析

（一）旅遊方案選擇

2010 年暑假由經濟與管理系工會和旅遊教研室設計兩個旅遊方案，研究在不同約束條件下，消費者的選擇行為。

基本方案有兩種：方案一是鎮遠古鎮—神祕高過河、鳳凰古城四日遊。第一天乘旅遊車從邵陽出發（全程高速）至鎮遠，穿古巷、看古碼頭、訪古民居，感受古城的古風古韻。第二天乘車前往三寨村遊覽無底潭，乘觀光車到達猴歡谷景區，享受高過河大峽谷漂流帶來的刺激，晚上參加三寨村苗族篝火晚會。第三天，遊覽芷江受降坊，前往神祕湘西、鳳凰古城，漫步石板街，品嘗地小吃。第四天感受古城的早晨，看沱江遊船。返回結束旅程。

方案二是黃山—千島湖、婺源五日遊。第一天乘車抵達黃山。第二天遊黃山風景區，經慈光閣遊覽玉屏景區迎客松、玉屏臥佛、遠眺天都峰；步百步雲梯，經天海、光明頂，遠觀飛來石西海景區；經白鵝嶺、始信峰下山至雲谷寺，欣賞古徽州獨特的茶文化。第三天赴中國最美鄉村——婺源遊小橋流水人

家——李坑，遊中書橋、文昌閣、水口林、銅綠坊；遊江灣景區；遊千年古村落——汪口景區；遊畫裡鄉村——曉起敦彝堂、日升堂、禮耕堂。第四天直達天下第一麗水——千島湖，乘船遊覽中心湖區四島（梅峰觀島、神龍、五龍景區）。第五天乘車返回，結束旅程。

方案一的旅行社責任保險20萬元/人，方案二的旅行社責任保險30萬元/人。其他服務標準相同：全程空調旅遊車，標準雙人間，團餐十人一桌、八菜一湯，公司導遊服務及目的地導遊服務，景點首道大門票以及一頂旅遊帽與每人每天一瓶礦泉水。

方案一由系部統一支出 M 元；方案二由系部統一支出 M 元，參加者自籌 M 元。這次活動鼓勵所有員工參加，若有特殊情況不能出席，由系部支出的 M 元不返還。組織方式的選擇有兩種：其一是由系工會選擇旅行社，全部費用交予旅行社；其二是由系教研室自行組織。對方案的選擇由所有員工在 QQ 群上投票產生。在投票的同時可附言提出建設性意見。

QQ 群上的調查結果顯示87%的員工選擇方案一，並且有63%的人還附加一條建議：給不去旅遊的員工返還系部補貼的一半。由於這是一次集體行動，這一建議被否決。如果採納這一建議，參加這次集體活動的人數將會減少30%。最后，參與率達到了93%，除了有事不能參與這次活動的員工外，其餘員工都積極參加了這次活動。投票選擇的結果是由工會、旅行社組織這次活動，選擇鎮遠古鎮—神祕高過河、鳳凰古城四日遊。

（二）職工收入狀況

經濟與管理系組建時間短、發展快，共有教職員工52人，其中教授3人，副教授17人，講師20人，助教12人。大部分是中青年教師，職稱較低，收入相對偏低。教師收入主要是由兩大部分構成：一部分是每月的工資部分，按月發放；另一部分是教師課酬部分，每學期發放一次。工資部分包括崗位工資、薪級工資、保留津貼、適當補貼、誤餐費、煤氣補貼。以處於中位數的講師工資為例（見表1）：每月崗位工資680元、薪級工資341元、保留津貼38.8元、適當補貼155元、誤餐費60元、煤氣補貼15元、應發工資1,289.80元，扣除住房公積金65元、工會費5.30元、失業保險10.60元、醫療保險21.20，實發1,187.70元。教師課酬部分由學院給定總課時報酬，再由系部進行再分配。助教每節課為一個標準課時，講師、副教授、教授分別乘以1.2、1.4和1.6的系數。如果上課少，每學期的課酬也低，職稱低且上課數量不多的教師一年的收入是2萬~3萬元。

表1　　　　　全系教師按職稱的應發工資和實發工資數據分析　　　單位：元

	教授		副教授		講師		助教	
	應發工資	實發工資	應發工資	實發工資	應發工資	實發工資	應發工資	實發工資
Mean	2,480.800	2,278.167	1,778.388	1,635.116	1,337.550	1,214.875	1,157.633	1,066.700
Median	2,432.800	2,234.050	1,791.800	1,647.480	1,289.800	1,187.700	1,068.800	985.260,0
Maximum	2,587.800	2,376.320	2,042.800	1,876.700	1,651.800	1,519.030	1,496.800	1,377.280
Minimum	2,421.800	2,224.130	1,573.800	1,448.110	1,201.800	1,020.330	939.800,0	867.600,0
Std. Dev	92.827,8	85.147,9	140.981,4	128.949,0	128.145,4	122.878,5	196.066,2	179.403,4
Skewness	0.696,0	0.696,3	0.113,5	0.111,9	1.235,5	1.165,0	0.858,8	0.860,4
Kurtosis	1.500,0	1.500,0	1.871,6	1.868,5	3.647,3	3.985,3	2.176,3	2.177,3
Jarque-Bera	0.523,4	0.523,7	0.938,4	0.942,4	5.437,4	5.332,7	1.814,4	1.818,9
Probability	0.769,7	0.769,6	0.625,5	0.624,3	0.066,0	0.069,5	0.403,4	0.402,7
Obesrvations	3	3	17	17	20	20	12	12

（三）方案選擇的消費者行為分析

旅遊決策是指個人根據自己的旅遊目的，收集和加工有關旅遊信息，提出並選擇旅遊方案或旅遊計劃，並最終把選定的旅遊方案或旅遊計劃付諸實施。旅遊更多的是一種精神層面上的消費活動，旅遊者追求旅遊過程中的愉悅感、新奇感、美感和刺激感。旅遊信息是影響旅遊決策的重要因素。旅遊也是一種消費活動，是對休閒的消費。旅遊方案的選擇受多種因素的制約。

1. 沉沒成本效應

沉沒成本是指業已發生或承諾、無法收回的成本支出。消費者進行決策時同樣會面臨沉沒成本。比如丟失了一張高價音樂會入場券，其所花費的貨幣就是沉沒成本，這一事實與消費者的后續決策沒有關係。應該是過去的就讓它過去；不過，個人往往盯著過去的支出，從而使經濟行為錯上加錯。應該為某項糟糕的決策負責的決策者可能特別不願意讓過去的事成為過去。

由於其中有 M 元的支出（或投入），即使消費者不去旅遊也無法收回，近似於一種投入的沉沒成本。由於有先期的 M 元支出，如果某消費者放棄這次活動，則從 M 元支出中得不到任何收益，則變成參與這次活動者的一種公共資源。經濟理論認為沉沒成本不會影響一個人的決策行為，增量成本及其收益才是影響決策的因素，而沉沒成本應該與決策無關；同時，對於所有可供選擇的選項應該建立在每個選項各自的成本—收益分析之上。但一個非理性的消費者若能用某種行為對其進行平衡，並從這種行為中獲益或感覺到一種心裡滿足，其實還是會影響其后續行為的。在現實生活中，沉沒成本效應現象大量存在，沉沒成本效應指一旦人們已經在某一項目上投入了金錢、精力或者時間的話，人們常常傾向於將項目完成，雖然繼續該項目可能已經沒有經濟或者其他

方面的意義。人們固執地認為，沉沒成本即使再也回不來，也應該用相應的「收益」去平衡它，這就是沉沒成本謬誤。沉沒成本效應顯然是一個違反經濟學原則的非理性行為。

心理帳戶（Mental Account）是理性經濟人用一種非理性的態度看待事物，這種態度讓相同的錢在不同的環境下變得不一樣了。實際上，這種不理性的心理會影響到人們的決策。人們通過對事件結果的重新編輯來最大限度地增加效益，即人們總是盡量利用既成事實使自己快樂。第一，人們往往對事件的結果進行編輯，以最大限度地擴大自己的效益。第二，在編輯結果的過程中，依據如下原則：一是將給自己帶來收益的不同事件的結果分開考慮；二是將給自己帶來損失的不同事件的結果綜合起來考慮；三是將小的損失和大的收益綜合起來考慮，從而讓自己感到自己得到的是淨收益，以減輕因為厭惡損失而帶來的痛苦；四是當在某一事件中遭受重大損失，但在該事件的某一方面得到某種微小的收益時，將小的收益從大的損失中分離出來進行考慮，以讓自己從小的收益中得到一些安慰。

消費者消費數量的選擇必須依據額外消費的收益與減少的休閒（機會）加以權衡。個人基於對消費和休閒的偏好，在預算約束下選擇邊際收益等於邊際成本的點。

由於 M 元被消費者看成方案一的沉沒成本，因而此時增加休閒消費的邊際成本為零，只要旅遊帶來的收益高於天氣炎熱等因素引發的旅途勞累等心理成本，消費決策就應該選擇旅遊。由於方案二中每個消費者還要支出 M 元，因而採用方案二的邊際成本就是 M 元，由於信息不對稱，消費者難以判斷方案二會給消費者帶來的邊際收益。根據能夠搜索的信息判斷可能帶來的邊際收益，消費者的邊際收益根據需求價格估算，需求價格則是由消費者效用最大化的邊際效用決定。因為信息不完備以及受心情、天氣、偶發事件等不確定因素的影響，假設存在兩種可能性，一種情況是給消費者帶來高的預期邊際收益 MR_1，其概率是 P；另一種情況是給消費者帶來較低的預期邊際收益 MR_0，其概率為 $1-P$，方案二的預期邊際收益的期望值為 $P \times MR_1 + (1-P) MR_0$，若邊際收益高於邊際成本，則方案二是可選擇的。需要進一步比較兩方案邊際收益與邊際成本差的大小，從中選取較大者。由於方案二是一個風景名勝區，消費者可能給一個較高的 P 值。但為了避免「盛名之下，其實難副」的事後評價，消費者在信息不完備條件下採取謹慎策略，對邊際收益和概率進行調整。為了避免一錯再錯的現象發生，消費者主動放棄方案二。

2. 消費者方案選擇的效用分析

消費者的總效用函數可表示為 $TU = f(A, T, W)$，其中 A 表示旅遊方案，T 表示休閒時間，W 表示工資率。

消費者為了最大化自己的效用，一般會在幾個備選的旅遊方案中進行決

策。在決策的描繪和刻畫階段中，消費者要分析每個方案的期望效用，然後同消費者預期期望值進行比較，得出對消費者來說具有最大效用值的那個方案，並代表了消費者對受到情境因素約束的旅遊地屬性偏好的總體趨向。任何方案的選擇都要考慮到限制因素（抑制因子），強調抑制因子的必要性是因為大多數人的選擇會受到一定的預算約束，如資金、時間、個人資源和能力。最終選擇出的方案是個體對方案的信心、消費動機以及眾多約束因素綜合考慮的產物。

消費者每次在選擇旅遊目的地時，都會對他將要去的旅遊目的地有一個預期效用值，由於旅遊者對某個特定目的地的偏好是基於一系列因素而形成的，包括內在環境影響和個人因素，因此每次形成的預期效用值是不同的。

如果消費者選擇旅遊目的地是一個久負盛名的旅遊勝地，消費者事先從多方面瞭解目的地情況，對旅遊目的地狀況十分熟悉，對這次旅遊充滿了向往，這樣旅遊者的預期效用值就不知不覺中被自己的定位提高了。而當消費者真正去旅遊的時候，在旅遊過程中，難免會出現各種不盡如人意的事情，這些事情會使消費者的旅遊感受大大受損，使得真實的旅遊感受達不到消費者事先的預期效用值，消費者會對這個旅遊目的地評價不高，因為其相對於參照點損失了。相反，一個不出名的旅遊地，因消費者期望值定得低，也可能使其感覺到獲益了，因而評價高。

由於有系部支出的 M 元，但又不能收回。消費者心理上將其視為沉沒成本，同時又打開了心理帳戶，想方設法從這 M 元獲取回報，以減少自己的心理損失。由於系部員工大部分是低職稱的年輕教師，收入較低，M 元是一個不小的數目；而這 M 元是來自於教師課時費的扣除，是上課數量與課時單價的乘積，如果不去參與這次活動，感覺是一種淨損失。若用水平軸表示休閒時間，縱軸表示工資率，採用無差異曲線分析，曲線會顯得特別陡峭，增加休閒要放棄較高的收入。這裡的休閒的價格包括先前投入的 M 元，以及不參與這次活動而是增加勞動獲得的收入。對一個在經濟十分落後的偏遠地區工作的教師來說，其假期獲取收入的概率極低，但先前的支出被低收入的消費者看成一個很高收入的支出。由於教師把 M 元看成先期勞動報酬的支出，不想在這裡遭受淨損失，要設法從補貼中獲取收益。因此在消費者心目中，增加一個單位的休閒必須放棄很高的前期的勞動收入，才能使消費者保持同樣的效用水平。消費者的無差異曲線就顯得特別陡峭。

由於 M 元是系部補貼，但同時也是收入的提取。工資率曲線是一條折線，其水平部分是 M 元必須付出的勞動量，其高度是 M 元補貼，也是水平勞動量的報酬。無差異曲線與工資率曲線的彎折點相交，表示休閒時間是 H_0。由於受收入的制約，消費者想盡量避免 M 元損失，相反要從 M 元中得到回報，雖然天氣炎熱，出外旅行十分辛苦，但只要能得到一點正效用，消費者就會選擇

旅遊。假設減少自己的休閒時間，如選擇 U_0，效用水平則會更低（見圖1）。

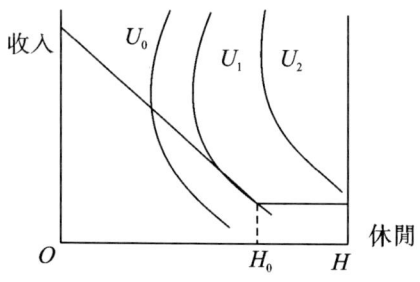

图 1　休閒選擇的無差異曲線分析

3. 消費行為中的支付隔離

在旅遊活動中，大部分消費者都是選擇參加旅行團，而旅行團都是預付費的，旅遊團的每位遊客都要為旅遊支付一個固定的金額，這筆費用包括旅行過程中的飲食、住宿和景點門票。旅行社使消費者的付費行為與消費行為隔離了，在感覺上減小了商品的成本，在心理帳戶中，稱為支付隔離。這種做法具有心理優勢，像飲食之類較小型的消費，放在整個旅行消費中就顯得很少了。而在另一種按具體項目付費的收費制度中，每一項小的項目看起來都非常大，容易引起負的交易效用，引致消費者剩餘的減少。消費者在隨團旅遊過程中，對很貴的遊覽門票和食宿沒有異議，而對自費項目，哪怕是費用很低，都普遍有抵觸情緒。同樣地，這項自費項目，如果加在預付費上，就不會引起這麼大的爭議。這是因為心理帳戶中的支付隔離，將支付與使用隔離起來，使得使用的邊際成本為零。這樣將提高消費者的滿足程度或效用水平。

由於最后選擇方案一，要走崎嶇而狹窄的山路，出於出行安全的考慮，遵照安全第一的原則，選擇由旅行社組織。消費者認為，由於信息不對稱，對司機以及車輛性能的信息的把握沒有旅行社掌握的信息充分；對被租用車輛以及被雇用司機后的機會主義和道德風險難以掌控。

三、結論

人們對旅遊目的地的選擇受多種因素的影響，一是旅遊者個人差異因素，如決策者的收入、時間、偏好以及旅遊經歷；二是目的地因素，如氣候狀況、旅遊資源、安全狀況、旅遊接待設施、居民友好態度、距離、交通以及對目的地旅遊感知價值。但對低收入群體，收入成為目的地選擇的一個最為重要的因素。此外，進行群體決策，先前的個體選擇會給后選擇者一種示範效應，即羊群效應。在消費決策的過程中，消費者的理性是有限的，有些消費者會在乎先前的投入，會對先前的投入進行平衡，出現一錯再錯的非理性行為。有些人本不願參與這次活動，但想對先前的支出進行平衡，出現一種被動選擇。願意參

與者根據成本—收益分析進行選擇以最大化其效用。在信息不完備情形下，由於不確定性，消費者會依照謹慎從事原則，盡量避免出現得不償失的選擇，即在一定程度上，低收入群體是風險迴避者。消費者行為中的支付隔離提高了消費者心理滿足程度。

參考文獻

[1] SEVIL F SNMEZ, ALAN R GRAEFE. Influence of Terrorism Risk on Foreign Tourism Decisions [J]. Annals of Tourism Research, 1998 (25)：112-144.

[2] JUAN L NICOLAU, FRANCISCO J. The Influence of Distance and Prices on the Choice of Tourist Destinations：The Moderating Role of Motivations [J]. Tourism Management, 2006 (10)：982-996.

[3] 肖洪根. 旅遊時空模式與目的地選擇 [J]. 資源開發與市場, 1998 (14)：32-34.

[4] 卞顯紅. 旅遊目的地形象、質量、滿意度及其購后行為相互關係研究 [J]. 華東經濟管理, 2005 (1)：84-88.

[5] 衛嶺. 參照群體對旅遊者旅遊目的地選擇的影響 [J]. 市場周刊（理論研究），2006 (11)：45-46.

[6] 翟亘. 影響大學生旅遊目的地選擇的因素分析——以桂林為例 [J]. 桂林旅遊高等專科學校學報, 2006, 17 (6)：649-652.

[7] 陳鋼華，黃遠水. 旅遊者重遊決策的影響因素實證研究——基於網路調查 [J]. 旅遊學刊, 2008 (11)：69-74.

[8] 王家駿. 旅遊決策行為研究：旅遊者對目的地的選擇 [J]. 無錫教育學院學報（社會科學版），1994 (3)：41-45.

[9] 張衛紅. 旅遊動機定量分析及其對策研究 [J]. 山西財經大學學報, 1999 (4)：100-103.

[10] 八城薰，小口孝司. 個人性初始風景與心理差異對旅遊地選擇偏好的影響 [J]. 王豔平，孫豔平，譯. 人文地理, 2005 (5)：81-85.

[11] 李萍，粟路軍. 城市居民旅遊目的地選擇的影響因素研究——以長沙市為例 [J]. 北京第二外國語學院學報, 2006 (9)：51-56.

[12] 卞顯紅. 旅遊者目的地選擇模式的構建 [J]. 現代經濟探討, 2003 (9)：67-90.

[13] 姚豔虹，羅焱. 旅遊者目的地選擇的 TPB 模型與分析 [J]. 旅遊科學, 2006 (10)：20-25.

[14] 熊勇清，彭希. 基於嵌套 Logit 模型的旅遊者目的地選擇影響因素分析 [J]. 湘潭大學學報（哲學社會科學版），2008 (5)：139-143.

[15] 約瑟夫·E. 斯蒂格利茨，卡爾·E. 沃爾什. 經濟學 [M]. 3 版.

北京：中國人民大學出版社，2006.

　［16］李斌. 基於「行為經濟學理論」的旅遊者行為分析［D］. 重慶：西南大學，2009.

（原載於《臺灣農業探索》2011年第6期）

11. 美國量化寬鬆貨幣政策對中國經濟的影響

一、引言

從 2006 年年底開始出現風險跡象的次級抵押貸款市場，貸款違約不斷增多，全美多家次級市場放款機構深陷壞帳危機。2007 年 3 月 13 日，美國住房抵押貸款銀行家協會公布的報告顯示，次級房貸市場出現危機。2007 年 4 月 2 日，美國最大的次級債發行商新世紀申請破產保護，標誌著美國次級房貸市場危機爆發，時至 2007 年 7 月，美國次級債務危機全面爆發。之后引發全球金融危機。

為了應對金融危機，美國政府實施了 7,000 億美元的救市方案，同時實施了寬鬆的貨幣政策，從 2007 年 9 月 17 日到 12 月 11 日期間進行三次減息，美元指數下跌，加速美元貶值。美元和美國的貨幣政策已經成了全球金融市場最大的不穩定和不確定因素。美國繼續實施第二輪量化寬鬆（QEII）貨幣政策，歐洲、日本的貨幣政策亦追隨美國。因此，國際貨幣體系繼續出現緊張，國際金融市場因大量資金短期快速流動、貨幣匯率大幅波動而出現動盪、大宗商品市場及新興市場出現資產泡沫已在所難免。量化寬鬆貨幣政策推出的背景是美國現階段 1.7% 的經濟增長率以及 9.7% 的失業率。創造就業、推動經濟增長成為美國政府的當務之急。因此，美國欲通過印鈔購買政府債，繼續向全球體系注入近萬億美元的資金。美聯儲認為，若額外購買 5,000 億美元國債，相當於減息 0.5%~0.75%。在現在的利率水平之下，大規模的量化寬鬆實際上造成了較大幅度的負利率，以刺激投資和消費，同時推動貨幣對外貶值。

除美國外，英格蘭銀行和歐洲央行也正加快實施其量化寬鬆貨幣政策，由央行購買政府債向金融體系注入資金。日本央行也宣布了新一輪量化寬鬆貨幣政策，將隔夜利率目標降至 0~0.1%，同時成立了 5 萬億日元基金購買政府債和其他資產，擴張其資產負債表。

二、2007 年以來中美兩國經濟狀況

（一）美國經濟狀況

2007 年以來，美國經濟遭遇嚴重衰退，金融體系處在崩潰邊緣，政府深陷債務之中。2010 年的美國總統經濟報告指出：我們已迎來新的一年，但美國人民還在經受嚴重的經濟衰退所帶來的災難性的影響。近兩年來，在全國各地到處可以遇到許多失掉了工作的人們。小企業主為支付雇員的醫療保險而焦頭爛額。但美國總統奧巴馬認為，美國經濟已由崩潰的邊緣正逐步轉向良好的發展軌道。危機帶來的災難性影響還在繼續，現在仍有 10% 的美國人沒有工作。許多企業關閉，房價下降，小城鎮和鄉村受到的衝擊更加嚴重。大部分經濟學家認為美國的經濟衰退狀況已由 2009 年夏季轉為增長的態勢。但是美國人並未對經濟發展情況持樂觀態度，根據《華盛頓郵報》的民意調查顯示，只有 12% 的美國民眾同意這一說法，有 45% 的美國人認為國民經濟開始出現復甦。美國財長蓋特納表示金融體系正在修復，但仍存在損傷，今后還有很多修復工作要做。

自從 2007 年以來，美國長期失業人數急遽增加，16～24 歲人口的就業率持續下降。從 2006 年 7 月的 59.2% 下降到 2010 年 7 月的 49.9%（見圖 1）。2009 年，美國失業率達到 10%。在 2010 年第二季度，1,460 餘萬失業工人中，46% 的工人 27 周或更長時間沒有工作；31% 的工人 52 周或更長時間處於失業狀態。失業達一年或以上的人數從 2007 年第二季度的 64.5 萬人增加到 2010 年第二季度的 450 餘萬人，占失業人數的比重也從 9.5% 上升到 30.9% 的新高。2010 年 8～10 月，美國 16 歲以上勞動力的失業率均為 9.6%，11 月上升到 9.8%。其中，16 歲以上男性勞動力失業率均在 10% 以上，11 月為 10.6%；16 歲以上女性勞動力失業率在 9% 以內，但呈增加趨勢，11 月達 8.9%。

2010 年美國總統經濟報告顯示，美國市場已經穩定，已經收回了向銀行業發放的大部分救助資金。奧巴馬指出，在失業情況迴歸正常水平之前，美國政府不能有絲毫懈怠，經濟復甦也不會完全取得勝利。奧巴馬呼籲國會通過新的措施以推動就業增長，並重申了關於削減財政赤字的承諾。他表示，美國只有努力恢復財政秩序，方能使經濟實現持續強勁的增長。

這次經濟危機使美國家庭幾十年來承載的重壓進一步惡化。美國家庭一直面臨一種重負，即他們長時間而努力地工作，但獲得的報酬卻無法實現為退休儲蓄或幫助孩子完成大學教育。奧巴馬表示要打造世界級教育，大力推進創新能力建設，增強學生全球競爭能力，使每一位學生都有機會實現自己的理想，為此政府投資增長 6.5%。美國總統經濟報告還指出，美國要繼續出口更多的產品；在未來五年使出口量增長一倍，為美國增加 200 萬個就業崗位；推出國家出口倡議，幫助農場主和小型企業增加出口量，對出口管制措施進行改革，

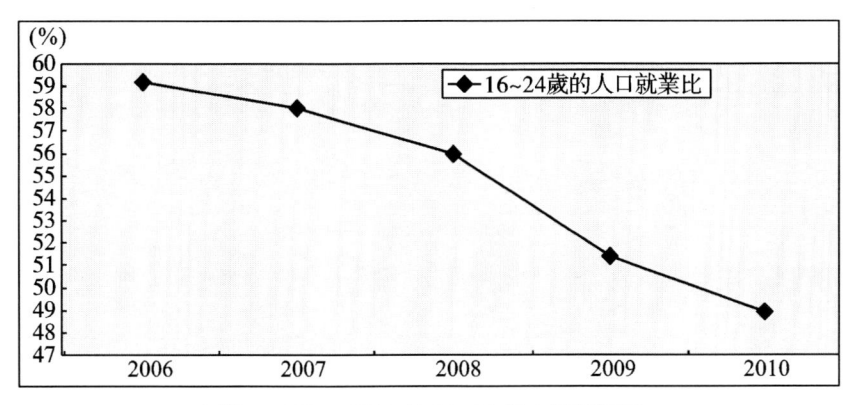

图 1　2006—2010 年 16~24 岁人口就业率

註：圖中數據是美國每年 7 月的統計結果

保護國家安全。美國總統經濟報告指出，政府應大力發展清潔能源經濟；政府投資 60 億美元，支持清潔能源發展；在當今世界經濟中清潔能源經濟的領導者將成為領導全球經濟的國家。

21 世紀初，美國預算曾有過超 2,000 億美元的盈餘。2008 年度美國赤字達到 1 萬億美元，而且預計未來 10 年這一數字將達到 8 萬億美元。其中，經濟衰退造成 3 萬億美元預算缺口。從 2011 年起的三年中，美國政府準備凍結開支，除了國家安全、醫療保險、醫療補助和社會保障等不受影響外，其他所有政府項目均在限制之列，為此將節省 2,500 億美元。

奧巴馬指出，美國人民和商業為華爾街和華盛頓的不負責任付出了沉重的代價。政府當前要做的就是要採取負責任的態度來面對一系列的挑戰。經濟報告測算 2010 年美國國內生產總值增 3%，這一增幅與國際貨幣基金組織有關全球將增 3.1% 及經濟合作與發展組織增長 3.4% 的預測相符。美國總統經濟顧問表示，他們的經濟報告是保守估計，他們相信通過國會旨在創造工作機會方面的立法，一定會開創良好的經濟發展局面。

美國 2008 年國內生產總值為 14.44 萬億美元，繼續居世界首位，增長率為 1.4%，是其近十多年來最低，而 2009 年為 14.259 萬億美元，同比實際下降 2.4%。美國失業率在 2009 年 10 月達到 10.1%，而后一直在 10% 居高難下。2010 年，美國經濟運行狀況的統計數據顯示，2010 年消費物價指數與 2009 年同期相比，從 2010 年 1 月的 2.626% 回落到 6 月的 1.053%，而后徘徊在 1.1% 附近，但 12 月上升至 1.5%（見圖 2）。

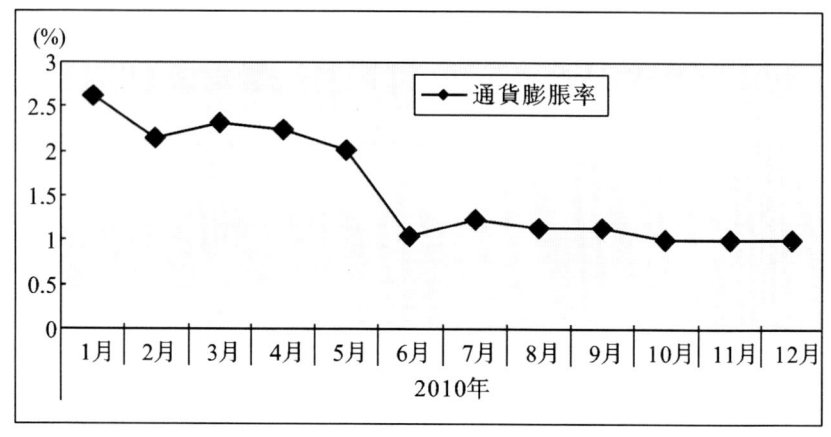

图2 2010年美國通貨膨脹率

(二) 中國經濟狀況

對中國政府而言，2008年是極不平凡的一年。國內生產總值超過30萬億元，比2007年增長9%；物價總水平漲幅得到控制；財政收入達6.13萬億元，增長19.5%；糧食連續五年增產，總產量達52,850萬噸，創歷史最高水平；進出口貿易總額為2.56萬億美元，增長17.8%；實際利用外商直接投資924億美元；城鎮新增就業1,113萬人；城鎮居民人均可支配收入為15,781元，農村居民人均純收入為4,761元，實際分別增長8.4%和8%。2009年，中國實施積極的財政政策。為彌補財政減收增支形成的缺口，安排中央財政赤字7,500億元，比2008年增加5,700億元，國務院同意地方發行2,000億元債券。同時，中國實施適度寬鬆的貨幣政策。廣義貨幣增長17%左右，新增貸款5萬億元以上。

2009年，中國國內生產總值達到33.5萬億元，比2008年增長8.7%，人均國內生產總值為2.56萬元；居民最終消費支出為12.11萬億元，政府消費支出為4.44萬億元，固定資本形成總額為15.668萬億元，存貨增加0.778萬億元，淨出口從2008年的0.298萬億美元減少到2009年的0.120萬億美元；最終消費支出的貢獻率為45.4%，拉動4.1%，資本形成總額貢獻率為95.2%，拉動8.7%，貨物和服務淨出口貢獻率為-40.6%，拉動-3.7%；財政收入6.85萬億元，增長11.7%；糧食產量53,082萬噸，再創歷史新高，實現連續6年增產；城鎮新增就業1,102萬人；城鎮居民人均可支配收入17,175元，農村居民人均純收入5,153元，實際分別增長9.8%和8.5%。2010年，經濟社會發展的主要目標是：國內生產總值增長8%左右；城鎮新增就業900萬人以上，城鎮登記失業率控制在4.6%以內；居民消費價格漲幅3%左右；國際收支狀況改善；繼續實施積極的財政政策，擬安排財政赤字10,500億元，其中中央財政赤字8,500億元，繼續代發地方債2,000億元並納入地方財政預算；

继续实施适度宽松的货币政策，广义货币（M2）增长目标为17%左右，新增人民币贷款7.5万亿元左右；积极扩大居民消费需求；着力优化投资结构。

2010年，中国月度消费物价指数与2009年同期相比，呈现增长趋势。从2010年1月的1.5%快速拉升到10月的4.4%，11月份突破5%，达5.1%，12月略有回落（见图3）。

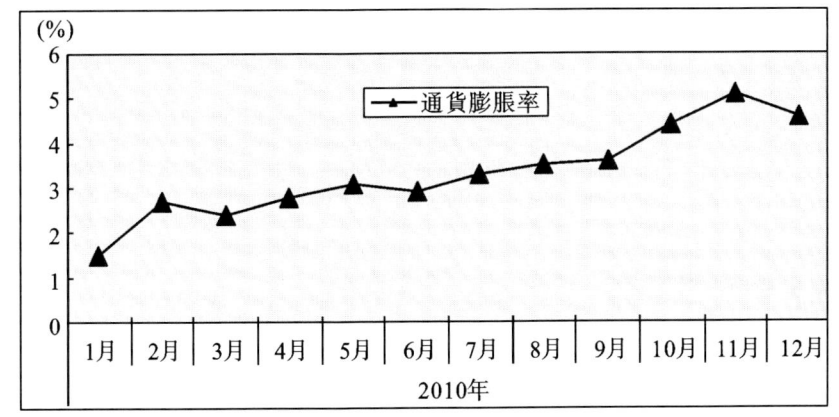

图3　2010年中国通货膨胀率

2007年以来，为了保持经济稳定增长，中国实施积极的财政政策，政府增加投资4万亿元，同时实施适度宽松的货币政策。中国人民银行根据经济实际发展状况适时调整存贷款利率和法定准备金率。法定存款准备金率从2007年9月25日的12.5%上调到2008年9月25日的17.5%，然后又下调，到2008年12月25日为15.5%。为了稳定物价，2010年，中国人民银行又提高法定存款准备金率，到11月底已上调5次，11月连续上调两次，法定存款准备金率达18%。随11月居民消费价格指数继续上扬，12月20日继续上调法定准备金率0.5个百分点（见图4）。

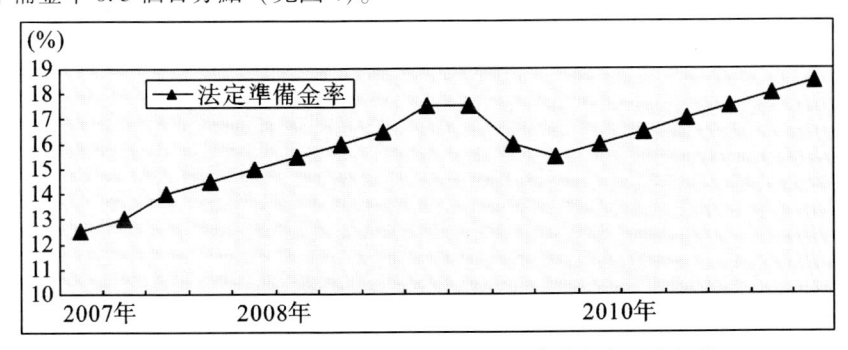

图4　2007年9月—2010年12月存款准备金率历次调整

注：2008年9月25日后为大型金融机构法定准备金率

在調解法定存款準備金率的同時，中國人民銀行對利率進行了調節。為了保持經濟增長，避免經濟蕭條，中國人民銀行實施降息政策，存款基準利率從2007年12月21日的4.14%降到2008年12月23日的2.25%。但因2010年流動性過剩加劇通貨膨脹，2010年10月20日，中國人民銀行又再次實行加息，存款基準利率上調0.5個百分點，達2.50%。2010年10月21日，國家統計局發布第三季度宏觀經濟數據。前三季度，國內生產總值增長10.6%，居民消費價格指數同比上漲2.9%，其中9月份同比上漲3.6%，環比上漲0.6%；10月份同比上漲4.4%，加劇了通貨膨脹預期；11月份居民消費價格指數「破5」，同比上漲5.1%。2010年12月26日，中國人民銀行又上調存貸款基準利率0.25個百分點（見圖5）。

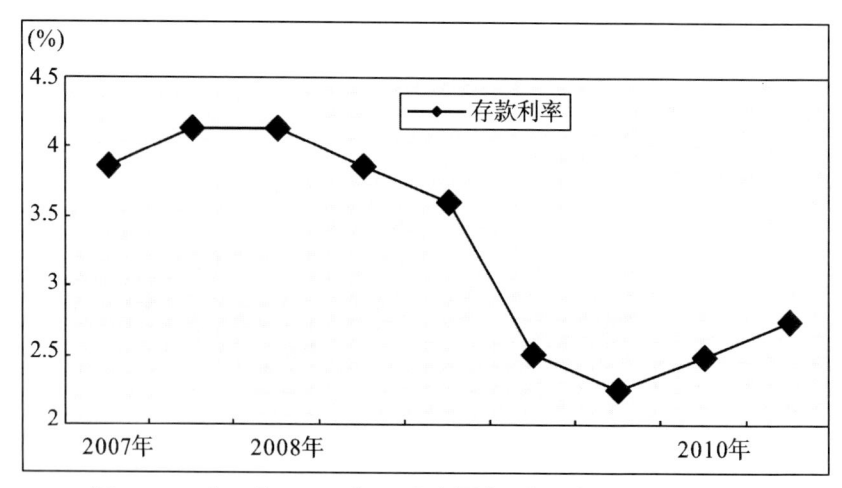

圖5　2007年9月—2010年12月中國人民銀行存款利率調整幅度

外商直接投資區域分佈出現優化趨勢。從利用外資的地區來看，2010年1~10月，中國東部地區實際使用外資金額繼續保持增長，增幅為13.74%；中部地區增長16.25%，略高於全國平均水平；西部地區增速達到43.99%。同期，東北老工業基地實際使用外資增速為15.99%。2010年1~10月，在全國吸收外資總量中，東、中、西部所占比重分別為86.34%、6.2%和7.46%。但外商直接投資的投資結構不盡合理。2010年1~9月，全國房地產吸收外資新設立的企業達498家，實際吸收外資166億美元，同比增長56%，高於總體吸收外資的增幅。在498家吸收外資的房地產企業中，開發經營類企業366家，使用外資金額158億。2010年1~9月，房地產領域吸收外資占吸收外資總量的22.38%，比2009年同期高5.7個百分點。國家統計局數據顯示，全國房地產開發企業的外資數量為452億元人民幣，同比增長26%。

對外貿易趨於穩定。2010年1~10月，中國進出口額達23,934.1億美元。其中，出口12,705.9億美元，增長32.7%；進口11,228.2億美元，增長

40.5%。進出口順差為 1,477.8 億美元,同比下降 6.7%。進出口總額已超過 2009 年的 22,073 億美元。2010 年 10 月,出口增速為 22.9%,較上月放緩了 2.2 個百分點,是 2010 年 5 月份以來出口增速連續第五個月回落。2010 年 1~10 月,中國對歐、美、日三大傳統市場出口分別增長 33.3%、29.2% 和 23.5%。同期,對東盟、印度、俄羅斯等新興市場出口分別增長 34.9%、39.4% 和 72.6%,增幅均超過美、歐、日等傳統市場。出口方面還存在廉價資源輸出現象。中國占世界 30% 的資源儲備承擔了全球 90% 的稀土供應。2010 年 1~9 月,中國出口的稀土總量是 3.22 萬噸,平均每噸 1.48 萬美元。其中對日本的出口是 1.6 萬噸,占比 49.8%,同比增長了 167%;對美國的出口是 6,200 噸,占比 19%,同比增長 5.5%。

三、美國寬松的貨幣政策對中國經濟的影響

(一) 美元供給增加導致利率降低

約翰·梅納德·凱恩斯認為,貨幣需求受三大動機影響:交易動機、預防動機和投機動機。貨幣的需求曲線向右下方傾斜,而貨幣的供給由央行確定。在美國由聯邦儲備委員會決定,貨幣供給曲線是一條垂線。如果美聯儲實施擴張的貨幣政策,導致貨幣供給曲線右移,均衡利率降低。貨幣供給 M 和貨幣需求 L 均衡得到 LM 曲線。貨幣擴張將使美國國內利率降低。作為反應,資本開始流向國外。在浮動匯率制下,美元將貶值,從而使貿易差額得到改善。一旦發生這種情況,IS 曲線將向右移動。與此同時,在大國(如美國)情形中,國內貨幣擴張會使世界利率稍有降低。而中國出現了通貨膨脹,2010 年 10 月的居民消費價格指數增幅達 4.4%。為了抑制通貨膨脹,中國從 2010 年 10 月 20 日起提高存貸款基準利率。中國人民銀行宣布在 2010 年 11 月 16 日提高法定準備金率,央行回收貨幣,減少流動性,抑制通貨膨脹。由於通貨膨脹預期難以打破,為了避免形成通貨膨脹螺旋,時隔 9 天后中國人民銀行宣布在 11 月 29 日再一次調高法定準備金率。中國緊縮的貨幣政策更進一步推動市場利率提高。如果本國利率高於國外利率,外國的投資和貸款就會流入,這時淨資本流出減少;反之,如果本國利率低於國外利率,則本國投資者就會向國外投資,或向國外企業貸款,這時資本外流,使淨資本流出增加。假設中美兩國實施貨幣政策之前,兩國的市場利率等於國際市場利率。實施方向相反的貨幣政策后,則會導致美國國內資本市場利率低於中國國內資本市場利率。資本趨利性必然導致美元湧入中國,此外還有大量國際熱錢也會順勢流入,推動人民幣升值。熱錢流入加劇流動性過剩,穩定物價的形勢更加嚴峻。更為嚴峻的是國際金融巨鱷時刻瞪著貪婪的血紅雙眼,張著血盆大嘴機敏地搜尋獵物,只要發現獵物,便閃電似地一擁而上,瞬間讓獵物灰飛煙滅。中國必須時刻警惕這些貪婪成性的國際熱錢。一旦熱錢開始發動攻勢,金融戰、貨幣戰將難以避免。中國要嚴防改革開放 30 餘年累積的成果被偷盜、被洗劫。

(二) 美元供給增加導致美元貶值

美元供給增加影響外匯市場。對中美兩國而言，假設中國對美元的需求不變，這時因美國寬鬆的貨幣政策導致美元供給增加，必然導致美元貶值，人民幣升值。人民幣升值影響中國的對外貿易，導致出口減少、進口增加。在內需沒有增加的條件下，外需減少使中國經濟增長減速。美國寬鬆的貨幣政策提高美國商品的價格水平，使實際匯率提高，美元貶值。在預期人民幣升值的激勵下，大量國際資金進入中國資本市場套利。2007年以來，在國際收支順差和美國政府逼迫的雙重壓力下，美元兌換人民幣的比率呈現下降趨勢，即相對美元而言人民幣升值，並且有穩步上升趨勢（見圖5）。人民幣升值預期一旦形成，就會出現熱錢湧入。熱錢進入外匯市場兌換人民幣，出現美元供給增加，以美元衡量的人民幣價格降低，即人民幣進一步升值，美元加速貶值。這種機制一旦形成，對中國經濟將造成難以估量的損失。假如一個擁有 M 億美元的對沖基金預期人民幣升值，並且能夠把美元匯到中國。第一期美元與人民幣的兌換比率為 $1\$ = a ¥$，並且可以把 M 億美元兌換成人民幣，可以兌換成 aM 億元人民幣。若第二期人民幣升值，美元與人民幣的兌換比率為 $1\$ = a/2 ¥$，此時若再把人民幣兌換成美元，將是 $2M$ 億美元。這裡沒有考慮這些資金進入銀行、股市、樓市。若進入商業銀行，這些資金可以獲取利息；若進入股市和樓市則推動股市和樓市泡沫。假設第一期的 aM 億元人民幣進入股市和樓市促進股價和樓價上漲，並在泡沫破裂前離開，在股市或樓市中獲利50%，最后得到 $3aM/2$ 億元人民幣，然后再把人民幣兌換成美元，則可得到 $3M$ 億美元。國際上趨利的熱錢何止萬億之巨。美國量子基金曾經在東南亞金融危機期間獲利甚豐。一旦這些熱錢撤離，將造成股市泡沫和樓市泡沫破裂，進而引發銀行壞帳，激發金融危機。大量獲利的熱錢要兌換成美元離開，就會出現大量的人民幣追逐美元，必然導致人民幣急遽貶值。一旦如此，則中國人民30多年的改革成果將被毀於一旦。與此同時，熱錢流入，推動物價上升，干擾中國的宏觀經濟環境，加劇經濟波動，使中國物價穩定、經濟均衡增長的局面遭遇嚴峻挑戰。

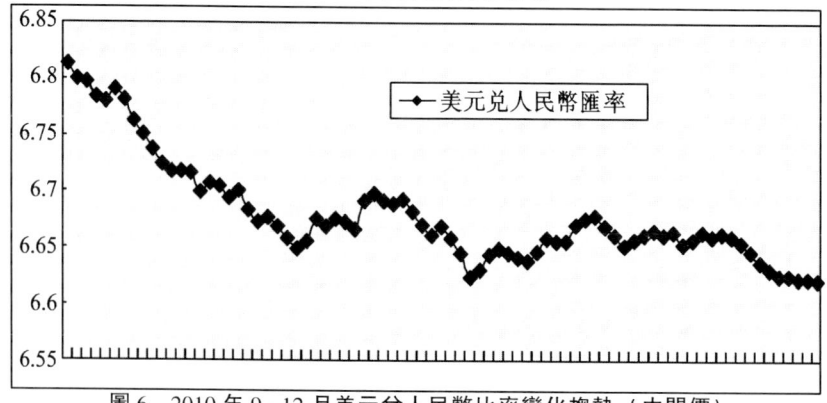

圖6　2010年9~12月美元兌人民幣比率變化趨勢（中間價）

(三) 美國量化寬松的貨幣政策激發通貨膨脹

2010年8~10月，美國的居民消費價格指數同比增長徘徊在1.1%附近，失業率徘徊在10%附近，出現持續的通貨緊縮。美國為了促進就業、保持經濟增長，實施第二輪量化寬松貨幣政策。貨幣主義者將貨幣供給量與名義國民收入之間的關係簡化為一個簡單的貨幣數量公式：

$$MV = Y = PQ \tag{1}$$

貨幣供給量 M 與名義國民收入 Y 之間的關係的關鍵是貨幣流通速度 V。貨幣主義者認為，V 雖然不是固定不變的，但它卻不是貨幣供給 M 的函數，不隨貨幣供給量的變化而變化。用 $\hat{m}$ 表示貨幣供給增長率，用 $\hat{v}$ 表示貨幣流通速度增長率，用 $\hat{y}$ 表示名義國民收入增長率，用 $\hat{q}$ 和 $\hat{p}$ 分別表示總產量和價格水平的增長率，對 (1) 式中的變量動態化，並取自然對數，然後再對對數形式關於時間t求全微分，則貨幣數量公式可表示為：

$$\hat{m} + \hat{v} = \hat{y} \text{ 或 } \hat{m} + \hat{v} = \hat{q} + \hat{p} \tag{2}$$

如果貨幣流通速度不隨貨幣供給量變動而變動，$\hat{v}/\hat{y}$ 就等於零，或者在 M 增長 (或下降) 時，$\hat{v} = 0$。在這種情況下，貨幣供給量的變化將全部轉化為名義國民收入的變化，即：

$$\hat{m} = \hat{y} = \hat{q} + \hat{p} \tag{3}$$

如果確實如此，則當貨幣量增加時，不管利息率作何變動，總需求和名義國民收入以相同的數量增加。以增長率形式列出的貨幣數量公式為央行確定貨幣政策提供了一個簡便的方法。當均衡總產量低於充分就業水平時，就提高貨幣供給增長率，加快總需求的增長速度，以期加快總產量的增長速度。當物價水平增長率過高時，減少貨幣供給增長速度，以降低價格水平。

產量的增長率是受生產力水平限制的，在可利用的生產要素數量及質量限制下，可能生產出來的最大產量就是生產力限制下的產量極限，也即受一定技術水平下的生產可能性曲線限制。例如，在美國，實際國民收入或總產量增長的最高速度不超過年增長率6%，它是美國總產量增長的極限。如果總需求的增長速度超過這一極限，那麼餘下的部分就會轉化為價格增長。這就是說，即使在經濟衰退比較嚴重的情況下，貨幣供給的增長也不應超過產量增長率的極限，否則就會在衰退的同時出現通貨膨脹。假定經濟處於較嚴重的衰退狀態，要使經濟達到充分就業，總需求需要增長12%，而產量的增長率極限是年增長率6%。現在假定央行的貨幣供給增長率提高到年增長率12%，由於貨幣流通速度不會因貨幣供給量的增長而變動，根據貨幣數量公式，12%的貨幣供給增長率將全部轉化為總需求增長率。總需求增加12%以後，總產量最多增加6%，餘下的6%將是價格增長率，總產量必須增加12%才能消除失業，現在只增加了6%，失業並未消除，而通貨膨脹率卻已增加了6%。貨幣學派的代表人物米爾頓·弗里德曼認為，美國的貨幣政策是經濟不穩定的主要根源。

凱恩斯主義認為，貨幣供給的增加導致利率降低，刺激私人投資需求增加，在寬鬆的貨幣政策下，人們增加消費；同時美元大量增加，導致美元貶值，美國淨出口增加，進而使總需求增加，總需求曲線右移。在極度蕭條的情況下，這可以導致國民收入增加，物價水平不變；在中間區域，物價和國民收入都增加；在古典區域，總需求的增加只會引起物價上升，不會引起國民收入增加，則此時會出現滯漲局面。在利率較低的水平，還會出現所謂的凱恩斯陷阱，即在 LM 的水平區域，採用擴張的貨幣政策，利率已不可能降低。

　　所有這些產生了一個重要的事實，即美國的貨幣擴張實際降低了國外總需求，即傳遞效應（Transmission Effect）是負的，因為提高國內產量的政策會使國外產量減少。這種政策有時也稱為以鄰為壑（Beggar-thy-neighbor）政策，因為國內的擴張效應是以國外的緊縮效應為代價。而財政政策的傳遞效應卻是正的，即本國財政擴張既使國內產量提高，又使國外產量提高。美國在實施一種以鄰為壑的貨幣政策，即美國走出衰退是以其他國家的產量降低為代價的。

　　美元供給的增加，導致美國物價水平上升，使美國擺脫物價持續低迷的局面，但美國作為全球重要的經濟體，物價上升導致通貨膨脹必然向全球傳遞，引發全球通貨膨脹。中國 2010 年消費物價指數一路上揚，11 月達 5.1% 的新高，美國量化寬鬆的貨幣政策對中國來說是雪上加霜。美國輸入性的通貨膨脹給中國抑制通貨膨脹製造了極大的麻煩。據廣東省社會科學院境外熱錢研究課題組監測發現，2010 年 8 月下旬開始至 10 月 20 日境外熱錢大量流入內地。以月度計算，9 月、10 月中國內地出現 2002 年以來最大規模的熱錢流入量。而當 11 月 3 日美聯儲宣布「投入 6,000 億美元買國債，維持 0～0.25% 的聯邦利率水平不變」的第二輪量化寬鬆貨幣政策之後，熱錢流竄新興市場開始呈發狂之勢，而圍攻中國市場的景象再度上演，輸入性通脹壓力顯著增大。

　　四、結論

　　在全球經濟日益一體化的時代，如果兩國決策者都分別行事，沒有政策協調，那麼為了減少通貨膨脹，每個國家都會試圖充分地緊縮貨幣政策以使匯率升值。兩國都實施高度緊縮的貨幣政策，淨效應就是匯率不發生變化（因兩國的貨幣政策最終相互抵消），但兩國都要遭受高度緊縮貨幣政策的衰退性影響；實施寬鬆貨幣政策亦然。中國和美國是兩個大國，每個國家的政策會給其他經濟體帶來重要影響。國家之間應進行政策協調，為了走出衰退，美國應該實施具有正向影響的擴張性財政政策，施惠其他國家。中國 4 萬億元的政府投資為全球經濟走出困境做出了重要貢獻。

　　中國是一個貿易大國，進出口規模占全球的十分之一，外貿依存度達 60%，與國際市場的聯繫非常密切。國際金融市場的新變化，以及一些大的經濟體採取的措施影響市場預期，進一步影響中國經濟。在美聯儲聲明實施新一

輪量化寬松政策對市場產生預期之前，大量的資金已聞風而動湧入股市、債市、大宗商品市場，不僅推高了股指，也推高了大宗商品的價格和債券價格。當金融不能夠支持經濟的時候，便存在一個很大的隱憂。由於發達國家商業銀行體系和金融體系在金融危機中被摧毀，大量鑄幣仍無法解決通縮壓力。從美歐溢出的大量貨幣進入新興市場，擴張資產泡沫。部分套利資金進入商品期貨市場，推高資產價格，並導致農業生產成本大幅提升，新興市場面臨更大的通貨膨脹壓力和資產泡沫膨脹的困境。

中國外商投資政策經過 30 多年改革開放的演變，已經形成比較完善的外商投資審批制度，商務部不僅有外商投資的審批和統計，還會定期和其他主管部門的審批和統計進行印證，來保證吸收外資領域管理的規範和有效。針對入境熱錢，中國人民銀行行長周小川提出了「池子」理論，即中國可採取總量對沖的措施，將短期逐利資本引入一個「池子」，而不會任之泛濫到整個實體經濟中去；等它需要撤退時，將它從「池子」裡放出去，這樣就可以在很大程度上減少資本異常流動對中國經濟的衝擊。但這個「池子」應該足夠大，並且足夠堅實，以避免其泛濫出去興風作浪，危害中國經濟，掠奪中國改革開放的成果。這個「池子」絕不應該是人們猜想的 A 股市場，而應該是金融制度的變革，是金融體制和金融工具的創新。同時，中國應該加強金融監管，借鑑中國香港金融保衛戰的經驗，對熱錢實施阻擊；規範資金進入渠道，對流入的熱錢主動引導，避免其泛濫成災。

從根本上來說，現行國際貨幣體系是全球經濟失衡的根源之一，也是導致全球匯率市場陷入混亂的重要原因。要消除這種負面影響，就必須對現行國際貨幣體系進行改革，倡導國際儲備貨幣多元化，方為治本之道。

參考文獻

［1］傅蘇穎. 量化寬松貨幣政策重啓 催生新一輪資產泡沫［N］. 證券日報，2010-10-14（1）.

［2］U S BUREAU OF LABOR STATISTICS. Ranks of Those Unemployed for a Year or More Up Sharply［EB/OL］.（2010-10-10）［2010-12-20］. http://www.bls.gov/opub/ils/summary_10_10/ranks_unemployed_year.htm.

［3］BARACK OBAMA. Economic Report of the President（2010）［R］. Washington：United States Government Printing Office，2010.

［4］溫家寶. 政府工作報告——2009 年 3 月 5 日在第十一屆全國人民代表大會第二次會議上的講話［EB/OL］.（2009-03-14）［2016-12-20］. http://www.chinanews.com.cn/gn/news/2009/03-14/1601848.shtml.

［5］溫家寶. 政府工作報告——2010 年 3 月 5 日在第十一屆全國人民代表大會第三次會議上的講話［EB/OL］.（2010-03-15）［2016-12-20］. http://

www.china.com.cn/policy/txt/2010-03/15/content_19612372.htm.

［6］姚堅．商務部發布會介紹1~10月中國商務運行情況並答問［EB/OL］．（2010-11-10）［2016-12-20］．http://www.gov.cn/gzdt/2010-11/16/content_1746672.htm.

［7］魏塤，蔡繼明，留俊民，等．現代西方經濟學教程［M］．天津：南開大學出版社，1994.

［8］杰弗里·薩克斯，費利普·拉雷恩．全球視角的宏觀經濟學［M］．費方域，等，譯．上海：上海人民出版社，2003.

（原載於《重慶交通大學學報（社會科學版）》2011年第4期）

12. 信息不對稱視角的中小民營企業融資困境研究

一、引言

在國務院先后出抬的鼓勵民間投資政策的刺激下,民間固定資產投資占全部固定資產投資的比重呈持續上升趨勢。2006—2012 年,民間投資在全社會投資比重從 49.8%上升到 61.4%,2013 年 1~9 月更是升至 63.6%。專家認為,如果民間投資在一個行業或領域超過了 2/3,就意味著民間資本在該領域從總體上已占主體,而民間投資增長超過政府性投資的這一趨勢在未來還會進一步加強,這將對中國經濟增長和結構轉型發揮積極作用。民間投資不斷增長也和當前中國經濟增長面臨轉型、破除行業壟斷的發展趨勢有關。但從其投資增長速度看,前景不容樂觀。2013 年 1~9 月,非國有部門投資下行趨勢未變,增速趨向平穩;工業增長出現回升跡象;進出口增速同比略有回升,但三季度比上半年下降;9 月末小微企業貸款增速繼續高於大中型企業;三季度以非國有企業為主體的中小企業景氣指數回升;1~9 月政府大力促進非公有制經濟發展政策密集出抬,但效果並不理想。2005 年以來,政府促進私營經濟發展的大、小政策不斷,力度、密集度均空前,但統計數據顯示 2010—2013 年 9 月,民間投資增速分別是 32.5%、34.3%、24.8%、23.3%,一直呈下行趨勢。2013 年三季度,雖然私企、個體投資保持較快增長,但比上半年也有所下降。這說明民營企業的融資困境依然存在,必須從新的角度去思考這個難題,尋求破解之法,這就是民營企業的投資方向要與經濟結構調整優化的方向一致,實現協調發展。

二、中小民營企業融資現狀

隨著改革的推進與市場化的進展,市場在資源配置中的地位由基礎性作用提升到決定性作用。國有企業改革的進一步拓展,國有經濟在競爭性領域逐步退出,民營經濟快速崛起,對擴大社會就業、促進經濟增長、改善人民生活起著十分重要的作用。但民營企業在發展過程中,融資難依舊是民營企業尤其是中小民營企業難以破解的困境,甚至成為中小民營企業實施規模擴張做大做強的瓶頸。

雖然隨著政府的政策支持，中小民營企業的融資難問題得到一定緩解，但依然沒有從根本上得到解決。以私人企業（包括個體）為例，1996年年末有短期貸款279.8億元，占整個短期貸款總額不足0.6%；1997年年末短期貸款總額增加到386.7億元，占整個短期貸款總額的0.698%，之後緩慢增加，一直到2001年不足1,000億元，只有918億元；其后增長速度較快，2004年達2,081.59億元，2007年達3,507.66億元，2008年達4,223.82億元。但所占比重依然較低，分別為2.397%、3.064%和3.373%（見圖1）。

　　2010年年末國有企業貸款158,253億元，占貸款總額的52.27%，其中國有大型企業貸款占貸款總額的31.10%；集體企業、私人企業、港澳臺企業和外商企業貸款分別占貸款總額的9.39%、30.05%、3.99%和4.30%，其中大型私人企業和中小型私人企業貸款分別占貸款總額的4.89%和25.16%。2011年年末國有企業貸款170,946.6億元，占貸款總額的48.82%，其中國有大型企業占貸款總額的27.82%；集體企業、私人企業、港澳臺企業和外商企業貸款分別占貸款總額的9.99%、33.50%、3.79%和3.90%；大型私人企業和中小型私人企業貸款分別占貸款總額的4.83%和28.67%。2012年年末國有企業貸款186,898.5億元，占貸款總額的47.58%，其中國有大型企業貸款占貸款總額的25.01%；集體企業、私人企業、港澳臺企業和外商企業貸款分別占貸款總額的9.26%、36.19%、3.64%和3.33%，其中大型私人企業和中小型私人企業貸款分別占貸款總額的5.70%和30.49%。中小型私人企業的貸款占貸款總額的比重呈現緩慢上升趨勢。2012年，中國人民銀行新增了微型企業貸款統計指標，微型企業貸款占小微型企業貸款的8.42%（見圖2）。民營企業尤其是中小民營企業的貸款份額有所增加，但與其在國民經濟中的作用還是不相稱的。其中最重要的原因是國有企業的緩慢退出以及中小民營企業數量的巨大增加，中小民營企業的融資困境有所緩解，但困境依然存在。

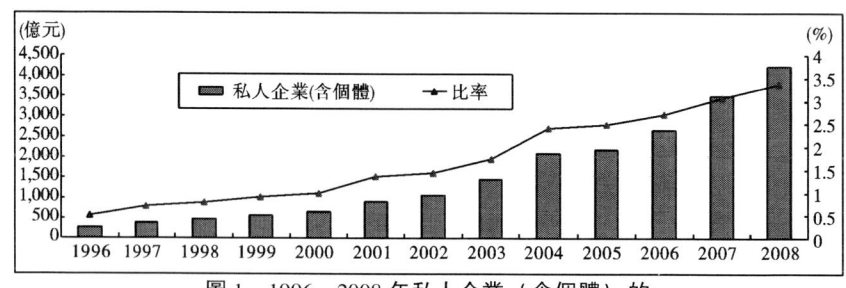

圖1　1996—2008年私人企業（含個體）的
短期貸款額及占短期貸款總額的比重

資料來源：根據1997—2009年中國金融年鑒整理，但2009年后中國金融年鑒統計口徑發生了變化，2009年企業貸款按行業的大、中、小型企業進行統計，2010年后按企業所有制性質進行分類統計

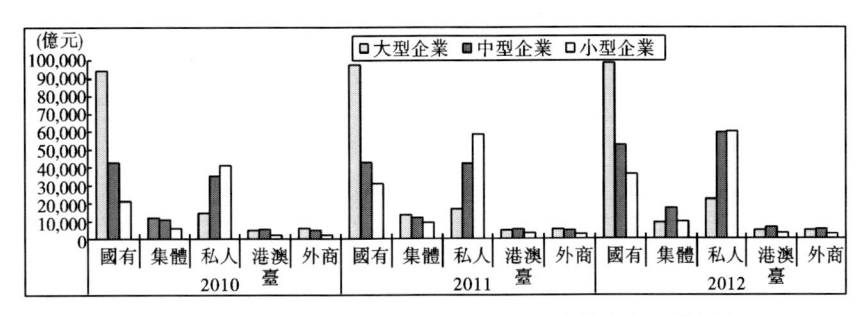

圖 2　2010—2011 年按企業類型和性質分類的境內企業貸款情況

註：2012 年中國人民銀行依據《中小企業劃型標準規定》新增了微型企業貸款統計指標，現小微型企業對應之前的小型企業；數據來源為根據 2011—2013 中國金融年鑒整理獲得

三、信息不對稱視角的中小民營企業融資困境分析

（一）信息不對稱導致較高的信息甄別成本

民營企業大多是中小企業，信息不對稱主要是對中小民營企業而言。中小民營企業的組織結構決定了其信息傳遞方式，內部的信息傳遞方式導致信息不透明。因此，造成民營企業信息不透明的根本原因是其簡單的組織結構，而大銀行複雜的組織結構導致銀行處理中小民營企業信息的成本過高。貝戈和亞德爾（Bergeer A N & Udell G F）認為，初創期，企業因規模小、缺少業務記錄、財務制度不規範等原因而導致的信息不透明使其很難獲得外源性融資，但要發展壯大，則必須尋求渠道寬泛的外源融資。對中小民營企業而言，外源融資主要是通過以銀行為代表的金融機構進行的間接融資。因此，融資難問題便為獲得銀行貸款難問題。約瑟夫·E. 斯蒂格利茨和安德魯·韋斯（Stiglitz Joseph E & Andrew Weiss）認為，在信息不對稱約束下，借款人必然存在逆向選擇和道德風險問題，金融機構不是通過提高利率達到市場均衡，而是實行信貸配給。

銀行據以進行貸款決策的信息可以分成兩類：硬信息和軟信息。硬信息是指以數字形式存在，不含主觀判斷，易於處理和傳遞的信息。與之相對應的軟信息是指以文字形式存在的人格化強、不易傳遞的信息。中小民營企業的經營者便為所有者，治理形式以內部治理為主，並且因其規模小而決定了其管理的複雜性大多沒有超出所有者的管理能力，企業的組織結構相對簡單。中小民營企業幾乎不存在因代理關係引發的激勵問題，因而缺少由代理關係衍生的信息傳遞動機。中小民營企業因為缺乏從資本市場融資的渠道，從而缺乏向外部提供高質量信息的激勵。中小民營企業組織結構簡單、分層少。企業主熟悉生產中的各個環節，能處理生產中傳遞出來的諸多信息。為了經營決策，企業主有

匯總來源於生產中的各種信息的激勵。這樣信息傳遞及處理所需經過的環節少，能利用信息靈活快速決策。中小民營企業簡單的組織結構決定其相應的信息傳遞方式相對簡單和封閉，並且軟信息居多。大企業組織結構複雜、分層多，要求信息是易於標準化的且信息傳遞程序是規範的，即所傳遞的信息是硬信息。

　　大企業的信息易為金融機構理解和接受，而中小民營企業的信息由於模糊性高必須額外追加信息，提高了銀行的信息甄別成本。中小民營企業信息的模糊特徵、大銀行複雜的層級結構以及中小民營企業融資規模小均造成了其向正規金融機構融資的供給約束。

　　(二) 融資規模小而交易成本高形成融資約束

　　史萊弗和維斯尼 (Shleifer & Vishny) 認為在大投資者活躍的場合，小投資者的利益往往得不到保護，結果金融市場的發展反而被阻滯了。企業規模越大，越需要進入關係契約網融資，因為偏好短期資金供給的金融仲介給企業帶來的預期重複談判的成本太高，即企業也要追求規模收益遞增率，所以大仲介機構和大企業締結雙邊治理更容易。

　　改革開放以來，民營經濟快速發展，為中國經濟的繁榮做出了突出貢獻。但金融系統改革進程緩慢，銀行的治理結構依然是為了給國有大中型企業提供資金支持。銀行的國有企業性質決定其與國有大企業關係的密切度。早期的國有大企業與國有銀行的這種關係強化了兩者的聯繫，兩者之間甚至出現了熟人關係，信息傳遞更加規範可信，在一定程度上降低了金融風險。企業和銀行之間容易形成強強聯合，金融市場資金的流動出現馬太效應。此外，大企業的經營範圍廣、業務種類多，因而與政府、銀行、社會組織以及其他企業進行廣泛的信息和能量交換，信息的生產和傳遞遵循嚴格的社會準則，失真的信息容易被更正。因此，信息傳遞真實可信，降低了金融機構對企業信息的搜尋成本；大企業的融資規模大，存在規模效應，攤薄與審批相關的固定成本。此外，貸款給國有企業，銀行業務人員容易迴避借貸資金壞帳、呆帳而承擔的責任，因為國有企業主要承擔政策性風險，最終將由財政買單。銀行在與企業資金往來的過程中，還會存在溢出效應，並且溢出效應是相互的，由於投資者相信銀行的謹慎行為和專業化能力，一旦某一企業頻繁得到銀行的貸款，那麼投資者據此也可以判斷企業的質量，借貸市場上越競爭，溢出效應越大。

　　在這種情形下，中小企業，尤其是中小民營企業就會在金融市場上存在被邊緣化的風險。這主要是由於企業提供信息的劣質性，融資規模偏小且頻率高，傳統觀念的束縛難以招聘高素質的員工以提高管理水平、擴展經營規模、提高經營業績以及抗風險能力弱等特徵制約其融資規模和融資能力。

　　假設中小民營企業的貸款成本構成分為兩部分：利息成本和交易成本。申請貸款時大企業的信息更易於被金融機構理解和接受，而中小民營企業生產的

信息由於模糊性高必須額外提供信息。設 α 為中小民營企業每單位貸款需提供信息的成本，中小民營企業貸款大多具有金額小、時間急和頻率高的特徵。由於經營靈活，中小民營企業能抓住瞬間的投資機會，但由於提供信息、銀行對信息的甄別以及銀行內部的審核程序，往往導致貸款等待時間長而錯失商機。在這段時間，企業與銀行反覆協商、溝通盡量縮小分歧以及焦慮等待而產生摩擦成本，設 β 為摩擦成本，α 和 β 均為交易成本。設企業的一個投資項目需要的目標融資量為 ϕ，由於信息不對稱導致信貸配給，實際貸款額只有 $\lambda\phi$，其中 $0<\lambda<1$。$\lambda=1$ 時，表示企業能得到目標貸款額。$\lambda<1$ 時，表示企業不能得到足夠的貸款，資源沒有達到有效配置，項目投資存在規模效益損失。假設效率損失率為 $1-\lambda$。λ 越小，損失越大。設銀行的存款和貸款利率分別為 γ_0 和 γ_1，為分析簡便，設銀行的經營利潤為零。由於中小民營企業科層結構模糊，運作欠規範，信息生產和信息傳遞存在偏誤，導致信息失真。為了去偽存真，獲取準確信息，銀行處理中小民營企業每單位貸款需要比大企業額外支出成本 μ。假定銀行發放每筆貸款需支付的固定成本為 φ。銀行的約束條件為：

$$(1+\gamma_1)\lambda\phi = (1+\gamma_0+\mu)\lambda\phi + \varphi \tag{1}$$

由（1）式整理得：

$$\gamma_1 = \gamma_0 + \mu + \varphi/\lambda\phi \tag{2}$$

若中小民營企業融資項目的投資收益率為 γ_2，則中小民營企業實現盈虧平衡的條件為：

$$(1+\gamma_2-1+\lambda)\lambda\phi = (1+\gamma_1+\alpha+\beta)\lambda\phi \tag{3}$$

由（3）式整理得：

$$\gamma_2 = \alpha + \beta + \gamma_1 + 1 - \lambda \tag{4}$$

由（2）式、（4）式得：

$$\gamma_2 = \gamma_0 + \mu + \alpha + \beta + 1 - \lambda + \varphi/\lambda\phi \tag{5}$$

在一個較短的時期，經濟發展水平和金融市場均較穩定，因此 γ_0 和 φ 波動較小，由（2）式可知，當 ϕ、λ 較小或 μ 較大時，則 γ_1 較大。也就是當銀行處理中小民營企業信息成本偏高或中小民營企業融資金額偏小，則銀行要求較高的貸款利率。較高的利率將會導致銀行實行信貸配給。由此形成了中小民營企業向正規金融機構融資的供給約束。由（5）式可知，當 ϕ、λ 較小或 α、β、μ 較大時，均會導致 γ_2 過大。也就是當中小民營企業融資目標金額偏小、實際融資占目標金額的比重偏小或融資的信息成本、摩擦成本偏高，則要求中小民營企業的融資項目需要有較高的回報率才能形成投資激勵。若企業項目投資回報率低，則難以得到正規金融機構的融資支持。中小民營企業的信息結構在減少企業內部利用信息的成本的同時增加了向外部提供信息的成本，融資金額過小是中小民營企業在信貸市場中的一種弱質體現，增加了銀行處理軟信息的成本以及過高的摩擦成本，形成中小民營企業融資的需求約束。

四、破解中小民營企業融資困境的策略研究

(一) 整合信息資源，完善中小民營企業的信用評級

因信息不對稱引發的諸多不確定性催生了金融市場的深化，金融衍生品種類繁多。金融資本希望以最少的成本獲取最大量的信息，盡量緩解信息不對稱的狀態。中小民營企業向市場融資時出現困境的根本原因就是資本市場的信息不對稱。因此，解決信息不對稱是破解民營企業融資困境的重要路徑。

信用共同體的構建可以緩解信息不對稱。基於信用共同體金融創新已由「單一銀行—單一企業」發展為「單一銀行—多個中小民營企業組成的共同體」，有兩種最基本的運作模式：互助聯保和互助擔保。也可以借鑑前期的經驗，在信息披露的條件下以協會或商會進行信用評級並實施聯合擔保。基本要素包括擔保基金、風險基金、違約基金、經營模式、企業規模、盈利能力、抗風險能力、違約責任、企業數量、議價能力、反擔保措施等。

中小民營企業按行業或按地域成立行業協會或商會，能進入的企業必須具備相應的資質特徵。一些信息具有個人特徵，即企業主的基本特徵，如果是按地域分的商會，則需考慮企業主的籍貫，考慮地緣或親緣關係，主要是個人的信譽特徵和文化素養，即信貸市場借款人個人的特徵向量。如果是按行業形成的行業協會，則只考慮個人的信譽特徵和文化素養。一些是企業的基本特徵，企業規模、企業經營策略以及發展方向、企業的盈利能力、資產負債比、有無拖欠貸款以及拖欠貸款的次數及比例、企業的產品生產是否符合國家產業升級或經濟結構調整的方向。需要加入行業協會或商會的企業要根據一定的準則或法規披露企業信息，而這種信息需經過商會聘請的會計師事務所審核，然后根據信息對企業進行信用評級。每個企業需要事先繳納一定數量的資金作為擔保基金和違約基金。具體的數量根據企業的規模、信用級別以及企業主的信用特徵繳納，以盡量使借款人的特徵向量吻合借款契約的空間向量。協會或商會內部的信用評級需要得到商業銀行或其他金融機構的認可，若有差距，需要根據商業銀行的意見對信用評級進行調整。協會或商會內企業成員需要貸款時則其他成員企業實行聯合擔保，具體應包括為會員企業提供有足夠吸引力的融資條款、懲罰會員企業的能力和措施、會員企業如何實現橫向監督的措施、搜集會員企業的私有信息、識別風險低和收益高的優質投資項目的專有技術和管理程序。每個成員有對其他成員進行監督的激勵，防範其他成員的道德風險（見圖3）。在這種信息披露和評級體系下，所有成員既相互幫助又相互監督。行業協會和商會還聘請律師事務所處理內部成員的違規行為。同時，在政府相關部門的扶持和監控下，確保企業發展與經濟結構調整的方向一致。在此基礎上，行業協會（商會）之間也可以實施更大範圍的聯合，擴張信息互享平臺，增強融資能力；政府要轉變職能，加快信息披露制度改革，政府部門和一些專

業機構逐步公開其掌握的可以公開但沒有開放的企業信息，如公安、工商、人事、稅務、統計等部門所掌管的大量可以公開但沒有公開的企業信息資源，降低獲取徵信和企業信息的難度，為經濟社會展開商業化、社會化且具有獨立性、客觀公正的信用調查、徵信和資信評級等信用專業服務提供平臺。

企業信用評級體系提供的企業資信方面的數據，在一定程度上使資金的供方能夠更加瞭解企業的償還意願和償還能力，節約供方各自搜集信息的重複成本。企業信用評級體系輸出的信息使企業的資信級別化，資金供方容易度量出不同企業的融資能力。企業信用評級體系構建要求企業規範內部管理、完善財務制度和理順治理結構，提供信用評級體系所需的信息，減輕了信息不對稱的程度。

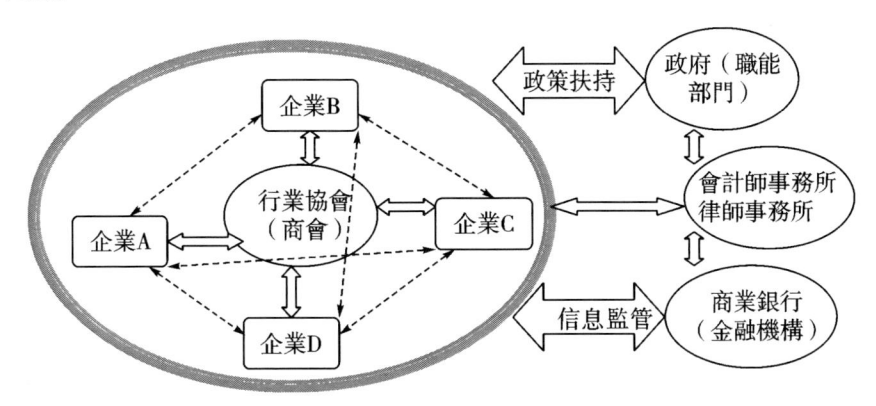

圖3 中小民營企業信用評級數據庫構建圖

（二）優化產業結構，引導中小民營企業的投資方向

產業結構政策引導資金導向，資源的優化配置刺激技術進步，提升資源使用效率，優化產業結構，促進經濟增長。金融市場通過改善儲蓄率，改善儲蓄在不同資本生產技術之間的分配來影響資本累積進而影響經濟增長。

此外，資本的利率不會既定，會隨社會的消費偏好、投資機會、風險等因素的變化而變化。因此，利率是消費偏好、投資機會、風險等因素的函數。費雪認為，收入是一連串的事件，因而每一個事件都會影響利率，並提出了收穫超過成本率概念，即一個貼現率，它是這樣一個利率，設用這一利率來貼現，則採取一種選擇的成本的現值等於收穫現值。一個簡化的例子就是，今年投資100元，第二年收回150元，把150元貼現為現值100元，其貼現率為50%，即收穫超過成本率。

假定一個人佔有一塊原始狀態的土地。關於這塊土地的使用方法，他有廣大的選擇範圍。一種選擇是維持原始狀態。其他選擇是經由開拓而成為生產糧食的土地，產量因開拓的徹底程度而不同。假定在第一種選擇下，他可得到一

年50元的永久淨收入。假定投入100元每年可以多獲得25元的收入。也就是說，投下100元的成本，獲得每年25%的永久收入。若市場利率為5%，這種投資是合算的，他可依5%借得改進土地所需的100元。其次假定第二個100元的投資提供15%的收穫，它也是有利的。第 N 個100元可得5%的收穫，第 $N+1$ 個100元使收成增加3元，即3%的收穫。農場主對於土地的投資，直到第 N 個100元都是合算的，但不會到第 $N+1$ 個100元。一個人改進和耕種土地的確切程度，決定於當前利率。

一種資源的使用機會的選擇，將因市場利率的不同選擇不同的收入流。例如，一塊土地有三種選擇：礦產開採、農業種植、植樹。假定礦產開採的收入流呈遞減趨勢，農業種植呈恒定不變狀態，植樹的收入流呈現遞增趨勢。生產者在選擇收入流時，在既定的利率下，會根據現值最大化進行選擇。在利率低的社會中，與利率高的社會相比較，土地將會改進得更徹底些，道路鋪設得更堅固些，住宅修得更耐久些，所有工具的效能能發展得更高些。[1] 利率低時，工具就堅實而耐久；利率高時，工具就脆弱而易毀。由於不同的選擇間的取捨決定於利率，低利率偏向於選擇上升的收入流，而這種收入流的選取又有提高利率的反作用；高利率偏向於選擇下降的收入流，這一選擇又有降低利率的反作用。

在信息充分的完全競爭市場，所有資源能得到充分利用，資源能實現優化配置。但在信息不完備的情況下，中小民營企業難以得到足夠的資源。比如說，企業有一個投資項目，第一個單位投資可得到50%的回報率，第二個單位可得到40%的回報率，每個單位的邊際回報率呈遞減趨勢。若第 N 個單位的回報率恰好等於市場利率。也就是說，在信息完備的情況下，企業可獲得充足的投資資金。但由於信息不對稱，假設只得到兩個單位的融資額，難以發揮項目的應有效能。因此，企業和銀行之間的信息不對稱，在一定程度上導致產業結構扭曲，難以優化經濟結構，損失經濟效率。鼓勵中小民營銀行的發展，穩步推進利率市場化，實現銀行與企業間的結構對稱，減輕信息不對稱。如果一種資源要得到有效利用，那它在所有用途中必須具有同樣的生產性，如果它在一種用途中的邊際產品少於另一種用途，產出就沒有達到最大化。因此，通常還有兩個條件成為完全競爭的一部分：資源在所有用途中是流通的；資源所有者知道資源在各種用途中的產出。[2] 也就是說資源的流通性和信息的充分性。為了盡量達到資源的有效配置，政府可以制定適宜的產業政策，增加政策性貸款力度，為銀行對中小民營企業融資提供政策支持，進而優化產業結構，促進經濟發展。加快國有銀行和國有企業的改革，鼓勵民營企業參股國有銀行和國

---

① 歐文·費雪. 利息理論 [M]. 陳彪如，譯. 北京：商務印書館，2013.
② 喬治·J. 施蒂格勒. 產業組織 [M]. 王永欽，薛鋒，譯. 上海：上海人民出版社，2007.

有企業，實現信息共享，克服銀行與企業間的信息不對稱，優化配置金融資源，提升經濟結構，加快經濟增長方式轉型。

在經濟結構調整和轉型的大背景下，投資造成了一些負面作用。在投資上進行轉型，就是激活由過去政府主導的大投資，轉變到以民間投資為主。民間投資比重的提高與國有企業改革具有非常密切的相關性，在某種程度上，民營企業有今天的發展態勢是國有企業改革深化的成果。民間投資所占比重不斷提高，最直接的貢獻就是促進經濟更加平穩增長。從2013年前三季度7.7%的增長率來看，貢獻最大的仍然還是投資，但其中投資結構只增長10.4%，而民間固定資產投資的增速高達23.3%。民營經濟的潛能難以估量，應設法釋放其潛能。

（三）利用市場機制，優化配置中小民營企業的生產要素

根據柯布—道格拉斯生產函數 $Q = AL^{\alpha}K^{\beta}$，在規模報酬不變的情況下，可得 $\ln\frac{Q}{L} = a + b\ln\frac{K}{L}$，其中 $\frac{Q}{L}$ 是產出勞動比或勞動生產率，$\frac{K}{L}$ 是資本勞動比，即資本勞動比提高一個百分點，勞動生產率提高 b 個百分點。根據邊際生產力理論，在資本 K 一定的條件下，勞動的邊際產量曲線向右下方傾斜。在完全競爭的條件下，企業依據 $VMP = W$ 雇傭勞動力數量，此時邊際產量等於實際工資，即 $MP = \frac{W}{p}$。在勞動力的實際工資確定的情況下，勞動力的雇傭數量也確定。若資本 K 增加，或說資本勞動比增加，必然推動勞動的邊際產量曲線向右上方移動。在同樣的勞動力數量下，邊際產量提高。若兩種投入要素都可以變化，在完全競爭的情況下，企業的利潤最大化也就是一定產量下的成本最小或一定成本下的產量最大，其滿足的條件為 $\frac{MP_L}{\omega} = \frac{MP_k}{r}$。在 $\frac{MP_k}{r}$ 不變的情況下，若勞動的邊際產量曲線向右上方移動，在充分就業的前提下，企業的雇傭量不變。在同一雇傭量下，勞動的邊際產量相應較高，較高的邊際產量必須有較高的 ω 與其對應才能保證 $\frac{MP_L}{\omega} = \frac{MP_k}{r}$，即高工資要具備較高的人力資本。在技術進步的過程中，企業的資本存量隨投資增加而增加，每個勞動力推動資本量越來越大，勞動生產率越來越高，資源的使用效率也相應提高。這必須有一定數量的高素質勞動力與較高技術水平下的資本存量與之相適應。因此，要優先開發人力資源，尤其是提高廣大農村人口的素質，為中小民營企業提供優秀的經營管理人才。

張維迎認為，沒有一個企業會自覺地革自己的命，只是別人已經快摧毀它了它才可能努力。如果沒有人摧毀它的話，沒有一個企業會真正地進行革命性的，即創造性破壞。中國要實現真正的轉型不死一批企業不可能轉型，如果中

國的經濟不掉下來也不可能轉型。政府政策最忌諱的是為了眼前的一點好處犧牲長遠。

因此，在中國經濟轉型的關鍵時期要充分利用市場機制，給民營企業尤其是中小民營企業以國民待遇，鼓勵民營資本進入國有企業和國有壟斷行業，開拓國際市場，提高民營企業在國際市場上的競爭力。優化資源配置，提高資源的使用效率，進而推動經濟快速平穩轉型，保持經濟可持續增長。

五、結論

中小民營企業融資難存在多種原因，如經營績效、信用水平、經營規模以及企業所有制性質歧視、風險評估等，但一個最重要的原因是銀企間嚴重的信息不對稱，而產生信息不對稱的原因主要是大銀行和中小民營企業內部治理結構、組織行為的不對稱，而處理信息不對稱問題存在極高的交易成本。從信息不對稱視角破解中小民營企業融資困境的途徑是提高信息透明度。一是加快融資技術創新，提高大銀行對中小民營企業的支持力度。大銀行的組織結構特徵使其對中小民營企業貸款不具有優勢，但可以通過貸款技術的創新以及銀行內部管理創新來改善大銀行對中小民營企業貸款的境況，如設立為中小民營企業提供金融服務的「專業支行」。二是加快徵信體系建設，實現信用信息共享。徵信機構可由政府、社會力量共同出資建立公平、公正、高效的信用信息共享機構，通過信用信息仲介機構緩解銀企間信息不對稱問題。三是發展中小民營銀行，實現利率市場化。中小民營銀行服務中小民營企業，具有結構對稱的特徵，可極大地緩解信息不對稱，降低交易成本。其優勢來源於它能靈活地收集與處理中小民營企業信息，利用市場力量配置社會資源，優化產業結構，促進經濟發展。

參考文獻

［1］BERGEER A N, UDELL G F. The Economics of Small Business Finance：The Roles of Private Equity and Debt Markets in the Financial Growth Cycle ［J］. Journal of Banking and Finance, 1998, 22（6-8）：613-673.

［2］STIGLITZ JOSEPH E, WEISS ANDREW. Credit Rationing in Markets with Imperfect information ［J］. American Economic Review, 1981, 71（3）：393-410.

［3］黎日榮，黃炳坤. 企業組織結構對小企業融資的影響 ［J］. 石家莊經濟學院學報, 2011（5）：59-63.

［4］周業安. 金融市場的制度與結構 ［M］. 北京：中國人民大學出版社, 2005.

［5］劉世雲，黃佑軍，等. 基於信用體系建設的民營企業融資模式研究

[J].價值工程,2012(5):90-91.

[6]祁淵.解決民營企業融資難的一個視角——構建信用評級體系[J].財經問題研究,2004(3):42-46.

[7]歐文·費雪.利息理論[M].陳彪如,譯.北京:商務印書館,2013.

[8]喬治·J.施蒂格勒.產業組織[M].王永欽,薛鋒,譯.上海:上海人民出版社,2007.

[9]張維迎.中國不死一批企業不可能真正轉型[EB/OL].(2013-09-11)[2016-12-20].http://finance.sina.com.cn/hy/20130911/214716734813.shtml.

(原載於《金融理論與教學》2014年第5期)

13. 商務談判的經濟分析

　　談判是參與各方出於某種需要，在一定時空條件下，採取協調行為的過程。商務談判是買賣雙方為了促成交易而進行的活動，或是為了解決買賣雙方的爭端，並取得各自的經濟利益的一種方法和手段。商務談判是在商品經濟條件下發展起來的，已成為現代社會經濟生活必不可少的組成部分。沒有商務談判，經濟活動便無法進行，小到生活中的購物還價，大到企業之間的合作、國家與國家的經濟技術交流，都離不開談判。商務談判在促進商品經濟發展、加強企業間的經濟聯繫以及促進中國對外貿易的發展等方面都起著舉足輕重的作用。

一、商務談判的目的

　　談判雙方進行談判的目的就是為了獲取雙方共同的利益，得到效用最大化，為了使資源得到更有效的利用，在滿足自己利益的同時，盡量滿足對方的利益，從而實現資源配置的優化，使交換和生產同時達到帕雷托最優。談判雙方有時可以追求共同利益而把蛋糕做大，則雙方都能從中得到好處。有時談判的一方為了追求長期利益而把一部分短期利益讓渡給對方，尋求一種長期的合作夥伴關係，這樣談判雙方在簽約後，會把雙方的違約行為降到最低程度，也在一定程度上防止了機會主義和道德風險的出現。

　　我們用埃奇沃斯交換盒形圖予以說明。假設參與交易的雙方是甲、乙兩方，兩方分別擁有 X、Y 兩種商品，X、Y 可代表一般商品，雙方進行物物交換，X、Y 中也可以有一種是一般等價物，相當於是以貨幣為媒介進行的交換。X 總量為 10 單位，Y 總量為 6 單位。

　　圖 1 是埃奇沃斯盒形圖，左下角代表甲擁有商品量的原點，凸向左下方原點的無差異曲線是甲的無差異曲線；右上角代表乙擁有商品量的原點，凸向右上方原點的無差異曲線是乙的無差異曲線。現在我們考察標示為 U_{11} 和 U_{21} 的兩條無差異曲線，它們分別代表甲和乙的無差異曲線，並且它們相交於描述最初資源分配狀態的 A 點。這兩條無差異曲線的兩處交點界定一個魚眼形區域，顯示了甲和乙兩方可能通過互利互惠貿易來對配置狀態加以改變的所有可能性的集合。從 A 點移動到 B 點的交換使甲和乙互利互惠。它不僅顯示了 A 點存在交

換可能性，而且直觀表現出互利互惠交換的可能性有多大。

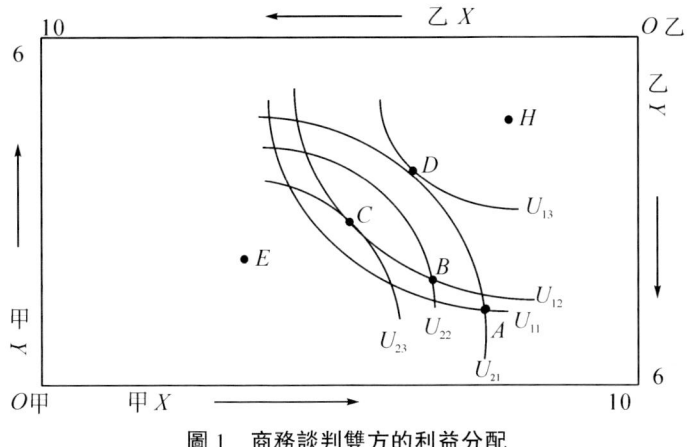

圖1 商務談判雙方的利益分配

E 點代表的資源配置點高於乙所有三條無差異曲線，因而乙當然樂意前往，但是它低於甲的通過最初配置 A 點的無差異曲線，表示 E 點對於甲而言利益受損，依據理性人假設，甲不會接受這樣的交換。H 點代表的資源配置點高於甲所有三條無差異曲線，因而甲顯然樂意通過交換達到該點；然而，H 點低於乙通過最初配置 A 點的無差異曲線，表示 H 點對於乙而言利益受損，因而乙不會接受導致這一分配點的交換。魚眼區域以外表示資源配置的點雖然會使一方受益，但是會使另一方受損，因此依據理性經濟人假設，這樣不符合互利互惠條件的交換。交換的一個基本前提就是互利互惠的交換，是自願進行的交換，也是獨立平等主體之間的交換。

現在討論 B 點是否存在進一步交換的可能性。B 點與 A 點有兩點類似：一是也有兩條無差異曲線，即 U_{12} 和 U_{22} 通過；二是這兩條無差異曲線在 B 點相交。由於無差異曲線在 B 點相交表示兩人位於該點時 X 對 Y 的邊際替代率不同，因而存在進一步進行互利互惠交換的可能性。通過 B 點的 U_{12} 和 U_{22} 兩條無差異曲線也形成了一個較小的魚眼區，它同樣表示了以 B 點為初始狀態實際存在通過互利互惠交換導致配置狀態改變的所有可能性的集合。由此可見，即便已經發生了互利互惠的交換，新的資源配置點不一定是有效配置點。另外值得注意的是，與 U_{11} 和 U_{21} 界定的魚眼區相比，新的魚眼區面積較小，是因為從 A 點移動到 B 點的第一次交換已經實現了部分互利互惠交換的可能性，因而 B 點代表了較少的交換可能性。

假設甲和乙出於自利動機再次發生交換，交換結果使資源分配狀態從 B 點移動到 C 點。從圖1看，甲的第二條無差異曲線 U_{12} 和乙的第三條無差異曲線 U_{23} 相切。對於 C 點而言，不對其中一方造成利益損失的交換可能性已經不

復存在,因而 C 點是資源有效配置點。顯然,C 點不是唯一的有效配置點,其他的無差異曲線相切點也是有效配置點。比較 C 點和 D 點,它們對於甲和乙各自利益很不相同。C 點位於乙最高的無差異曲線(U_{23})上,因而代表了對於乙而言較好的交換結果;相反,D 點位於甲最高的無差異曲線(U_{13})上,因而交換結果對於甲利益增加最多。甲和乙都想使自己利益最大化,最終結果取決於雙方討價還價的能力。缺乏效率狀態的資源交換可能給交換雙方帶來利益,但是利益增量不一定會均勻分配,實際分配結果取決於雙方討價還價的能力。

例如,以買賣雙方來說,買方有一個最高出價,而賣方有一個最低要價,也是各自的底線,兩者之間就是可能的成交區域。如買方最高出價不能高於 180 元,而賣方最低要價不能少於 80 元,則 80～180 元都是可能的成交價格,至於價格是偏向 180 元還是偏向 80 元,則取決雙方的信息擁有量、各自的談判能力和技巧以及慾望的強弱等。

二、商務談判的方式

在談判過程中雙方獲得的利益並不是一種此消彼長的關係,談判雙方通過各種策略成功地獲得自己相應的利益,實現「雙贏」,談判的最後結果並不一定是一種零和博弈,談判雙方可以通過合作、協調、溝通共同把蛋糕做大,使雙方的利益都得到提高。

囚徒困境是博弈論中的典型模型(見圖2),由於雙方不能溝通,最后(坦白,坦白)是一個納什均衡,並且是一個占優策略均衡,也就是說,不論對方如何選擇,個人的最優選擇是坦白,雙方的支付為(-8,-8),這個結果的前提是雙方不能互相溝通。但是如果雙方能夠溝通,那雙方的選擇將會是(抵賴,抵賴),也就是說,如果雙方能夠合作,尋求共同利益,雙方的支付將會是(-1,-1)。這個例子說明,在博弈的過程中若能獲取對方信息,則能改變雙方的支付。

	坦白	抵賴
坦白	(-8,-8)	(0,-10)
抵賴	(-10,0)	(-1,-1)

圖2　囚徒困境

商務談判的過程實質上就是談判雙方進行博弈的過程。在談判之前談判雙方通過各種渠道獲取對方的信息,如本方派人去對方進行實地考察,收集資料;通過各種信息載體搜集公開情報;通過與談判對手有過交往的第三者調查瞭解信息。己方通過充分瞭解對方的信息來獲取對方可能採取的策略,對方在

哪些交易條件上可能讓步、讓步的可能性有多大，然后採取自己的行動方案和策略，並且在談判過程中根據實際情況隨時調整自己的談判策略。

假設只是一次性博弈，不考慮雙方的談判地位和談判技巧的使用，從博弈支付圖（見圖3）中可以看出，如果一方的選擇策略是讓步，那麼另一方的選擇策略將是不讓步；如果一方的選擇策略是不讓步，那麼另一方的理性選擇將是讓步。那麼（讓步，不讓步）和（不讓步，讓步）都是一種均衡狀態。至於最后哪一種均衡是現實的均衡，取決於雙方的地位和談判能力。

	讓步	不讓步
讓步	(9, 9)	(7, 10)
不讓步	(10, 7)	(-1, -1)

圖3　博弈支付圖

在談判過程中，若談判雙方處於一種勢均力敵的態勢，則雙方將同時做出讓步，獲得的支付為（9, 9），總收益達到最大；若一方處於談判的優勢方，則優勢方的支付為10，另一方為7，處於優勢談判地位的一方收益較大；若雙方都不讓步，最后是談判破裂，而雙方又要付出談判成本，因而各自的支付為（-1, -1）。因此，除非萬不得已，雙方都不希望談判破裂。談判出現破裂的情況可能是以下幾種情形：第一，當己方已把交易條件降到最低限度，觸及己方的底線，對方還採取一種強勢態度，不願讓步。第二，談判雙方通過各種策略進行談判卻沒能達到公共的談判區域，即雙方的談判區域沒有交叉部分。雙方之間的交易條件分歧太大，無法達成共識。2005年10月13日在北京提前結束的中美雙方紡織品談判就是一例。美方在談判中提出的條件過於苛刻，如將設限的範圍擴至約30種，遠遠高於歐盟設限的10個品種，而且美國提出的中國紡織品出口增長率極低，只有7%~8%，而歐盟提出的增長率為8%~12.5%，中歐條款是中方的底線。美方代表戴維·斯普納在聲明中的語氣強硬，稱美國一直在行使基於中國加入世界貿易組織協議有關條款所授予美國的權利，「我們將繼續在適當的情況下採取這樣的措施」，最后導致談判破裂。第三，雙方的談判地位不同，一方處於絕對優勢地位，因而在談判態度上便顯得十分傲慢，不顧對方的心理需求。美國與墨西哥的天然氣交易進行的一次談判就是一例，由於這筆買賣只有美國人願意與墨西哥人做，因此美國人非常傲慢地拒絕了墨西哥人的增價要求，最終導致交易失敗。

如果談判雙方不只是進行一次交易，而是尋求一種長期的合作夥伴關係，那麼雙方之間的談判可以看成一種固定參與人的無限次重複博弈。這樣雙方在交易的過程中就會盡量減少違約的機會，防止機會主義和道德風險而帶來的效

益損失。因為是一種無限次的重複博弈，如果一方出現道德風險，另一方有實施報復的機會，會對違約方實施報復，終止與對方的合作關係，結果會給雙方帶來不必要的損失，導致社會資源浪費。

三、結論

隨著經濟的發展，世界經濟出現了一體化趨勢，各個國家都要參與國際分工，在世界範圍內進行資源的優化配置，這樣必然導致對外貿易的進一步發展，對外貿易就其廣度和深度而言都會提升到一個新的層面。貿易能否成功又依賴於有交易意願的雙方為共同利益而進行談判的情況。交易成功雖然能給談判雙方都帶來相應的利益，但是利益增量不一定會均勻分配，實際分配結果取決於雙方討價還價的能力。討價還價的能力受多方面因素的影響：雙方所處地位的優劣，雙方談判人員素質的高低，談判雙方技巧和策略的選取，談判時間、地點的選擇，談判過程中機遇的把握等。雖然談判雙方存在共同利益，談判成功可以增加雙方利益，但雙方在利益的分配過程中又有衝突。雙方不能僅局限於現有蛋糕的分配，而要共同協調雙方利益，把蛋糕做大。中國加入世界貿易組織後，在對外貿易中必須按照世界貿易組織規則行事，對外貿易將更為廣泛，對中國經濟發展的意義也將更為深遠。為了應付來自對外貿易方面的各種挑戰，維護中國在對外貿易中的各種利益，中國應加強對談判人才的培養，同時提升現有談判人員的綜合素質。

參考文獻

［1］方其，馮國防．商務談判——理論、技巧、案例［M］．北京：中國人民大學出版社，2004．

［2］白遠．國際商務談判——理論案例分析與實踐［M］．北京：中國人民大學出版社，2003．

［3］美方不讓步 紡織品談判半途破裂［EB/OL］．（2015-10-14）［2014-12-20］．http://finance.sina.com.cn/j/20051014/03002032358.shtml．

［4］張維迎．博弈論與信息經濟學［M］．上海：上海人民出版社，2002．

［5］平狄克，魯賓費爾德．微觀經濟學［M］．4版．張軍，譯．北京：中國人民大學出版社，2004．

（原載於《江蘇商論》2006年第5期）

14. 經濟學視角的盜竊犯罪分析

對於人為什麼會犯罪,理查德·A.波斯納從「理性人」的角度進行分析。他認為:「由於對他的預期收益超過其預期成本,所以某人才實施犯罪。其收益是來自犯罪行為的各種不同的有形(在金錢獲得性犯罪中)或無形(在所謂的情欲性犯罪中)的滿足。而其成本包括各種不同的現金支出(購置槍支、盜竊工具、面罩等),犯罪時間的機會成本和刑事處罰的預期成本。」[1]概言之,當罪犯經過計算,認為從犯罪中獲得的利益超過其因犯罪而需要支付的預期成本時,犯罪就有可能發生。當然,對於預期收益和預期成本的計算,是因人而異的。一個品德高尚的人,在計算預期成本時,將會把因犯罪而喪失的聲譽算得很高。因此,預期成本將遠遠大於其預期收益,由此決定其不會實施「犯罪」。而一個名聲很壞、品德低下的人,則會與此相反。犯罪的另一個根源是為了迴避通過合法手段獲利所需支付的成本。當通過正常的市場交易行為獲取想要得到的東西時,這種交易成本是很高的。因此,這種迴避市場的行為使得犯罪者從中獲得了很大收益而不必支付很高成本。正是這種激勵因素的推動,使得犯罪者敢於去冒險。任何一種犯罪行為,都是為了謀取某種利益,這種利益包括物質的和精神的,看得見的和看不見的,即時得到的和預期得到的,這些利益包括財產、人身、榮譽、尊嚴甚至某種情感的發洩以及所謂的快感、舒適度的獲得等。

本文主要從經濟分析的視角對盜竊行為進行分析。

一、成本收益分析

從經濟學的視角看,人們在進行現有資源配置時會考慮資源使用的機會成本,同樣,竊賊在實施盜竊行為時也會進行成本收益分析。他把盜竊作為一種職業,是因為他從事盜竊比從事其他職業能得到更多的收益。竊賊是一個理性的「經濟人」,會追求自己效用的最大化。盜竊是一種職業選擇,一個人盜竊的原因是盜竊能為行為人提供比其他可選擇的合法職業更多的淨收益。盜竊是有成本的,盜竊要花費時間、金錢和精力來購買作案工具,搜尋作案對象,確

---

[1] 理查德·A.波斯納.法律的經濟分析[M].蘇力,譯.北京:中國大百科全書出版社,1997.

定最佳作案時機等。進行盜竊需要成本投入，竊賊的成本（私人成本）主要包括以下幾個方面：第一，時間成本。竊賊為了搜索作案對象需要掌握對方的作息時間、生活習慣，瞭解周圍居民的警惕性，充分利用各種信息，制訂作案計劃，提高作案成功率，盡量降低自己的成本。時間機會成本表達的是為了任何目的資源的使用都將產生放棄可能是最有價值的另一種選擇的收益。一個人將時間和資源用於犯罪，那麼他必須放棄在這段時間內從事合法活動的機會和從事合法活動的收益。第二，物質成本。竊賊進行偷竊需要的工具和投入的貨幣。第三，懲罰成本。這是指一旦罪行暴露后被司法機關依法實施懲罰的風險。如果這種風險成為事實，竊賊就完全喪失在這段相應時間內牟利的機會。這個成本的計算是以懲罰概率和懲罰強度的乘積來表達的。第四，心理成本。當竊賊作案后在心理上總會擔心哪一天東窗事發而受法律制裁，還有些竊賊在初次作案時會受到良心譴責，有一種負罪感。第五，社會成本。這指的是竊賊偷竊受害者的財物而對受害人造成的財產損失和心理傷害，同時敗壞社會風氣，社會人群為防備財物被盜而安裝防盜門、防盜窗等，警察為追緝竊賊而支付的成本，竊賊被追時甚至傷害受害人的生命以及法院為罪犯量刑而支付的成本。

盜竊的收益是指竊賊通過盜竊活動能夠獲得的利益（包括物質的和非物質的利益）。

從成本收益分析的角度看，對竊賊來說，其私人成本是較低的，物質成本（作案工具）相當於是一種固定成本，隨著作案次數的增加，其平均成本將越來越低。每次要花費的時間相當於可變成本，竊賊會根據作案對象的可獲利益的多少來支付時間成本，時間成本會隨著作案次數的增加而遞減，因效率和技術越來越高。心理成本也會隨著作案次數的增加而遞減，最后會趨於零。這是因為隨著作案次數的增加，竊賊的道德準則和價值觀念會發生蛻變，心中只有偷竊成功的竊喜，而不再有負罪感。懲罰成本其實是一種或然成本，只能是一種概率事件，必須考慮竊賊案發的概率，概率的高低又與竊賊的作案手段、居民的警惕性、警察的責任心和辦案能力以及整個社會的道德倫理水平相關。

對竊賊來說，為了實現自己的效用最大化，一定會設法使自己進行盜竊的收益大於成本。設偷竊成功率為 P_1，得到的收益 R，偷竊被發現，但沒被抓住的概率為 P_2，偷竊被發現並且被抓住的概率為 P_3，其中 $P_1+P_2+P_3=1$，那麼其獲得的預期收益為 $ER=P_1R+P_2\times0+P_3\times0=P_1R$。假設現實成本為 C_1，或有成本為 C_2，則竊賊的預期成本為：$EC=C_1P_1+C_1P_2+C_2P_3=C_1(P_1+P_2)+C_2P_3=C_1(1-P_3)+C_2P_3$。長期來說，理性的竊賊必須是 $ER>EC$。ER 取決於 P_1 和 R 的大小，R 取決於受害者的被偷竊目標物價值的高低，P_1 取決於竊賊的作案能力和社會提供的作案機會。EC 取決於 C_1、C_2 和 P_3，C_1 遠小於 C_2，竊賊的 EC 主要取決於 C_2P_3。C_2 與社會的懲罰機制和懲罰力度高度正相關，P_3 又與居民的警

惕性、警察的責任心及辦案能力正相關。如果懲罰不力且盜竊后被逮住的概率 P_3 很小,則有增加作案數量的激勵。為了減少作案的數量,必須提高 C_2 和 P_3。只要有 $ER > EC$,竊賊就會進行偷竊,並且隨著作案次數增加,其邊際收益可能是一條直線,其具體形狀與居民防範心理相關,如果防範心強、警惕性高,竊賊作案的邊際收益 MR 會向下傾斜。竊賊行竊的邊際成本 MC 主要取決於時間成本與或然成本,時間成本隨著作案次數的增加將會呈現遞減趨勢,邊際成本線的形狀和位置主要又與警察的責任心和辦案能力以及懲罰力度高度相關,整個邊際成本曲線將會是一條 U 形曲線。竊賊會根據 $MR = MC$ 來實現獲取的不法利益最大化。如果社會治安混亂,警察的責任心不強、辦案能力低則會導致作案次數激增,此時 MR 與 MC 的交點處於 MC_1 曲線上的 A 點,作案次數為 Q_1;如果居民的警惕性高,警察的責任心強、辦案能力強,則會出現社會安定,作案次數減少,MC 曲線將會左移至 MC_2,此時 MR 與 MC 曲線的交點將會是 B 點,作案次數將會是 Q_2(見圖1)。

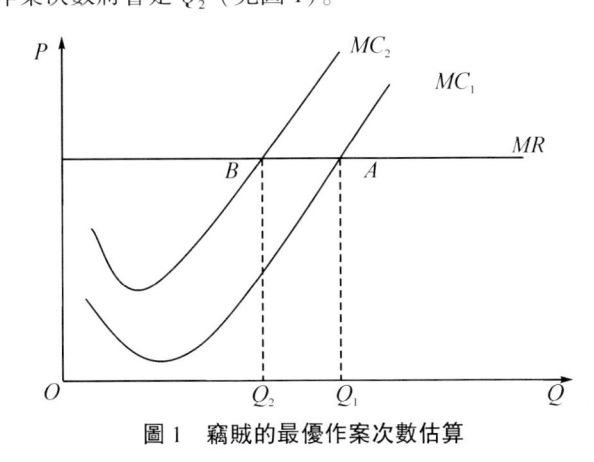

圖1 竊賊的最優作案次數估算

對整個社會來說,竊賊所得似乎只是一種財富的轉移,並沒有減少整個社會的財富量,但事實是出現社會福利淨損失。因為財富 R 從受害者向竊賊手中轉移的同時,整個社會為之付出高昂的成本,居民為防範竊賊而支付的成本、竊賊為行竊而支付的成本、司法部門為懲罰竊賊而支付的成本,並且竊賊在遭遇受害人的追擊時甚至會產生更嚴重的犯罪,尤其是還會產生對社會信念的不良影響,危害社會治安,影響社會和諧。

二、博弈行為分析

一個國家或社會的竊賊市場的參與者有三類:竊賊、受害人和執法人。這些人都能理性地選擇達到各自目的的手段。

如果只考慮私人成本,則是受害人與竊賊之間的博弈,竊賊可以選取的策

略是偷與不偷，受害人可以採取的策略是防範與不防範。從私人方面看，竊賊從偷竊中的所得就是受害人的損失。從支付矩陣看，不偷是竊賊的劣策略，理性的竊賊必然採取的策略是偷，受害人在知道竊賊選擇偷這一策略的情況下，採取的策略必然是防範。受害人會顯示一些信息給竊賊，即他有所防備，不會讓竊賊得逞，從而降低竊賊的預期收益。竊賊通過收集各方面的信息以判斷對方顯示的信息是否是可信的，從而得出作案成功的概率。竊賊通過觀察對方的生活習慣、作息時間，從中尋找作案時間，作案時間的選擇是動態的，受害人的防範卻是靜態的。竊賊和受害人在信息方面是不對稱的，竊賊處於信息的優勢方，而受害人處於信息的劣勢方，也就是常說的防不勝防。因此，即使防範嚴密，竊賊還是有機可乘，只是降低其成功概率。總體來說，在（偷，防範）均衡情況下，竊賊還是會得到收益1，受害人會受到損失2（見圖2）。

	防範	不防範
偷	(1, -2)	(4, -4)
不偷	(0, -1)	(0, 0)

圖2　博弈行為圖（1）

　　如果考慮社會成本，社會為了防止偷竊還必須設立警察、法庭、監獄等機構，對竊賊的偷竊行為給予懲罰，為了維持良好的社會治安，這必須支付相應的成本。竊賊給社會帶來的成本還包括其影響社會風氣、扭曲社會的價值觀念、損害社會效率、破壞經濟發展。同樣，不偷是竊賊的劣策略，竊賊選擇的策略必然是偷，在竊賊採取偷的策略前提下，社會所採取的策略必然是防範。因而雙方的策略均衡解是（偷，防範）。但是竊賊得到的收益不會確定性地是1，它會隨著社會防範的力度和懲罰的強度而變化，防範力度和懲罰的強度的增加會使竊賊的收益減少，從而使竊賊的偷竊次數減少，但只要其收益大於零，就還會有偷竊的激勵。如果社會的防範和懲罰力度使偷的收益為零甚至為負，就會使偷變為劣策略。這又依賴於整個社會的共同努力，包括教育水平的提高，就業機會的增加，社會價值觀念、道德準則以及輿論的導向，受害人對竊賊的防範，警察的責任心與辦案能力。同時，這會使成本急遽增加，對整個社會來說不一定是成本最低而福利最大化的選擇（見圖3）。

	防範	不防範
偷	(1, -3)	(4, -5)
不偷	(0, -2)	(0, 0)

圖3　博弈行為圖（2）

理性的「經濟人」會對自己的行動進行成本收益分析，若他的行動只有成本支出而沒有相應的收益，理性的「經濟人」是不會採取這樣的行動的。若警方也是理性的「經濟人」，那麼警方同樣也進行成本收益分析，這裡的警方的支出包括花費的時間、精力、金錢；警方的收益包括工資、獎金、聲譽、社會地位。如果對警方沒有相應的激勵、監督機制，同時對警察的業績沒有完整的評價體系，警察「偷懶」將是理性行為。如果把警察的時間、精力、金錢看成一種投資，他必定會把資源集中投放在低成本高收益的行動方面。這就會導致警方與受害人之間的博弈，如果警方投入成本低、破案率低，受害人就會提高防盜成本；如果警方辦案率高，受害人支付的防盜成本就會低。

　　在圖4中，橫軸既表示概率又表示懲罰，縱軸代表成本。SC 表示執法成本。想逮住竊賊的概率越高，警察和法院支出就越多，當懲罰概率從 0 變到 1，SC 隨概率的上升而上升。PC 表示居民私人的支出成本。如果社會治安較差，抓住竊賊的概率低，也就是對竊賊的懲罰力度不夠，那麼私人就會花費比較高的防盜成本，也就是 PC 會隨概率的提高而下降。曲線 $EC+PC$ 是防範、抓捕和懲罰竊賊的總成本曲線，最低成本為 $TC(F^*)$。P^* 和 F^* 的組合就表示給定的預期懲罰的最低成本的概率與懲罰的組合。

　　設 $SC=C_1$，$PC=C_2$，$TC=SC+PC$，成本最低的點是 $MC=0$ 的點，即 $MC=MC_1+MC_2=0$。C_1 隨 P 的增大而減小，C_2 隨 P 的增大而增大，因此這裡的 C_1、C_2 又與 P 相關。根據方程可以找到 $P^*(F^*)$ 和最低的總成本 $TC(P^*)$。這樣全社會就會參與打擊盜竊犯罪，達到社會福利的最大化。

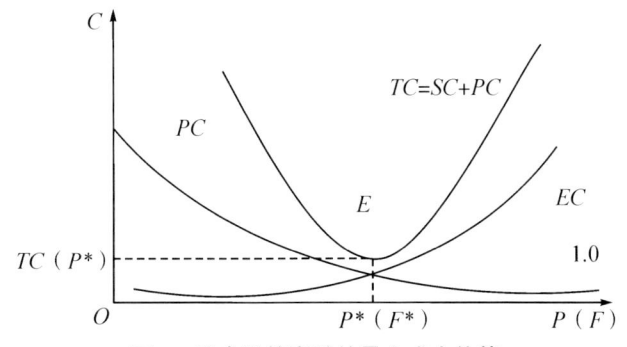

圖4　社會防範竊賊的最小成本估算

三、結論

　　防範和打擊盜竊犯罪，必須全社會共同努力，增強每個人的社會責任感，提高民眾的思想道德素質。為了預防犯罪，必須加大懲罰力度，提高犯罪成本，使犯罪分子不能因刑罰的規定過輕而受益。同時，減少犯罪的預期收益，

建立相應的激勵評價機制，減少「偷懶」行為，提高破案率，把這種較高的破案率通過各種媒體進行披露，讓犯罪分子獲得相關信息，從而降低犯罪分子的預期收益，打消其僥幸心理。必須加大宣傳力度，形成良好的社會輿論，在全社會形成一個同違法犯罪做鬥爭的良好的社會氛圍，使犯罪分子一旦犯罪就面臨強大的社會壓力，不敢犯罪。其犯罪以後，由於人民群眾的法律素養比較高而很容易被抓獲。同時，加強見義勇為機制的建設，使見義勇為者打消後顧之憂，使見義勇為成為一種社會風氣，使犯罪分子面臨強大的社會壓力而不敢犯罪和不願犯罪，從而抑制犯罪。通過減少失業、增加合法工作收益從而降低進入正規市場的交易成本，以進入正規市場替代進入盜竊市場從而降低犯罪率。

參考文獻

［1］理查德・A. 波斯納. 法律的經濟分析［M］. 蘇力，譯. 北京：中國大百科全書出版社，1997.

［2］何萬里，張寶亞. 犯罪成本研究［J］. 長安大學學報（社會科學版），2003（2）：50-52.

［3］陳麒巍，劉金玲. 我省經濟犯罪經濟分析初探［J］. 電子科技大學學報（社科版），2003（4）：102-106.

（原載於《產業與科技論壇》2007年第9期）

15. 一般均衡分析案例教學研究

一、引言

一般均衡分析是指在分析經濟問題時假定各種商品的價格、供求、需求等都是相互作用和彼此影響的。一種商品的價格不僅取決於它本身的供給和需求，而且也受到其他商品的價格和供求的影響。因此，一種商品的價格和供求的均衡，只有在一切商品的價格和供求都達到均衡時才能決定。通常認為，一般均衡理論是萊昂·瓦爾拉斯（Leon Walras）在1874年出版的《純粹經濟學要義》中創立的，也稱為瓦爾拉斯一般均衡理論。瓦爾拉斯認為，整個經濟體系處於均衡狀態時，所有消費品和生產要素的價格將有一個確定的均衡值，它們的產出和供給，將有一個確定的均衡量。他還認為，在「完全競爭」的均衡條件下，出售生產要素的總收入和購買消費品的總支出必然相等。

在經濟學說史上，瓦爾拉斯第一個提出了一般均衡的數學模型並試圖解決一般均衡的存在性問題。瓦爾拉斯按照從簡單到複雜的思路一步一步地構建自己的一般均衡理論體系。首先，他從產品市場著手來考察交換的一般均衡，而后從要素市場的角度來考察包括生產過程的一般均衡，然後再對資本累積進行一般均衡分析，最後他還運用一般均衡分析方法考察了貨幣交換和貨幣窖藏的作用而得出了「貨幣和流通理論」，從而把一般均衡理論由實物經濟推廣到貨幣經濟。瓦爾拉斯的一般均衡理論經維弗雷多·帕累托（Vilfredo Pareto）、約翰·理查德·希克斯（John Richard Hicks）、霍華德·J. 謝爾曼（Howard J. Sherman）、保羅·薩繆爾森（Paul Samuelson）、肯尼思·阿羅（Kenneth Arrow）、羅拉爾·德布魯（Gerard Debreu）以及萊昂內爾·麥肯齊（Lionel Mckenzie）等經濟學家的改進和完善，發展成為現代一般均衡理論。

保羅·薩繆爾森於1941年發表的《均衡的穩定性：比較靜態學與動態學》及於1947年出版的《經濟分析基礎》激發了美國經濟學家研究一般均衡是否存在的興趣。肯尼思·阿羅與羅拉爾·德布魯合作研究，在嚴格的假定下，利用拓撲學、集合論和不動點理論證明了一般均衡的存在。一般均衡雖然只存在於理論分析中，但它使人們認識到經濟系統的各個方面是相互依存、相互影響的。一種商品供求變動，除了直接引起其價格的變動外，還間接引起其

他商品供求及價格的變動。肯尼思·阿羅和羅拉爾·德布魯對一般均衡存在性的公理化證明，奠定了現代西方經濟學中一般均衡理論的基礎。

二、一般均衡案例分析

假如一個經濟社會已處於靜態均衡，現在由於任一變量，如汽車的需求增加，就會引起一系列錯綜複雜的連鎖反應。首先，汽車需求的增加，會引起與汽車有互補關係的勞動、鋼鐵、汽油等需求的增加，與汽車有替代關係的公共汽車、地鐵、自行車等需求的減少，而這些需求的增減又會引起相關商品需求的增減。例如，勞動需求的增加，會將有關廠商的勞動吸引過來，使這些廠商的工資上漲，成本增加，利潤下降。由於利潤下降，這些廠商有可能減少產量，甚至退出產業，導致供給減少。供給的減少，又引起市場價格的變化，導致需求的變化……依次類推，直至再次實現市場均衡（見圖1）。①

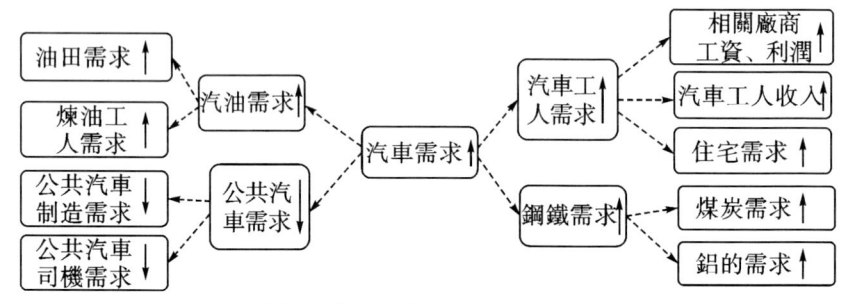

圖1　汽車需求增加的連鎖反應

案例教學（Case Method）是由美國哈佛法學院克里斯托夫·哥倫布·朗代爾（C C Langdell）於1870年首創，后經哈佛企管研究所所長鄭漢姆（W B Doham）推廣，被廣泛應用到工商管理等學科中，並從美國迅速傳播到世界各地，取得了顯著的效果。20世紀80年代，案例教學引入中國，對中國教育思想和教學方法的全面改革產生了深遠影響。在高鴻業先生主編的《西方經濟學（微觀部分）》第四版中，為了說明一般均衡分析，教材列舉了四個市場：原油市場、煤市場、汽油市場、汽車市場。首先假設因中東國家減少原油生產，導致國際原油市場的供給曲線左移，均衡數量減少，均衡價格提高。若是採用局部均衡分析法，問題的分析到此結束。但若採用一般均衡分析，分析過程才剛開始。煤與原油是具有替代關係的商品，原油價格提高，會導致煤的相對價格發生變化，消費者會增加煤的需求量，導致煤市場的需求曲線向右上方移動，煤的均衡價格提高，均衡數量也增加。但煤的價格提高又會導致原油市

---

① 黎詣遠. 微觀經濟分析 [M]. 北京：清華大學出版社，1994.

場需求曲線右移，兩個市場相互影響、相互作用。原油是汽油生產的投入要素，原油價格提高，相當於增加了汽油的生產成本，汽油的生產者根據利潤最大化目標，調整自己的產量，導致供給曲線左移，均衡數量減少，均衡價格提高。汽油市場的價格變化又反向影響原油市場，然後兩個市場相互作用、相互影響。汽車和汽油必須同時消費，兩者具有互補關係。若汽油價格提高，必然影響汽車的消費量。隨著汽油價格的提高，消費者會減少汽車的購買，因而汽車的需求曲線向左下方移動，均衡價格下降，均衡數量也減少。汽車市場價格和數量的變化又反向影響汽油市場，兩個市場相互作用、相互影響。若只考慮這四個市場，四個市場相互作用、相互影響，最後達到均衡。事實上，分析過程不只如此。汽車銷量的變化會影響鋼鐵、玻璃、輪胎、橡膠等市場，鋼鐵市場的變化又會影響煤、鋁等市場，這些市場的變化又會影響生產要素市場，如勞動力市場，進而影響金融市場和政府決策。

　　從以上的簡單分析可以看出，汽油的價格將影響家庭對汽車的需求。如果降低汽油價格，汽車的需求將會增加。按照現代產業經濟學的理論，壟斷部門之所以能夠取得超額利潤，是由於它可以實施壟斷價格。這樣做的結果是，一方面，使產量減少，造成社會福利損失；另一方面，把消費者剩餘轉為生產者剩餘，變成壟斷者的利潤。汽油的生產是由國有壟斷廠商提供的。若沒有政府干預，由其獨自決定價格，廠商必然追求利潤最大化，根據邊際收益等於邊際成本決定產品價格和數量，追求壟斷高價，提供較少產量，攫取高額壟斷利潤，損失經濟效率。因此，政府必然對壟斷定價進行干預。假設化石能源具有自然壟斷特徵，若採用平均成本定價法，廠商的經濟利潤為零，獲得正常利潤；若採用邊際成本定價法，價格低於平均成本，壟斷廠商存在虧損，若要廠商繼續經營，政府必須給予補貼。

（一）汽油低價供給產生的影響

　　如果汽油價格採用邊際成本定價法，廠商出現虧損，若要廠商繼續經營，政府必須對廠商因政策性虧損給予補貼。而政府用於補貼的資金主要來自稅收，政府徵稅又必然產生效率損失，即實施徵稅，導致生產者剩餘和消費者剩餘的減少，其中一部分轉化為政府稅收，但也有一個三角形區域的淨損失。此時，必須衡量壟斷的經濟效率損失和給予壟斷廠商補貼的徵稅行為的損失。若徵稅的福利損失更大，則應該提高產品價格。

　　汽油等化石資源是許多廠商的重要投入要素。持續的低價，會激勵廠商消耗更多的化石資源。而這些資源的消耗會產生污染，排放二氧化碳等溫室氣體，違背低碳經濟理念。若制定較低的價格，則激勵廠商使用化石資源，採用資源密集型生產方式，抑制廠商創新動力，難以提高產品附加值，難以從比較優勢轉化為競爭優勢，為經濟結構調整形成障礙。政府對廠商的補貼具有一定的收入再分配功能，難以維護社會公平。

汽車和汽油具有互補關係，汽油的低價必然刺激汽車的消費。私人汽車的增加會產生嚴重的外部效應。汽車尾氣給環境造成污染；汽車使用量增加又帶來交通堵塞以及車禍數量增加。使用私家車的人得到了出行的便利，並從中得到了政府的補貼，這將在社會的收入再分配過程中形成一種馬太效應。

　　中央財政在 2005 年和 2006 年兩次出抬補貼政策，中國石化分別得到一次性補貼 100 億元和 50 億元，2008 年獲得了 503 億元補貼。補貼動用公共財政資源，使全體納稅人承擔了成本。公眾大多對兩巨頭（中石油、中石化）在超強盈利能力、員工享受著高收入與高福利以及管理成本高與運行效率低的背景下，而收取財政「大禮包」，表示出強烈的反感和質疑。對財政部的舉動，國家審計署審計長李金華在 2006 年全國人大常委會上做《關於 2005 年度中央預算執行的審計工作報告》時曾嚴厲指出，財政部從中石油上繳的所得稅中退庫 100 億元，彌補中石化煉油項目虧損，這種暗抵收入的做法違反了「收支兩條線」原則。經濟學家張曙光撰文指出，石油部門高額利潤的秘密在於佔有了國家大量的租金。而荒謬之處在於，人們只講壟斷高價，不講資源要素低價，因此中石油、中石化以國際油價上漲為由，理直氣壯地向國家要補貼。實際上是壟斷國企占用了國家大量具有很高價值的資源，占據了國家大量的租金，國家不去收租，反而給其補貼。

　　政府的補貼或價格調整若沒有跟上國際原油價格的波動，將會對市場供給產生不良影響。在預期價格上漲期間，廠商為了獲得更高的利潤，會減少供給，而與此同時，在預期價格提高的刺激下，消費者增加需求。在這種情況下，導致需求曲線右移的同時供給曲線左移，供需缺口更大。這必然出現供給短缺和排隊加油現象。

　　在 2010 年 10 月 26 日國家發改委上調成品油價格的節點，內蒙古與全國大部分地區一樣，開始出現油荒，柴油嚴重短缺。由於烏蘭察布市屬於內蒙古重要的貨物集散地，整個內蒙古的煤炭外運基本都要經過此處，因此通過公路運輸的車輛，大都要在該地進行加油，油荒更加嚴重。呼和浩特市的中石化加油站每車限加 200 元，中石油加油站每車限加 300 元。進入 11 月后，柴油批發價高於零售價的情況進一步加劇，部分地區的加油站甚至開始控制銷售柴油。據新華社報導，溫州 104 國道雙南線東莊段的中石化加油站，等候加油的貨車至少排出 3 千米長。11 月 7 日，福州市柴油供應緊張，部分加油站暫停柴油供應，很多民營加油站油庫已無柴油，給當地運輸市場造成了不利影響。11 月 8 日江西省成品油市場監測顯示，全省近兩成的加油站停止供應柴油，多數加油站限量供應柴油。說減產導致「柴油荒」的確是一個不錯的理由。但是，油荒問題早已是這幾年司空見慣的現象，過去把它說成是油價機制和國際不接軌，造成廠商生產巨額虧損。然而如今在實施了新的成品油價格管理機制后，我們的油價在選擇性的國際接軌下，不但油荒沒解決，反而給石油壟斷巨

頭貢獻了大量的壟斷利益。可見，價格只不過是石油壟斷巨頭的一張虎皮。

政府若對自然壟斷廠商實施資本回報率管制，為壟斷廠商規定一個接近於「競爭的」或「公正的」資本回報率。它相當於等量的資本在相似技術、相似風險條件下所能得到的平均市場報酬。由於資本回報率被控制在平均水平，也就在一定程度上控制了壟斷廠商的價格和利潤。但難以確定公正的資本回報率，作為資本回報率決定因素的廠商未折舊資本量往往難以估計。在關於資本量和生產成本方面，被管制廠商和管制機構各自掌握的信息是不對稱的，被管制廠商總是處於信息的優勢地位。此外，管制滯后的存在，使得資本回報率的效果受到影響。當廠商的成本和市場條件發生變化時，管制機構不可能很快做出反應，即執行新的「公平」的資本回報率管制。例如，在成本下降的情況下，管制滯后對管制廠商是有利的，並且被管制廠商有隱蔽成本降低信息的激勵。據統計，電力、電信、石油、金融、保險、水電氣供應、菸草等國有行業的職工不足全國職工總數的8%，但工資和工資外收入總額卻相當於全國職工工資總額的55%。

（二）汽油價格提高產生的影響

汽油等化石資源的低價格激勵廠商使用資源消耗型生產方式，造成環境污染，延緩經濟結構調整優化，制約中國經濟的可持續發展。林毅夫教授認為，中國資源、環境的壓力在逐漸增大。2006年中國國內生產總值占全球總量的5.5%，但消耗了全球15%的能源、30%的鋼鐵和54%的水泥。世界銀行報告指出，在20世紀90年代，中國大氣和水污染造成的損失約占國內生產總值的8%。改革開放以來，每個階段的投資都相對集中在少數幾個領域，林毅夫教授把這種現象稱之為「潮湧」。2003年、2004年「潮湧」現象出現在汽車、建材、房地產等領域，此后轉移到電解鋁、有色金屬等行業。「潮湧」容易造成產能嚴重過剩，同時產生銀行呆壞帳甚至有引發金融危機及經濟危機的風險。

對化石資源價格進行調整，是尋求一個均衡點，是對短期利益和長期利益的調適取捨。若現階段大幅度提高化石資源價格，會導致以化石資源為主要投入要素的生產廠商的成本提高，導致供給曲線左移，產量減少，均衡價格提高。廠商產量減少，會導致失業工人增加，進而造成有效需求不足，制約經濟增長。20世紀70年代，由於國際石油價格上漲，導致美國經濟出現滯脹局面。供給學派興起，凱恩斯主義受到嚴峻挑戰，布雷頓森林體系瓦解。

汽油和汽車存在互補關係，汽油價格的上漲必然影響汽車市場，導致汽車市場需求曲線左移。汽車的均衡價格降低，均衡數量減少。汽車產業產量降低或萎縮又會影響相關產業的發展。汽車市場的上游產品市場，如鋼鐵市場、玻璃市場、輪胎市場、橡膠市場將會受到嚴重影響。如果汽車市場萎縮，導致鋼鐵市場、玻璃市場、輪胎市場、橡膠市場、煤市場的需求曲線左移，這些市場

的產品價格降低，均衡數量減少。煤、鋼鐵、玻璃是產能過剩的產業，汽車產業的萎縮導致產能過剩更趨嚴重。鋼材、輪胎出口受海外貿易保護主義抵制，難以緩解產量減少的狀況。廠商產量降低，會釋放大量勞動力，失業人數增加，失業工人可支配收入急遽減少，進而減少整個社會的消費需求，制約經濟增長和社會發展。產品市場萎縮引發投資邊際效率遞減，進一步引發投資萎縮，乘數效應更加劇私人投資的不足，進而影響勞動力市場，勞動市場需求減少。工人失業，消費減少，投資進一步減少，經濟進入衰退直至蕭條。

從 2008 年 7 月至 2010 年 6 月全球煉鋼產能的利用率可以看出，無論在國際金融危機前的正常月份還是在全球鋼鐵業基本復甦之後，平均產能利用率均未達到 90%（見圖 2）。「十五」期間鋼鐵產能規劃到 2005 年產鋼 1.4 億噸，而實際上 2005 年鋼鐵消費量達到 3.53 億噸。2005 年國家發改委編製的《鋼鐵產業發展政策指南》，對 2010 年的鋼鐵消費量估計是 3.2 億噸（上下浮動 7%），實際至少超過 6 億噸；2009 年年初制定的《鋼鐵產業調整和振興規劃》中，預計 2009 年鋼鐵消費 4.6 億噸，實際當年鋼鐵消費量超過 5.7 億噸。

也正因為如此，對鋼鐵生產是否存在產能過剩一直存在分歧。一些業內專家認為，鋼鐵行業的過剩只是結構性、區域性過剩，而非總體產能絕對過剩；產能必須大於產量，行業才能正常發展，目前中國鋼鐵行業的產能利用率已接近 90%，而產能利用率在 85% 是比較合理的水平；政府在提高政策的有效性的同時，應將產能是否過剩這個問題，更多交由市場決定。

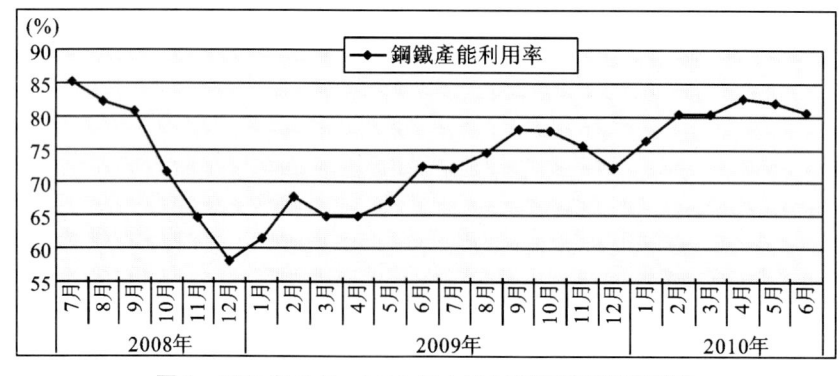

圖 2　2008 年 7 月—2010 年 6 月全球煉鋼產能利用率
數據來源：世界鋼鐵協會網站

汽油價格上升，減少了汽車的消費量。按西方經濟理論，把汽車的購買當作一種投資行為，投資乘數更凸顯產能過剩和有效需求不足。因此，要在現階段的實際經濟狀況和未來的經濟結構調整以及長遠發展目標之間進行權衡，尋找一個均衡點。與此同時，應把握機遇，積極開發新型清潔能源，節能減排。

「十一五」期間，中國新能源產業規模迅速擴大。風電、光伏等新能源產業均保持高位增長。風電裝機從 2006 的 2,599 萬千瓦增長到 2009 年的 26,276 萬千瓦，年均複合增長率超過 100%，風力發電能力位居世界前列；光伏產業增長速度不亞於風電。2006—2009 年，在國外市場拉動下，光伏產業規模從 438 萬千瓦增長到 3,460 萬千瓦，年均複合增長率達 94%。2007 年，中國成為全球太陽能電池第一大生產國，太陽能產業規模位居世界第一，是全球太陽能熱水器生產量和使用量最大的國家。到 2008 年年底，中國新能源產量占能源生產總量的比重超過 9%，生物質能、核能、地熱能、氫能、海洋能等發展潛力巨大的新能源得到較快發展。2007 年，中國太陽能電池產量超過日本和美國，成為太陽能電池產量第一大國。2009 年，風電機組新增裝機容量達到 1,303.41 萬千瓦，新增裝機位居全球第一，累計裝機容量躍過 2,500 萬千瓦大關，達到 2,627.63 萬千瓦，比 2008 年增長了 98.4%（見圖 3）。[①]

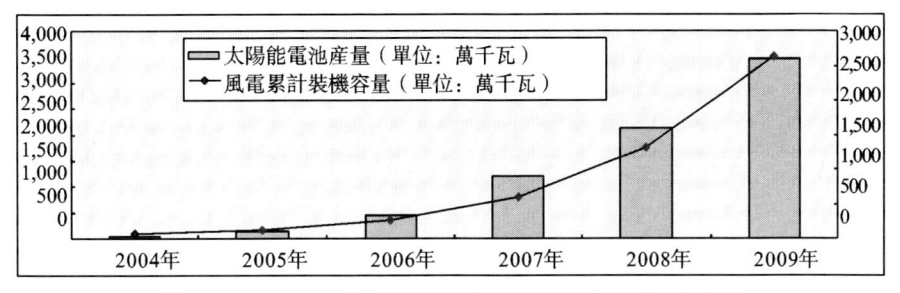

圖 3　2004—2009 年中國太陽能電池產量和風電裝機容量

數據來源：世界風電協會

中國經濟增長不僅受外需的制約，還受國際原油價格波動的影響。從 1971 年 8 月 15 日時任美國總統尼克松宣布美元與黃金脫鉤開始，美元便開始了漫長的貶值之路。美元從 2002 年 1 月到 2008 年 3 月的最大跌幅為 41.33%。但期間原油最大漲幅達 6.35 倍。2008 年 2 月 3 日紐約原油期貨價格創下了每桶 100 美元的歷史紀錄，之後一路高歌，最高衝至每桶 147 美元，通貨膨脹成為各國難以擺脫的陰影。2010 年，國際原油價格和大宗商品價格又快速拉升，中國經濟也受到嚴重影響。中石油化工股份有限公司 3 月推出出口成品油價格補貼政策，以鼓勵其煉廠 3 月份多出口汽柴油。中石化為了減輕庫存壓力，以每噸 130 元對成品油出口給予補貼。2010 年 10 月，國內又出現油荒。國際原油價格波動影響中國經濟的平穩增長。以原油為投入要素的成品油的價格受政府的價格管制，價格較穩定。以汽油為例，2004—2010 年北京市 93 號汽油零

---

① 賽迪顧問股份有限公司（CCID Consulting. CO. LTD）. 中國新能源產業「十二五」發展規劃前瞻 [J]. 能源產業研究，2010 (1).

售價格走勢顯示（見圖4），汽油價格在波動中小幅上升，調整幅度最大的是2008年的12月19日，與10月7日的價格相比，下調了0.93元每升。從以往經濟的運行情況可以看到如下循環：隨著經濟的緩慢復甦，社會對資源以及能源的需求漸增，慢慢推高相關商品價格刺激經濟進一步走高，從而帶動相關商品價格以及其他行業商品價格走高，過高的價格逐步成為制約經濟增長的因素，引發需求的減退，從而使得經濟增速減緩並導致商品（包括資源及能源）價格下滑。此外，各國央行開始正視通脹壓力而開始加息以及金融市場的大幅動盪，使得資金潮漸漸退卻，經濟又進入緊縮期。

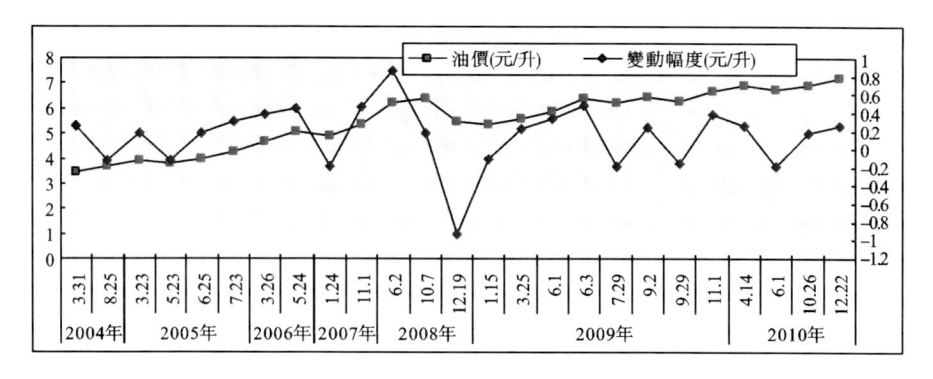

圖4　2004—2010年北京市93號汽油零售價格走勢

三、結論及建議

從以上分析可以看出，若不提高價格，偏低的化石資源使用價格會激勵廠商採用化石資源密集使用的生產方式，加劇環境污染和資源枯竭，制約經濟的可持續發展。若過快提高化石資源的使用價格，將提高以化石資源為投入要素的生產廠商的生產成本，致使這些廠商的產量減少，價格提高。同時，廠商解雇工人，導致工人失業，進而減少工人收入，整個社會的消費隨之減少，制約人力資源開發，制約經濟可持續發展。因此，政府必須在短期和長期之間尋求一個均衡點，不致產生結構失衡；加快經濟結構調整，鼓勵廠商技術創新，節能減排，尋找新的清潔能源，改善生態環境；加快教育體制改革，增加教育投資，開發人力資源，實現人與經濟社會的協調發展。

2010年中國原油對外依存度達53.7%，依靠增加要素投入、犧牲環境資源的經濟增長是不可持續的。中國必須依靠科技進步加快轉變經濟增長方式，優化經濟結構，發展綠色經濟。所謂綠色經濟，包括低碳經濟、循環經濟和生態經濟。低碳經濟的重點是減少能耗，減少二氧化碳排放；循環經濟的重點是資源利用率；生態經濟的重點是保護和優化生態環境。

为了實現中國經濟的可持續發展，必須節能減排，優化經濟結構，加快人力資源開發，提升創新能力。一是開發新能源。從中國能源的消耗現狀看，90%是化石能源。煤炭、石油、天然氣等資源消耗，一方面，排放二氧化碳，污染環境；另一方面，中國是石油淨進口國，石油價格波動給中國經濟平穩增長帶來巨大壓力。因此，我們一定要發展新能源，如生物質能、核能、地熱能、氫能和海洋能等。2009 年 10 月 18 日，《國務院關於加快培育和發展戰略性新興產業的決定》正式發布，戰略性新興產業涵蓋了節能環保、新一代信息技術、生物、高端裝備製造、新能源、新材料和新能源汽車七大產業。《新興能源產業發展規劃》已上報國務院待批，總投資 5 萬億元。戰略性新興產業規劃不僅包含了先進核電、風能、太陽能和生物質能這些新的能源資源的開發利用，傳統能源的升級變革也將成為重要內容。有財經媒體報導稱，在 2011 年和 2020 年，各項新能源的階段性發展指標分別為，太陽能發電裝機規模將分別達 200 萬千瓦和 2,000 萬千瓦；核電產能分別為 1,200 萬千瓦和 8,600 萬千瓦；風電產能分別為 3,500 萬千瓦、1.5 億千瓦。二是發展綠色產業。綠色產業現代服務業包括現代金融業、現代信息業、現代物流業、現代諮詢業、現代管理業和現代會展業。三是發展文化產業。文化產業提供文化產品和文化服務，隨著人民生活水平的提高，文化產業需求也相應提高。中國的文化產業在 2008 年只占國內生產總值的 2.6%，發達國家占比則在 10%以上。中國文化產業比重不斷上升，已成為一個新的經濟增長點。四是發展教育。教育一方面可以提高全民的思想文化素質和科技水平，另一方面可以加快創新型人才的培養。如果中國的教育水準能比肩西歐、日本和美國，那麼人力資源釋放的能量對中國經濟發展將產生難以估量的推動力。改革教育體制，加快具有創新能力人才的培養已迫在眉睫。隨著經濟全球化的加快，國際競爭日益激烈。世界各國經濟實力的競爭實質上是科技實力的較量，科技實力競爭的核心是人才競爭，人才競爭的關鍵是人才創新能力的競爭。現階段的教育體系不利於培養創新型人才，一定要加快教育體制的改革。經濟只能保證我們的今天，科技可以保證我們的明天，只有教育才能保證我們的后天。「十一五」時期中國教育事業發展取得了顯著成就，時任教育部部長袁貴仁強調：集中到一點，就是實現了由人口大國到人力資源大國的歷史轉變。[1] 中央制定的《國家中長期教育改革和發展規劃綱要（2010—2020 年）》是教育改革的重要戰略舉措。我們要不斷加大教育投資，實施人力資源開發。胡錦濤同志出席第五屆亞太經合組織人力資源開發部長級會議並發表《深化交流合作 實現包容性增長》的致辭，就會議主題提出四點建議：優先開發人力資源、實施充分就業的發展戰略、提

---

[1] 張晨，徐冠仕. 實現人口大國到人力資源大國的歷史轉變——教育部部長袁貴仁談「十一五」教育成就 [N]. 中國教育報，2010-11-11 (1).

高勞動者素質和能力、構建可持續發展的社會保障體系。人力資源開發，對提高人們參與經濟發展和改善自身生存發展條件、對推動經濟持續發展和實現包容性增長，具有基礎性的重要意義。人力資源是可持續開發的資源，人力資源優勢是最需培育、最有潛力、最可依靠的優勢。樹立人力資源是經濟社會發展第一資源的理念，加快形成人力資源優先發展的戰略佈局。要優先調整人力資源結構，優先投資人力資源開發，創新人力資源制度。提高勞動者素質使經濟發展真正走上依靠科技進步、勞動者素質提高、管理創新的軌道，是實現人的全面發展的必然要求，也是推動經濟社會協調發展的重要保證。[1] 轉變經濟發展方式，推動經濟結構優化升級，促進經濟社會協調發展，對勞動者素質提出了更高的要求。應該引導廣大勞動者提高思想道德素質和科學文化素質，提高勞動能力和勞動水平，努力掌握新技術、新技能、新本領，成為適應新形勢下經濟社會發展要求的高素質勞動者。要充分發揮教育在提高勞動者素質和能力中的重要作用，按照建設學習型社會實施終身教育的要求，優先發展教育，提高教育現代化水平，堅持教育的公益性和普惠性，保障公民依法享有受教育的權利。努力培養和造就高素質勞動者、專門人才和拔尖創新人才。

參考文獻

[1] 黎詣遠. 微觀經濟分析 [M]. 北京：清華大學出版社，1994.

[2] 高鴻業. 西方經濟學（微觀部分）[M]. 4版. 北京：中國人民大學出版社，2010.

[3] 賽迪顧問股份有限公司（CCID Consulting. CO. LTD）. 中國新能源產業「十二五」發展規劃前瞻 [J]. 能源產業研究，2010（1）.

[4] 國家發展改革委. 發改委宣布26日起上調成品油價格 [EB/OL]. (2010-10-25) [2016-12-20]. http://finance.jrj.com.cn/2010/10/2520108408502.shtml, 2010-10-25.

[5] 張晨，餘冠仕. 實現人口大國到人力資源大國的歷史轉變——教育部部長袁貴仁談「十一五」教育成就 [N]. 中國教育報，2010-11-11（1）.

[6] 胡錦濤. 深化交流合作 實現包容性增長——在第五屆亞太經合組織人力資源開發部長級會議上的致辭 [N]. 人民日報，2010-09-17（1）.

（原載於《河北廣播電視大學學報》2011年第6期）

---

① 胡錦濤. 深化交流合作 實現包容性增長——在第五屆亞太經合組織人力資源開發部長級會議上的致辭 [N]. 人民日報，2010-09-17（1）.

16. 短期生產理論與短期成本理論的教學研究

　　微觀經濟學是國家教育部規定的高等院校經濟類專業核心課程之一，掌握微觀經濟學理論和分析方法為其他專業課程的學習奠定了紮實的基礎。在這門基礎課的教學過程中，各種教學方法層出不窮。在教學過程中要做到語境、形和數的「三位一體」。做到胸有成「竹」、心中有「數」，比如說短期生產理論與短期成本理論的教學。

一、短期生產理論

　　在教學過程中，筆者把短期生產理論的要點概括為「一個一」和「四個三」。「一個一」是指一個規律，即邊際產量遞減規律。「四個三」是指三個概念、三條曲線、三個點和三個階段。邊際產量遞減規律可以結合案例理解，在農業生產過程中，假設勞動的投入量不變，增加化肥的使用量。在開始階段，增加化肥使用量，其邊際產量會增加，但最后一定會遞減。若繼續使用化肥，不僅不能增加產量，反而使總產量減少，即邊際產量為負，一旦超過土地和莊稼對化肥的承受量，甚至可能顆粒無收。此外，中國國有企業改革提出的「下崗分流，減員增效」的方針，其實質也是通過改革提高勞動的邊際產量。若假定勞動是可變生產要素而資本是不變的，短期生產函數為 $Q = f(L, \bar{K})$，則三個概念分別是總產量 TP_L、平均產量 AP_L 和邊際產量 MP_L。三條曲線分別是總產量曲線、平均產量曲線和邊際產量曲線。三個點則表現在兩個方面，一方面是總產量曲線上的三個點，即拐點、切線過原點的點以及總產量最大的點（圖1中的 B、C、D 三點）；另一方面是邊際產量曲線上的三個點，即邊際產量最大的點、與平均產量曲線的最高點的交點以及邊際產量為零的點（圖1中的 B'、C'、D'三點），並且與總產量曲線上的三個點（圖1中的 B、C、D 三點）相對應。三個階段分別是邊際產量曲線與平均產量曲線交點的左邊為第Ⅰ階段、邊際產量曲線與平均產量曲線交點至邊際產量為零的點之間的區域為第Ⅱ階段、邊際產量為零的點的右邊為第Ⅲ階段。如圖1所示，$L<L_3$ 為第Ⅰ階段、$L_3<L<L_4$ 為第Ⅱ階段和 $L>L_4$ 為第Ⅲ階段，其中 L_3 與 C 點、C'點在同一垂線上，L_4 與 D 點、D'點在同一垂線上。其中，

總產量曲線上的拐點（圖1中的 B 點）與邊際產量曲線的最高點（圖1中的 B' 點）、總產量曲線上切線過原點的點（圖1中的 C 點）與平均產量曲線的最高點（圖1中的 C' 點）（平均產量曲線與邊際產量曲線的交點）、總產量曲線上產量最大的點（圖1中的 D 點）與邊際產量為零的點（圖1中的 D' 點）（邊際產量曲線與橫軸的交點）分別在同一垂線上。

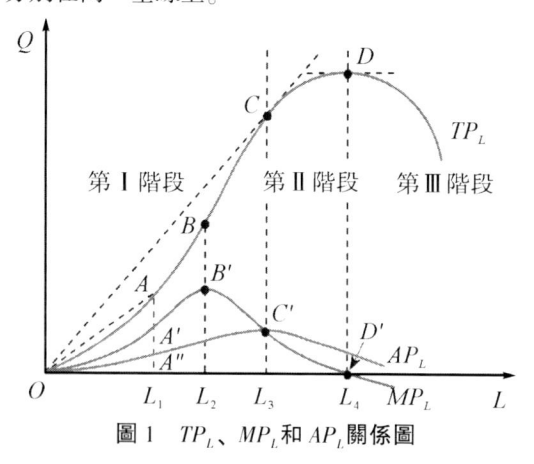

圖1　TP_L、MP_L 和 AP_L 關係圖

總產量曲線先下凸經拐點（圖1中的 B 點）后上凸，也即總產量先以遞增的速度增加后再以遞減的速度增加，達最大值后總產量減少。總產量曲線上的點與原點的連線的斜率的大小對應平均產量，平均產量曲線是先上升，達到最高點後下降；總產量曲線上點的切線的斜率大小對應邊際產量，邊際產量是先上升，達到最大值后下降；總產量曲線上的拐點對應邊際產量曲線上的最高點，總產量曲線上切線過原點的點（圖1中的 C 點）對應平均產量曲線的最高點，並且邊際產量曲線經過平均產量曲線的最高點。在交點左邊 $MP_L>AP_L$，在交點的右邊 $MP_L<AP_L$，在交點處有 $MP_L=AP_L$，平均產量達到最大值。邊際量和平均量之間的關係是容易理解的，如一個球隊增加一個新隊員的身高高於原有隊員的平均身高，將使球隊的平均身高增加，邊際量高於平均量，則拉高平均量；反之則將使球隊平均身高降低，邊際量低於平均量，則拉低平均量。總產量曲線的最高點（圖1中的 D 點）對應邊際產量曲線為零的點。邊際產量與平均產量的關係也可以用數學方法證明：

$$\frac{d}{dL}AP_L = \frac{d}{dL}\left(\frac{TP_L}{L}\right) = \frac{\frac{dTP_L}{dL}L - TP_L}{L^2} = \frac{1}{L}\left(\frac{dTP_L}{dL} - \frac{TP_L}{L}\right) = \frac{1}{L}(MP_L - AP_L)$$

因為 $L>0$，所以，當 $MP_L>AP_L$ 時，AP_L 曲線的切線斜率（AP_L 的導數）為正，則 AP_L 遞增，即 AP_L 曲線是上升的；當 $MP_L<AP_L$ 時，AP_L 曲線的切線斜率為負，則 AP_L 遞減，即 AP_L 曲線是下降的；當 $MP_L=AP_L$ 時，AP_L 曲線的切線斜率

為零，即 AP_L 達到最高點。TP_L、MP_L、AP_L 的關係如表 1 所示。

表 1 TP_L 的一階、二階導數符號與 MP_L、AP_L 間的關係

L	$(0, L_2)$	L_2	(L_2, L_3)	L_3	(L_3, L_4)	L_4
$dTP_L/dL = MP_L$	+	+	+	+	+	0
$d^2 TP_L/dL^2 = dMP_L/dL$	+	0	−	−	−	−
TP_L	下凸	拐點	上凸	—	上凸	最大值
MP_L	遞增	最大值	遞減	$MP_L = AP_L$	遞減	0
AP_L	遞增	—	遞增	最大值	遞減	遞減

二、短期成本理論

短期成本理論可概括為「三個七」，即七個概念、七條曲線、七個點。七個概念分別是總成本 TC、總可變成本 TVC、總不變成本 TFC、平均總成本 AC、平均可變成本 AVC、平均不變成本 AFC、邊際成本 MC。七條曲線是總成本曲線、總可變成本曲線、總不變成本曲線，平均總成本曲線、平均可變成本曲線、平均不變成本曲線、邊際成本曲線。七個點是總成本曲線上的拐點，總成本曲線上切線過原點的點；總可變成本曲線上的拐點，總可變成本曲線上切線過原點的點；與總成本曲線及總可變成本曲線上的拐點對應的是邊際成本曲線上的最低點；與總可變成本曲線上切線過原點的點對應的是平均可變成本曲線的最低點；與總成本曲線上切線過原點的點對應的是平均總成本曲線的最低點。

平均總成本是廠商在短期內平均每生產一單位產品所消耗的全部成本，即 $AC(Q) = TC(Q)/Q = AFC(Q) + AVC(Q)$；平均可變成本是廠商在短期內平均每生產一單位產品所消耗的可變成本，即 $AVC(Q) = TVC(Q)/Q$；平均不變成本是廠商在短期內平均每生產一單位產品所消耗的不變成本，即 $AFC(Q) = TFC(Q)/Q$。邊際成本是廠商在短期內每增加一單位產量時所增加的總成本，即 $MC(Q) = dTC(Q)/dQ$。

總可變成本曲線過原點，先上凸，經拐點（圖 2 中的 C 點）后下凸。TFC 是一個與產量無關的固定值，總不變成本曲線是一條平行於數量軸的水平線。總成本曲線是由總可變成本曲線向上平移 TFC 個單位，過總不變成本曲線與縱軸的交點，總成本曲線上的拐點（圖 2 中的 B 點）與總可變成本曲線上的拐點（圖 2 中的 C 點）相對應，二者在同一垂線上。從總成本曲線圖可以看出，平均總成本是總成本曲線上的點與原點連線的斜率，平均總成本曲線呈 U 形，即先下降后上升，平均總成本曲線最低點（圖 2 中的 D 點）與總成本曲線上的切線過原點的點（圖 2 中的 E 點）對應，或者說，平均總成本曲線達

到最低點時，總成本曲線上對應點的切線過原點，兩點出現在同一個產量水平上。平均可變成本是總可變成本曲線上的點與原點連線的斜率。平均可變成本曲線呈 U 形，即先下降後上升，平均可變成本曲線最低點（圖 2 中的 F 點）與總可變成本曲線上切線過原點的點（圖 2 中的 G 點）對應，或者說，兩點出現在同一個產量水平上。平均可變成本曲線上的最低點在平均總成本曲線最低點的左下方。平均不變總成本是總不變成本曲線上的點與原點連線的斜率，產量越大，其值越小。隨著產量增加，平均不變成本越來越小，即平均不變成本曲線與橫軸越來越近。因此，平均總成本曲線與平均可變成本曲線隨產量增加，兩者的垂直距離越來越小。邊際成本是總成本曲線或總可變成本曲線上點的切線的斜率，在總成本曲線上的拐點（圖 2 中的 B 點）或總可變成本曲線上的拐點（圖 2 中的 C 點）處，邊際成本曲線達到最低點（圖 2 中的 A 點），邊際成本曲線呈 U 形。由於在總成本曲線上與總可變成本曲線上均存在這樣的點，即切線過原點的點，因此邊際成本曲線與平均總成本曲線以及平均可變成本曲線的最低點相交，即邊際成本曲線先後經過平均可變成本曲線與平均總成本曲線的最低點（圖 2 中的 F 點、D 點）（見圖 2）。

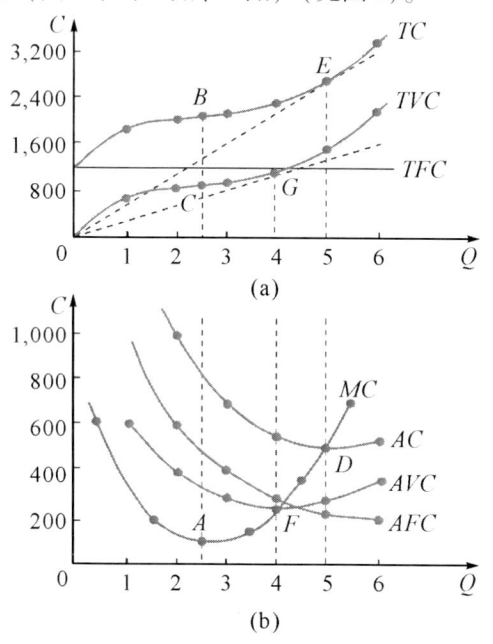

圖 2 短期總成本、短期平均成本與邊際成本曲線關係圖

AC 曲線和 MC 曲線之間的關係、AVC 曲線和 MC 曲線之間的關係可以用數學方法證明：

$$\frac{d}{dQ}AC = \frac{d}{dQ}(\frac{TC}{Q}) = \frac{\frac{dTC}{dQ}Q - TC}{Q^2} = \frac{1}{Q}(\frac{dTC}{dQ} - \frac{TC}{Q}) = \frac{1}{Q}(MC - AC)$$

由於 $Q>0$，因此當 $MC<AC$ 時，AC 曲線的斜率（AC 的導數）為負，則 AC 遞減，即 AC 曲線是下降的；當 $MC>AC$ 時，AC 曲線的斜率為正，AC 曲線是上升的；當 $MC=AC$ 時，AC 曲線的斜率為零，AC 曲線達最低點。

$$\frac{d}{dQ}AVC = \frac{d}{dQ}(\frac{TVC}{Q}) = \frac{\frac{dTVC}{dQ}Q - TVC}{Q^2} = \frac{1}{Q}(\frac{dTVC}{dQ} - \frac{TVC}{Q}) = \frac{1}{Q}(MC - AVC)$$

由於 $Q>0$，因此當 $MC<AVC$ 時，AVC 曲線的斜率（AVC 的導數）為負，則 AVC 遞減，即 AVC 曲線是下降的；當 $MC>AVC$ 時，AVC 曲線的斜率為正，AVC 曲線是上升的；當 $MC=AVC$ 時，AVC 曲線的斜率為零，AVC 曲線達最低點。即 MC 與 AC（或 AVC）比較，只要 MC 高於 AC（或 AVC），則把 AC（或 AVC）拉高；反之，只要 MC 低於 AC（或 AVC），則把 AC（或 AVC）拉低；只有 MC 等於 AC（或 AVC）時，AC（或 AVC）達到極值點。

邊際成本曲線的最低點恰好對應總成本曲線的拐點和總可變成本曲線的拐點，或者說，三點出現在同一個產量水平上，因為：

$MC(Q) = dTC/dQ = d(TVC + TFC)/dQ = d(TVC)/dQ$

三、短期產量曲線與短期成本曲線的關係

要掌握好短期生產理論和短期成本理論，除要掌握兩個理論的基本要點外，還必須掌握兩個理論之間的內在聯繫。短期產量與短期成本之間的關係主要體現在以下幾個方面：總產量曲線與總成本曲線的關係、平均產量曲線與平均可變成本曲線的關係、邊際產量曲線與邊際成本曲線之間的關係。可歸納為兩個共線：第一個是「五點共線」，總產量曲線的拐點、邊際產量曲線的最高點、邊際成本曲線的最低點、總成本曲線的拐點、總可變成本曲線的拐點共線；第二個是「四點共線」，總產量曲線上切線過原點的點、平均產量曲線的最高點、平均可變成本曲線的最低點、總可變成本曲線上切線過原點的點共線。

（一）總產量曲線與總成本曲線之間的關係

由邊際產量和邊際成本的對應關係也可推知總產量和總成本之間也存在對應關係：當總產量曲線下凸時，總成本曲線和總可變成本曲線是上凸的；當總產量曲線上凸時，總成本曲線和總可變成本曲線是下凸的；當總產量曲線達到拐點時，總成本曲線和總可變成本曲線也達到拐點（見圖3和圖4）。其關係參見表2。

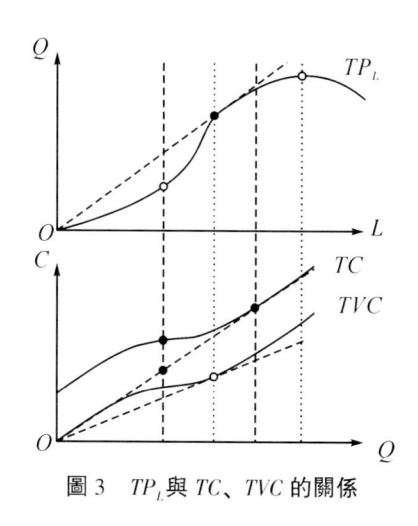

圖3　TP_L與TC、TVC的關係 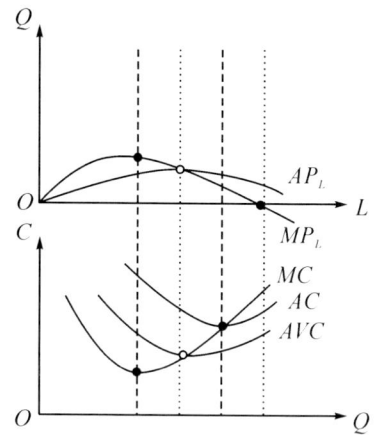　　　圖4　AP_L、MP_L與AC、MC、AVC的關係

（二）邊際產量曲線與邊際成本曲線之間的關係

根據邊際成本定義可得 $MC(Q) = \mathrm{d}TC/\mathrm{d}Q = \mathrm{d}(TVC + TFC)/\mathrm{d}Q = \mathrm{d}(TVC)/\mathrm{d}Q = \omega \mathrm{d}L/\mathrm{d}Q$，即 $MC = \omega/MP_L$，說明邊際成本 MC 和邊際產量 MP_L 兩者的變動方向是相反的：邊際產量曲線的上升段對應邊際成本曲線的下降段；邊際產量曲線的下降段對應邊際成本曲線的上升段；邊際產量曲線的最高點對應邊際成本曲線的最低點（見圖3、圖4）。其關係可參見表2。

表2　TP_L、MP_L、TC、TVC、MC間的關係

TP_L	下凸	拐點	上凸
MP_L	遞增	最大值	遞減
TC	上凸	拐點	下凸
TVC	上凸	拐點	下凸
MC	遞減	最小值	遞增

（三）平均產量曲線與平均可變成本曲線之間的關係

根據短期成本函數假定以及可變成本定義可得 $AVC(Q) = TVC(Q)/Q = \omega L/Q = \omega/AP_L$。因而可得到以下結論：平均可變成本和平均產量兩者的變動方向是相反的，即平均可變成本遞增時，平均產量遞減；平均可變成本遞減時，平均產量遞增；平均可變成本的最低點對應平均產量的最高點。邊際成本曲線交於平均可變成本曲線的最低點，邊際產量曲線交於平均產量曲線的最高點（見圖3、圖4）。其可歸納為表3。

表3　　　　　　　　　　　AP_L 與 AVC 的關係

AP_L	遞增	最大值（$MP_L = AP_L$）	遞減
AVC	遞減	最小值（$MC = AVC$）	遞增

參考文獻

［1］詹新宇，蔣團標. 西方經濟學「意、形、神三步走」教學法及其實踐［J］. 教學研究，2011（4）：39-43.

［2］高鴻業. 西方經濟學（微觀部分）［M］. 5版. 北京：中國人民大學出版社，2011.

［3］HAL R VARIAN. Microeconomic Analysis［M］. Third Edition W. W. Norton & Company, Inc, 1992.

［4］約瑟夫·E. 斯蒂格利茨，卡爾·E. 沃爾什. 經濟學［M］. 3版. 黃險峰，張帆，譯. 北京：中國人民大學出版社，2006.

（原載於《河北廣播電視大學學報》2012年第3期）

17. 參與式教學案例設計及在經濟學教學中的應用

一、參與式教學的內涵

參與式活動是一個參與、互動、體驗、探索的學習過程，不是一個等待被「灌輸」的被教育過程。在參與式教學中，每個參與者都是教學資源，受教育者是整個教學活動的核心。參與式教學中，教學信息在各個小組之間得到相互傳遞和共享，最終再匯集到教師那裡，而教師同時也將信息與所有參與人員分享，實現一種信息的多向度交流。參與式教學方法是在國際上得到普遍推崇的一種合作式的教學方法。這種學習方法以學生為中心，運用靈活多樣、直觀形象的教學方式，讓學生積極主動地參與教學的整個過程，從而加強了教師與學生間的信息交流和反饋，讓學生更好地掌握所學知識，並且能夠做到學以致用。

參與式教學形式多樣，有分組討論、頭腦風暴、案例分析、角色扮演、模擬、填表、畫圖、訪談、觀察辯論、排序以及根據學習內容設計的各種游戲和練習活動等。

參與式教學方法具有幾個特徵：第一，主體平等參與。在參與式教學過程中，營造一種寬松、民主的教學氣氛。教師與學生地位是平等的，學生積極地參與整個教學過程，與教師互動。第二，重視知識的全面性。參與式教學方式將知識與實踐技能同步進行，鼓勵學生以原有的知識為基礎，發揮其主觀能動性，增強創新意識，進而使得學生所學的知識得以昇華。第三，完全開放。參與式的教學方法無論是在教學內容上，還是教學形式上都是開放的，需要教師經常瞭解學生，從而根據學生提出的意見與建議，做出相應的調整。

二、參與式教學的案例設計及應用

（一）收集已有經典案例

為了更好地理解經濟學基本概念和原理，筆者通過各種途徑收集案例，進行知識累積，拓寬知識面，及時研究經濟形勢，研究政府經濟政策。一是購置

圖書，每年都進行資料更新，如中國人民大學出版社的經濟科學譯叢、經濟科學譯庫、中國經濟問題叢書、當代世界學術名著・經濟學系列、金融學譯叢、金融學前沿譯叢、演化與創新經濟學譯叢等並進行版本更新；商務印書館的當代經濟學系列叢書、漢譯名著等。此外，收集國內名家的經典作品，如張五常的《經濟解釋》《新賣桔者言》，林毅夫、蔡昉、李周等的《中國的奇跡：發展戰略與經濟改革》等。二是每天瀏覽大量網頁，獲取相關信息。筆者每天一定登錄經濟學家論壇、人大經濟論壇、東方財富等網站與網友進行教學和科研交流，把相關知識信息融入教學中；同時，登錄名家博客，瞭解名家看法。三是學習中國傳統文化，在教學中進行文化傳承。例如，為了講清總效用和邊際效用，筆者用古人吃餅故事來說明概念，更顯生動形象。有一個古人買餅充饑，吃了第一塊，覺得沒飽，又買了一塊，吃下還是沒飽……一直吃到第六塊，吃了一半才覺得自己實在是吃飽了。他很懊悔地對自己說：「我真是個不會過日子的人呀！早知道我就買這第六塊餅不就能吃飽了嗎？浪費了五塊餅的錢！」當講完這個故事後，學生覺得可笑，也發現了其可笑之處，但是還是不能完整地表達清楚總效用和邊際效用。故事中的主人公忽視了他的「飽」是六塊餅累加起來的「結果」，在這個「結果」之前的「過程」卻是不可缺少的！也就是他混淆了總效用和邊際效用的區別。「飽」是總效用，是消費所有餅後的效用累計；而每增加一塊餅的消費，會給他帶來邊際效用。他把最後一塊餅帶來的邊際效用看成給他帶來的總效用。為了使學生更好地理解「權衡取捨」和「機會成本」。筆者引用「兩害相權取其輕」和「兩利相權取其重」以及《孟子》中的「魚我所欲也，熊掌亦我所欲也。二者不可得兼，舍魚而取熊掌者也。生，亦我所欲也；義，亦我所欲也。二者不可得兼，舍生而取義者也。」當然我們在經濟學講授中不僅要講授經濟學原理，還要弘揚「舍生取義」的社會正氣。

(二) 根據身邊發生的故事設計案例

根據學習內容的需要，筆者鼓勵學生以探尋的眼光搜索和收集教學案例。筆者把一個教學班級分為若幹組，每組成員提出自己認為有價值或新穎有趣的故事作為案例，以組為單位進行討論，是否吻合經濟學原理以及是否新穎有趣等進行評判，最後挑選一到兩個優秀的案例，再進行文字的精煉和潤色。然后，收集各組挑選的案例在全班進行篩選，被公認是優秀案例的組的成員可以得到相應的獎勵，以提高學生的參與熱情。此外，也可以由教師提出事實，由學生利用經濟學原理進行解釋。例如，經濟與管理系工會和旅遊教研室設計兩個旅遊方案，方案一是遊鎮遠古鎮，方案二是遊黃山。方案一，系工會為每個員工支出 M 元。方案二，系工會為每個員工支出 M 元，參加者每人自籌 M 元；不能參加的，系部支出的 M 元不返還。QQ 群上的投票結果顯示 87%的員工選擇方案一。筆者鼓勵學生查找資料研究在不同約束條件下消費者的選擇

行為。

(三) 根據地方經濟發展特色設計案例

邵陽是湖南省人口最多、面積第三大的城市，地處湖南省西南，出了許多歷史名人，如魏源、蔡鍔等，但經濟發展一直滯后。為了更好地瞭解市情，筆者參與了多個省級科研項目，並在課題研究的基礎上，積極參與了專著資料的收集與撰寫，如《民營企業制度變遷與創新研究——以邵東民營企業發展為個案》《縣域經濟產業競爭力研究》《城市化視角的綠色經濟——邵陽「兩型」發展戰略研究》；同時，也對邵陽學院在邵陽的就業情況進行統計（見表1）。

表1　　2008—2012年邵陽學院經濟管理類與機械工程類
專業畢業生在邵陽的就業比例　　　　　　　單位：%

年份 專業	2008年	2009年	2010年	2011年	2012年
經濟管理	3.62 （39.62）	4.59 （29.43）	2.79 （28.97）	5.77*	3.32 （27.14）
機械工程	—	9.71 （25.55）	1.69 （25.63）	2.19 （19.90）	1.46 （28.41）

註：2011年經濟管理類是2011年管理科學專業數據，括號內數據為邵陽生源所占比例

在此基礎上，筆者對邵陽經濟發展滯后的原因進行考察，其中最顯著的兩個因素是人才和資本流失現象嚴重。自1980年以來，邵陽的存貸比一直呈現下降趨勢，1980年為185.20%，到2009年只有34.46%，在2010年和2011年有所提高，但也只有36.71%和38.11%。筆者引導學生在此基礎上進行深入思考：邵陽經濟為何發展滯后，其深層次的影響因素有哪些？

(四) 根據授課教師的科研成果設計案例

筆者積極進行科研，並把相關的研究成果融入教學之中。例如，《美國量化寬鬆的貨幣政策對中國經濟的影響》《旅遊方案選擇的消費者行為分析》《后改革時代農村人力資源開發研究》《勞動合同法與農村勞動力轉移》等。

在經濟學原理的講授過程中，筆者結合經濟發展實際，讓學生積極主動參與到教學過程中來。例如，講授開放經濟的貨幣政策效果時，分析美國實施量化寬鬆的貨幣政策對其他國家尤其是中國會產生什麼影響。布置任務後，筆者把每班學生進行分組，並分組討論，寫出分析提綱。在課堂進行研討，拓展大家的視野，提高學生學習經濟學的主動性和積極性，然後由筆者把自己思考該問題寫成的論文在班上進行分析。

在講授經濟學原理過程中，筆者特別注重結合當時的經濟現象。例如，2008年美國金融危機，中國出口量下降，東部地區企業大量倒閉，大量農民工返鄉，形成「返鄉潮」。新修訂的《中華人民共和國勞動合同法》出抬又進

一步加劇農村勞動力返鄉。從短期看，這一政策會加劇返鄉潮或失業，因為企業難以通過降低工資的方法而降低成本。但從長期看，這一政策會激發企業進行技術創新，降低管理成本，或用資本替代勞動，由勞動密集型向技術密集型轉變，有利於加快經濟結構調整，實現可持續發展。在教學過程中也會形成一系列研究成果，如《美國量化寬鬆貨幣政策對中國經濟的影響》《勞動合同法與農村勞動力轉移》等，發表后則進入教師的經濟學教學的案例庫。其構建過程如圖 1 所示。

經濟現象 ⇒ 經濟解釋 ⇒ 教學或科研成果 ⇒ 案例庫

圖 1　經濟學教學案例庫構建路徑

三、經驗推廣及應用

筆者一直使用高鴻業主編的《西方經濟學》，積極參與中國人民大學出版社的教師培訓、教學研討、教材修訂等活動。2013 年，筆者參加了中國人民大學出版社在長沙舉行的《西方經濟學》第六版修訂研討會，學習名家的教學方法和經驗，並盡力使自己的看法和經驗融入《西方經濟學》第六版的教材之中。一是參考國外教材的最新成果，如哈爾·羅納德·範里安（Hal Ronald Varian）、保羅·克魯格曼（Paul R. Krugman）、約瑟夫·E. 斯蒂格利茨（Joseph E. Stiglitz）、N. 格里高利·曼昆（N. Gregory Mankiw）和羅伯特·S. 平狄克（Robert S. Pindyck）等撰寫的最新版的教材。二是宏觀經濟學應增加開放經濟的內容，借鑑杰弗里·薩克斯（Jeffrey D. Sachs）和費利普·拉雷恩（Farrani B. Larroin）的《全球視角的宏觀經濟學》、羅伯特·C. 芬斯特拉（Robert C. Feenstra）和艾倫·M. 泰勒（Alan M. Taylor）的《國際宏觀經濟學》。三是增加案例內容以增加教材的趣味性，借鑑張五常的《經濟解釋》、理查德·T. 弗羅恩（Richard T. Froyen）的《宏觀經濟學：理論和政策》（第九版）、弗雷德里克·S. 米什金（Frederic S. Mishkin）的《宏觀經濟學：政策與實踐》等。四是適當增加經濟理論的數理內容以增強其邏輯性。

參考文獻

[1] 彼得·泰勒. 如何設計教師培訓課程——參與式課程開發指南 [M]. 陳則航，譯. 北京：北京師範大學出版社，2006.

[2] 劉紅霞.「勞動經濟學」課程參與式教學模式探索 [J]. 合作經濟與科技，2012（13）：104-105.

[3] 賀文華. 旅遊方案選擇的消費者行為分析 [J]. 臺灣農業探索，2011（6）：98-102.

［4］賀文華. 后改革時代農村人力資源開發研究［J］. 湖北社會科學，2011（12）：96-100.

［5］賀文華. 民營企業融資困境與制度創新研究——以湖南邵陽為例［J］. 東方論壇，2012（2）：116-122.

［6］賀文華. 美國量化寬松貨幣政策對中國經濟的影響［J］. 重慶交通大學學報（社會科學版），2011（4）：43-46.

［7］賀文華，卿前龍.《勞動合同法》與農村勞動力轉移［J］. 天府新論，2011（1）：55-60.

（原載於《合作經濟與科技》2013年第17期）

18. 宏觀經濟政策分析的教學研究

一、引言

2008年以來，由美國次級債務危機而引發的金融危機，對全球經濟產生了巨大衝擊，中國經濟面臨的考驗尤為嚴峻，這場風波依然餘波未平。這次危機對正處於經濟增長方式轉型、產業結構優化升級以及實施新型城鎮化發展戰略關鍵端口的中國經濟來說，既是機遇也是挑戰。關於經濟危機產生的原因，經濟學家們依舊爭論不休，各執一端，抑或老調重彈：危機產生的原因要麼是市場失靈，要麼是政府干預市場失敗的后果。這場論爭給宏觀經濟學教學，尤其是宏觀經濟政策效果分析提出了巨大挑戰。

宏觀經濟學的誕生以1936年約翰·梅納德·凱恩斯（John Maynard Keynes）《就業、利息和貨幣通論》（簡稱《通論》）的出版為標誌，研究的是國民收入的均衡和變化。微觀經濟學構建的主要依據是阿爾弗雷德·馬歇爾（Alfred Marshall）的新古典傳統的《經濟學原理》，也就是所謂的價格理論。與此相對應，宏觀經濟學也稱為收入理論。20世紀30年代以來，宏觀經濟學得到了廣泛發展。其中，有保羅·薩繆爾森（Paul A. Samuelson）、約瑟夫·E.斯蒂格利茨（Joseph E. Stiglitz）、N.格里高利·曼昆（N. Gregory Mankiw）、保羅·R.克魯格曼（Paul R. Krugman）、魯迪格·多恩布什（Rudiger Dornbusch）、本·S.伯南克（Ben Shalom Bernanke）等撰寫的一系列經典的宏觀經濟學教材。此外，有的經濟學家根據不同的視角對宏觀經濟學進行闡述，如理查德·T.弗羅恩（Richard T. Froyen）、弗雷德里克·S.米什金（Frederic S. Mishkin）、泰勒·考恩（Tyler Cowen）、邁克爾·K.伊萬斯（Michael K. Evans）、羅伯特·E.霍爾（Robert E. Hall）、斯蒂芬·D.威廉森（Stephen D. Williamson）、本·J.海德拉（Ben J. Heijdra）、羅賓·巴德（Robin Bade）、羅伯特·C.芬斯特拉（Robert C. Feenstra）、彼得·伯奇·索倫森（Peter Birch Srensen）、羅伯特·J.巴羅（Robert J. Barro）、瑪莎·L.奧尼爾（Martha L. Olney）等撰寫的宏觀經濟學教材。國內學者主編的教材中，高鴻業主編的《西方經濟學》得到了廣大師生的認同。但宏觀經濟學基本內容都是以《通論》為邏輯起點，結合約翰·理查德·希克斯（John Richard Hicks）對《通

論》的獨特解讀，也就是宏觀經濟學的核心內容 IS – LM 模型，既是理論內容的凝練，又是宏觀經濟政策分析和實踐的立足點。

IS 曲線是由 $I = S$ 得到的，$r = \dfrac{\alpha + e}{d} - \dfrac{1-\beta}{d} y$，其中 $\dfrac{\alpha + e}{d}$ 為截距，$-\dfrac{1-\beta}{d}$ 為斜率；而 LM 曲線則是由 $L = M$ 得到的，$r = \dfrac{k}{h} y - \dfrac{m}{h}$，其中 $-\dfrac{m}{h}$ 為截距，$\dfrac{k}{h}$ 為斜率。截距的變化體現曲線平移，而斜率的變化體現曲線旋轉。IS 曲線和 LM 曲線右移則是擴張的財政政策和擴張的貨幣政策；反之，左移則為緊縮性政策。方程顯示，若 d 和 h 不變，α 和 e 增加，即自主消費或自發投資增加推動 IS 曲線右移，m 增加體現為 LM 曲線右移。以上方程是兩部門的形式。

二、宏觀經濟政策效果分析

宏觀經濟政策分析是宏觀經濟學教學的重點，同時也是難點，對這個內容的理解掌握可以解釋諸多現實的宏觀經濟問題。但講清楚政策分析的邏輯性是理解掌握相關內容的關鍵。因此，教學過程要在案例教學的基礎上盡量以數形結合的方式組織課堂教學。宏觀經濟政策主要是指財政政策和貨幣政策。財政政策和貨幣政策效果的分析則主要是分析兩條曲線斜率變化的經濟效應。先看財政政策，政府購買增加，則會出現以下經濟效應：其他條件不變，g 增加推動 IS 曲線右移引起 y 增加，即為擴張性財政政策效應。如果利率不變，則 $\Delta y = \dfrac{1}{1-\beta} \Delta g = k_g \Delta g$。但事實一般是在總供給不變的情況下，政府購買增加推動總需求增加，從而提高物價總水平，物價水平提高導致實際貨幣供給量減少，推動利率提高將擠出私人投資或消費，即存在所謂的擠出效應。這個過程可以從 $\dfrac{M}{p} = m = ky - hr$ 比較直觀地看出，在央行發行的名義貨幣供給量、貨幣流通速度穩定的情況下，物價水平上升降低了實際貨幣供給量，而政府購買提高了國民收入，因而用於交易和預防的貨幣需求量增加，即 $L_1 = ky$ 的部分增加，人們要把手中的有價證券拋售換回貨幣，用於交易的需要，有價證券拋售壓力增加，使其價格降低，而利率與有價證券的價格呈反向變化，即利率上升。從等式來看，為了保證平衡，必須減少 $L_2 = -hr$ 的部分，即必須減少投機需求，其中的負號表示一種反向變化關係，即 L_2 減少，r 增加。即使物價水平不變，在 h 不是無窮大的情形下，利率上升同樣成立。因此，分析財政政策的效果主要是看擠出的部分，若擠出部分大，則效果小。財政政策的擠出效應受 d、β、h、k 的影響，但 β、k 較穩定，主要分析 d、h 對財政政策效果的影響，並主要是對私人投資的擠出效應進行分析，對私人消費的擠出分析相似，都是一種跨期選擇，利率降低，私人減少儲蓄，減少投資；利率提高，私人增加儲蓄，減

少消費，以便增加更多的未來消費。但凱恩斯主義需求管理主要是一種短期政策，正如凱恩斯所言，「長期來說，我們都死了。」

（一）財政政策效果分析

在利率不變的情況下，政府購買增加 Δg，國民收入增加 $k_g \Delta g$，其中 k_g 為政府購買乘數。但在有擠出效應的情況下，擠出效應越大，財政政策效果越小；反之，擠出效應越小，則財政政策效果越大。擠出效應的大小主要由 d、h 決定。若 d 大，投資對利率較敏感，利率提高，減少的投資量大；若 h 大，投機需求對利率較敏感，利率提高，減少的投機需求量大。

1. LM 曲線形狀基本不變的情況下

IS 曲線越陡峭 $\rightarrow \dfrac{1-\beta}{d}$ 越大 $\rightarrow d$ 越小；$g\uparrow \rightarrow r\uparrow \xrightarrow{d 小} i\downarrow$ 小 $\rightarrow y\downarrow$ 小（擠出部分）。IS 曲線越陡峭，擠出的國民收入越少，因而財政政策的效果越大。同理可得到 IS 曲線平緩時的財政政策效果：

IS 曲線越平緩 $\rightarrow \dfrac{1-\beta}{d}$ 越小 $\rightarrow d$ 越大；$g\uparrow \rightarrow r\uparrow \xrightarrow{d 大} i\downarrow$ 大 $\rightarrow y\downarrow$ 大（擠出部分）。IS 曲線越平緩，擠出的國民收入越多，因而財政政策的效果越小。[①]

2. IS 曲線斜率不變的情況下

為分析簡便，先假定物價水平不變，由於央行名義貨幣供給量不變，因而實際貨幣供給量亦不變，由 $\dfrac{M}{p} = m = ky - hr$ 顯示，在 $\dfrac{M}{p} = m$ 不變的情況下，由於政府購買增加，導致國民收入 y 增加，因而人們的交易需求和預防需求增加，即 ky 增加，必須減少用於投機的貨幣量，即 $L_2 = -hr$ 必須減少，L_2 減少推動利率上升。利率變化的幅度主要受 h 制約，h 越大，利率提高的幅度越小。可以用一個實際數據說明，因政府購買增加引起的交易需求貨幣增加量是 100 個單位，則投機需求貨幣量必須減少 100 個單位。若 $h = 10$，則利率要提高 10 個單位；但若 $h = 1$，則利率必須提高 100 個單位。再把政府購買引起物價上漲引入分析，分析結論一樣，只是利率變化幅度更大。

LM 曲線越陡峭 $\rightarrow \dfrac{k}{h}$ 越大 $\rightarrow h$ 越小；$g\uparrow \xrightarrow{h 小} r\uparrow$ 大 $\rightarrow i\downarrow$ 大 $\rightarrow y\downarrow$ 大（擠出部分），也可表述為政府購買 g 增加，在 h 較小的情況下，利率 r 上升的幅度較大，在 d 一定的情況下，私人投資減少的幅度較大，在乘數 k_i 一定的情況下，政府購買增加對國民收入的擠出效應也越大，因而財政政策的效果越小，其他情形可類似表述。LM 曲線越陡峭，擠出的國民收入越多，因而財政政策的效

[①] ↑表示上升或增加，↓表示降低或減少，→表示由……可得到（其他量不變），$\xrightarrow{h 大}$ 表示其他條件不變，在 h 較大的情況下，由……可得到，其他表述同理。

果越小。同樣可得 LM 曲線平緩的財政政策效果：

LM 曲線越平緩 → $\dfrac{k}{h}$ 越小 → h 越大；$g\uparrow \xrightarrow{h\,大} r\uparrow$ 小 → $i\downarrow$ 小 → $y\downarrow$ 小（擠出部分），LM 曲線越平緩，擠出的國民收入越少，因而財政政策的效果越大。

若把財政政策效果大的兩種極端情形進行組合，即 LM 曲線水平（$h=\infty$），IS 曲線垂直（$d=0$），沒有擠出效應，財政政策完全有效；若把財政政策效果小的兩種極端情形進行組合，即 LM 曲線垂直（$h=0$），IS 曲線水平（$d=\infty$），擠出效應是完全的，財政政策完全無效。現在再把其他兩個系數 β、k 引入，可以得到較完整的分析結論。

政府購買增加，國民收入增加，即 $g\uparrow \xrightarrow{\beta} y\uparrow$。在假定利率不變的情況下，$\Delta y = \dfrac{1}{1-\beta}\Delta g = k_g \Delta g$。但政府購買增加可能也同時產生擠出效應。在有擠出效應的情況下，$g\uparrow \to y\uparrow(p\uparrow) \xrightarrow{h\,或\,k} r\uparrow \xrightarrow{d} i\uparrow \xrightarrow{\beta} y\downarrow$（擠出部分）。以上過程可以這樣看，先考慮利率不變時，國民收入的增加量；再考慮政府購買對利率的影響，利率的提高擠出私人投資和消費，投資和消費的減少引起國民收入減少，兩者之差即體現財政政策效果。h 越大或 k 越小，政府購買引起利率的提高幅度越小，因而擠出效應越小；d 越大，表示投資對利率敏感，利率提高，投資減少量越大，擠出效應越大；β 越大，投資乘數越大，擠出效應也越大。

（二）貨幣政策效果分析

財政政策對經濟的影響是直接的，而貨幣政策對經濟的影響是間接的。央行通過增加貨幣供給量降低利率，從而刺激私人投資，進而增加國民收入，從傳導機制看，與財政政策實施時政府處於主動地位不同，央行實施貨幣政策卻處於一種被動地位。

央行增加名義貨幣量 M，在極短時間內或者說在瞬時，國民收入和物價水平不變，從 $\dfrac{M}{p}=m=ky-hr$ 看，亦即 p 和 ky 都不變，但 m 增加，由於交易需要的貨幣量不變，人們手中現在有大量用於投機的貨幣，用這些貨幣購買有價證券，導致證券價格上升，利率降低，低利率刺激投資，增加國民收入，國民收入的增加推動交易需求貨幣量增加和物價水平上升，人們又會改變證券持有量，通過逐步調整，最后又趨於均衡。在 β、k 較穩定的情況下，貨幣政策效果主要受 d、h 的影響。

1. LM 曲線形狀基本不變的情況下

IS 曲線越陡峭 → $\dfrac{1-\beta}{d}$ 越大 → d 越小；$m\uparrow \to r\downarrow \xrightarrow{d\,小} i\uparrow$ 小 → $y\uparrow$ 小。IS 曲線越陡峭，貨幣政策的效果越小。同理可得到 IS 曲線平緩時的貨幣政策效果：

IS 曲線越平緩 → $\frac{1-\beta}{d}$ 越小 → d 越大；$m^\uparrow \xrightarrow{d \text{大}} r^\downarrow \to i^\uparrow$ 大 → $y^\uparrow$ 大。IS 曲線越平緩，貨幣政策的效果越大。

2. IS 曲線斜率不變的情況下

LM 曲線越陡峭 → $\frac{k}{h}$ 越大 → h 越小；$m^\uparrow \xrightarrow{h \text{小}} r^\downarrow$ 大 → $i^\uparrow$ 大 → $y^\uparrow$ 大。LM 曲線越陡峭，貨幣政策的效果越大。同理可得到 LM 曲線平緩時的貨幣政策效果：

LM 越平緩 → $\frac{k}{h}$ 越小 → h 越大；$m^\uparrow \xrightarrow{h \text{大}} r^\downarrow$ 小 → $i^\uparrow$ 小 → $y^\uparrow$ 小。LM 曲線越平緩，貨幣政策的效果越小。

若把貨幣政策效果大的兩種極端情形進行組合，即 LM 曲線垂直（$h = 0$），IS 曲線水平（$d = \infty$），貨幣政策完全有效；若把貨幣政策效果小的兩種極端情形進行組合，即 LM 曲線水平（$h = \infty$），IS 曲線垂直（$d = 0$），貨幣政策完全無效。現在再把其他兩個系數 β、k 引入，可以得到較完整的分析結論。

當然，貨幣政策的效果也受到 β、k 的影響，即 $m^\uparrow \xrightarrow{h \text{或} k} r^\downarrow \xrightarrow{d} i^\uparrow \xrightarrow{\beta} y^\uparrow$。同樣數量的貨幣供給量增加，$k$ 越大或 h 越小，利率降低的幅度越大，同樣的利率降低幅度，d 越大，增加的投資量越大，同樣的私人投資量，β 越大，則增加的國民收入越多。

三、宏觀經濟政策效果的理論分歧

政府是否應該干預經濟以及實施經濟政策的效果如何，經濟學家之間分歧很大。就市場與政府的關係而言，市場並不是不要政府，而是要一個知道自己界限的政府。在亞當·斯密（Adam Smith）那裡，政府基本上只有三個功能，即保護社會免遭其他獨立的社會之暴力和侵略、盡可能地保護每個社會成員免受其他社會成員之不正義和壓迫的職能、建立和維護特定的公共工程和特定的公共制度的職能。即使在履行這些職能時，政府的設計也應考慮競爭。弗雷德里克·巴斯夏（Frdric Bastiat）反對政府干預經濟，他在《看得見與看不見的》的一文提出了一個很深刻的思想洞見：一個行動或一項政策，既會有當下就可以看得見的、立刻就可以把握到的后果，也有當時看不見或者給其他主體帶來的后果。當政府管制貿易的時候，的確給某些行業帶來了好處，卻損害了整個社會的效率；當政府擴大開支以刺激經濟的時候，它就減少了民間更有效率的投資。約翰·梅納德·凱恩斯（John Maynard Keynes）認為，在經濟出現困境的時候我們總應該做點什麼，他認為政府逆經濟風向行事的經濟政策，能抑制蕭條，減輕經濟波動。但他也承認是針對短期的有效需求不足的症狀開

出的藥方。凱恩斯一直對自己的觀點不斷進行修正，但他認為「長期來說，我們都死了」。凱恩斯的理論一直受到自由主義者的挑戰。尤其是來自奧地利學派的代表人物弗里德里希·奧古斯特·馮·哈耶克（Friedrich August Von Hayek）的批評。但凱恩斯也對哈耶克的批評質疑：你時不時承認，這是一個在哪裡劃下界限的問題。你贊同必須在某個地方劃下界限，也贊同邏輯上的極端是不可取的，但你卻從未向我們說明在哪裡、怎麼劃下這條界限。哈耶克后來在《貨幣的非國家化》中指出，為了簡化我們對於非常複雜的相互關係的描述——否則我們就無法描述這些關係——我們就刻意做出某種截然不同的區分，而實際生活中，對象的不同屬性其實是漸次變化的。秩序是一個自生自發的演變過程。哈耶克認為，知識是分散的，每個人頭腦中掌握不同的知識，有些知識只是在特定的時間及特定的地點才會存在。有些是難以表達的「默然」知識，這些知識通過個體相互作用，在市場中傳遞及累積並產生新的知識。這些知識不可能存在於一個人的大腦中，因而也不可能制訂吻合「自然」的計劃。那只能是知識的僭越或致命的自負。只有非集中化的市場才能通過價格體系產生足夠的信息，才能使經濟的協同活動取得成功。政府干預市場的傲慢和狂妄將最終導致經濟的停滯和政治自由的喪失。哈耶克認為，經濟週期是受一種貨幣因素的擾動。政府的低利率，導致在市場「自然」狀況不應有的投資成為現實，投資擴張，引起短期經濟波動。但市場「自然」力量推動理性迴歸。由於經歷過事後都讓人心有餘悸的惡性通貨膨脹，哈耶克反對政府對貨幣發行權的壟斷，主張貨幣的非國家化，通過競爭提高貨幣質量，穩定貨幣價值進而確保物價穩定。其週期理論也不同於貨幣數量論。哈耶克承認他與大多數貨幣主義者尤其是跟該學派的代表人物米爾頓·弗里德曼的區別：「我認為，單靠貨幣數量論理論，即使是某一區域內僅流通一種貨幣的情形下，也不足以作出大致接近於事實真相的解釋，而幾種不同貨幣在該地區同時流通的時候，據此作出的解釋更是毫無價值。弗里德曼教授確實公開反駁指數能夠替代貨幣穩定的說法。但他卻試圖使通貨膨脹在短期內更容易為人接受，而我則認為，任何這樣的努力都是極端危險的。」弗里德曼懷疑哈耶克的建議的效力：「豐富的經驗歷史證據表明，（哈耶克的）希望實在無法實現：能夠提供購買力保證的私人貨幣，是不大可能驅逐政府發行的貨幣。」但哈耶克反駁說：「我沒能發現任何這樣的證據。」他堅持認為：「目前應當採取什麼樣的政策，不應當是經濟科學家關注的。他的任務應當是像我不厭其煩地重複過的那樣，使得從今天的政治角度看不可行的政策，未來具有政治上的可能性。決定此時此刻應當做什麼，這是政治家也不是經濟學家的任務。」[①]米爾頓·弗里德曼

[①] 弗里德里希·馮·哈耶克. 貨幣的非國家化 [M]. 姚中秋, 譯. 北京：新星出版社, 2007.

（Milton Friedman）是現代貨幣學派的領軍人物。通過對美國貨幣史的研究，米爾頓·弗里德曼得出一個重要的研究結論：美聯儲的無為使20世紀30年代的危機雪上加霜。他建議為了穩定貨幣需要實施一種單一貨幣規則，如果可能的話，要體現在一部「貨幣憲法」中，這樣貨幣的增長將是穩步的、可預期的。這樣的管理規則，將會終結貨幣管理中的失靈。羅伯特·盧卡斯（Robert E. Lucas）是理性預期學派的代表人物，亦是經濟自由主義者，提出了盧卡斯政策無效性命題。由於上有政策，下有對策，政府政策正面效應會被抵消，只會留下負面效果，因而主張無為而治。由於政府對經濟信息的反應不如公眾那樣靈活及時，所以政府的決策不可能像個人決策那樣靈活，因此政府的任何一項穩定經濟的措施，都會被公眾的合理預期所抵消，成為無效措施，迫使政府放棄實行。因此，理性預期學派認為，國家干預經濟的任何措施都是無效的。理性預期學派強調保持政策的穩定性和連續性，反對實行「愚民」政策；要保持經濟穩定，就應該聽任市場經濟的自動調節，反對任何形式的國家干預。一般認為，理性預期學派是比貨幣學派更徹底的經濟自由主義。

新制度主義代表人物羅納德·哈里·科斯（Ronald H. Coase）認為，在商品市場中需要政府管制，而在思想市場中，政府管制是不適宜的，應該對政府的管制加以嚴格限制。在商品市場中，一般認為政府有能力進行管制，並且動機純正。消費者缺乏進行恰當選擇的能力，生產者經常行使壟斷權，一旦失去某種形式的政府干預，生產者就會不按照提高公共利益的方式行事。在思想市場中，情況則截然不同，政府如果試圖進行管制，也是無效的和動機不良的，因而即便政府成功實現了預期目標，結果亦不受人歡迎。科斯之所以強調要對經濟領域進行干預、對財產權利進行限制，主要是基於兩個方面的原因：一方面是市場機制的馬太效應會導致財產權利的集中，從而危害窮人的經濟自由；另一方面則是財產權利的集中還會導致政治權利的集中，從而危害窮人的政治自由，阻礙民主體制的建設。收入的不平等和財產權利的集中，加大了弱勢者通過民主制進行再分配的可能性；面對民主制帶來的這種再分配威脅，富裕者為了維護其財產就會努力掌控國家權力，增加對自由和選舉活動的限制，乃至對民主要求進行鎮壓。即使在民主制度已經為人類社會普遍認可和接受的現代社會，那些集聚巨額財富的富豪也努力通過掌控媒體、院外遊說等手段來影響政府決策，這些都影響了社會成員在政治權利上的平等程度。

約瑟夫·E. 斯蒂格利茨（Joseph E. Stiglitz）在《不平等的代價》一書中針對2008年以後的經濟形勢指出，市場的優點本應是它的效率，然而現在的市場顯然不是有效率的。失業，尤其是市場不能為眾多公民創造工作的結構性失業是最嚴重的市場失靈，是無效率的最大根源，也是不平等的一個主要原因。當今全球面臨的三大主題是：一是市場並沒有發揮應有的作用，因為其顯然既無效率也不穩定；二是政治體制並沒有糾正市場失靈；三是經濟體制和政

治體制在根本上都是不公平的。因此，約瑟夫・E. 斯蒂格利茨對經濟現狀的評判是不僅市場體系出了問題，高度難以理喻的不平等更是出了問題。政府與利益集團之間的設租與尋租加劇了不平等，浪費了生產資源。宏觀經濟政策由1%的群體制定並為其利益最大化服務。現代宏觀經濟學與中央銀行制定的貨幣政策在幫助上層群體的同時卻無視貨幣政策的分配后果，導致1%的群體的利益獲得以傷害99%的群體的利益為代價。

20世紀70年代，哈耶克與弗里德曼在貨幣理論上的一個爭論，根據中國的經驗兩位大師都錯了，張五常說：「當年哈老認為，最可取的貨幣制度是讓市場的私人企業發行貨幣，大家在自由市場競爭，政府不要管。弗老則認為哈老之見不切實際，不同『寶號』的貨幣在市場可能太多，引起混淆。中國的經驗說兩位大師都錯。弗老之錯，是私人的錢莊或銀號在中國明、清兩朝曾經有過頗長時日的成功例子。哈老之錯，是忽略了有大錢可賺的貨幣行業私營的錢莊不容易鬥得過政府的侵蝕。」張五常是新制度學派的重要成員。對於貨幣政策，張五常反覆強調「大風大雨選錨重要」，控制通貨膨脹以求穩定物價的理想貨幣制是以物品成交價之指數為錨。張五常強調經濟理論要能在現實經濟生活中找到可以驗證的假說，他認為博弈論是「空洞無物」的學問，在經濟生活中無法驗證。張五常的經濟理論以合約為視角在街頭巷尾尋求能推翻理論的證據。他從合約的角度研究中國的經濟奇跡，認為創造中國經濟奇跡的是中國的縣際競爭制度，中國的地區層層分成與縣際競爭促成土地的效率及協助財富累積，史無前例。同時，張五常撰文批評中國2008年出抬的《中華人民共和國勞動合同法》，這種政策在一定程度上破壞了縣際競爭制度，造成了沿海地區企業的「倒閉潮」以及農民工「返鄉潮」，這種跡象在東莞特別顯著。

張五常認為整個20世紀高舉自由市場大旗的經濟大師不是反對政府策劃，而是反對政府干預市場，甚至政府取代市場可以做得更有效率。張五常在新著《制度的選擇》中曾言：「我不反對好些項目由政府策劃甚至動工，某些事項政府處理可以節省交易費用，但到了某一點政府要交出去給市場。在分析縣際競爭的制度中，我指出幹部們是在做生意，很懂得哪些項目要交給市場處理，而一個政府項目發展到哪一點政府要脫手他們也很清楚。概言之，也就是根據交易費用高低劃出界限，各司其責：政府的歸政府，市場的歸市場。」

現代宏觀經濟學的兩大主要流派是新古典主義和新凱恩斯主義。前者主張自由放任，反對政府干預；后者認為市場存在失靈，主張政府干預。因此，對2008年由美國次級債務危機引發的金融危機進而導致全球性的經濟衰退，前者認為是政府干預導致的惡果；后者認為是市場失靈引起，而政府干預力度不夠所致。

四、結論

高鴻業版《西方經濟學》教材中每章內容有一個結束語，對所講內容高

度概括，簡明扼要。但這個總結卻總帶著居高臨下的評論者的口吻。學生剛接觸經濟學理論，往往無所適從。

筆者認為，在初級經濟理論講授過程中，應鼓勵學生以自己的經歷驗證經濟理論，如羅伯特·弗蘭克《牛奶可樂經濟學》所表述的案例教學模式。經濟學流派極多，方法論也各不相同，研究假設各具特色，研究的視角各有千秋，因而對同一經濟問題的看法也五花八門甚至針鋒相對。因此，應該認可何種理論，這要依據自身的價值取向以及生活經歷對理論的驗證。正如奧地利學派所說的，競爭是一個過程，經濟理論是一個在競爭中逐步完善的過程。比如說，主流經濟學的競爭理論假定：消費者的偏好是給定的，資源是給定的，生產商無窮多，交易各方的知識是完備的，這樣才會出現完全競爭，市場趨於均衡狀態。但這樣一種「完全」或「完備」競爭，實際上意味著一切競爭活動的不存在。因為上述那些事實只有在競爭結束后——雖然在現實中競爭永遠不可能有結束之時——才能是「給定的」。當那些事實是給定的時候，市場已經陷入死寂狀態了。這種理論只指出了一個天堂式的最終狀態或者是一種理想的極限狀態。在這種狀態下，一切的一切均十分完美，達到了帕累托最優。但現實生活中永遠不會存在。這種理論提出了一個天堂式理想狀態，但沒有提供直達天堂的梯子或路徑，其提供的口訣就是市場競爭是有效率的。在競爭的過程中，一些產業政策和貿易政策出抬很難說沒有利益集團對政府政策的干預。

正是因為信息不完備才會有不確定性、有風險，有人與人之間的利益博弈，有道德風險。因此，需要政府對市場行為進行引導。正是因為無知而導致的對未來不確定性的憂懼，如人們常說的「今天不知道明天的事」，才在憂懼和悍恐中激勵人們增加知識、發明保險共擔風險。人類的整個發展過程其實就是增加知識、減少不確定性、迴避風險的過程。知識不完備條件下的錯誤決策導致人們付出高代價，但這種代價又是難以避免的，是成長或前進過程中需要付出的成本。比如筆者小時候曾經有過在山上拾柴薪的經歷：在一座山上看到對面山上有一棵樹梢枯死的松樹或杉樹，急切間不曾仔細分辨，立馬從這座山上連滾帶爬地衝下去，越過峽谷，然后艱難地攀爬上對面那座山，可是等到氣喘吁吁地跑到那棵樹下一看，卻發現只是老天與你開了個玩笑——這棵樹只是死了樹梢。再看看遙遙來路，癱坐在樹底下，是當時的本能反應。真可謂「衝動是魔鬼」。后來詢問大人對同樣事情的處理，他們會憑藉多年經驗進行思考，不會這麼衝動，首先要判斷樹的大小、路途的遠近、估算只是死了樹梢的可能性大小才採取行動。因此，我們在學習經濟理論的過程中，要學習張五常的跑街頭巷尾，多思考、善於思考；在學習紛繁浩瀚的經濟理論時要結合自己的生活經驗的實際，進行假說驗證。筆者曾經參與中國人民大學出版社的高鴻業《西方經濟學》第六版的研討會，就教材的修訂提出兩點建議：一是要融合西方諸多經濟學教材的前沿性成果；二是要增加一些具有中國特色的經濟

學案例，增強教材的可讀性和趣味性。

參考文獻

[1] 約翰·梅納德·凱恩斯. 就業、利息和貨幣通論 [M]. 高鴻業，譯. 北京：商務印書館，2004.

[2] 保羅·薩繆爾森，威廉·諾德豪斯. 經濟學 [M]. 16版. 蕭琛，等，譯. 北京：華夏出版社，2002.

[3] 約瑟夫·E. 斯蒂格利茨，卡爾·E. 沃爾什. 經濟學 下冊 [M]. 3版. 黃險峰，張帆，譯. 北京：中國人民大學出版社，2006.

[4] N·格里高利·曼昆. 宏觀經濟學 [M]. 6版. 張帆，楊祜寧，譯. 北京：中國人民大學出版社，2009.

[5] 保羅·克魯格曼，羅賓·韋爾斯. 宏觀經濟學 [M]. 2版. 趙英軍，付歡，陳宇，等，譯. 北京：中國人民大學出版社，2012.

[6] 魯迪格·多恩布什，斯坦利·費希爾，理查德·斯塔茲. 宏觀經濟學 [M]. 7版. 範家驤，張一馳，張元鵬，等，譯. 北京：中國人民大學出版社，2005.

[7] 安德魯·B. 亞伯，本·S. 伯南克. 宏觀經濟學 [M]. 5版. 章豔紅，柳麗紅，譯. 北京：中國人民大學出版社，2007.

[8] 理查德·T. 弗羅恩. 宏觀經濟學：理論與政策 [M]. 9版. 費劍平，高一蘭，譯. 北京：中國人民大學出版社，2011.

[9] 弗雷德里克·S. 米什金. 宏觀經濟學：政策與實踐 [M]. 盧遠矚，張紅，龔雅嫻，譯. 北京：中國人民大學出版社，2012.

[10] 泰勒·考恩，亞歷克斯·塔巴洛克. 宏觀經濟學：現代觀點 [M]. 羅君麗，李井奎，譯. 上海：上海三聯書店，2013.

[11] 邁克爾·K. 伊萬斯. 管理者宏觀經濟學 [M]. 陳彥斌，郭杰，等，譯. 北京：中國人民大學出版社，2010.

[12] 羅伯特·E. 霍爾，戴維·H. 帕佩爾. 宏觀經濟學：經濟增長、波動和政策 [M]. 6版. 沈志彥，譯. 北京：中國人民大學出版社，2008.

[13] 斯蒂芬·D. 威廉森. 宏觀經濟學 [M]. 2版. 郭慶旺，張德勇，譯. 北京：中國人民大學出版社，2009.

[14] 木·J. 海德拉，弗里德里希·範德普羅格. 高級宏觀經濟學基礎 [M]. 陳彥斌，張略釗，林榕，等，譯. 北京：中國人民大學出版社，2012.

[15] 羅賓·巴德，邁克爾·帕金. 宏觀經濟學原理 [M]. 張偉，程悅，等，譯. 北京：中國人民大學出版社，2010.

[16] 羅伯特·C. 芬斯特拉，艾倫·M. 泰勒. 國際宏觀經濟學 [M]. 張友仁，魏立強，等，譯. 北京：中國人民大學出版社，2011.

［17］彼得・伯奇・索倫森，漢斯・喬根・惠特-雅各布森. 高級宏觀經濟學導論：經濟增長與經濟週期［M］. 2 版. 王文平，趙峰，譯. 北京：中國人民大學出版社，2012.

［18］羅伯特・J. 巴羅. 宏觀經濟學：現代觀點［M］. 沈志彥，陳利賢，譯. 上海：上海三聯書店，2008.

［19］瑪莎・L. 奧尼爾. 宏觀經濟學思維［M］. 陳宇峰，姜井勇，譯. 上海：上海三聯書店，2013.

［20］高鴻業. 西方經濟學（宏觀部分）［M］. 5 版. 北京：中國人民大學出版社，2011.

［21］亞當・斯密. 國民財富的性質和原因的研究［M］. 郭大力，王亞南，譯. 北京：商務印書館，2004.

［22］弗雷德里克・巴斯夏. 財產、法律與政府［M］. 秋風，譯. 北京：商務印書館，2012.

［23］尼古拉斯・韋普肖特. 凱恩斯大戰哈耶克［M］. 閆佳，譯. 北京：機械工業出版社，2013.

［24］弗里德里希・馮・哈耶克. 貨幣的非國家化［M］. 姚中秋，譯. 北京：新星出版社，2007.

［25］朱富強.《勞動合同法》和集體談判權的理論基礎［J］. 中山大學學報（社會科學版），2014（3）：198-208.

［26］約瑟夫・E. 斯蒂格利茨. 不平等的代價［M］. 張子源，譯. 北京：機械工業出版社，2013.

［27］張五常. 經濟解釋・卷四・制度的選擇［M］. 上海：中信出版社，2014.

（原載於《金融理論與教學》2015 年第 1 期）

國家圖書館出版品預行編目(CIP)資料

經濟學理論應用與教學 / 賀文華 著. -- 第一版.
-- 臺北市：財經錢線文化出版：崧博發行, 2019.01

　面 ；　公分

ISBN 978-957-680-269-0(平裝)

1.經濟理論

550.1　　　　107018651

書　名：經濟學理論應用與教學
作　者：賀文華 著
發行人：黃振庭
出版者：財經錢線文化事業有限公司
發行者：崧博出版事業有限公司
E-mail：sonbookservice@gmail.com
粉絲頁　　　　　　網　址：
地　址：台北市中正區延平南路六十一號五樓一室
8F.-815, No.61, Sec. 1, Chongqing S. Rd., Zhongzheng Dist., Taipei City 100, Taiwan (R.O.C.)
電　話：(02)2370-3310　傳　真：(02) 2370-3210
總經銷：紅螞蟻圖書有限公司
地　址：台北市內湖區舊宗路二段 121 巷 19 號
電　話：02-2795-3656　傳真：02-2795-4100　網址：
印　刷：京峯彩色印刷有限公司（京峰數位）

　　本書版權為西南財經大學出版社所有授權崧博出版事業有限公司獨家發行電子書及繁體書繁體版。若有其他相關權利及授權需求請與本公司聯繫。

定價：650元

發行日期：2019 年 01 月第一版

◎ 本書以POD印製發行